陕西省价值哲学文库
西安理工大学学术资助项目

幸福社会价值论

主 编　许春玲　周树智

社会科学文献出版社
SOCIAL SCIENCES ACADEMIC PRESS (CHINA)

目 录

上 篇 总论

下 篇 分论

附 录

序　言

周树智

2012 年 12 月 30 日，陕西省价值哲学学会第十七届学术年会在西安理工大学隆重举行，来自西安交通大学、陕西师范大学、西北大学、长安大学、西北工业大学、西安电子科技大学、西北政法大学、西安理工大学、西安建筑科技大学、空军工程大学、解放军西安政治学院、西安财经学院、西安文理学院、宝鸡文理学院、中共陕西省委党校、中共西安市委党校、陕西省社会科学院、西安市社会科学院、西安市国税局等高等院校、军事院校、党校和科研单位的 84 名从事教学和科研的专家学者，围绕"幸福社会的价值哲学研究"这一主题展开了热烈的讨论。本文集《幸福社会价值论》，就是从各位专家学者向大会提交的论文中选编而成的。

"幸福是什么？""幸福社会又是什么？""你的生活幸福吗？""怎样才能实现自己的幸福理想？"这些现实价值哲学问题都是目前社会上下、街头巷尾人们谈论的热门话题。当然，哲学工作者不能只是在象牙塔里闷头读圣贤书，冥思苦想、玄想，而不闻不问这些大众世俗话题。哲学自古以来就以其抽象、深奥、玄妙、神奇的哲理而高居于人类知识殿堂的王位，可是，自从 1845 年世界劳苦大众的导师马克思提出"哲学家们只是用不同方式解释世界，问题在于改变世界"的著名论断之后，人类哲学研究开始发生根本转变。哲人们纷纷走下神坛，走出象牙塔，深入社会大众的现实生活和现实世界里，以获取原料和营养，他们发现社会大众的现实生活和现实世界才是智慧和知识的源头和源泉，这本大书是不可穷尽的。于是，"生活幸福"或"幸福生活"这样的大众世俗话题，也成了哲学工作者研究的重大课题。当然，哲学不仅源于社会大众的现实生活和现实世界，而且高于社会大众的现实生活和现实世界，所以，它才能担负起指导社会大众改变世界的重任。

陕西省价值哲学学会第十七届学术年会能够把"幸福社会的价值哲学

研究"作为本次学术盛会的主题，大家又能够围绕这一主题展开热烈讨论，这不仅与陕西省价值哲学工作者多年来理论研究的现实价值哲学导向有直接关系，而且与他们近年来开展的"回归马克思，发展马克思"系列研究活动也有直接关系。"回归马克思"，重读马克思原著文本，他们真正理解和掌握了马克思原著文本的精神实质，真正回归到了马克思的根本立场、世界观和方法论。原来马克思的根本立场是立足全人类解放和无产阶级解放相统一相一致的立场，马克思的世界观是以现实的个人的物质实践为本体的现实人道主义、历史唯物主义、现实自然唯物主义三者在实践唯物主义基础上相统一的新唯物主义现实世界观，马克思的方法论最重要的就是理论联系现实的辩证法，为世人改变世界指明了前进的大方向和道路。"发展马克思"，这是马克思理论的内在本质规定和自我要求，因为马克思的理论源于现实历史发展实践之上，而人类现实历史发展实践是永无止境的，这就要求马克思理论必须伴随实践的、现实的、历史的发展而不断创新发展，这既包括拨乱反正、正本清源、返本开新，也包括应用创新、纠正马克思的失误、补充马克思的不足、开拓创新等方面。就马克思的价值论而言，马克思的主要贡献是经济学的劳动力价值论和剩余价值论。可是，陕西省价值哲学工作者却从马克思哲学里开发出了一般哲学价值论，即历史价值论或现实价值论，他们提出了价值理论和价值现实二元相统一相一致的现实的、历史的、发展过程的新思维范式，认为价值在形式上是现实人的历史存在方式，价值内容就在现实人的日常的、现实的、历史发展的实践生活过程之中，价值的本质就是现实的、历史的发展，一切价值都是现实价值。这不仅克服了英国哲学家休谟 1740 年开创的以"是"与"应该"二分为核心理念的价值理论和价值现实二元对立的抽象空想的纯概念的旧思维范式及其对后世的影响，而且丰富和发展了马克思的价值论。在陕西省价值哲学工作者的现实的、历史的、发展过程的新价值视野里，"生活幸福"或"幸福生活"这样的大众世俗话题，自然就受到了他们的关注，被提升为现实价值哲学研究的重大课题。大家在有关幸福生活、幸福社会、幸福实现等重大现实价值哲学问题上各抒己见，既有观点上的交锋，又不乏理论上的共识，这是令人兴奋的。

"幸福"，首先是每个生活在现实社会和现实世界的现实的个人的人生理想和现实价值追求，虽然每个现实的个人对生活幸福或幸福生活的人生理想和价值追求不同，但是大家都一致认为生活幸福或幸福生活是每个人都向往和追求的，谁都不愿意过不幸福的生活，这是人类的共性，是由人之本性所决定的。传统旧哲学从人的意识观念或心理精神层面规定了人之本性和幸福概念的含义，认为幸福就是人的快乐、完善和完美，这当然是对的。马克思的新哲学进一步从人的生命活动的层面揭示了人之本性和幸福概念的含义，认为人的肉体生命的再生产首先规定了人的自然属性和身体健康是人的首要幸福；其次，他人肉体生命的生产和人们的合作活动规定了人的社会属性和人的社会性劳动生产、经济交往、政治法律交往乃至世界交往是人生更广大且丰富多彩的社会幸福；再次，至于人的知、情、意心理和精神生产则是人的自然活动和社会活动的映像，它们规定了人的精神属性和人的自由全面发展是人的最崇高的幸福；最后，人之为人的自然属性、社会属性和精神属性三性归一，就是人的社会物质生产劳动实践活动性，是人之为人最根本的规定性，人的物质实践活动自始至终贯穿于人的三性活动的方方面面，可谓一以贯之，使三者合为一体或一体化为人的属性，因此，人的社会物质生产劳动实践活动是人的最基本的幸福，劳动光荣，实践伟大。

　　"幸福社会"或"社会幸福"，当然是每个生活在现实社会和现实世界的现实的个人必须关注和研究现实价值哲学的重大课题。其实，"幸福社会"或"社会幸福"也是由人性决定的。只不过马克思之前的哲人们大多只看到人的意识观念或心理精神这种抽象的人性，可能因为人和动物相比较很显明突出的特点就是人因有意识、会说话、能识字、知历史而成为万物之灵的缘故吧！例如，马克思之先的哲学大师黑格尔"把人和自我意识等同起来"。马克思之先的哲学大家费尔巴哈虽然提出人是有自然肉体的自然属性的"自然人"，但他把人的"绝对本质"也理解为"理性、情感和意志"。可见，他们都把"人"理解为"抽象的人"。他们都忽略了一个最基本、最重要的人类社会历史事实，即人的思想意识活动是人脑肉体的活动，人只有肉体生命活动存在，人的肉体大脑才能进行思想意识活动，而人只有先解决吃、喝、穿、用、住、行的物质生活生产实践问题，才能保住生命，人的肉体大脑才能进行思想意识活动。马克思前进了一步的地方，就是他发现了这个最基本、最重要的人类社会历史事实，从这个最基本、最重要的人类社会历史事实出发，对人性做出了新补充。他说："人的本质不是单个人所固有的抽象物，在其现实性上，它是一切社会关系的总和。"而现实人的"全部社会生活在本质上是实践的"。因此，现实的个人的幸福生活必然是由现实的个人的社会实践活动和一切社会关系的总和决定的。马克思形象地把"社会"比喻为庞大建筑物，地基是人们的物质生产关系总和及人们的物质生产力实践。人们在物质生产关系总和之内的物质生产力实践活动是人类社会历史的创造者，它一方面把人之外的自在自然物改造成人化自然物或人工之物，另一方面使人化自然物或人工之物成为人类社会的现实自然界或现实自然环境。"人创造环境，同样，环境创造人"。人们的物质生产力和人们的物质生产关系总和一起构成人类社会"上层建筑"的物质经济基础或现实基础。马克思将"上层建筑"概括为人们的政治、法律规范及意识形态。马克思认为，人们之间社会矛盾的发生是必然的、正常的。最主要的社会矛盾有两大类：一类是人们的物质生产关系不适应人们的物质生产力发展的要求，人们必须适时调整和改革生产关系，以适应和促进人们的物质生产力实践发展；另一类是人们的社会上层建筑的政治、法律规范及意识形态不适应人们的社会物质经济基础或现实基础的变化，人们必须适时调整和改革上层建筑的政治、法律规范及意识形态，以适应和保障人们的社会物质经济基础或现实基础的变化，这是人类社会历史运行发展的两大规律，当然也是"幸福社会"或"社会幸福"构建的两大规律。

"幸福生活和幸福社会如何实现？"这是和我们关系最直接、最密切，也是人们最关注的现实价值哲学问题。各国国情不同，幸福生活和幸福社会的实现路径自然不同。就中国而言，首先需要看清造成我们生活不幸福的社会问题，其次应分析产生这些社会问题的原因所在，最后必须找到解决现实问题的务实、求实的办法，具体落实并实现之。这几点文集里都有具体论述，这里不再赘述。我想简要说明一下几个突出问题：其一，修身养性。古人十分重视，今人忽略不好。修身养性应从"诚信"入手，诚实守信，说真话实话，言而有信，既是做人之基，表明一个人自信自立，又是人与人交往的纽带，人而无信，不知其可。其二，重建家庭伦理。现在家庭破碎，家不成家，只有重建夫妻恩爱、父慈子孝、兄弟姊妹悌携、尊老爱幼的家庭伦理，才能实现家和万事兴。其三，构建民主宪政和宪政民主。当今市场经济体制建立，尚能适应和促进人们的物质生产力实践发展，但各单位一把手个人高度集权、独裁专制的政治体制却与市场经济体制很不适应，政治腐败蔓延，公民权利受损害，严重阻碍生产力发展，因此必须改革现行政治体制。民主宪政和宪政民主体制限制官员权力，维护公民权利，与市场经济体制相适应，可调动和保障人们的生产力，理应在改革中构建。其四，建设生态文明。现在自然生态环境恶化，已威胁人类生存和可持续发展，因此必须保护自然环境，维护生态平衡。我们中华民族自古以来就有天地人合一与以人为本的务实、求实、实干、包容的民族精神和优良传统作风，今天我们只要继承和发扬这种民族精神和优良传统作风，就一定能全面建成小康社会和大同社会，实现每个人自由全面发展的幸福社会和生活幸福的崇高理想。

上 篇 总 论

论新实学的幸福社会价值观

周树智

（西北大学哲学研究所教授　陕西西安　710075）

摘　要： 新实学认为，"幸福生活"和"幸福社会"是人类自古以来就共同追求的普世价值观。幸福社会的主体是现实的个人，幸福社会的价值结构由现实的个人的身心健康、就业劳动、家庭和睦、社会和谐、生态平衡、自由发展六个因素逻辑地结合而成，现实的个人对幸福社会的价值追求具有阶段性和历史性。幸福与痛苦是一种辩证关系，人只有吃过苦，才能真正深刻理解和珍惜幸福。建设理想幸福社会的现实道路，可以采取现实价值哲学的现实的、历史的、发展过程的思维方式这种研究价值的新范式，以马克思的现实人道主义、历史唯物主义、现实自然唯物主义在实践唯物主义基础上一体化的新唯物主义世界观和历史观做指导，走中国新实学的务实为乐之道。

关键词： 新实学　现实的个人　幸福社会　价值观

"幸福""幸福生活""幸福社会"这几个词，近年在电视台、电台、电脑、手机、报刊及人们的言谈中频频出现，表明"幸福""幸福生活"和"幸福社会"问题是值得生活在现实社会中的人们加以认真研究的重大现实价值哲学问题。我认为，新实学[1]是解答这个重大现实价值哲学问题的正确理论、方法和道路。为此，今天我想谈谈新实学的幸福社会价值观，请大家批评指正。

一　幸福社会的价值追求

"幸福生活"，是人类自古以来就共同追求的普世价值观。在西方，古希腊哲学家就把"幸福生活"作为人生追求的价值目标，特别是希腊晚期哲学家伊壁鸠鲁把"快乐"视为人生最大的幸福，影响深远。他说："快乐是幸福生活的开始和目的。因为我们认为幸福生活是我们天生的最高的善，我们的一切取舍都从快乐出发；我们的最终目的乃是得到快乐，而以感触为标准来判断一切的善。"[2](P367) 后来，西方产生了基督教，《圣经》就是基督教向世人传播的"福音书"。在东方，中国人自古以来也是把"幸福生活"视为人生追求的价值目标。《周易》，就是教世人逢凶化吉，获得生活幸福。老子的《道德经》，就是教世人清静无为，以享受自然幸福。孔子的《论语》，则把中庸视为人生的幸福之道，"福、禄、寿"三星高照、"多子多福"，更是儒家倡导的幸福观。后来佛教传入我国，它倡导"积福行善"，善有善报，恶有恶报，善恶报应，轮回转世。到了现代，中西哲学日渐融合为一体，中西哲学家不仅一致认为"幸福生活"是人类共同追求的普世价值观，而且都很重视对"幸福"内涵的现实解释和实现"幸福"内涵的现实道路的研究。这种对"幸福"的价值哲学研究，直接影响青年人的现实生活。例如，青年马克思就把人类的幸福作为自己选择职业的价值标准。他在中学毕业作文"青年在选择职业时的考虑"中说："在选择职业时，我们应该遵循的主要指针是人类的幸福和我们自身的完美。""历史承认那些为共同目标劳动因而自己变得高尚的人是伟大人物；经验赞美那些为大多数人带来幸福的人是最幸福的人。""如果我们选择了最能为人类幸福而劳动的职业，那么，重担就不能把我们压倒，因为这是为大家而献身。"[3](P7) "为人类幸福而劳动！"这就是马克思的幸福观。马克思中学生时立下的这个伟大志向，终生未改，矢志不渝，并为此奋斗终生。

首先，人是生活在现实社会里的现实的个人，必然关心和研究"现实社会的幸福"这个重大现实价值问题。当然，在论及一个现实社会是幸福或不幸福的问题时，人们的具体见解存在很大分歧，这是很正常的现象。不过，现在人们为评价"社会幸福"或"幸福社会"列了诸多幸福评价指数，太烦琐，或只是简单地讲"幸福"就是有钱、有房、有车等。我认为，这种评价"社会幸福"或"幸福社会"的方法欠缺科学性，很容易误导人们忽视从整体上、根本上和长远上对现实社会的幸福价值的追求。从逻辑学角度思考"社会幸福"或"幸福社会"的含义，似乎应首先明确"社会"的概念。"社会"是什么？"社会"不是简单僵死的"物"的存在，从人类学角度解析"社会"的概念，"社会"应该指人与人的关系范畴，即社会是人与人在一起共同合作活动形成的关系共同体，而每个生活于其中的现实的个人是现实社会的本体或主体。正如马克思指出的："社会关系的含义在这里是指许多个人的共同活动。"[4](P80)就是说，现实的个人是现实社会和幸福社会的现实前提、立足点、出发点、中心点、归宿点。幸福社会的问题，其实质是现实的个人幸福或不幸福的问题，离开现实的个人，幸福社会或社会幸福便无从谈起。

其次，不能把幸福社会简单地理解为个人的幸福感受或快乐感，这是古希腊晚期哲学家伊壁鸠鲁的"快乐幸福"说。不可否认，幸福社会的个人肯定有幸福的心理感受或快乐感，但这只是最后结果，是表层现象，应该还有更深层的幸福原因。在我看来，幸福社会由六个因素逻辑地结合而成。

其一，幸福社会里个人身体健康、心情舒畅，即身心健康快乐。这是人类的共识。西方人很重视个人身体健康和身体美，德国大哲学家费尔巴哈提出人本学或人本主义，其实质就是以人的自然身体为本，因此，他的哲学被后人称为"身体哲学"。西医之所以传遍全世界，就是因为它能够对症治病，减轻患者痛苦，使患者恢复身体健康。中国人也一样，或者讲有过之而无不及。早在先秦，中国人就发明了《黄帝内经》，专讲阴阳平衡和养生保健之道，中医从整体和根本上为患者辨证施治疾病，因此能够流传至今。老子的《道德经》教人效法自然，清静养生，修炼成为长寿的活神仙。人之为人不仅因为人有自然肉体，幸福的个人应当并能够保持自然肉体健康，而且因为人有精神心理，西方人概括为"知、情、意"。中国古代圣贤孔子的《论语》教人把修身养性放在第一位，他主张"人者，仁也"，"仁人爱人"，做人要"温、良、恭、俭、让"。亚圣孟子概括人性为"仁、义、礼、智"，后人又增加"信"字，为"仁、义、礼、智、信"五常，用现代话讲就是教育个人保持精神心理健康。我们每个人都有自己直接的、亲身的感受和体会，身心健康是很快乐、很幸福的，身心患疾病很痛苦、很不幸。因此，幸福社会首先应是每个人身心健康的社会，能够保障每个身心患了疾病的人及时医治，恢复身心健康。

其二，幸福社会里每个有劳动能力的人都有事做，自力更生，衣、食、住、行、用等都能自给，还能帮助无能力做事的人生活和生存，务实事为乐。马克思研究发现，人之为人不仅因为人有自然肉体和精神生理属性，而且人最重要的本性就是生产劳动，劳动是人的本能，人以劳动为生。马克思指出："生产生活也就是类的生活。这是创造生命的生活。生命活动的性质包含着一个物种的全部特性，它的类的特性，而自由自觉的活动恰恰就是人的类的特性"[5](P50)（重点号为引者所加）。当然，有劳动能力的人不做正事就会做邪事，常言道："无事生非。"至于不劳而获，或靠剥削压迫他人为生，这样的人可能自以为很快乐、很幸福，但是世人若都这样不劳而获，这个世界也就完了，哪里还会有幸福社会和个人幸福存在呢？马克思说得好，"一切人类生存的第一个前提也就是一切历史的第一个前提，这个前提就是：人们为了能够'创造历史'，必须能够生活。但是为了生活，首先就需要吃、喝、住、穿以及其他一些东西。因此，第一个历史活动就是生产满足这些需要的资料，即生产物质生活本身"[4](P78-79)（重点号为引者所加）。就是说，现实的个人的现实物质生活的生产劳动实践活动，直接决定现实的个人的生命存在和现实的个人的生命再生产，因而决定现实的个人的全部社会生活及其历史。马克思深入浅出地说明了他发现的唯物史观的这个现实前提、立足点和出发点，这是马克思对人类做出的最伟大的贡献。因此，幸福社会应是能够保障每个有劳动能力的人都能够就业劳动，充分发挥每个有劳动能力的人劳动的社会。

其三，幸福社会里男女自由恋爱，夫妻关系亲密，子女孝悌，尊老爱幼，家庭和睦。文明社会之为文明社会，费尔巴哈认为就是因为男人与女人因亲密性爱结合而成的实体。现在不少人也把"幸福"称为"性福"。他们的观点虽然粗俗一些，但却揭示了"文明社会"形成的最初两个元素及其实质。马克思继承了费尔巴哈这个观点。马克思指出："每日都在重新生产自己生命的人们开始生产另外一些人，即繁殖。这就是夫妻之间的关系，父母和子女之间的关系，也就是家庭。这种家庭起初是唯一的社会关系，后来，当需要的增长产生了新的社会关系而人口的增多又产生新的需要的时候，这种家庭便成为从属的关系了（德国除外）。""生命的生产，无论是自己生命的生产（通过劳动）或他人生命的生产（通过生育），立即表现为双重关系：一方面是自然关系，另一方面是社会关系。"[4](P80)中国古代先哲特别是孔孟儒家把人的家庭关系研究得很深入，他们提出夫妻恩爱、相敬如宾，父仁子孝，兄弟悌携，尊老爱幼，家和万事兴，这已成为我们中华民族的传统美德。因此，幸福社会应是能够保障男女自由恋爱、夫妻关系亲密、子女孝悌、尊老爱幼、家庭和睦的社会。

其四，幸福社会里人与人的社会关系友善和谐，有矛盾即和解，和平有序，国泰民安。家庭只是一个很小的社会或者说它还只是社会的细胞，而社会比家庭广大千百万倍，人与人的社会关系比家庭关系复杂千百万倍，人的一生总不能只是在很小的、简单的家庭里生活，人必须走出家庭，走入比家庭广大千百万倍、人与人关系比家庭关系复杂千百万倍的社会，才能获得更多的快乐和幸福。费尔巴哈的缺点就在于：“他还从来没有看到现实存在着的、活动的人，而是停留于抽象的‘人’，并且仅仅限于在感情范围内承认‘现实的、单个的、肉体的人’，也就是说，除了爱与友情，而且是观念化了的爱与友情以外，他不知道‘人与人之间’还有其他‘人的关系’。”[4](P78)这就是说，费尔巴哈除了只知男女爱情和性爱这一种唯一的人与人的社会关系外，他不知道人与人之间还有其他十分广大复杂的社会的、经济的、政治的、文化的、思想的、组织的及单位的、地域的、世界的、现实的、历史的、上下左右的多方面多层次的社会关系。马克思研究发现，现实的个人不仅处于人与人之间十分广大复杂的社会关系之中，而且人与人之间十分广大复杂的现实社会关系直接决定人之为人的现实本质。马克思指出：“费尔巴哈把宗教的本质归结于人的本质。但是，人的本质不是单个人所固有的抽象物，在其现实性上，它是一切社会关系的总和。”[4](P60)因此，如何正确面对和处理人与人之间十分广大复杂的社会关系，就成了现实的个人和人们必须全面深入研究和解决的重大社会现实问题。

在这个问题上马克思创造的唯物史观有特别重大的价值。马克思研究发现，在现实的个人之间发生的诸多社会关系中，人与人发生的生产关系是最重要的，因为它决定社会之为社会的性质和一个社会的独有的特征。马克思指出：“各个人借以进行生产的社会关系，即社会生产关系，是随着物质生产资料、生产力的变化和发展而变化和改变的。生产关系总合起来就构成为所谓社会关系，构成为所谓社会，并且是构成为处于一定历史发展阶段上的社会，具有独有的特征的社会。”（重点号是原有的）[4](P345)当然，生产关系内含人的生产力活动，生产关系与生产力的关系构成人类社会历史中一对最基本的矛盾关系。本来生产力是人的本质力量和劳动能力，人的生产劳动实践具有双重关系：一方面，人的生产劳动首先表现为人和自然物进行物质变换的自然关系，即人以自己的物质生产劳动能力或物质生产力改造外部自然物为人化之物，人以自己的脑力和体力这种自然力与自然物力互相变换；另一方面，劳动又表现为人与人的社会关系，因为人只有在与他人发生社会联系和在一定社会关系的范围内，才能进行生产劳动，才能改造自然。因此，个人生产力就必然转化为社会生产力，结果生产力似乎变成了与现实的个人相分离的不属于现实的个人的特殊世界。正如马克思指出的：“生产力表现为一种完全不依赖于各个人并与他们分离的东西，表现为与各个人同时存在的特殊世界，其原因是，各个人——他们的力量就是生产力——是分散的和彼此对立的，而另一方面，这些力量只有在这些个人的交往和相互联系中才是真正的力量。"（着重号为引者所加）[4](P128)生产力有一个鲜明特点，就是它的运动、变化、增长、发展如同人的生命活动一样是不能停顿的，而人与人的生产关系一旦建立就有相对稳定性，成为生产力发展的条件，因此，生产关系与生产力二者必然会由统一、一致、相适应走向不相适应、矛盾、对立、冲突。正如马克思指出的："这些不同的条件，起初是自主活动的条件，后来却变成了它的桎梏，它们在整个历史发展过程中构成一个有联系的交往形式的序列，交往形式的联系就在于：已成为桎梏的旧交往形式被适应于比较发达的生产力，因而也适应于进步的个人自主活动方式的新交往形式所代替；新的交往形式又会成为桎梏，然后又为别的交往形式所代替。由于这些条件在历史发展的每一阶段都是与同一时期的生产力的发展相适应的，所以它们的历史同时也是发展着的、由每一个新的一代承受下来的生产力的历史，从而也是个人本身力量发展的历史。"[4](P124)这就是说，人们只有自觉地改变和调整人与人的社会物质生产关系，使其适应生产力发展的要求，才能促进生产力发展，现实的个人才能真正过上有丰富的物质生活的幸福日子。生产关系从与生产力相适应、相统一到矛盾对立，再到人自觉改变和调整生产关系适应、促进生产力发展，这是人类社会历史发展的一条最基本的规律。

马克思还形象地把"社会"比喻为一座庞大的建筑物，他发现人与人在上层建筑里发生的其他社会关系和作为基础的人与人的社会生产关系必然发生联系，这又构成人类社会历史的另一类基本矛盾关系。马克思指出："人们在自己生活的社会生产中发生一定的、必然的、不以他们的意志为转移的关系，即同他们的物质生产力的一定发展阶段相适合的生产关系。这些生产关系的总和构成社会的经济结构，即有法律的和政治的上层建筑竖立其上并有一定的社会意识形态与之相适应的现实基础。物质生活的生产方式制约着整个社会生活、政治生活和精神生活的过程。不是人们的意识决定人们的存在，相反，是人们的社会存在决定人们的意识。社会的物质生产力发展到一定阶段，便同它们一直在其中运动的现存生产关系或财产关系（这只是生产关系的法律用语）发生矛盾。于是这些关系便由生产力的发展形式变成生产力的桎梏。那时社会革命的时代就到来了。随着经济基础的变更，全部庞大的上层建筑也或慢或快地发生变革。"[6](P32-33)这就是说，人的物质生产力是人类社会历史发展的源泉和原动力，人与人的生产关系是社会上层建筑里人与人的其他社会关系的现实基础或经济基础，物质生产方式制约人的全部社会活动过程，不仅生产关系不适应生产力发展要求时必须变更生产关系，而且上层建筑不适应经济基础变更时也必须变革上层建筑，只有这样才能促进和保护人的生产力发展，这是人类社会历史发展的又一条基本规律。

生活在幸福社会里的现实的个人和人们明白了人类社会历史运行发展的基本规律，按规律做事，人们的社会关系友善和谐，适时自觉地以和平方式化解人与人之间的矛盾，只有这样人们才能真正过上社会和谐、和平有序、国泰民安的现实的社会幸福生活。

其五，幸福社会里人与自然界关系协调，自然环境受到保护，生态平衡，发展可持续。人类现实幸福的全部社会生活特别是物质生活，归根结底来源于现实的人对外部自然界里自在自然物的加工改造，从而使自在自然界变为人化自然界或现实自然界。正如马克思指出的："人的感觉、感觉的人类性——都只是由于相应的对象的存在，由于存在着人化了的自然界才产生出来的。"[5](P79)马克思强调说："在人类历史——人类社会的产生活动——中生成着的自然界是人的现实的自然界，因此，通过工业而形成——尽管以一种异化的形式——的那种自然界，才是真正的、人类学的自然界。"[5](P81)不过，在人与自然界关系上有两种极端对立的倾向不利于人与自然界保持生态平衡和可持续发展的关系。一种倾向认为，自然界自古以来一成不变，过去是那样，现在是那样，将来还是那样，费尔巴哈就是这种倾向的代表。然而，这种观念并不符合自然界存在的历史事实，也不符合人与自然界关系的历史事实。因此，马克思批评费尔巴哈说："先于人类历史而存在的那个自然界，不是费尔巴哈生活其中的自然界，这是除去在澳洲新出现的一些珊瑚岛以外今天在任何地方都不存在的，因而对于费尔巴哈来说也是不存在的自然界。"[4](P77)这就是说，费尔巴哈没有看到人类历史实践活动进程对自然界的改变，他理解的自然界不是他现在与之发生直接现实关系的现实自然界，原始不变的自然界对生活在现实自然界里的费尔巴哈来讲只是个"无"。另一种倾向就是完全按照人的主观需要随意地改变自然环境，任意破坏自然环境，破坏生态平衡，致使水土流失、气候变暖、洪水泛滥、地震不断，光污染、空气污染、水污染、土壤污染，致使空气不能吸、水不能喝、食物不能吃，人类生存和可持续发展受到严重威胁。这是一种更可怕、更可恶、更有害的倾向，如果不能制止这种倾向，人类不仅无幸福生活可言，而且必然走向灭亡。所以，幸福社会应是人与自然界关系协调、自然环境受到保护、生态平衡、人与自然界可持续发展的社会。

其六，幸福社会里个人能够自由全面发展。这是古今中外人类共同追求的人生最高价值理想境界。我国古代圣贤孔夫子总结自己的一生说："吾十五而志于学，三十而立，四十而不惑，五十而知天命，六十而耳顺，七十从心所欲不踰矩。"[7]（为政）"七十从心所欲不踰矩"，不就是人生最高的自由境界吗？近代西方匈牙利大诗人裴多菲曾赋诗："生命诚可贵，爱情价更高，若为自由故，二者皆可抛。"不也是把自由境界视为人生的最高境界吗？不过，在过去的社会里能实现和达到人生最高的自由境界的人只是个别人或极少数人。而马克思的《共产党宣言》设想的未来共产主义社会则是每个人都能自由全面发展的幸福社会。1894 年 1 月 9 日，恩格斯在致朱泽培·卡内帕和迪阿诺·马里纳的信中，答复他们要求"用简短的字句来表达未来的社会主义纪元的基本思想"时写道："除了从《共产党宣言》中摘出下列一段话外，我再也找不出合适的了：'代替那存在着阶级和阶级对立的资产阶级旧社会的，将是这样一个联合体，在那里，每个人的自由发展是一切人的自由发展的条件。'"[8]（P189）我想，现实的幸福社会应当向每个人自由发展这个崇高伟大理想的价值目标和方向努力迈进。

最后，幸福社会里人的价值追求具有阶段性或历史性。马克思认为，人不仅有一般共性，而且人性是历史变化的。他不仅依据人性的历史变化，把人类社会历史划分为人类早期有"互相依赖性"、文明时期人在对物占有之上形成人的"独立性"、未来社会人在全面发展之上生成"自由个性"，他还依据人类社会历史上不同的生产关系和经济制度，把人类社会历史概括为"亚细亚的、古代的、封建的、现代资产阶级的经济的社会形态演进的几个时期"[6]（P33）。今天我们可以更准确地把人类社会历史概括为原始氏族社会、奴隶社会、封建社会、现代资产阶级社会和社会主义社会五大经济的社会形态演进时期。每一个社会历史时代里，现实的个人的幸福生活价值目标追求和对幸福社会价值期望值都不尽相同，后一个社会里现实的个人的幸福生活价值目标追求和对幸福社会价值期望值总比前一个社会里的更高，这是人类社会历史发展的一种强大的持久的动力。具体到现实的个人在人生不同成长阶段也有不相同的幸福生活价值目标追求，概括起来主要是：幼儿阶段，主要就是自由快乐地玩，健健康康地成长；少儿阶段，学习国语和外语，认识字、会算数即可；中学阶段，了解人生、社会、自然、世界，初步形成世界观、人生观、价值观、历史观，养成独立人格；大学本科阶段，打下本专业基本的概念、知识和技能的基础；研究生阶段，学会研究方法，博览群书，筛选信息，有所发现、有所发明、有所创造、有所前进，能够开拓创新，结出硕果；青年阶段，走进社会，有事干，有房住，不缺钱，成家立业；壮年阶段，有所作为，如日中天；老年阶段，自由自在，返璞归真，回归自然。这就是我对"幸福社会"里现实的人对"幸福生活"的价值追求的理解。

二　幸福与痛苦的辩证法

现在有不少哲学家或鄙视讨论"幸福生活"和"幸福社会"这样世俗的话题，认为这些话题不屑一顾；或在讲"幸福生活"和"幸福社会"的话题时，仅仅是就幸福讲幸福，不讲幸福与痛苦（或不幸）的辩证法，这是简单的、片面的、形而上学的幸福社会观。2012 年国庆节前后，中央电视台搞了一次"幸福"调查，记者见人就问："你生活幸福吗？""你生活幸福不幸福？"这就太简单化了。再如，2012 年美国盖洛普公司对世界上 148 个国家和地区近15 万人进行"社会幸福感"调查，列出"是否能够休息好""是否能得到他人尊敬""是否能经常微笑""是否能做有趣的事情""是否有享受生活的感觉"5 个问题，都是生活消费话题，不问生产劳动话题，片面性则很大。

我认为，幸福与痛苦（或不幸）既是矛盾对立的，又是辩证统一的。幸福来自艰苦奋斗，享福莫忘苦难时，居安莫忘思危；没有比对，就会身在福中不知福、不惜福，或遇到不幸、身处困境时就以为一切皆完了；不知幸福与痛苦会互相转变，就会发生身处困境时自暴自弃乃至走向自我毁灭，或幸福过头变成痛苦的事。我国古代的《周易》卜卦，就讲吉与凶、幸福与痛苦的辩证法。每一卦都在讲吉与凶由量变到质变的物极必反的演变过程。例如"乾"卦，讲龙的活动过程是："潜龙勿用"→"见龙在田"→"终日乾乾"→"或跃在渊"→"飞龙在天"→"亢龙有悔"[9](P14-15)。卦与卦的关系也是这样排序，例如"泰"卦之后为"否"卦，其意为"泰"极"否"来[9](P36-37)。老子的《道德经》把幸福与痛苦的辩证关系讲得最明白。他说："祸兮福所倚，福兮祸所伏。"[10](P135)北宋哲学大师张载创立的关学则把幸福与痛苦的辩证关系讲得最深刻。他说："有象斯有对，对必反其为；有反斯有仇，仇必和而解。"[11](P5)

在论证痛苦与幸福的辩证关系时，我们不应忘记马克思的劳动价值论、剩余价值论和异化劳动论，因为它们至今仍有重要的理论意义。世人都知道劳动创造幸福生活，劳动最光荣。但是，在现代资本主义社会里却盛行资本家养活工人的观念和说法。马克思的《资本论》则对工人的劳动力价值认真做了定量研究，说明工人劳动力的使用即劳动的价值不仅补偿了资本家为工人发放的工资，而且创造了剩余价值即为资本家创造了利润，揭示了工人养活资本家和资本家剥削工人的秘密。马克思的异化劳动论则深刻论述了工人劳动创造的产品不归工人占有，工人劳动不是人的劳动，工人劳动使工人失去人性，工人劳动还创造出剥削压迫自己的资本家。工人的异化劳动对工人来讲，是件绝对的最痛苦的事情。然而，正是这种绝对的最痛苦的异化劳动，不仅锻炼了工人钢铁般的坚强意志，而且使工人明白了只能靠自己解放自己。正如马克思所说："如果社会主义的著作家们把这种具有世界历史意义的作用归之于无产阶级，那么这绝不像批判的批判硬要我们相信的那样是由于他们把无产者看作神的缘故。倒是相反，由于在已经形成无产阶级的身上，实际上已完全丧失了一切合乎人性的东西，甚至丧失了合乎人性的外观，由于在无产阶级的生活条件中，现代社会的一切生活条件达到了违反人性的顶点，由于在无产阶级身上人失去了自己，同时他不仅在理论上意识到了这种损失，而且还直接由于不可避免的、无法掩饰的、决不可抗拒的贫困——必然性的这种实际表现——逼迫，不得不愤怒地反对这种违反人性的现象，由于这一些，无产阶级能够而且必须自己解放自己。"[12](P54) 这就是说，无产阶级非人的地位迫使他们必须起来反抗自己的非人待遇，消灭阶级剥削和阶级压迫，消灭阶级，自己解放自己，进而实现人类的解放和每个人自由全面的发展。尽管现实资本主义经过资本家不断改良，资本主义今天还有很强的生命力，还能适应和促进生产力发展，无产阶级大多已变成工人阶级，资本主义还未灭亡，但是，资本家阶级雇用工人劳动的私有制这一基本事实未改变，资本家阶级剥削压迫工人阶级这一基本事实未改变，资本主义唯利是图生产破坏自然生态环境更加厉害，经济危机大量破坏生产力这一基本事实更加严重，工人阶级和资本家阶级的基本矛盾尚未解决也不可能解决，因此，马克思宣布资本主义必然灭亡和无产阶级必然胜利的论断只不过是早晚的事，而马克思从无产阶级的不幸和痛苦中得出无产阶级能够而且必须自己解放自己的结论，至今在历史事实根据上和理论逻辑上还是能令人信服的。

我对幸福与痛苦的辩证关系也有亲身体验。我在政治上经受了三次极其严峻而悲壮的重大考验，三落三起，三下三上，尤其是"文化大革命"中遭受的政治迫害最为惨烈，时间长达 12 年，直到 1979 年方才得以平反。正是在受到非人的待遇中和痛苦反思中我才对人生、社会、自然和世界之真谛有了一些体悟和理解，我体悟到人只有吃过苦，才会真正理解和珍惜幸福。

三　建设幸福社会的现实道路

人类向往理想幸福社会的幸福生活，这是人类在现实社会的价值追求，而要达到和实现理想幸福社会，更需要立足现实历史之上，寻求建设幸福社会的现实道路，脚踏实地，扎扎实实做实事，求实效，一步一步努力向前迈进。

人类向往理想幸福社会，这是人类本性所使然。我国古代先哲孔夫子在《礼记·礼运》里这样描绘了他心目中理想幸福的大同社会："大道之行也，天下为公，选贤与能，讲信修睦。故人不独亲其亲，不独子其子，使老有所终，壮有所用，幼有所长，矜寡孤独废疾者皆有所养，男有分，女有归。货恶其弃于地也，不必藏于己；力恶其不出于身也，不必为己。是故谋闭而不兴，盗窃乱贼而不作，故外户而不闭。是谓大同。"他认为，这种理想幸福的大同社会只存在于远古时代，他所处的时代只能达到比较理想幸福的小康社会。他说："今大道既隐，天下为家，各亲其亲，各子其子，货力为己，大人世及以为礼，城郭沟池以为固，礼义以为纪，以正君臣，以笃父子，以睦兄弟，以和夫妇，以设制度，以立田里，以贤勇知，以功为己。故谋用是作，而兵由此起。禹、汤、文、武、成王、周公由此其选也。此六君子者，未有不谨于礼者也。以着其义，以考其信，着有过，刑仁讲让，示民有常，如有不由此者，在执者去，众以为殃。是谓小康。"尽管孔夫子是一位复古主义的思想家，但他构想的大同社会和小康社会的内容却是生活在今天现实社会中的我们梦寐以求的理想中的幸福社会。

西方国家到了近代也产生了与我国古代的大同社会和小康社会说相似的空想社会主义的理想幸福社会说。第一位空想社会主义者莫尔痛斥英国圈地运动是"羊吃人"，1516 年出版的《关于最完美的国家制度和乌托邦新岛的既有趣又有益的金书》，描绘了他心目中理想幸福的"乌有之乡"。国家由 54 个城邦联合组成，成年人以家庭为单位，做工务农，收获归公，按需分配，六小时之外从事科学与艺术，自由民主。他之后，产生了康帕内拉、摩莱里、梅叶、马布利等一大批空想社会主义者。到了 19 世纪，西方诞生了圣西门、傅立叶和欧文三位最伟大的空想社会主义思想家，他们对未来幸福社会做了最理想美妙的描绘，只可惜未找到如何达到和进入这种理想美妙的未来幸福天堂社会的现实路径，这种理想美妙的未来幸福天堂社会只能成为美丽的空想和空谈。

马克思与圣西门、傅立叶及欧文三位最伟大的空想社会主义思想家是同时代人，马克思创立的科学共产主义和社会主义学说也是以人道主义为哲学基础的，但是他的社会主义的人道主义与大哲学家费尔巴哈及三大空想社会主义思想家的人道主义有根本区别[13](P11)。马克思立足现实社会历史之中寻求现实的手段以实现人类的真正的解放和实现理想幸福的社会主义社会。马克思指出："只有在现实世界中并使用现实的手段才能实现真正的解放。"[4](P74)这些"现实的手段"包括无产阶级暴力革命、无产阶级专政、普遍选举、民主宪政、消灭私有制、重建个人所有制、发展物质生产力等。这是圣西门、傅立叶、欧文三位最伟大的空想社会主义思想家和大哲学家费尔巴哈完全想不到的和不可理解的，他们认为马克思讲的这些"现实的手段"是不符合人性的，是缺少博爱的，是不人道的。马克思回应说："无神论的博爱最初还只是哲学的抽象的博爱，而共产主义的博爱则径直是现实的和直接追求实效的。"[5](P82)这说明科学共产主义的人道主义是现实的人道主义，而空想社会主义的人道主义是抽象的人道主义，正是由于这一点区别，才使社会主义从空想变为科学。在世界东方的俄国以及中国无产阶级和广大劳动人民正是采用马克思提出的无产阶级暴力革命的"现实的手段"，终于推翻了剥削压迫无产阶级和广大劳动人民的剥削阶级统治的旧社会，建立起了无产阶级和广大劳动人民的新社会，从而使科学社会主义开始由理论变为现实。

马克思之后至今世界上还存在大量资本主义国家，资本主义社会并未灭亡，于是不少人怀疑马克思科学社会主义的正确性。不过，这些人忽视了马克思早已预见到资本主义社会暂时还不会灭亡，马克思把原因讲得很明白："无论哪一个社会形态，在它所能容纳的全部生产力发挥出来以前，是绝不会灭亡的。"[6](P33)正因为资本主义社会形态今天还能适应和促进生产力发展，这些国家无产阶级大多数已变成工人阶级，因此资本主义社会形态今天是绝不会灭亡的。

不幸的是：第一个现实社会主义国家苏联在经历了 70 多年实验后却于

1991 年瓦解灭亡，而中国作为现存的最大的现实社会主义国家现在的现实问题也很多，但又在蓬蓬勃勃发展前进之中。如何看待这些重大历史现象？又如何解决我们面临的诸多重大现实问题？我们还能够进入和实现理想幸福的社会主义和共产主义社会吗？

我认为，第一个现实社会主义国家苏联的建立和灭亡都有其深刻的历史根源。社会主义国家苏联建立前的俄国是一个有着几千年农奴制的沙皇个人高度集权独裁专制的、横跨欧亚大陆的、极其落后保守反动的大俄罗斯联邦制国家，这种国家社会形态已成为生产力发展的桎梏，摇摇欲坠。历史发展到 20 世纪初期，在马克思提出的共产主义和社会主义新思想影响下，在列宁领导的俄国布尔什维克党直接带领下，1917 年 2 月和 10 月俄国先后爆发了推翻沙皇农奴制的资产阶级革命和推翻资产阶级临时政府的无产阶级革命，建立起了社会主义国家苏联。列宁领导下的社会主义俄国虽然因卫国战争形势所迫对现实人道主义建设有所忽视，但总体上还是为无产阶级和广大劳动人民谋幸福的社会主义国家。列宁之后，斯大林领导下的所谓社会主义国家苏联却大大偏离了马克思的科学社会主义理论。当然，应该实事求是地承认斯大林是一位伟大的政治家和军事家，他为发展苏联国家经济和保卫世界和平立下了伟大的历史功绩。在他领导下苏联实现了工业化，经济大发展，苏联由世界上经济落后的大国在第二次世界大战前跃居为世界上排名第二的经济强国和超级大国；军事实力达到世界第一，苏联红军成为第二次世界大战中反法西斯的主力军，为保卫人类世界和平做出了巨大牺牲。他和苏联人民的这些伟大历史功绩永垂青史。但是，斯大林时期的社会主义苏联在悄悄地发生蜕变，斯大林主义主要是极"左"思潮的代表。首先，在政治方面，斯大林个人高度集权，独断专行，消灭党内反对派，取消党内民主，用克格勃监视公民，随意逮捕审讯公民，对公民实行简单粗暴的所谓无产阶级暴力专政，公民失去起码的人身自由。其次，在经济方面，斯大林实行中央高度集中的计划经济管理体制，取消商品市场经济；强迫农民实行农业集体化，工业化实际上是片面的重工业化和军事工业化，轻工业和农业的发展未受重视，人民日常生活贫困问题长期未解决；苏联人民创造的社会财富名为国有制，实际上是各级领导者个人或特权者的官僚所有制，民众长期怨声载道。最后，在文化方面，斯大林实际上误解和歪曲了马克思列宁主义，把马克思列宁主义片面曲解为见物不见人的无人的机械唯物主义的斗争哲学和所谓反人道主义的科学主义，实行舆论一律，培养了一大批吹鼓手，愚弄民众，大肆制造对他的个人迷信和个人崇拜，从而埋下了苏联必然解体和灭亡的祸根[14]。斯大林时期的苏联名为社会主义，实质上是斯大林"把马克思的科学社会主义扭曲为'左'的人的异化的个人高度集权独裁专制的僵死的封建的社会主义"[15](P3)。这是马克思在《共产党宣言》里早就批判过的"封建的社会主义"[4](P295-297)。

　　苏联共产党最后一任总书记和苏联最后一任国家主席戈尔巴乔夫，与斯大林相比，走向了另一个极端。他从异化的西方马克思主义那里学到的见人（意识）不见物的主观思辨的唯心主义的抽象的人道主义和人本主义，作为他于20世纪80年代搞改革的人道的民主的社会主义的哲学理论基础。他在1987年11月出版《改革与新思维》一书，提出改革与新思维。首先，在政治改革与新思维方面，强调直接对话、政治公开性和政治民主化，反对个人高度集权独裁专制，应该说是完全正确的。问题在于他忽视和放弃了运用宪法和法律这个法制武器对违反宪法和法律的反对、破坏、损害广大劳动人民利益的敌人依法惩治或进行无产阶级专政。其次，在经济改革与新思维方面，强调打破中央高度集中的计划管理体制，反对平均主义，应该说有利于调动劳动者的积极性，有利于经济发展。问题在于他的经济改革方案的核心是所谓休克疗法，把国有经济私有化，挖了社会主义根基。苏联的官僚资产阶级却乘机大发国难财，从中大获其利，政治腐败现象迅速蔓延，引起广大普通民众的强烈不满。最后，在思想文化改革与新思维方面，强调解放思想和人道主义，提出"按照人应有的方式生存下去"，表达了人类美好的理想和追求。问题在于他无视现实世界中社会主义和资本主义以及无产阶级和资产阶级之间在根本利益上的差别、矛盾、对立，没有找到在现实世界中解决二者矛盾的有效办法，误以为今天资产阶级和无产阶级在一切方面都达到一致、同一。结果在抽象的人道主义世界观支配下，他迷信抽象的"人道社会主义"，最终放弃对马克思的现实人道主义和共产主义的信念，背叛了马克思主义和苏联共产党，乃至宣布解散苏联共产党。十分荒唐可笑的是，已不是苏联共产党总书记的他，还想当苏联国家主席，结果遇上更可恶的马克思主义和苏联共产党的叛徒叶利钦宣布苏联国家解体，成立独联体，戈尔巴乔夫被叶利钦赶下台。可见，第一个现实社会主义国家苏联的建立和灭亡都有其深刻的历史根源。

　　可幸的是，中国人理论联系现实，走马克思主义中国化道路，既反对"全盘苏化"，也反对"全盘西化"，特别是进入改革开放新时期后，邓小平提出走自己的路，建设中国特色社会主义，改变以阶级斗争为纲的方针，实行以经济建设为中心的方针，建设市场经济体制，大力发展物质生产力，这就回到马克思的科学社会主义的唯物主义历史观基础上和科学性原点上来了。以胡锦涛为总书记的中共中央结合我国历史和现实又提出以人为本的科学发展观，这就回到马克思的科学社会主义的现实人道主义和人文性康庄大道上来了。因此，高举以人为本的中国特色社会主义大旗，走中国特色社会主义大道，中国人不仅可以建成中国古代先哲设想的小康社会，而且能够建成马克思设想的理想幸福的社会主义社会。

当然，要想建成中国古代先哲设想的小康社会和马克思设想的理想幸福的社会主义社会，必须从克服解决当前的现实问题出发。正如老子在《道德经》中所言："千里之行，始于足下。"[9](P150) 当前中国出现的重大现实问题，粗略观之有以下几点。①现实的个人不讲究修身养性，不少人失去了人性。②现实的个人中有不少人不讲究孝道，父子、夫妻、兄弟姊妹失去亲情，家不成家。③现实的个人眼里只看见钱，金钱拜物教压倒一切宗教，人被物化，特别是贫富两极分化急剧扩大，社会不稳定因素急剧增多。④现实中不少人没有房住，没有衣穿，没有饭吃，有病看不起，少无学上，壮无事做，老无人养，穷困潦倒。⑤现实中人与人的关系失去诚信，朋友、同事、上下级之间视如仇敌，特别是党政官员贪腐成风，共产党执政合法性出现危机。⑥大自然环境被严重破坏，空气、水、土壤均被污染，导致空气不能吸、水不能喝、食物不能吃、物品不敢用，现实的人类与自然的关系失去生态平衡，人类可持续发展出现危机，人类生存受到严重威胁。

解决这些重大现实问题的现实道路，我认为可以采取现实价值哲学的现实的、历史的、发展过程的思维方式这种新范式[16](P9-11)，以马克思的现实人道主义、历史唯物主义、现实自然唯物主义在实践唯物主义基础上一体化的新唯物主义世界观做指导[17](P1-28)，走中国新实学的务实为乐之道[18]。①应把马克思的"现实人道主义"与我国古老的"人道"说相结合，倡导现实的个人先讲究修身养性，学习做人、做文明人，恢复和巩固人性。在这方面，树立"诚信"是最起码的、最基本的、最关键的一环。正如中国古代圣贤孔子在《论语》中所言："人无信而不立""人而无信不知其可"[7](为政)。我理解"信"字，首先是每个人对自己生存发展的能力有"自信心"，这是一个人生活的精神支柱，人若对自己生存发展的能力失去"自信心"，这个人生活的精神支柱垮了，这个人也就立不起来了，也就完了。其次是人与人相互交往要讲"诚信","诚实守信""遵守合约""说到做到",别人才敢与你交往,否则,谁还敢与你交往呢?所以,幸福社会的每个人都应从修身立信做起。②应把马克思的"现实人道主义"与我国古老的"孝道"说相结合,恢复和巩固夫妻、父子、兄弟姐妹的亲情,建设家庭文明,保卫我们的家园。③应把马克思的"历史唯物主义"的人类社会历史观与我国古老的"厚德载物"的"地道"说及村民自治优良传统相结合,创造新型社区自治,建设社会文明,实现人有所居、病有所医、少有所学、壮有所为、老有所乐。④应把马克思的"历史唯物主义"的劳动价值论与我国古老的"自强不息"的"天道"说及勤劳致富的光荣传统相结合,创造"公共政策 + 自由市场的社会主义经济体制",建设物质文明,遏制贫富两极分化。⑤把马克思的"历史唯物主义"的现代民主论与我国古老的"王道""仁政""法治"说及以人为本的民本主义优良传统相结合,创造"宪政社会主义",建设宪政民主和民主宪政的政治文明,限制公共权力,维护公民权利,遏制政治腐败现象蔓延。⑥应把马克思的"现实自然唯物主义"和我国古老的"道法自然"的"天人合一"之道说相结合,建设生态文明,维护生态平衡,保护自然环境,遏制自然环境恶化。⑦应把最现代的马克思的"实践唯物主义"和我国最古老的《周易》作为"百姓日用"之"实学"的务实、求实、实干、包容的民族精神相结合,建设精神文明,实现每个人自由全面发展。我认为,这就是在中国建成我国古代先哲设想的小康社会和马克思设想的理想幸福的社会主义社会的现实道路或新实学的务实为乐之道。

参考文献

[1] "新实学"是周树智于 1995 年提出的一种新哲学构想,见周树智《中国需要新实学》,《人文杂志》1995 年增刊第 2 期。更深入全面些的,见周树智《新实学论纲》,《江海学刊》1998 年第 4 期;周树智《建设当代中国的新实学——论马克思主义哲学中国化》,《理论学刊》2004 年第 8 期;等等。

[2] 〔希〕伊壁鸠鲁:《致美诺寇信》,引自全增嘏主编《西方哲学史》(上册),上海人民出版社,1983。

[3] 《马克思恩格斯全集》(第 40 卷),人民出版社,1982。

[4] 《马克思恩格斯选集》(第 1 卷),人民出版社,1995。

[5] 马克思:《1844 年经济学哲学手稿》,刘丕坤译,人民出版社,1979。

［6］《马克思恩格斯选集》（第 2 卷），人民出版社，1995。

［7］孔子：《论语》，引自朱熹《四书集注》，上海昌文书局印行，1928。

［8］《马克思恩格斯选集》（第 39 卷），人民出版社，1974。

［9］朱熹：《周易本义》，中国书店，1994。

［10］任法融：《道德经释义》，三秦出版社，1990。

［11］周树智主编《价值哲学发展论》，陕西人民出版社，2009。

［12］《马克思恩格斯全集》（第 2 卷），人民出版社，1957。

［13］周树智主编《人道主义和社会主义》，社会科学文献出版社，2011。

［14］周树智：《论马克思主义中国化的必由之路》，《延安干部学院学报》2011 年第 6 期。

［15］周树智主编《马克思主义探原》，陕西人民出版社，2011。

［16］李建群、周树智主编《现实价值哲学论》，中国社会科学出版社，2012。

［17］周树智主编《马克思的新世界观》，社会科学文献出版社，2012。

［18］周树智：《论新实学的务实为乐的价值观》，《西北大学学报》2005 年第 2 期。

幸福社会哲学论

杨文极

（陕西师范大学政治经济学院教授　陕西西安　710062）

摘　要： 幸福问题是当下社会讨论的热点问题。老天给我们每一个人一条命、一颗心。把这条命照看好，不要轻易死去；把这颗心安顿好，不要随便就心灰意冷。所谓幸福，就是让生命、心灵和精神处在一种好的生存状态中，这就要处理好人与自然、人与社会、人与人的关系。处理好人与自然的关系，正确解决人们生存的条件；处理好人与社会的关系，正确解决人们生活的关系，正确解决人们的生活条件；处理好人与人的关系，正确解决人们的发展条件。安排好人的一条命，安顿好人的一颗心，使人的需要在自然和社会中得到满足，这就是幸福。所以幸福就是人的生命、心灵和精神处在一种好的状态。构建幸福社会，就是从经济、政治、文化、社会、生态五个方面全面建设小康社会。幸福社会，依赖于个人幸福，而个人幸福又促进幸福社会，每个人的自由而全面发展是一切人全面而自由发展的条件。幸福社会是我们的希望，也是我们建设中国特色社会主义、全面建设小康社会的根本目标。

关键词： 幸福　个人幸福　幸福社会　小康社会

一

当下，人们都在谈论幸福。然而，对于什么是幸福，人们却又有不同的说法。我们认为，幸福，一般是指个人的幸福。由个人幸福，推及到家庭幸福、社会幸福、国家幸福。但是，无论是家庭幸福、社会幸福，还是国家幸福，都是基于个人的幸福，都离不开个人幸福。而个人的幸福又受制于家庭幸福、社会幸福和国家幸福。如果家庭是幸福的，社会是幸福的，国家是幸福的，那么个人必然也是幸福的。在现实生活中，有人问道："你幸福吗？"这就提出了什么是幸福、如何理解幸福的问题。"幸福的童年、幸福的老年"，这是幸福的时间性问题。"身在福中不知福"，这是幸福的空间性问题。"有德者未必享福，享福者实多恶徒""祸兮福之所倚，福兮祸之所伏"，这是幸福与德性、幸福与灾祸的关系问题。"追求幸福社会"，这是幸福的理想与梦想问题，如此等等。由此可见，幸福、幸福社会既是一个事实问题，也是一个价值问题。从主客体关系上讲，无论是从主体对客体的认识上讲，还是从客体满足主体欲望和需要或主体选择客体上讲，都是哲学问题。所以，我们认为，幸福、幸福社会是一个哲学问题，对其应当进行哲学研究。

本文探讨社会幸福、幸福社会。小康社会算不算幸福社会？邓小平说："所谓小康社会，就是虽不富裕，但日子好过。我们是社会主义国家，国民收入分配要使所有的人都得益，没有太富的人，也没有太穷的人，所以日子普遍好过。更主要的是，那时我们可以进入国民生产总值达到一万亿美元以上的国家行列，这样的国家不多。"[1](P161-162)按照邓小平所说，小康社会就是日子好过。当然，日子好过要比日子不好过（贫穷）幸福。这说明幸福也是有层次的。但是一部分人太富，另一部分人太穷，贫富悬殊，两极分化扩大，那就不会幸福。既然小康社会是社会主义初级阶段一定时间内经过努力能够实现的目标，所以它还是低水平、不全面、发展很不平衡的小康社会，要全面建设一个惠及十几亿人口的更高水平的小康社会，那就需要更大的努力。我们将按照经济、政治、文化、社会、生态"五位一体"的布局全面建设小康社会。这就说明，作为幸福社会的小康社会，也是一个不断建设的过程。

由此可见，所谓幸福社会，其实是一种存在状态，是客体满足主体欲望、需要的一种存在状态。这种状态，可以是物质的、精神的，也可以是肉体的、心灵的。有人把幸福看作一种主观感觉，我们认为不对。幸福是联系主体与客体的关系，是一种客体在实践基础上满足主体物质生活、社会生活、精神生活需要的状态。幸福是一种价值判断，而不是一种事实描述。它要回答的是意义，而不是事实。例如，今天下雨了，并非要验证今天是否下雨了，而是要回答今天下雨对我们不同的人有什么意义。因此，价值观不同，幸福观也就不同。不同的人，有不同的价值观，因而也就有不同的幸福观。

二

老天给我们人以两种东西，一种是身体，一种是心灵，这就是我们平常讲的生命与灵魂，也可以叫作灵与肉。

西方哲学史上，随着世界的被二重化，世界被分为可见世界与可知世界、世俗世界与宗教世界，人也被分为身体与心灵两部分，身体感官与可见世界相联系，心灵思维与精神世界相联系。

由于人由肉体与心灵两部分构成，所以讲到人的幸福，也必须从这两部分来谈。首先是身体，身体构成人的生命。要保持好人的这条命，就要解决好生活条件，即食、衣、住、行问题；要维持好人的生命，就要解决人与自然的问题。除此以外，由于人是社会的人，他是在社会中生活，所以也必须解决好人与社会的问题，处理好人际的关系。其次是心灵，心灵构成人的精神世界。人的精神世界是非常复杂的，也是非常重要的。康德的哲学"三大批判"和黑格尔的哲学全书，揭示了精神世界的丰富性。康德强调主体性，把人的认识分为感性、知性、理性，说明人能认识什么，不能认识什么。康德强调主体，认为客体可分为现象和物自体，人们认识的对象是现象，信仰的对象是物自体。这样，康德就写了《纯粹理性批判》《实践理性批判》《判断力批判》，建立了一个真、善、美的哲学体系。黑格尔也强调认识的主体是人，把人的认识分为知性、消极理性、积极理性，讲到人的思维辩证法。黑格尔强调实体，认为实体即主体，客体就是绝对观念。对这一点，许多人不理解。其实，黑格尔是讲，"绝对观念"是矛盾进展的主体，是产生自身、发展自身、回到自身的辩证运动过程；"绝对观念"本身内在地包含同一、差别、对立、矛盾，包含对自身的否定性，因而它又可以外化为客体。客体不仅限制和束缚主体，与主体相对立，而且还可以复归主体，达到主客体对立面的统一。所以，"绝对观念"既是主体，又是客体，既是万事万物的本原和基础，又是自我运动、自我发展和自我创造的前提和表现，它是主体客体化和客体主体化的自我运动的辩证统一过程。在此基础上，形成了他的《逻辑学》《自然哲学》《精神哲学》的哲学百科全书体系。总之，康德与黑格尔突出了人的主体性，并对人的心灵、精神世界进行了非常深入的剖析和挖掘，对后来人们进一步认识人的灵魂和精神世界提供了有益的帮助。

马克思、恩格斯在《德意志意识形态》第一章中说："任何人类历史的第一个前提无疑是有生命的个人的存在。因此第一个需要确定的具体事实就是这些个人的肉体组织，以及受肉体组织制约的他们与自然界的关系。"[2](P24)同时，"以一定的方式进行生产活动的一定的个人，发生一定的社会关系和政治关系"[2](P29)。至于"人们的思想、观念、意识的生产最初是直接与人们的物质活动，与人们的物质交往，与现实的语言交织在一起的。观念、思维、人们的精神交往在这里还是人们物质关系的直接产物。表现在某一民族的政治、法律、道德、宗教、形而上学等的语言中的精神生产也是这样。"[2](P30)由此可见，马克思、恩格斯也是把现实的个人理解为身体与灵魂、生命与意识的，并且赋予以新世界观的含义。马克思和恩格斯在《德意志意识形态》中对人类生存的前提做了分析，人类生存必须首先解决生活资料，而要解决生活资料，就必须进行生产资料的生产，解决人类自身生产和再生产，这就形成了人与自然、人与社会的关系。意识与语言的产生，说明人是社会的人，意识代替了本能。分工的产生，特别是脑力劳动与体力劳动、工商业与农业、城市与乡村的分工，促进了社会的发展。马克思、恩格斯说："分工起初只是性行为方面的分工，后来是由于天赋（如体力）、需要、偶然性等而自发地或'自然地产生'的分工。分工只是从物质劳动和精神劳动分离的时候才开始成为真实的分工。""从这时候起意识才能摆脱世界而去构造'纯粹的'的理论、神学、哲学、道德等"。生产力、社会状况和意识"彼此之间可能而且一定会发生矛盾，因为分工不仅使物质活动和精神活动、享受和劳动、生产和消费由各种不同的人来分担这种情况成为可能，而且成为现实。"[2](P36)这就说明，由语言、意识、分工而构成的人的精神世界，不仅是内容丰富的，而且也是人的本质属性。总之，没有物质生产资料的生产和再生产，没有物质生活资料的生产和再生产，没有人类自身的生产和再生产，就没有身体，没有生命；没有人类社会的精神生产和精神文化的生产，就没有心灵，没有文明社会和文明人，人类社会就无法进一步发展。身体与心灵，生命与灵魂，就是在人类社会的生产中发展起来的。离开生产，离开生活，就不可谈论人的幸福和幸福社会。

三

生命诚可贵。老天给我们人以生命。而维持生命，离不开粮食、水、空气，离不开自然。这是一个天经地义的事实。而维持和延续生命，也离不开社会，离不开父母兄弟姐妹，离不开社会关系。其实，人与自然的关系、人与社会的关系，都很单纯。但人的欲望、需求却是多方面的，甚至是无限的。人们要发展自己，要求复杂的自然关系、复杂的社会关系，造成人们与自然界、社会生活的不和谐，甚至影响了自然界的正常发展和人类社会的正常发展。探讨幸福社会、幸福人生，离不开对生命的探讨。要安置好生命，就是要让社会生命处在一个良好的存在状态中。

生命本身的需要和物质欲望的满足是截然不同的，生命本身的需要是依赖于自然界的，自然界是人类生存发展的衣食父母。没有水、没有空气、没有粮食，人类是无法生存和发展的。人类服从自然、靠天吃饭，与人类改造自然、靠征服自然吃饭，是很不相同的。自然界被破坏，它就要报复、惩罚人类，所以我们要爱护人类的家园。爱护人类的家园，就是爱护自己的生命。同样，爱护自己的基本社会关系，也是爱护自己的家园，爱护自己的生命。但是，人类有强烈的物质欲望。从一般吃饭到吃得高级、有营养，从要穿暖到穿得讲究、漂亮，从要住房到住得讲装潢、住豪宅，从用的是低档品到用的是高档品，从走路步行到坐小汽车……从旧社会有权有势人的吃、喝、嫖、赌，到新社会官场的"包二奶""养小三""三公消费"。据调查统计，仅 2011 年，全国公款吃喝 3700 亿元、公车消费 4083 亿元、公费旅游 3000 亿元，约占当年 GDP 的 1/3。

马克思、恩格斯说："……因为分工不仅使物质活动和精神活动、享受和劳动、生产和消费由各种不同的人来分担这种情况成为可能，而且成为现实。要使这三个因素［即生产力、社会状况和意识（本文作者注）］不发生矛盾，只有消灭分工。"[2](P36) 当年，刘少奇接见时传祥时说："你是掏粪工人，我是国家主席，这只是分工的不同。"现在看来，这个分工不同的说法，掩盖了分配不合理的事实。正是由于所谓的分工和所谓的分配不公，才造成特权和所谓的"三公消费"。

最近看冯小刚导演的电影《一九四二》，颇有感触。1942 年的河南发生大旱，正值抗日战争关键年头，由于天灾加人祸，河南惨死 300 余万人。联想到 1960 年的大灾年，时值"大跃进"人民公社年头，由于天灾和人祸，中国惨死 6000 万人。人的生命，没有安顿好，都死掉了。这说明，人的生命与自然界的关系是多么密切呀！生活在这样的社会，个人幸福吗？社会幸福吗？

当下中国，盖的房多了，修的路多了，大型工厂建设多了，耕地面积少了。自产粮食少了，进口粮食多了。市场上充斥着假烟、假酒、假药，面粉中掺滑石粉，大米成了毒大米，瘦肉精、苏丹红、激素鸡、塑胶冰棒、三聚氰胺奶粉、转基因菜、地沟油，不一而足。吃的东西不安全，令人生畏。生活在这样的环境里的人幸福吗？这样的社会幸福吗？

自然界是人的生命的一个生长点，社会关系也是人的生命的一个生长点。离开自然界，人无法生活，也就无所谓生命。离开社会关系，人也无法生活，也就无所谓生命。一个人生活在世界上，离不开父母、伴侣、儿女、老师、朋友。如果一个人生活在世界上，没有尊敬的父母、相爱的伴侣、和睦的家庭、知心的朋友，那就不能很好地生活在世界上。在现实生活中，有些人不看重这些基本的社会关系，而是看重名誉、地位、权力、财富，特别是权和钱，甚至为了权和钱，不讲人格，不讲国格，不讲党性，不讲人性，贪污腐败、腐化堕落，携巨款"包二奶""养小三"外逃，不要祖国，不要父母。把一名干部培养到省部级、司局级也实属不易，这些人到头来竟然成了贪污罪犯。这类事件的发生令人深思。在这些人眼里，什么祖国的前途、人民的利益，什么全心全意为人民服务，完全成了骗人的鬼话！他们能幸福吗？他们能给人民带来幸福吗？他们能建设幸福社会吗？

社会主义初级阶段，这是一个过渡转型的历史阶段。在这个阶段，有人主张继承"五伦"，坚持血统论，子承父业，"打江山坐江山""拼爹"，成了"官二代"；有人主张"自己闯江山""争权夺利"，他们看中了"权与钱"，"争名于朝，争利于市"，只识"权与钱"，有了权揽钱，有了钱买官，把基本的社会关系搞乱了，这样的结果，自然要危及人的生命。因此，要把人的生命安置好，就必须处理好人与自然、人与社会的基本关系，要把生命的自然生长点和社会生长点同人的物质福利、名誉地位、正当需要和欲望完全区别开来，千万不能让人的欲望膨胀，物欲横流。当今社会金钱至上，物欲横流，贪赃枉法，社会公平正义缺乏，很难谈什么个人幸福、社会幸福，我们全面建设小康社会，一定要认真认识和解决这个问题。

四

精神价更高。人要有点精神。人是有思想、有灵魂的精神性的存在体。人是一种有生命、有灵魂、有精神的高级的社会动物，是一种有文化内涵的文明人。

启迪民智乎？愚昧百姓乎？这是区别民主与专制的领导者的一个分界线。

老天给人们两个身份，一个是自然之子，一个是"万物之灵"。"万物之灵"说明人的精神素质。我们常讲人具有德、智、体、美。德是讲人的道德、信仰，是人的高贵、人格、人品；智，智力，是讲人的认识能力；体是讲人的体魄，身体健康就是生产力；美是讲人的审美能力、审美情趣。美是人对世界的感受能力，是对世界的美、丑的体验。德、智、体、美说明人是有理想、有道德、有文化、有信仰的社会人。因此，人应当享受自由的头脑，享受独立思考的权利。作为一个幸福的人，应当对世界充满好奇，敢问"十万个为什么"，也应当善于独立思考，深究事物发生变化的原因。作为一个人，如果在物质生活上得到了基本满足，精神上的目标和追求就变得更为重要了。如果不准自由思考，不准深究事物发展变化的原因，那就使人不能变成真正的人。

如前所述，康德和黑格尔对精神做了深入研究，这对德国的哲学、文学和科学技术的发展影响极大。在认识论上，康德从主体上讲了感性经验、知性范畴、理性思维，阐明了人的三种认识能力，提出了经验、先验、超验，并以此对应客体上的感性存在体、理智存在体、思维存在体，形成了灵魂（心理学）、世界（宇宙学）、上帝（神学）三种不同的知识形态，论证了它们真、善、美相统一的哲学体系。黑格尔从时间在先、逻辑在先、整体在先的观点出发，讲述了逻辑学、自然哲学、精神哲学，从主体上讲述了知性、消极理性、积极理性三种认识能力，阐述了主观精神、客观精神和绝对精神，对人的精神做了大量研究，还写了《精神现象学》，对精神做了精彩而丰富的解读。马克思、恩格斯在《德意志意识形态》一书中对精神生产也做了精彩而丰富的解读，对后世的学术研究影响极大。

中国虽然有精、气、神的论述，但在"上智下愚"传统影响下，对人的智力、情感、道德的研究缺乏理论化、学理化、科学化。作为一个社会的人，不仅要有享受自己的智力属性、情感属性、道德属性的权利，而且也要有享受消灭工农差别、脑力劳动与体力劳动差别、城乡差别的权利，享受自由、平等、人权属性的权利，否则人的精神，特别是普通老百姓的精神就难以丰富，难以提高。马克思、恩格斯在《共产党宣言》中说："每个人的自由发展是一切人自由发展的条件。"[2](P273)如果说每一个人不能全面而自由的发展，那么一切人就不可能全面而自由的发展；如果每一个人不能享受幸福，那么就不可能有社会幸福或幸福社会。

谈到幸福个人、幸福社会，许多人认为这是人类的理想和追求。中国古代认为"久旱逢甘霖，他乡遇故知，洞房花烛夜，金榜题名时"是幸福，而幼年丧父、中年丧子、老年丧偶和男怕入错行、女怕嫁错郎是不幸。一个社会如果遇到战乱、天灾、人祸，那就是社会不幸。一个退休老人，如果有一定的经济收入，生活能自理，能独立参加社区工作，身体健康，那是幸福的，否则就很难讲幸福。由此可见，个人幸福与幸福社会是相互联系的，社会幸福，个人就会幸福。个人幸福反映幸福社会。

十八大召开，要全面建设小康社会，这是一个目标，也是一个理想的境界，更是一个全国各族人民的美好希望。要全面建设小康社会，就必须倡导富强、民主、文明、和谐，倡导自由、平等、公正、法治，倡导爱国、敬业、诚信、友善。也就是说，我们全面建设小康社会，建设幸福社会，要倡导和实行这24个字，不是只空谈一阵，而是要实干，脚踏实地去干。我们只有从经济上、政治上、文化上、社会上、生态上推进"五个文明"的建设，全面建设小康社会、幸福社会，我们的人民才能真正过上幸福的生活。

"权为民所赋""权为民所用""权为民所控"。人民是国家的主人，所以只有把权力的来源、权力的正常运行、权力的监督三者统一起来，在宪法和法律指导下依宪执政、依法执政，才能逐步实现人民当家做主，才能逐步解决贪污腐败，建设我们所希望的幸福社会，实现中华民族的伟大复兴。

一个人的幸福，依赖于自然和社会对人的肉体、心灵和精神需求的满足。离开自然和社会对人的需求的满足，人便无法生存，更无法获得幸福。全面建设小康社会，从经济、政治、文化、社会、生态"五位一体"进行建设，为人们生存发展创造经济上富裕、政治上民主、文化上文明、社会上和谐、生态上平衡的个人幸福的条件，而每一个人的幸福又为整个社会的幸福提供幸福社会的条件。幸福不会从天而降，幸福是人民大众自己的劳动创造的。

参考文献

［1］《邓小平文选》（第三卷），人民出版社，1993。

［2］《马克思恩格斯选集》（第1卷），人民出版社，1972。

幸福的意义

张茂泽

（西北大学中国思想文化研究所教授　陕西西安　710069）

摘　要： 幸福是人的需要满足的客观状态，幸福感是对这种状态的感受，两者不宜混淆。幸福和人性紧密相关，是人性得到确证和实现的标志；幸福是生命幸福、道德幸福和精神幸福的统一；实现个人幸福、社会幸福，关键在不断发展社会生产力，改进社会公共制度；幸福和人性实现一样，是一个从片面到全面、从现实到理想的发展过程，只有在人人自由全面发展的条件下，幸福才能得到真正实现。

关键词： 儒家　马克思　幸福　幸福度　社会幸福度

一　"你幸福吗?"

倘若有人问："你幸福吗?"我们当如何作答? 或许无从开口，或许可以回答，但答案可能千奇百怪，因为这取决于我们对"幸福"一词的理解。

首先需要澄清的是，幸福和幸福感不同。幸福感是对幸福的感受，而幸福是幸福感的对象，幸福是一种客观实在，幸福感则有一定的主观色彩。幸福是人的需要得到满足时的状态，这种满足程度表现了人的生活在客观上达到了一定水平，进入了一种境界；幸福感则是对这种满足的感受，一种《现代汉语词典》"幸福"词条所谓"使人心情舒畅"[1](P1527)的心理状态，是幸福在人主观意识中的反映。幸福是客观的，不以人感受到与否为转移；幸福感则具有一定的主观性，会受到外部社会环境和内在心理活动的影响。讨论什么是幸福，这是哲学或伦理学的问题；研究什么是幸福感，则主要是心理学的任务。同时，幸福是幸福感的基础，幸福感是幸福在人情感上的表现。换言之，实际上有一定幸福的人，可以没有相应的幸福感；但一点也没有幸福的人，却绝不会有幸福感出现。幸福多而幸福感少，或者幸福少而幸福感多，都是有可能的。如果一个人的幸福增加 100，其幸福感未必有 100 的同比例增长，这显示出幸福感和幸福之间经历了"反映"这一中间环节，具有不一致性。

为此，"你幸福吗"这一问题其实蕴涵了两个问题：第一，我们事实上达到了某种幸福境界吗？第二，我们对自己的这种幸福境界有真实的感受吗？故回答：幸福，或不幸福，或不知道，或王顾左右而言他，都是可以理解的。

既然幸福是幸福感的基础，我们要准确回答"你幸福吗"这个问题，就应对"幸福是什么"给予进一步追问。

二　何谓幸福？

幸福是什么呢？

幸福总是人的幸福，人是幸福的主体；离开人谈幸福，没有任何意义。从幸福的存在看，幸福不仅和人的境遇、生活相关，而且与人的所有活动相关，尤其是与人性相关。人性的抽象性、复杂性、不断变化等情况，让我们对幸福的认识和表达都存在着一定的困难。尽管如此，我们还是应该对"幸福"概念的意义有所概括，那就是：幸福是人的需要满足的状态，是人性现实化的量度词。又由于人的需要复杂多变，对人的需要得到满足的状态，我们难以进行准确认识和描述，这制约了我们界定"幸福"概念的清晰性，我们只能求助于自身的心理感受。但是，由于人的感受也有不确定性，还有主观色彩，所以我们对"幸福"概念的意义进行正面描述可能有困难，但结合幸福的反义词——不幸——来理解，在"幸福"和"不幸"的对照中，或可比较清晰地理解"幸福是什么"。因为，幸福总是幸福，而不是不幸。不幸，便可从幸福中排除。

马克思说，需要构成人的本质。人的需要的满足，是人性实现的表现。幸福既然和人性相关，则从人性角度看幸福，是不可回避的。综合起来，古代儒家看人性，大约有三个层次（或三个方面，或三个阶段）。一是自然生命层次，《孟子·告子上》记载的告子所谓"食色，性也""生之谓性"说、《荀子·礼论》提出人的"欲"（欲望）和社会的"礼"（礼义等社会公共制度）"相持而长"（相互平衡、统一）的主张，都可以说是其代表。根据这些说法，现实的人只要能够生存，能够有一定的条件得到发展，就一定有其源于自然生命的幸福，即生命幸福。二是德性层次，孟子"人性善"说是其代表。既然人人都在根本上说具有至善的本性，如此，人人都有可能获得道德上的幸福，即道德幸福。三是主体性层次，良知、良心、本心等概念所表现的，就是人的主体性，或真我。真我的实质就是真理，陆九渊、王阳明"心即理"说是其代表。现实社会中的任何人，只要通过自己努力挺立了自己的主体性，就必然获得一定的精神上的幸福。从这个意义上说，人人都有精神幸福。

具体而言，在自然生命层次，如果说长寿是幸福，则夭折便是不幸；健康是幸福，疾病便是不幸；一生平安是福，坎坷曲折便是不幸；生幸福，死则不幸。一个人找到真爱是幸福，成立家庭是幸福，有孩子传宗接代是幸福，则鳏寡孤独、无依无靠便是不幸。一个人富（有钱）、贵（有权）是幸福，贫、贱就不幸。所以，重视身体需要、物质欲望满足的人，就会赞成《韩非子·解老》所主张的"全寿富贵之谓福"。一个人能得善终是一种幸福，不得善终便是不幸。与此相关，医疗、健身等社会福利发达是幸福，贫贱者不能享受到医疗、健身等福利便是不幸。

在德性层次，如果说生活在文明社会中是一种幸福，那么生活在野蛮社会便是不幸。《老子》有"知常曰明"说，《大学》有"明明德"说，如果说有人性觉悟、有人生智慧是幸福，那么愚昧无知便是不幸。有文化，能享受文明成果是人生的幸福；无文化，不能享受人类文明成果便是不幸。懂得科学，掌握了技术，有技能，能将自然力、社会力转化为个人能力，是幸福；不懂科学，不能借助、利用已有的科学技术成就为自己的生产生活服务，是不幸。德高望重是幸福，无德无能便不幸。立德、立功、立言，能够三不朽，让后人缅怀，是幸福；一生无所立，没有不朽贡献传世，是不幸。社会公平，正义伸张，是幸福；社会不公，是非无度，法纪松弛，"潜规则"盛行，邪妄泛滥，是不幸。人成为人，各尽其能，人性实现，是幸福；但种田的没饭吃，建房的无房住，工人越劳动越贫穷，人性异化，人不成其为人，是不幸。家庭和睦，社会和谐，国家富强，是幸福；反之，家庭不和睦，社会动荡，国家贫弱挨打，家不家，国不国，是不幸。文化繁荣，教育免费，是幸福；文化荒芜，教育负担过重，就是不幸。

在主体性层次，如果说能够致良知，寻找到真我，是幸福；那么，良知被遮蔽，良心放失，是不幸。自由，是幸福；有枷锁，人为物役，受到马克思所谓"物的力量的统治"，便是不幸。有"安宅"，有诚笃信仰，心安理得，有安身立命之所，是幸福；无精神家园，无信仰，浮躁不安，如水上浮萍，像风中蓬草，随风飘荡，不知何所来何所往，无根本，无主宰，无归宿，是不幸。孔子说："朝闻道，夕可死"，彰显杀身成仁、舍生取义的崇高精神，这种崇高精神中当然洋溢着幸福；与此相反，见利忘义，假公济私，终身局限于小我，浅狭偏枯，损人利己，不知家、国、天下为何物，便是不幸。

综上，幸福是生命幸福、道德幸福和精神幸福的统一，涉及人生产生活的方方面面。我国最早的著作《尚书》中有《洪范》篇，其中就提出了"五福"，即五种幸福。它们是："寿（百二十年）、富（财丰备）、康宁（无疾病）、攸好德（所好者德福之道）、考终命（各成其短长之命以自终，不横夭）"[2](P193)。其中既有身体安康、长寿、善终，也有道德幸福在内。可见，幸福乃是人成为理想的人的衡量词。

三　理想的幸福

从现实的人成为理想的人的角度看，一个幸福的人，意味着他已经是理想的人；某方面幸福的人，意味着他在某方面已经成为理想的人。

需要注意，由于社会生产力水平和社会劳动分工的原因，理想的幸福是全面的幸福，不够理想的幸福则可能只是片面的幸福。一个有文化的人可能贫贱，一个有钱的人可能没文化，一个有权的人可能时常感到差钱，一个有权有钱有文化的人可能贵体欠安。一个人要达到幸福，只能从片面幸福向全面幸福发展。一个人只要还有尚未发挥出来的潜力，还有不能满足的某种需要，他就不可能有全面的幸福。一位富翁享受着已经挣得的财富，可以感到幸福；当他考虑到自己无权、无文化等方面时，当他考虑到自己身体欠安或家庭不和睦时，就很难感受到自己的幸福处境。同理，一位官员，或一位学者，等等，也是如此。

还需注意，由于历史的原因，理想的幸福只能是发展中的幸福；或者说，不同历史发展阶段，人类拥有高低不同的幸福水平，这或可以称为幸福度。历史时期不同，社会发展水平各异，人的幸福度也就有差距。人类历史的进步，一个显著的标志应该是人的幸福度不断得到提升。直到共产主义社会，人人自由全面发展，当然是最幸福的；在剥削阶级还存在的社会历史时期，人的幸福不仅受到社会生产方式落后的制约，而且也受到不公正、不公平的剥削制度的限制。比如，法国启蒙思想家卢梭在《社会契约论》里写道："归根到底，专制制度之统治臣民，并不是为了使他们幸福，而是要使他们贫愁困苦，以便统治他们。"[3](P105) 依照启蒙思想家们的观点看，在封建社会的历史条件下，实现自由、平等、民主等政治制度是人们追求幸福的必要条件。这种主张不仅反映了中世纪社会向近代社会转变的历史发展大趋势，也说明在不同历史时期，人们追求幸福的主要历史任务受到社会生产方式的制约，因而并不相同。

四　幸福的社会历史性

《老子》第五十八章说道："祸兮福之所倚，福兮祸之所伏。"在《老子》的作者看来，祸害和幸福之间会发生转化，而且这种转化似乎是没有止境、没有主宰和没有归宿的过程。或者说，在《老子》的作者看来，祸福相互转化的结果并不一定是幸福越来越多、祸害越来越少。他的解决办法是既远离祸害，也不要追求幸福，以免陷入祸福无限转化的恶性循环中。

一方面，在祸福不断转化的这个意义上，我们可以说，并不存在静止不变的幸福度。凡幸福总是在变化中的幸福，或幸福，或不幸，或幸福多些，或幸福少些。但从人类整个历史长河看，从人生整个现实历程看，在祸福转化过程中，幸福和祸害的作用并非平分秋色，不分轩轾。在人的社会生产活动支持下，人事实上越来越有能力避免不幸或减少不幸，增加人类福祉。幸福度总会伴随着人类文明史的进步而不断提高，尽管人们的幸福感未必同比例提升。这是因为，社会生产不仅生产产品，也生产着人的需要，同时生产着人的需要的满足，生产着人的幸福。随着社会生产力水平的提高，人与人的交往范围更加广阔，相互联系更加紧密，社会制度不断改进，由文明史的进步带来的幸福度必然会相应提升。这说明，社会生产的历史性决定了人的幸福的历史性。我们从无饭吃，发展到有饭吃，再进展到吃得饱，还要追求吃得好、吃出韵味、吃出文化、吃出艺术水平。我已经是富翁，但还有无数的钱需要我去挣，做了西安第一富翁，还要做陕西第一富翁，更要做全国第一、世界第一、古今第一富翁。这一过程和历史一样没有止境。

另一方面，社会又是一个统一体，人和人之间不可分割。社会交往关系的发展，使个人的幸福和他人的幸福密切相关。从每个人相同的方面说，同时代的人，不同时代的人，都走在同一条追求幸福的道路上。从每个人不同而又不可分割的方面看，只要世界上还有一个人不幸福，则其他人也不可能有真正的幸福，就如同世界上只要还有一个人不自由，则其他人也不可能获得真正的自由一样。既然是这样，我们追求幸福，就不仅要追求我们自身的幸福，也要为他人谋福利，尤其要为创造社会财富的广大劳动群众谋福利。同理，造福子孙后代，也是我们追求幸福的题中应有之义。用儒家的话说，我们追求幸福，不仅要尽己，而且要推己；不仅我幸福，而且要让天下人都幸福——这正是天下为一家、中国为一人的真义。

人的社会性决定了人的幸福的社会性。换言之，我们谈幸福，不仅要考察个人获得幸福的原因、条件、过程、方法等，而且要在人与人的联系中，在整个社会中，联系到人类社会的整个社会生产生活，看幸福形成的条件和发展过程。我们既要讨论个人幸福，也要讨论社会幸福。一定社会历史时期的幸福度，可以说就是当时的社会幸福度，也可以说是当时每个社会成员幸福度总和的平均值。通过慈善、医疗卫生等社会事业的发展，减少甚至消除个人的不幸，增加社会个体成员的幸福度，固然可以在整体上提升社会幸福度，但从根本上看，只有始终坚持发展社会生产，不断提高社会生产力水平，在此基础上不断改善社会公共制度，才是提升社会幸福度和个人幸福度的根本办法。

可见，幸福作为人需要满足的状态，其本质特征就是马克思提出的"人人自由全面发展"。古人将幸福所蕴涵的全面的意义称为"备"。《礼记·祭统》说："福者，备也。备者，百顺之名也。无所不顺者谓之备，言内尽于己，而外顺于道也。"这样的幸福，是真我和道（真理）的统一，如孔子所谓"从心所欲不逾矩"般，无所不顺，通达无碍，所以，在《礼记·祭统》的作者看来，幸福只有具备很高修养的"贤者"才能获得。从这个意义上说，人人自由全面发展的共产主义社会，不仅是社会生产力达到高水平、社会制度不断改进、文化高度发达的产物，也是人性实现、人们的人性修养达到很高境界的产物。只有这样的社会，才是名副其实人人幸福的社会。

五　达到幸福的途径

那么，如何实现人的幸福呢？

按照基督教的观点，神圣幸福和世俗幸福不同。比如，德国空想社会主义思想家约翰·凡勒丁·安德里亚（Johann Valentin Andreae，1586～1654年）在他写的《基督城》里就说："谁一听到上帝号召马上应声而至，谁就幸福，谁跟着走，谁更幸福；而那些义无反顾、决心继续前进的人，是最幸福的。"[4](P87)在虔诚的基督徒看来，上帝满意，是世人幸福的唯一标准。人的思想、情感、欲望、言行活动等完全屈服在神的旨意下，就是世人最大的幸福；任何言行活动一旦离开了神，就是世人的不幸。人获得幸福的最根本途径就是皈依神，时时、处处遵照神的启示，和上帝的旨意始终保持一致。将人幸福的本原、根据、主体都归因于神，可以说是一切宗教信仰最彻底的结论。

但在儒家看来，天人合一，天和人并不根本对立。《中庸》提出"天命之谓性，率性之谓道，修道之谓教"，人性的本原源于天命，"道不远人"，将人的潜力完全发挥出来，将人性中本有的幸福可能性完全实现，不仅实现了人的幸福，也满足了天命的要求。追求人的幸福是人文的、理性的活动，但蕴涵本原源于上天的神圣和庄严。按照孔子、孟子等人的观点，追求幸福的基本修养方法就是努力学习、克制自己，使现实的人成为理想的人。基本态度是，已经获得的幸福是对我们追求幸福活动的奖赏，现实生活中可能出现的不幸则是对我们追求幸福生活的意志是否坚定、坚强、坚韧的考验。已经获得了幸福，我们理应感恩；面临不幸，也应有孟子所谓"天将降大任于斯人也，必先苦其心志，劳其筋骨，饿其体肤"的心理准备，坦然迎接人生挑战。因为，按照《孟子·公孙丑上》所说，一个人无论是幸福还是祸害，从根本上看，"祸福无不自己求之者"，祸福自招，而不是什么天命鬼神的安排。人们自己决定自己的幸福，这个意思，《荀子·天论》说得更清楚："强本而节用，则天不能贫；养备而动时，则天不能病；修道而不贰，则天不能祸。"只有重视社会生产活动而又节约开支、营养充足，加上适时的身体锻炼、追求实现人之所以为人的真理而坚韧不拔，贫困、疾病、祸害等不幸才可能真正远离世人。所以，就个人而言，一个人即使获得幸福，也应该不骄傲、不自满，始终有一颗感恩的心；就是遭遇不幸，也不怨天、不尤人，只管下学而上达，努力用功去。

在宗教盛行的思想背景下，儒家学者肯定人自身便是自己幸福与否的原因，并为此探讨通过人文的、理性的修养途径到达幸福的境界，对于如实、合理而有效地解决人的幸福问题，起了十分重要的作用。

如何达到人的幸福？现在我们更加清楚了。根据人的幸福是生命幸福、道德幸福、精神幸福的统一，结合幸福的社会历史性特征，可以认为，至少有三个途径需要兼顾，以增进人类福祉。

第一，锻炼身体，成立家庭，发展生产，不断创造财富，可以有效增进人类福祉。

第二，发展科学文化，提高每个社会成员的文明修养水平，提升人性自觉，可以高效增进人类福祉。

第三，希贤成圣，发展人，使人自由全面发展，成为理想的人，才能真正实现人类福祉。

也需要指出，在我们还没有完全到达幸福的彼岸时，也可以借助我们的意志磨炼、情操陶冶、理性认识等修养活动，获得超越自己需要满足程度的幸福感受，甚至获得超越当时社会大众平均幸福度的幸福感受。知止而后有定，知足而能常乐。人生修养的主要内容就是真善美。因为，真善美可以使幸福追求者们在一定的幸福基础上产生最大化的幸福感，假恶丑则反之。在相同幸福度的条件下，一个人要是有一颗真善美的心灵，就必定可以获得更多的幸福感受。超越小我，拥有公心，承受、感恩、仁爱、奉献，乃是产生和增进幸福感的"复合维生素"。

参考文献

［1］ 中国社会科学院语言所词典编辑室编《现代汉语词典》，商务印书馆，2006。

［2］ （唐）孔颖达：《尚书正义》，（清）阮元：《十三经注疏》（上），中华书局，1980。

［3］ 〔法〕卢梭：《社会契约论》，何兆武译，商务印书馆，1997。

［4］ 〔德〕约翰·凡勒丁·安德里亚：《基督城》，黄宗汉译，商务印书馆，2005。

论幸福是痛苦后

曹祖明

（解放军西安政治学院教授、博士生导师　陕西西安　710068）

摘　要： 幸福是人的愉悦的心理体验。哲学分析，要符合又要超越这一基本含义，揭示幸福何以可能、如何实现的意蕴。"幸福是痛苦后"这一新命题，要义有二。一是没有痛苦就没有幸福，痛苦是幸福的必要条件，无此必不然，有此未必然。幸福与痛苦（单向度）具有质上对应、量上对等二定理。二是没有（痛苦）"后"也没有幸福。痛苦不是幸福，痛苦结束后才是幸福。实现痛苦"后"的客观条件是，尽力拥有人们世俗追求的名利权钱等，主观条件是提升自己的仁智勇等知情意品性。痛苦是人生的必要组成部分，世界上永远不会有只有幸福没有痛苦的人。所谓幸福人生，不是没有痛苦，而是接纳痛苦、直面痛苦、历练痛苦，转化痛苦为幸福。

关键词： 幸福　痛苦后　定义

人们基本达成一个共识，即幸福是人追求的最终价值目标。幸福究竟是什么？幸福如何可能？成为两个必须弄清的基本问题。因为如果不知道幸福是什么，就可能把自己当下的幸福不当幸福，把不是幸福的东西当作幸福去追求，甚至去追求其实是不幸或灾祸的东西。因为，如果不知道幸福如何可能、怎样实现，即使知道了幸福究竟是什么也是枉然。本文立足于幸福如何可能，聚焦探讨幸福究竟是什么的问题。

人们还有一个基本共识，即幸福是人的愉悦的心理体验。这个定义的基本含义是正确的，我们的研究也要以此为准。但这个定义，虽说出了幸福的一般含义、共识的含义，但它只是现象的静态的含义。因为从它那里，无法探知幸福到底是怎么回事、幸福从何而来、幸福何以可能、幸福如何实现等实质问题。而在我看来，所谓从哲学上探讨何以可能的问题，就是研究对象存在的条件规律和条件的实现规律。

那么从哲学上看，幸福究竟是什么？我提出一个新的命题：幸福是痛苦后。

一　"幸福是痛苦后"概述

幸福是痛苦后。这一命题的要义有二：其一，没有痛苦就没有幸福；其二，没有（痛苦）"后"也没有幸福。

（一）没有痛苦就没有幸福

"幸福是痛苦后"这一命题，首先告诉我们的就是，没有痛苦就没有幸福。幸福不是痛苦，幸福是痛苦或不幸的对立面，人们往往从幸福自身找幸福的规定性，殊不知幸福与痛苦，在本质上是相互规定、相互依存、相互纠缠的。幸福是痛苦的必要条件，痛苦是幸福的前提，是幸福的母亲、摇篮、门廊、预付款。如赫拉克利特所说，饿使饱舒服，累使床舒服。不经过痛苦就不可能享受幸福。

逻辑学告诉我们，必要条件的关系是，无此必不然，有此未必然。痛苦是幸福的必要条件，那就是说，没有痛苦必定没有幸福，但不能说有了痛苦便一定有幸福。因为不管由什么原因所致，如果痛苦没有结束，那就没有幸福，只是痛苦。逻辑学还告诉我们，A 是 B 的必要条件，B 就是 A 的充分条件。痛苦是幸福的必要条件，幸福便是痛苦的充分条件。充分条件的关系是，有此必然，无此未必然。有幸福一定经历过痛苦，没幸福未必没有痛苦。没有消除或克服的痛苦，就只是痛苦，而没有幸福。

大家都熟悉一个反驳上帝存在的二律背反，证明万能而仁慈的上帝是不存在的。其证明过程如下：现实世界充满了苦难，如果上帝是万能的，他有能力解决而不解决，说明他不是仁慈的。如果他是仁慈的，想解决而无能力解决，说明他不是万能的。无论如何，现实苦难的存在，证明万能而仁慈的上帝是不存在的。这个被学界经常拿来宣讲的案例，其实是大有问题的。殊不知智慧的上帝比我们人类聪明得多。他早已洞悉痛苦与幸福的这一孕育关系。人的智慧只是小聪明，企图去除痛苦只保留幸福。上帝的智慧是大智慧，他知道没有了痛苦也便没有了幸福。也许他正是为了人类的幸福才未免除人类的痛苦。

因为没有痛苦便没有幸福，所以，从幸福到痛苦的向度看，幸福与痛苦的质与量，便是对应恒的。有什么样的幸福，一定经历过什么样的痛苦；有多强烈的幸福，一定经历过同样强烈的痛苦。但不可反过来说，承受了多少痛苦，一定享受了多少幸福。因为，如果痛苦没有结束，那就只有痛苦，没有幸福。

　　概括来说，这里表述了两个定理：一是幸福与痛苦对应定理，有什么幸福一定有什么痛苦；二是幸福与痛苦对等定理，有多少幸福一定有多少痛苦。

（二）没有（痛苦）"后"也没有幸福

　　这里的"后"，指痛苦的结束，不管这种结束是自发结束的还是通过努力克服的。没有痛苦就没有幸福，没有痛苦后也没有幸福。痛苦不是幸福，只有痛苦结束后，或被克服后才是幸福。对这一点大概歧义不会太多。"后"既包括痛苦的体验后也包括痛苦的认知后。例如，认识到下一步会很痛苦后，立即会觉得当下很幸福。看到别人患病很痛苦后，会觉得自己健康很幸福。痛苦是幸福的必要条件，"后"也是幸福的必要条件。但仅有一个"后"字，表述不够完整，可是加上"痛苦"二字变成"痛苦后"，表述倒是完整了，可它却把两个必要条件都包含进去了，变成了幸福的充分必要条件，有此必然，无此必不然。痛苦后必然幸福，幸福必然是痛苦后。

（三）"幸福是痛苦后"定义的方法论

　　"幸福是痛苦后"，这是我对幸福的定义。就我目前所了解的，这是一个新命题，没有发现前人有这样的定义。创新，是学术的要义。就它是一个新命题而言，它是具有学术价值的。

　　但是，这个定义从形式上看，一个明显的特点似具有循环性、比较性，它不是传统形式逻辑要求的属加种差的实质定义。那么，这样的定义能不能成立呢？下面做一分析。

　　从形式上看，幸福是人的愉悦的心理体验，痛苦是人的难受的心理体验。这是符合形式逻辑的实质定义。但从本质上看，幸福是人的主观意愿中的最高范畴，没有比幸福更高的范畴，再幸福也仍是幸福。正因为此，历史上无数哲学家都难以给它做出一个科学的定义来。有的用比喻的手法，如费尔巴哈说，虫子在树叶上爬，找到了吃的东西，那就是幸福。黑格尔说，幸福是这样一个大字眼，任何一个人听了，就会挺起胸膛，昂起头，大步向前。这是用形象的语言来形容。康德对幸福谈得可能最多，但他的结论可能最令人失望。他说："不幸的是幸福的概念是如此模糊，以至虽然人人都在想得到它，但是却谁也不能对自己所决定追求或选择的东西，说得清楚明白，条理一贯。"[1](P366)幸福概念在范畴体系中的至高位置，是其难以说清的一个重要原因。

因此，对幸福只能做比较定义。从形式逻辑实质定义的方法看，它没有属概念，或者说属概念是零，是无。因此，要给它下定义，便只剩下种差了。与幸福并列的种是痛苦，种差是什么，即"痛苦后"。从这个意义讲，我的定义仍是符合形式逻辑的实质定义要求的。

列宁给物质下定义时就用了这样的方法。列宁认为："物质是作用于我们的感官而引起感觉的东西，物质是我们通过感觉感知的客观实在，等等。"并说："对认识论的这两个根本概念，除了指出它们之中哪一个是第一性的，实际上不可能下别的定义。下'定义'是什么意思呢？这首先就是把某一个概念放在另一个更广泛的概念里。例如，当我下定义说驴是动物的时候，我是把'驴'这个概念放在更广泛的概念里。现在试问，在认识论所能使用的概念中，有没有比存在和思维、物质和感觉、物理的和心理的这些概念更广泛的概念呢？没有。这是些广泛已极的概念，其实（如果撇开术语上经常可能发生的变化）认识论直到现在还没有超出它们。"[2](P146)幸福概念也类似于此。

（四）"幸福是痛苦后"的意义

"幸福是痛苦后"，作为本质定义，符合幸福是人的愉悦的主观体验这一基本含义，又超越这一基本含义，力图明确幸福的本质内涵，真正给人们指出实现幸福的必要条件，为人们寻找真正的幸福提供确立目标、选择途径的科学指导。

既然幸福是痛苦后，没有痛苦就没有幸福，那么，就不要企求不经过痛苦，只享受幸福。恰恰相反，而是要通过痛苦来寻找幸福。要正视人生痛苦、直面痛苦、接受痛苦，甚至享受痛苦。痛苦是人生的重要组成部分。

既然幸福是痛苦后，说明幸福不是痛苦，那就要努力创造条件，消除克服痛苦，去争取痛苦后的幸福。

既然幸福是痛苦后，有痛苦才有幸福，那么世界上就没有一个人只有幸福没有痛苦。不可认为某一个人只幸福没痛苦，也不要奢望自己成为那样的人。不能只看别人的幸福，不看别人孕育幸福的痛苦。

既然幸福是痛苦后，那么，必然身在福中不知福。我们就不要责怪有人身在福中不知福。要让一个人知福，先要让他吃点苦。要让孩子幸福一生，小时让他接受艰苦锻炼是很有必要的。

既然幸福是痛苦后，就要承认不存在无忧无虑的人，被认为无忧无虑的人，实际上并不是只有幸福。无忧无虑没有痛苦，也就没有幸福。

不要以为小孩子是幸福的。认为小孩子幸福，是成年人经历了小孩子尚未经历的成年人的痛苦后，以为他们是幸福的。或等小孩子长大了，经过比较，才说小孩子幸福。可小孩子并没有这些经历，没有这些痛苦，所以，也就没有幸福。

不要以为老年痴呆是幸福的（这可能只是我个人的臆想）。他们没有痛苦，也没有幸福。之所以以为他们幸福，是与没痴呆的人的痛苦相比而误以为的。

不要以为平平淡淡才是真，才是幸福。如果没体会到不平平淡淡带来的麻烦和痛苦，就不会觉得平平淡淡是幸福，就会认为平平淡淡是平庸无奇、平淡无味。

不要以为大富大贵就是幸福，不要以为有钱有权就是幸福。只有与不富不贵、没钱没势的痛苦比较，才能觉得大富大贵、有钱有势是幸福。名利权钱只是实现幸福的一些条件，不是幸福本身。

不要以为身体健康就是幸福。只有经历了和知道了身体疾病的痛苦，才能认识到健康是幸福。年轻人大都身体健康，有几人为他有健康身体而感到幸福呢？

不可以为，幸福就是身体无疾病，心灵无烦恼。幸福是身体疾病后，心灵烦恼后。从来无疾病、从来无烦恼的人，假定真的存在这样的人的话，他也并不会幸福。当然，从静态上看，幸福时，是无疾病与无烦恼，但这种表面的静态的定义，忽略了幸福的本质是疾病与烦恼的消除或克服。不是无，而是放下、消除、克服。

二　痛苦：幸福的必要条件之一

没有痛苦就没有幸福，要想幸福必须经历痛苦。依据这一推论，似乎为寻找幸福而来，现在却要为寻找痛苦而去，走着一条背道而驰的路线。这看起来是多么的荒谬，然而这是我发现的奇异却是客观不移的幸福规律。下面我们就来共同寻找痛苦吧。

所谓痛苦，即人的不适难受的主观心理体验。既然痛苦是幸福的必要条件，没有痛苦就没有幸福，那么研究痛苦就成了研究幸福的重要内容。一般来说，幸福是痛苦的反面，要幸福就是不要痛苦、免除痛苦、克服痛苦，可幸福又离不开痛苦，幸福孕育于痛苦、源于痛苦，离不得又见不得，二者的关系纠缠交错，剪不断、理还乱。

痛苦是人生的必要组成部分。尼采认为，痛苦是生命不可缺少的部分，肯定生命，就要肯定其中必定包含的个人痛苦和灰灭。生命之毯是由苦难之线和幸福之线织成的，抽出其一就会破坏整个生命。[3](P187)

有外国哲学家提出这样一个理想实验。人的一切感觉都是脑神经的一种生化物理反应，那么不要客观生活条件，只要把人的脑神经与特定的生化物理条件相联结，能使人产生相应的快感，如吃、喝、性等快感。并且，让人自己直接掌握开关，想要什么快乐就把开关设置到相应的位置。同时，假定这个人会长生不老，大家想一下，会发生什么情况？

这个人开始会很快乐，想吃什么就有吃什么的感觉，想喝什么就有喝什么的感觉，想做爱就有性的快感，总之想要什么快乐就有什么快乐，始终处于幸福状态。就这样，他把开关扳来扳去，快乐至极。一天、一月、一年、十年、二十年，用了不多长时间，他会受不了的，他会感觉无聊之极。他会奢望能有痛苦该多好呀。在这种条件下，在这种意义上，是否可以说，痛苦本身也是一种幸福呢。看来痛苦不仅是幸福的前提条件，而且是与幸福内在地嵌套在一起的，没有痛苦的幸福不是幸福，是人难于承受的幸福。

从我们研究的角度，按不同标准可对痛苦进行如下分类：有生理性痛苦和心理性痛苦，有亲历性痛苦和非亲历性痛苦，有极度性痛苦和轻微性痛苦，有生存性痛苦和发展性痛苦，有消极性痛苦和积极性痛苦，有体验性痛苦和认知性痛苦，等等。同时，幸福与痛苦是相对概念，有什么样的痛苦，便有什么样的幸福。所以，以上痛苦的类型，同样也是幸福的类型。

下面介绍两种类型的痛苦。

消极性痛苦与积极性痛苦。所谓消极性痛苦，是不得不承受的痛苦，别人无法替代的痛苦，是自在的、必然的痛苦，如生老病死等。这种痛苦，主要是个体自身的生理痛苦和心理痛苦。这种痛苦，有的是无法避免的，从生理上看，如人不可能不得病，不可能不死。从心理上看，人难免有担忧、怀念、痛恨、胆怯、恐惧、悲伤、孤独等痛苦。有的是可以免除的，如饥饿、寒冷、有些疾病、有些事故等。有的是可以减轻或减少的，如疾病、事故、痛恨、悲伤等。

所谓积极性痛苦，是人主观能动性的表现，是主动、自觉地去创设的痛苦，如努力工作、积极奋斗、吃苦耐劳、流血流汗、加班加点等。其中有些是必要的，如工作；有些未必是必要的，如登山。

人的健康身体是一个协调自洽的自组织系统，其中有生理、心理和身心三个小系统的协调自恰。消极性痛苦来自身体大系统或三个小系统的不协调和不平衡。身体系统的协调自恰，需要从环境引入负熵（物质、能量、信息）来抵消身体内部自然产生的熵。负熵是人身系统保存自身并发展自身的必要条件。换成普通话来说，即要使人活着并活得舒适，必须具备一定的必要条件。比如，人要不饿，就要有吃的；人要不渴，就要有喝的；人要不冷，就要有穿的；人要安全，就要有房住；人要性满足，就要有性生活；人要不孤单，就要与人交流；人要精神不贫乏，就要接受外在信息；等等。这就是说，要生活，就得有一定的生活条件，没有生活条件，人就没法生活。即使是这些条件具备了，人也难免得这样或那样的疾病，最后系统也有崩溃的一天，那就是死亡。这些人身系统的不协调和崩溃，都是人不得不承受的消极性痛苦。

人的积极性痛苦来源于为了免除或减轻人的消极性痛苦。天上不会掉馅饼，自然不会自动满足人。人要生活，要生活得好，要延长生命，推迟生命系统的崩溃，就得发挥主观能动性，通过实践努力来创造条件。创造条件的实践活动，就是努力工作的过程，是艰苦奋斗的过程，是吃苦耐劳的过程。这个过程同样是痛苦的，只因这种痛苦，是自觉自愿主动进行的，所以，它是积极性痛苦。在这个意义上，我们可以简单地、笼统地说，消极性痛苦是生活的必需痛苦，积极性痛苦是工作的必需痛苦。没有必需的积极的工作痛苦，将承受更多的消极的生活痛苦。有了必需的积极的工作痛苦，可以免除或减轻一些消极的生活痛苦。

亲历性痛苦与非亲历性痛苦。

亲历性痛苦是自己亲身经历的痛苦体验。主要是自己的身体和心灵、自己的生理和心理经历的痛苦。这是别人无可替代的，是自己不得不承受的。自己觉得冷，觉得饿，觉得累，觉得受辱骂，觉得孤独，觉得伤心，觉得难受，痛就是痛，都是自己亲身体验的。不管其原因是必然的还是偶然的，反正这些痛苦，是他自身必须承受的，也可叫必需的幸福与痛苦。

　　非亲历性痛苦主要来自认知，是从比较中得出的痛苦。因它不是自身亲历体验的，所以在一定条件下，是可以避免的。比较的范围，有可能的幸福与痛苦，有他人的幸福与痛苦，有未来的幸福与痛苦，有虚拟的幸福与痛苦，等等。与幸福比较会觉得痛苦，与痛苦比较会觉得幸福，举例如下。

　　以他人为例，看到别人有权有势，觉得别人幸福，自己痛苦。看到他人忍饿受冻，自己能够温饱，觉得别人痛苦，自己幸福。

　　以可能为例，医生说，如果不截肢，就要失去生命，比较失去性命的可能痛苦，截肢了但仍活着便是一种幸福。

　　以虚拟为例，后来另有医生说，如果弄得好，完全可以不截肢，你听后，便会觉得截肢了是多么痛苦。

　　以未来为例，五六十岁了，身体一天不如一天，最后还得死亡，比较这未来的痛苦，现在活着，身体还算健康，便觉得很幸福。

　　非亲历性痛苦主要是通过认知产生的。而认知既有必然性的一面，又有选择性的一面。具有选择性，就是可以去认知也可以不去认知，可以这样认知也可以那样认知。去不去认知，不同的认知，产生不同的结果，所以，这些痛苦或幸福，也可叫选择性痛苦或幸福，或认知性痛苦或幸福。

　　亲历性痛苦有一个重要特征，人的亲历性痛苦的质与量，决定着人的亲历性幸福的质与量。从幸福到痛苦的向度看，何种幸福来自何种痛苦，几分幸福来自几分痛苦，二者完全对应、对等、守恒。不同人的亲历性痛苦不完全相同，但这往往是人无法改变的，许多是由先天的、既定的条件决定的，人的主观能动性可发挥的空间小。

　　非亲历性痛苦则不同。因这种痛苦不再限于自身范围，可以是他人的、可能的、未来的、虚拟的痛苦，并且都不是必须承受的，而是有选择性的，所以这里给人的主观能动性留下了极大的空间。人的主观能动性的大小和向度不同，人的痛苦感或幸福感便显示出极大的差异。人们的痛苦感或幸福感的差异，主要来自非亲历性痛苦或幸福。换句话说，一个人越是以亲身的、当下的、现实的痛苦来伴生幸福，其幸福与其痛苦越对应相等，越单薄。一个人越是不以亲身的、当下的、现实的痛苦来伴生幸福，其幸福越多。人的体验和认知系统越开放，眼界越开阔，更多地以他人过去的、未来的、可能的、虚拟的痛苦来伴生自己的幸福，那么，他的幸福就与自己亲身经历的痛苦反差越大。

这是不是否认了幸福与痛苦（从幸福到痛苦单向度）的对等定理呢？没有。非亲历性痛苦与幸福同样是对等守恒的，只是它的守恒范围不再局限于一个人的自身，而是扩大到了全部认知世界。这时的痛苦与幸福分别由"我与它"来承受，或是别人的痛苦产生我的幸福，或是别人的幸福产生我的痛苦。在亲历性痛苦与幸福中，要享受一分幸福，必须经历一分痛苦。其痛苦与幸福的关系，如同从自己左口袋取出钱（痛苦），装进自己的右口袋（幸福），小痛苦产生小幸福，大痛苦产生大幸福。总数是守恒的。

在非亲历性痛苦与幸福中，如同把别人的钱装进自己的口袋，或将自己的钱装进别人的口袋。这个比喻，并不是真的拿了别人的钱，或自己把钱给了别人。虽然，实际钱并不易主，但不同的比较，会或产生痛苦，或产生幸福。这确是真真切切的。

以上为表述简便，仅从比较角度谈了人的认知能力给人带来的痛苦感或幸福感。实际上，人的认知思维能力给人带来的痛苦或幸福，远比上述比较角度宽广、深刻得多。这本身就是一个很大的哲学课题。下面引述叔本华的一段话，作为导引。叔本华说："人和动物之所以会表现出如此不同的情形，主要是因为人除了眼前的事，更多的还想到将来。这样一来，在经过思维的加工之后，一切效果都被加强了。换句话说，正因为有了思维，人才有了忧虑、恐惧和希望。这些同现实的苦乐相比，对人的折磨更大，而动物感受到的苦乐只局限于当下的时刻。也就是说，动物没有人冥思苦想这一苦乐的加工器，因而不会将快乐同痛苦积攒起来，但人类通过回想和预测实现了这一点……因为人类有了思维以及与之相关的东西，那些原本是人类和动物共有的苦乐体验，在人类那里的感觉却大大加强了，而所有这一切会时不时造成瞬间的甚至致命的狂喜，或者是造成导致自杀行为的极度的痛苦和绝望……不仅如此，同样是因为人拥有思维，那种因雄心、荣誉感和羞耻感所产生的快乐或痛苦，也只有人类才能感受到。总之，这一苦乐的源泉，即是人们对别人怎样看待自己的关注。人的精神超乎寻常地被这一源泉引起的苦乐占据着——实际上，所有其他方面的快乐或痛苦根本无法与之相比。为博得别人好感的雄心壮志，虽然形式上多种多样，但几乎所有人都为之努力奋斗着——而所有这些努力已不仅仅是为身体的苦乐了。"[4](P37~38)

叔本华是悲观主义者，主张人生就是痛苦。引述他的这段话，一方面，说明痛苦问题本身内涵极其深广，不限于我以上论及内容；另一方面，叔本华的这段话中谈到的人的认知思维能力对人的痛苦感和幸福感的影响，对应的就是我前面讲的认知性痛苦或幸福，对我的观点，也是一种佐证。

三　（痛苦）"后"：幸福的必要条件之二

"后"即痛苦后，是痛苦的结束或克服后。任何人凡是有幸福，就一定经历过痛苦，并结束了痛苦。有什么样的幸福，就一定经历过什么样的痛苦，并结束了这种痛苦。有多少幸福，就一定经历过多少痛苦，并结束了这些痛苦。但不能反过来说，有什么样的痛苦，就一定有什么样的幸福；有多少痛苦，就一定有多少幸福。这是因为，幸福是痛苦后，是痛苦的消除、免除、结束，假定一个人一直痛苦，没有免除，那么，他就只有痛苦，而没有幸福。

例如，一个癌症患者，临终前一直痛苦，直至死亡，因为，没有痛苦之后的体验，所以，他就没有幸福。这是消极性生理性方面的痛苦例子。积极性心理性方面的痛苦，也是如此。一个人为了体验登临珠穆朗玛顶峰的极度快乐和幸福，不怕艰险，冒着生命的危险向上攀登，不料临近顶峰时牺牲。他就有痛苦而没有幸福。他如有幸福，也只是过程中的幸福，而没有通常意义上实现奋斗目标后的幸福。这种情况现实生活中也是很多的。有的人终其一生，痛苦多些，有的人则幸福多些。

从幸福到痛苦单向度看，有幸福与痛苦对应对等二定理。有啥幸福，一定有啥痛苦，之前一定经历过啥样的痛苦，之后才会有啥样的幸福；有多幸福，之前一定经历过等量的痛苦，之前有多痛苦，之后才有多幸福。这是必然的。但不能反过来说，有多痛苦，一定有多幸福，或有啥样的痛苦，一定有啥样的幸福。为什么，全在于这种痛苦有没有"后"，即有没有结束或被克服、被消除。有些痛苦有后，有后就是有结束的时候，有免除或消除的或克服的可能。这样的痛苦孕育了对应的幸福，那些没有后的，没有结束的痛苦，便只是痛苦，而没有幸福。那么，哪些痛苦有后，哪些痛苦没有后，各自具有什么特征，这些都要深入研究。然后，我们要选择那些有后的痛苦，尽力避免无后的痛苦。

但是，有后的痛苦，仍是痛苦，要将其实现，变成现实的幸福，或者说，要结束或克服痛苦，需要主观和客观两方面的条件。客观条件即人们经常追求的权力、地位、金钱、健康等，主观条件即仁知勇或真善美等知、情、意三方面的品性。下面分别加以论述。

（一）客观条件

客观条件是相当重要的，不过人们往往过分看重了它们的意义。有不少学者赞同幸福即"拥有/欲望"的公式，以为拥有与幸福是正相关，欲望与幸福是负相关。这一观点有相当的道理，但也有很大的问题。

1. 拥有并非都与幸福正相关

克服生活、工作痛苦的能力越强，带来的幸福也越多。钱是所有财富的象征，就以钱来说吧。人们常说"一分钱逼死英雄汉"，没钱就要饿肚子。没钱治病就可能要命，有钱就可以救命。人的许多困难是由没钱引起的，钱的确是个好东西。这一点是大家都认同的。一方面，没钱万万不能；但另一方面，钱又不是万能的，也不是拥有越多越幸福。因为钱不是天上掉下来的，如果不是遗产，要获得钱，就要付出辛苦的劳动，这种付出即积极痛苦。拥有的同时也是被拥有，拥有爱妻也被爱妻所拥有，拥有房子也被房子所拥有，拥有位子也被位子所拥有，拥有金钱也被金钱所拥有。没钱有没钱的痛苦，有钱又产生有钱的痛苦。还有，同样的钱在有钱人手里与没钱人手里的分量也不一样。给一个穷人一百万元他会高兴得要命，给一个亿万富翁一百万元他可能只有些许高兴。无数现实证明，钱多的人不一定比钱少的人幸福。

有钱要幸福，是没钱的痛苦使然。如果一直有钱，并不会幸福。创业的第一代人，经历过没钱的痛苦，有了钱后便感到幸福。富二代虽然生活富裕，因为没有经历过没钱的痛苦，所以并不感到幸福。他们"身在福中不知福"是必然现象。这不怪他们。要怪应怪富一代，以为有钱就幸福，所以对富二代时时处处关怀备至，不让他们在钱上受一点委屈和痛苦，从而使富二代无法体会到有钱的幸福。反过来还怪他们身在福中不知福。殊不知，身在福中不知福，是客观规律，不是认知或道德偏差。富一代有没钱的痛苦，还有努力工作的积极痛苦做背景，才会有有钱的幸福。富二代这两个痛苦都没有，怎能体会到有钱的幸福呢？不可能。

关于拥有与幸福的关系，无数学者已做过探讨。我的结论是钱的拥有，确是人们获得幸福的重要客观条件，不可不重视，但它的效能被人们无限地扭曲放大了，以至于为了钱，或因为钱，反而招来许多痛苦，甚至丢了生命。

其他世俗的人们通常以为可以带来幸福的东西都存在这样的误区。克服这些误区，就是"痛苦后"幸福论的主要意义所在。

2. 欲望并非都与幸福负相关

欲望越少越幸福，有相当的道理。因为需求，无论缺失的需求还是发展的需求，都是一种痛苦。只有需求满足了，结束了痛苦，实现了痛苦后，才有幸福。欲望越小或越少，则越容易满足，所以越容易幸福。欲望确有与幸福是负相关的一面。这一点也是共识。但另一方面，这一观点也有很大的问题。欲望是什么？欲望是进取心、好胜心、责任心、荣誉心，欲望是有理想、有期盼、有希望、有目标、有志向、有需求、有爱好、有追求、有向往、有盼头，等等。这些欲望的痛苦本身是幸福的内涵，如果这些欲望小了或少了，一方面减少了一些痛苦，另一方面也生成另一种痛苦。极而言之，一点欲望也没有了，无望了、失望了、绝望了，万念俱灰，那能是幸福吗？

（二）主观条件

主观条件也很重要。孔子说："仁者不忧，智者不惑，勇者不惧。"忧惑惧皆是痛苦，仁智勇则可克服这三种痛苦，实现幸福。古希腊很多哲人指出幸福是德性，他们的德性一词中，也皆俱仁智勇等品性。从这个意义上可以说，幸福是一种能力、素质。下面就分别从仁智勇三个方面谈谈幸福的主观条件。

1. 仁

仁即仁厚、仁爱、善良、友爱、正直、高尚等。

不仁者看到他人幸福，会引发自己的痛苦，看到别人痛苦，会引发自己的幸福。例如，看到自己的同学水平不比自己强却开着宝马车，自己还骑着自行车，便心生恨意，觉得难受、痛苦。

仁者，具有民胞物与的情怀，看到他人过得比自己好，如同看到自己的亲人或兄弟或儿子过得好一样，他不但不会痛苦，反而觉得荣光幸福。

不仁者，极端自私，拔一毛利天下而不为，九牛拔一毛，他会痛苦万分。仁者仁爱，乐于给予，乐于助人，乐于慈善，为他人、为家人、为集体、为民族、为人类做奉献，觉得自豪幸福。马克思说，为了大多数人的幸福而工作是最幸福的。

不仁者，心胸狭隘，斤斤计较，寸利必较，不自责常怨人，不受人欢迎，经常痛苦。仁者严以责己，宽以待人，包容大度能容人，心宽能容难容之事，仁者寿，仁者幸福。不仁者得到拥有才幸福，失去便痛苦。仁者得到拥有幸福，付出同样幸福。两相比较，仁者比不仁者的幸福多了许多。

2. 智

智就是智慧、方法、聪明、理性、科学、见识、知识等。

智慧的人在与他人比较时，既比上也比下。与只比上的人相比，一下就轻松了一半，宽释了许多，愉悦了许多，幸福了许多。

在与上比较时，一是懂得大有大的难处，强有强的困难，高处不胜寒。不能只看优者风光牛气的一面，不看他负面的一面。不能只看开车的风光，不看他修车、保养及处理事故的麻烦和难处。占有就是被占有。不能只看大酒大肉的好处，没想到大吃大喝带来的肥胖和三高。

智慧的人懂得大多数的优越，是艰苦努力换来的。没有付出，就不要羡慕获得。不经过风雨，就不要羡慕别人看到的彩虹。虽然没有人家痛苦后的幸福，但也没经历人家幸福前的痛苦。能明白此，就不会对人家的好过分斤斤计较、耿耿于怀。

智慧的人，可以看到一般人看不到的未来痛苦、可能痛苦、虚拟痛苦、别人的痛苦，把这些非亲历性痛苦转换为自己的、当下的、真实的、现实的幸福。别人在外边寒风中干活，自己在有暖气的办公室，幸福。年龄大了，未来身体一天不如一天，当下还算年富力强，幸福。每天都有那么多人因各种事故、灾难、悲苦或死去，自己过得还不错，幸福。比一般人多了许多非亲历性痛苦，却获得一般人所没有的真切的幸福。

智慧的人重点追求精神幸福。幸福有物质幸福，有精神幸福。前者幸福的获得，往往受客观条件限制较多。比如受你的身体条件、家庭条件、人际条件、经济条件、环境条件等影响。精神幸福的获得，则与主观修养和努力关系密切。

智慧的人懂得谋事在人，成事在天，为了克服困难，过上好的生活，会艰苦奋斗，积极努力，有备无患，勤俭持家。如果没达到目标，或者遇到天灾人祸，也能坦然面对，因为自己努力了、奋斗了。不怨天尤人，坦然自在。

智慧的人能把自己的苦转换为乐。能直面消极痛苦，享受积极痛苦。为了获得，付出努力心甘情愿，积极乐观，充满希望和劲头。因为，在这种痛苦中孕育着收获、成功、希望、幸福。如果说有痛苦，那也是痛并快乐着。相比之下，有智慧的人的幸福比无智慧的人的幸福要多许多。

3. 勇

勇就是勇敢，一不怕苦，二不怕死，无所畏惧，敢作敢为。

勇者无惧。勇者以真善美、自由为追求目标，充分张扬个性之美。没有畏首畏尾的畏缩，没有担惊受怕的恐惧，没有忍气吞声的委屈。生当为人杰，死亦为鬼雄。生亦洒脱，死亦洒脱。

无勇者遇到困难，愁眉不展，心事重重，顾虑重重，前怕虎后怕狼，委曲求全，担惊受怕，生命得不到张扬，又觉得压抑难受，不幸福。勇者遇到困难，迎难而上，勇于挑战，天不怕，地不怕，敢爱敢恨，敢作敢为，不恐惧，不畏缩，直面现实，直面生死，敢于斗争，敢于胜利，与天地斗，与人斗，其乐无穷，幸福。

无勇者面对困难与不幸，担惊受怕，畏缩不前，是痛苦，不幸福。勇者无事不生事，有事不怕事，路见不平一声吼，该出手时就出手，砍头只当风吹帽，头砍下碗大的疤，二十年后又是一条好汉，敢于直面困难甚至享受痛苦，遇到困难变故反而更兴奋、更昂扬，精力更充沛，舍我其谁的英雄气概得以彰显，幸福。

勇者具有敢于搏命、敢于拼命、敢于牺牲、敢于负重的精神。勇者浩然之气、磊落人生、光明正大、视死如归。勇者的生命波澜壮阔、挥洒自如、来去自由、潇洒幸福。勇者的生命是壮美的、自由的、辽阔的、舒心的、豪迈的、潇洒的、阳刚的、光明的、磊落的、美丽的、丰满的、浓情的、浪漫的、慷慨的、昂扬的、灿烂的、幸福的，勇者比无勇者的幸福多了许多。孔子说："仁者无忧，智者不惑，勇者不惧。"有此三素质，就会比别人的幸福多很多倍。

四　如何实现幸福

（一）理念上：树立正确的幸福观

对幸福的认识要与幸福的本质相一致。幸福是痛苦后，不是别的什么东西，如名利权钱等的拥有。要努力创设主客观条件，多多拥有，并提升自己的素质修养，消除、放下、克服或减少痛苦，才能实现幸福。

（二）目标上：过与痛苦交织的幸福生活

既然幸福是痛苦后，没有痛苦就没有幸福，有痛苦才有幸福，那么古今中外，世界上就没有只有幸福而没有痛苦的人。过去没有，将来到了共产主义也不可能有。企求不要痛苦只要幸福，那是违背客观规律的唯心主义幻想。无论是一个社会还是一个人，都不可有那样的目标企求。所谓幸福的人生，不是没有痛苦，而是与痛苦共在，并努力将痛苦转换成幸福。因此，我们不可追求没有痛苦只有幸福的人生。企求不承受别人那样的痛苦，只享受别人那样的幸福，是一种不切实际的空想。

具体目标要与自身条件能力相适应，因人而异，因时因地而异。要合理适度，不可过低或过高。有的人，或因能力或因意愿，能够勉强维持生计，就不愿再努力奋斗了，因为努力也是一种痛苦，也需要付出代价。于是，过着一种贫乏的生活。他们的人生信条是：得过且过，及时行乐。能晒太阳就晒太阳，能不干就不干，先舒服了再说。今日有酒今日醉，不管明天吃什么。洗着澡看着表，舒服一秒是一秒。他们充分享受生活的快乐和幸福，因此，也不得不时常承受生活中的消极性痛苦。有的人，或因能力或因意愿，已经创造了很多财富，过上了优裕的生活，甚至奢华的生活，仍在艰苦奋斗，乐于积极性痛苦。他们不仅具备了防止和克服可防止和可克服消极性痛苦的条件，同时享受着别人无法享受的更多的精神幸福。他们的幸福，在暗中已由物质幸福转向或升华为精神幸福。当然，他们也承受了别人没有承受的积极性痛苦。攀登权力高峰、财富高峰、科学高峰、道德高峰，如同攀登珠穆朗玛高峰，享受着极度的快乐与幸福，也承受着常人所没有的极度痛苦，甚至生死考验。这种人，多数是具有执著信仰信念、坚定理想目标、非凡意志品质、巨大激情活力的人。他们就是那些不怕艰险、九死一生也要攀上险峰的人。他们的格言是：无限风光在险峰，不经历风雨怎能见彩虹，生当为人杰，死亦为鬼雄，只有干一番惊天地、泣鬼神的事业，才不枉此生。

多数人，可能走了中间道路、中庸路线。他们在能力所及的范围内努力工作，承受必要的积极性痛苦，尽可能创造比较富裕和舒适的生活条件，过上比较安逸的生活。他们不愿有能力而不努力，像第一种人那样过贫穷的生活，毕竟贫穷的苦痛也是非常无奈并难以忍受的。但他们也不愿像第二种人那样冒更大的险，吃更大的苦，经受更多的积极性痛苦，去追求更大的优越条件和更高的生活境界。这其中可能有能力方面的原因，但也与境界追求品质个性有极大的关系。他们的口头禅是：比上不足比下有余，平平淡淡才是真，钱有多少才是够，如此等等。

（三）途径上：学会从痛苦中探寻、发掘幸福

1. 经受痛苦历练，享受深刻幸福

痛苦是幸福的前提，不经历痛苦就没有幸福。要享有幸福必须经历痛苦。那么如何通过痛苦寻找幸福呢？

历练人生痛苦。年少艰苦锻炼，终身享受痛苦后的幸福。

投身艰苦环境经历磨难和痛苦，创设幸福基础。苦难是一种财富。梅花香自苦寒来。自古磨难出英雄，从来纨绔少伟男。年轻时的艰苦锻炼将成为一生的财富，它将为一生获得幸福打下良好基础。

——正视自己痛苦。一样苦一样甜，获取丰富多彩的幸福。

痛苦是人生的组成部分，只有经过痛苦才有幸福。而且幸福是与痛苦一一对应的，有什么样的痛苦才能有什么样的幸福。痛苦当然不是幸福，但遇到了不可避免的痛苦，就应正视这些痛苦。须知痛苦越多幸福才越丰富。为了苦尽甘来的幸福，直面这些痛苦。

——克服各种痛苦。勇于战胜困难，享受消除痛苦的幸福。

痛苦是一定存在的，人的一生生老病死不可避免，即使不创设积极痛苦，消极痛苦也很多。面对痛苦要防止适应性麻痹，防止温水煮青蛙。幸福离不开痛苦，但幸福不是痛苦，幸福是痛苦后。要不怕困难，勇于克服、战胜苦难，享受消除痛苦后的幸福。

——创设积极痛苦。努力实现理想，迎接胜利成功的幸福。

创设困难，就是树立远大的人生目标和理想，或新的短期的努力目标，为其艰苦奋斗。一路上难免遇到困难和痛苦，但有美好的理想目标在前召唤，有苦尽甘来的幸福在召唤，这个过程本身虽苦犹甜，乐在其中，痛并快乐着。为什么随意得来的东西不珍贵，享用起来不够幸福，而通过自己艰苦奋斗换来的成果，享用起来最甜蜜、最幸福，原因就在这里。就在于劳苦之后获得的幸福，与痛苦有切身的、切近的比较效应。

——感受虚拟痛苦。保持宏大视野，发掘可能的比较幸福。

虚拟痛苦，包括他人的非当下的、未来的、可能的、虚拟的痛苦等。怀有博大情怀，保持宏大视野，把别人经历的痛苦，把现在的痛苦，以及未来

可能的痛苦，如灾难、死亡等作为参照，审视自己的现实的、当下的生活中有没有这些痛苦，从中感受比较幸福。

　　　　——消除虚假痛苦。学会科学思维，迎来现实的真实幸福。

　　不要自寻烦恼，自找不必要、无价值的痛苦。不要把别人的幸福当作自己的痛苦，如羡慕忌妒恨。不要设置难以实现的目标而增加自己的痛苦，如过度欲望。不要拿虚假的恐惧吓唬自己，如世界末日或鬼神之类。不要拿别人的错误惩罚自己，如生气等。不要只比上不比下，自找痛苦，那你就会幸福多多。

　　　　——发现寻找痛苦。寻找不满不足，享受满怀希望的幸福。

　　鲁迅说，不满是向上的车轮。看到不足、不满，才有上进的冲动，才有向前的期待和希望。年轻人充满希望，老年人来日不长，所以年轻人尽管当时可能生活并不如意，但有希望在前的幸福，等待、期盼希望的幸福。但欲望要适度，过度的欲望，便是自寻烦恼。

　　　　——直接享受痛苦。欣赏苦难本身，领略生命张扬的幸福。

　　要敢于直面苦难，与苦难共在，迎着苦难生存发展，从而丰富人生，深化人生，张扬人生，展示人生，勇敢接受命运的坚不可摧，磨炼战胜苦难和痛苦的伟大意志，享受丰满潇洒人生的幸福。科恩说："学会享受生命，这本身就是一件很好的事情，因为人的生命并不算很长。"

　　2. 积极修炼自身，提升幸福能力

　　前面讲过，幸福是一种修养，幸福是仁智勇或真善美。那么，你想幸福吗？那就修炼内功，提高素质，朝着仁智勇的方向去努力吧。这里需要补充一句，这种自我修养的教育，是以每个人自己为本的、为目的价值的教育，更易让人接受。让人为了自己的幸福而努力提升自己的素质修养，是我提出"幸福是痛苦后"定义的又一重要意义。

　　3. 努力多多拥有，占据比较优势

　　幸福是痛苦后，这种痛苦后，既有亲历性体验后，也有非亲历性认知后。非亲历性痛苦与幸福，有他人的、虚拟的、未来的、过去的、可能的等多种形态。前者，具有既定性；后者，则有选择性。人们的许多痛苦和幸福，是在选择性的认知比较中产生的。有的人通过比较认知，获得更多的幸福；有的人通过比较认知，却感受到更多的痛苦。人们幸福感的差异，一部分来自既定的亲历性痛苦结束后，大部分可能来自有选择性的非亲历性痛苦的认知后。

　　按理说，幸福是一种主观体验，非亲历性的不应包括在论述之列，但人是社会中的人，生活在社会中，不可能不与别人比较，人是有知情意的人，不可能对非亲历性痛苦与幸福没有认知和思想。而人们又都追求幸福，比较时极易与幸福的人比，这样一比，往往会产生痛苦。本部分主要分析比较规律，让人们了解如何努力才能创造比较优势，获得好的比较占位。

　　人的比较对象是很多的（假定主体条件是相同的、既定的），有财富的、权力的、婚姻的、家庭的、爱情的、健康的、智力的、情感的、出身的、势力的、学识的、事业的、环境的、形象的、寿命的、素质的、能力的、职业的、后代的等。按照不同标准，可划分出很多类型来。每个类型，从量上看，从大到小或从好到坏都是一个序列。比较对象有多少种类，就有多少序列。一个人不可能在所有的序列中都处于最好的位置，也不可能都处于最不好的位置。

　　这里可得出几点启示。

　　第一，从认知上，要综合全面地比较，对所有序列都进行比较，就会发现，自己的处境并不是那么悲惨，那么痛苦。如果只从自己占位差的序列中比较，那么带来的只能是痛苦。在认知上要学会正确比较，这一点上文已谈及。

　　第二，一个人越处于序列的高端，比较起来就越具有优势，会比较出更多的幸福感来。相反，则幸福感越差。所以，一个人要幸福，就要艰苦奋斗，力争多多拥有，向序列的高端攀登。

　　第三，一个人处于高端的序列越多，比较起来就越具有优势，会比较出更多的幸福感来。所以，一个人要幸福，就要努力从各个方面奋斗，力争占据更多序列的高端，或在更多的序列中处于比较好的占位。

　　第四，两极或两端极差越大，比较出的幸福与痛苦的差距也越大。序列的两极距离的远近，与比较的结果关系很大。两极差距越大，人们比较的结果波动也越大；差距越小，人们比较的结果波动也越小。例如，全世界最富的人有10000元，最穷的人有9000元，不论穷人还是富人，比较的结果波动就不会很大。相反，最富的人，有几百亿元，最穷的人不但没钱，还有外债，比较的结果就会有很大的波动。这就是为什么人们强调要消除两极分化的原因。两极极差大，是产生痛苦的根源；两极极差小，是产生幸福感的条件之一。所以，作为一个社会，要提高人民的幸福感，就要努力消除两极分化。如果一个社会在这方面存在问题，人们就要努力批判它，改造它，克服它。

　　作为个人来说，则要努力奋斗，力求多多拥有，获得比较幸福的好的占位。

　　总而言之，有了正确的"痛苦后"的幸福观，确立了与自己条件相适应的与痛苦为伴并战胜痛苦的人生幸福目标，具有了较多拥有的客观条件，具有了仁智勇等主观条件，学会了从痛苦中探寻、发掘幸福，那么，就具备了实现幸福的充分条件。

参考文献

[1] 周辅成编《西方伦理学名著选辑》（下卷），商务印书馆，1957。

[2]《列宁选集》（第2卷），人民出版社，1972。

[3] 江畅：《幸福与优雅》，人民出版社，2006。

[4] 叔本华：《人生究竟有何不同》，罗烈文编译，中国三峡出版社，2010。

简论幸福

孔润年

（宝鸡文理学院图书馆馆长、教授　陕西宝鸡　721013）

幸福观念是个人行为和社会发展的重要动因。党的十八大提出了民族复兴、国家富强和人民幸福的奋斗目标，这就把幸福和幸福观问题提到了突出地位。

从理论上说，幸福范畴是历史发展的结果，是社会生活条件在人们思想和情感中的反映。由于人类生活的多变性和人的需要的多样性，幸福范畴的具体内容和表现形式，不仅是因人、因事、因时而变化的，而且具有多方面和多层次的复杂结构。就最一般的意义来说，所谓幸福，就是处于一定社会关系和历史环境中的人们在为美好生活条件的奋斗中，由于感受和理解到目标或理想的实现而在感官或精神上得到的满足感。幸福既以主观的生活目标和生活理想为前提，又以客观的生活过程和生活条件为基础。所以，幸福是人的客观存在状况和主观精神感受的和谐统一，其内涵也是随着人类社会的进步和发展而不断演变和丰富着的。幸福的结构和组成要素都很复杂，比如，有心理的幸福与伦理的幸福；物质的幸福与精神的幸福；感性的幸福与理性的幸福；短暂的幸福与长久的幸福；个人的幸福与社会的幸福；高尚的幸福与鄙俗的幸福；等等。幸福的要素有美貌、健康、长寿、爱情、家庭、财富、地位、荣誉、知识、道德、艺术、宗教等。从现实看，任何人都不可能占有幸福的整体，而只能占有幸福的某个部分。由于每个人的需要不同，评价幸福的标准不同，感受幸福的能力也不同，这就使得幸福观念和幸福体验的相对性成为客观事实。人们对幸福的感知是主观的，但实现幸福的诸多条件则是客观的。实现幸福的途径包括个人的勤奋学习、辛勤劳动和积极工作，也包括社会的革命、建设和改革，因为和平、富裕、公正等是实现幸福的社会条件。

幸福涉及人性需要和人生目的。感性主义者认为，满足自然的、感官的欲望是人的本能，趋乐避苦是人的本性。凡是与人的物质和精神需要相悖所引起的主观体验就是苦；凡是与人的物质和精神需要相符所引起的主观体验就是乐。苦与乐与人终生相伴随，是人生恒久的体验，无论是伟人还是凡人，也无论是强者还是弱者，都是在用眼泪和欢笑谱写着自己的人生之歌，也正因为人生有苦也有乐，才构成了人生的丰富内涵。苦与乐既对立，又统一。二者相互比较、相互渗透、相互转化，演绎出人世间无穷的悲喜剧。尽管有人追求现实的快乐或幸福，有人为了追求将来的、长远的幸福，也甘愿忍受眼前的痛苦和牺牲，但从终极上看，幸福仍然是最高的人生目的和人生动力。对幸福的追求在世俗文化和宗教文化中都有表现，区别只在于有的重感性的幸福，有的重理性或信仰的幸福；有的重现实的幸福，有的重来世的幸福；有的重个人的幸福，有的重众生的幸福。因此，在人生观或人生哲学中，幸福范畴具有重要地位和作用。不关心人的幸福的人生哲学，也就不可能受到人们的关心。

幸福涉及人生的价值追求和选择。人们的价值追求有功利主义与道义主义之别，其中功利主义就包括幸福主义。人们习惯于把人类思想史上的幸福论者称为功利论者或功利主义者，就是证明。不过，功利论者的"幸福"范畴，主要是从人的物质生活需要上来理解的。这就说明，道义论者并不是不讲幸福，只是这一派更强调名誉、荣誉等精神价值给人带来的幸福感。从某种意义上讲，幸福是价值实现的一种状况和心理体验。同幸福相关的价值依次有生命价值、健康价值、爱情价值、财富价值、地位价值、名誉价值、自由价值等。这些价值在人的价值观中排列为层次序列。较低层次的价值和幸福实现以后，人就会产生实现更高层次价值和幸福的愿望。反过来，较高层次的价值和幸福不可能实现时，人就会安于较低层次的价值和幸福。资产阶级启蒙思想家曾经把功利主义的幸福论作为反封建的精神武器，并且产生过推动历史进步的积极作用。到了资产阶级统治时期，其功利主义的幸福论就演变为只为本阶级的生活方式辩护的工具，对失去最基本物质生活条件的劳动人民来说，幸福只不过是无法兑现的空头支票或可望而不可即的虚幻理想。因此，马克思主义批判过资产阶级的功利主义幸福论。但是，马克思主义并不一般地反对功利主义，而是只反对剥削阶级的功利主义，主张无产阶级和人民大众的功利主义。也有人把人生幸福与人生价值对立起来，认为要实现人生价值就要或多或少牺牲人生幸福。在一些伦理学教科书中，对人生价值讲了不少，对人生幸福则讲得很少，甚至不讲。把人生价值的实现与人生幸福的实现对立起来，进而主张以牺牲人生幸福为代价去追求人生价值的观点很值得怀疑。

幸福还涉及人生道德问题。在西方历史上，古希腊哲学家从感性和理性两个方面探讨了人的幸福观。亚里士多德曾深入探讨了人的德性与人的幸福的关系。他认为灵魂的善虽然是主要的、最高的善，但幸福总是有赖于衣食、健康和人生所必需的其他物质条件的。他的伦理学主张将道德价值还原为生活价值，即从人的生活之好入手关照道德之好的意义。到中世纪，基督教把理性幸福观发展为非理性的信仰主义和禁欲主义幸福观。文艺复兴之后，感性主义、功利主义的幸福观得到了充分发展。马克思主张唯物辩证的幸福观，也就是要把感性幸福与理性幸福、物质幸福与精神幸福、个人幸福与集体幸福、创造幸福与享受幸福辩证地统一起来，而且强调幸福的阶级平等性、社会共同性和物质基础性。在中国历史上，杨朱宣扬享乐主义的感性幸福观。他把厚味、美服、华屋等耳目声色之欲的满足作为实现幸福的条件。儒家则提倡"孔颜之乐"的理性幸福观。孔子赞赏颜回说："一箪食，一瓢饮，在陋巷，人不堪其忧，回也不改其乐。"这是一种道德至上、精神之上的幸福观，带有对追求物质或生理满足之幸福的拟制和规范。对幸福的追求涉及人的行为规范问题。人有趋乐避苦的本性和追求幸福的愿望，如果没有道德、法律等社会规范来调节，就会发生冲突、纠纷和混乱。正是在这样的意义上，道德上的良心和义务才有了价值，人们也才有了遵守道德规范的必要。孔子说："不义而富且贵，于我如浮云。"[1]（《论语·述而》）"富与贵，是人之所欲也，不以其道得之，不处也。"（《论语·里仁》）孟子说："鱼，我所欲也；熊掌，亦我所欲也。二者不可得兼，舍鱼而取熊掌者也。生，亦我所欲也；义，亦我所欲也。二者不可得兼，舍生而取义者也。"[2]（《孟子·告子上》）荀子也说："先义而后利者荣，先利而后义者辱。"[3]（《荀子·荣辱》）齐法家的代表人物管仲为了规范人们谋求幸福的行为，提出了"礼、义、廉、耻""国之四维"的道德理念。中国传统伦理文化，一方面承认人人有追求富贵幸福之心理和权利，另一方面也强调追求富贵幸福时不能违背仁、义、礼、智、信、廉、耻等道德规范。这就是说，只有在遵守道德规范的基础上取得的富贵幸福，才是光荣的。在现代社会中，人们谋求人生幸福的愿望本是无可厚非的，但也要接受道德和法纪的规范。其中最根本的就是要正确处理个人或家庭幸福与他人幸福、集体幸福和国家幸福的关系，不能为了个人或家庭幸福而损害了他人、集体和国家的幸福。只有勤劳致富、守法经营、廉洁奉公、艰苦奋斗所得到的幸福，才是光荣的。可见，对于幸福，也存在着道德规范、道德选择和道德评价问题。

人们常常慨叹幸福与道德的不一致抑或是恰好相反。春风得意之人可能不是善良之辈，坏蛋也可能乘着豪车疾驰而过，正直而不幸的人们还要站在路边向他鞠躬。善良的人们上当受骗，尊重他人的人却没有得到尊重。认真工作的人不被赏识，善于逢迎拍马的人却一路高升。诚实能干的人可能失败，而一个无赖却可能通过不义手段积蓄了大量财富。见义勇为的英雄，不仅得不到理解，还受到诬陷，使其既流血又流泪。这些让人感慨和气愤的不公正现象，在历史和现实中的确是不少的。这就促使人们经常思考道德与幸福的关系。其实，人生的成功与失败、幸福与不幸，是由多种因素造成的，道德只是其中的一个因素。虽然个人的道德、才能、意志、努力也很重要，但是身处的大、小环境和机会与遭遇，也能在很大程度上决定一个人的顺逆与成败。这就使得道德与幸福的一致性并非必然出现，甚至还会以相反的结果出现。任何规律都有例外，道德与幸福相统一的规律也有例外。在承认这种现象的同时，我们也还应当承认，就人类历史和个人历史的总体概率而言，为善有福报、为恶有祸报的规律还是可以成立的。

中国和外国的传统文化中都有善恶报应的观念。这有非科学的穿凿附会成分，也有富贵阶层为自己的生活状况做理论辩护的成分，但也有对千百年来人类道德生活经验及其规律进行正确总结的成分。对前两种成分的善恶报应观念，无疑应该加以科学分析和批判；对后一种成分的善恶报应观念，应当加以继承和发展，使之更有科学性。善恶有报，绝不只是宗教虚构和主观愿望，而是包含着对基本历史事实的判断。因为任何社会要维持它的存在，都必须有意识地构建一套奖善罚恶的有效社会机制，包括经济的、政治的、法律的、道德的奖罚制度。在这些社会奖罚机制的有效运作下，大部分好行为能得到善报，大部分坏行为也能得到恶报，从而使人世间的快乐与痛苦基本上能得到较为公正的分配。道德与幸福的一致性还表现为，一个有德行的人，能从高尚的行为中获得精神上的满足和幸福感。正如马克思写道："如果我们选择了最能为人类的福利而劳动的职业，我们就不会为它的重负所压倒，因为这是为全人类所做的牺牲；那时我们感到的将不是一点点自私而可怜的快乐，我们的幸福将属于千万人，我们的事业并不显赫一时，但将永远存在；而面对我们的骨灰，高尚的人们将洒下热泪。"一个有德行的人，不仅会受到社会和他人的赞誉，而且能建立起长久稳固、和谐亲密的人际关系，从而使他的才能有更多的机会得以施展，并且取得事业上的成功和幸福。明智的人能正确评价自己的能力和条件，并使自己的欲望或理想目标与之相适应，这也是实现幸福的重要因素。在不应该有超过自己能力和条件之贪欲的意义上，"知足常乐"这句话是对的。不自量力、贪得无厌的人，是得不到幸福的。不能忍受学习和劳动的艰辛，也不能默默无闻从事枯燥乏味的工作的人，就不能享受到成功者的幸福，因为一切成功者都必须经历一个艰苦奋斗的过程。"宝剑锋从磨砺出，梅花香自苦寒来"，就是这个道理。乐善、好施、团结、和谐、明智、节欲、勤奋、坚毅等协调性和进取性的品德要素，作为非智力因素，在决定人生的成功和幸福中向来起着极为重要的作用。品德影响人的性格。好的性格也有助于人生的成功和幸福。豁达、开朗、乐观、正直、不骄、不躁的性格，本身就是素质优良的表现。性格和品质都很优秀的人，必然受人欢迎！其人缘好，朋友多，事业上自然也就顺利，获得成功和幸福的机会也就会更多。

综上所述，正确幸福观的培育，必须与正确人生观、价值观、道德观的培育相结合。

参考文献

［1］张帆编《论语》，北京燕山出版社，1995。

［2］张文修编《孟子》，北京燕山出版社，2009。

［3］荀况：《荀子》，王杰、唐镜注释，华夏出版社，2001。

幸福价值论[*]

幸福价值论 *

刘进田

（西北政法大学马克思主义教育研究院院长、教授　陕西西安　710063）

摘　要：人因有自然、社会、精神三种基本属性，所以追求幸福、正义、崇高三大价值。本文讨论的幸福价值属于康德意义上的经验价值类型。幸福价值具有人类学本体论意义，它是以爱为本性的人的心灵结构中的"爱利"维度，是人的本性的表征，是作为无限欠缺的空、无向实、有的过渡。中世纪传统正义观的失效导致幸福价值在近代的出场。幸福价值展开于人的食、衣、住、行、性、健、寿、娱诸多维度之中。围绕幸福价值形成幸福价值群链。幸福价值具有文化特征。追求幸福价值容易被视为平庸，但以社会工程方式拒斥它则会陷入社会工程乌托邦。

关键词：幸福价值　经验价值　无限欠缺　幸福价值群

一　幸福价值的经验性类属及其本体论意义

在经验价值与超验价值区分框架中，幸福属于经验价值，崇高属于超验价值。因而我们所说的幸福是康德所讲的"德福二律背反"中的"福"。康德把祸福概念与善恶概念严格区别开来。"祸福"属于经验价值领域，是与感性欲望相联系的；"善恶"属于超验价值领域，是与理性相联系的。康德指出："福或祸永远只是意味着与我们的快意或不快意、快乐和痛苦的状态的关系，而我们因此就欲求或厌恶一个客体，那么这种事只要它与我们的感性及它所引起的愉快和不愉快的情感相关时就会发生。但善或恶任何时候都

---

　* 本文是作者主持的国家社会科学基金项目"'经验-超验'关系方法论模式中的价值哲学研究"（06XZX001）的阶段性成果。

意味着与意志的关系，只要这意志由理性法则规定去使某物成为自己的客体；正如意志永远也不由客体及其表象直接规定，而是一种使理性规则成为自己的（由以能实现一个客体的）行动的动因能力一样。"[1](P82) 根据这种理解，幸福是人的感性欲求得到满足后的快乐和愉悦之情感。康德对幸福的解说是："幸福是现世中一个有理性的存在者的这种状态，对他来说在他的一生中一切都按照愿望和意志在发生，因而是基于自然与他的全部目的，同样也与他的意志的本质性的规定根据相一致之上的。"[1](P171) 这种对幸福的理解是同哲学史上伊壁鸠鲁、爱尔维修等幸福主义伦理学对幸福的理解相一致的。这是一种狭义幸福概念。亚里士多德则是在广义上理解幸福概念的。他认为幸福是最高的善。他说，幸福就是人的灵魂的有逻各斯的部分合德性的实现活动，所以过沉思生活的、有智慧的人最幸福。我们通常使用的幸福是一切都称心如意的、使人心情舒畅的境遇和生活。我们是在狭义上来使用幸福概念的。

　　人有自然属性，是感性的生物性存在，是自然的一部分。人的自然生命的存在和延续是通过人的自然感官及其性能的活动来实现的。人的生物感官的性能就是人的欲望。欲望是人的欠缺状态，欠缺就要填充，这就是满足欲望。欲望满足了人的生命就能存在和延续，从主观感觉上来说，欲望满足了人就感到快乐，不能满足人就感到痛苦。快乐就是幸福，痛苦就是不幸。幸福作为主观性感觉情感是为人的生命服务的，生物感官的快乐与人的生命存在是一致的。食色之性的满足所带来的快乐同人的生命的存在与种的延续是一致的。人生儿育女是延续人的生命，这对人来说是很累、很辛苦的，从此考虑人可以不生育，但性感觉通过快乐、愉悦、爱情等美好情感即幸福来促使人两性结合、生儿育女。因此，快乐、幸福具有人类学本体论意义，或价值本体论意义。假如人吃饭不会伴随快乐的感觉，人就会忘记吃饭，这对生命不利；假如两性结合没有快乐的感觉，人就不去结合，从而人的生命就不会延续。快乐、幸福与人本身这一本源性价值直接相关，并非无足轻重。马克斯·舍勒曾认为人的种种感觉体验中蕴涵着"意义"或价值。他说："个体的情感生命，其实是自然的启示和征兆的一个非常精微的体系，个体正是在其中呈露自身。在体验本身之中，一定层次的情感，至少给了某种'意义'、某种'含义'，通过它们，情感又给定了一种存在、一种行为，或个体所遭遇的一种命运的某种（客观的）价值差异，或者在这些差异出现之前，情感就预先体察并确定了它们：通过某种'意义'和'含义'，情感激励并要求人们做某事，（警示并威迫人们）不要做某事。疲劳感会有某种意思，或可因理智的语言表述为：'停止工作'或'睡觉去'。面临深渊的晕眩感意在表明：'退回去'。这种警示旨在挽救个体，使个体不致坠落，在个体实际坠落之前，它就向个体预示了坠落的幻觉。"[2](P217)舍勒还具体地讨论了畏感、羞感、食欲、厌食、懊悔等人的情感体验所蕴涵的"意义"和"价值"。舍勒认为，羞感出现时，肉体和灵魂避免了呈露自己隐秘的内在价值，正是为了让值得的人赏识并奉献给他。总之，作为人的自然感官及其机能所产生的欲望、情感、体验是有价值意蕴的，对它的满足就是幸福价值。

　　既然幸福值、快乐价值具有人类学本体论和价值本体论意义，因而它也自然成为人类价值哲学所十分关注的问题。中西方早期哲学都以特有的方式将人的幸福价值、快乐价值提高到哲学形上学的水平。中国先秦哲学家老子提出的哲学最高范畴，就是对幸福价值的哲学形上学的隐喻。我们说，幸福是欲望的满足，欲望是人的欠缺状态。人的欲望、需要与动物的欲望的区别在于人的欲望具有无限性，即人的欠缺具有无限性，而无限的欠缺或欠缺到极致就是空、无。如果说需要是人的本性的话，那么人的本性、本质就是空、无。老子用道来表征空、无。老子说："天下万物生于有，有生于无。"[3](14章)无就是道。道生万物，就是无生有，有生万物。老子还把道比作"谷神"。他说："谷神不死，是谓玄牝。玄牝之门，是谓天地根。绵绵若存，用之不勤。"[3](6章)"谷"就是空谷，就是空、无。老子将"谷""空"与牝联系起来，即与女性生殖系统联系起来，所表示的正是人的欲望及其空、无本性。"欲"字由"欠"和"谷"组成。"欠"就是欲望的有欠，"谷"则是无限欠缺的状态。空不是被动的，有向实过渡的内在动势，无也有向有过渡的内在动势。空、无向实、有的过渡就是人的欲望的满足，即幸福价值。人通过创造性劳动来满足欲望和需要，人在创造性劳动中创造出世界上原来没有的万事万物。这就是无生有、有生万物的价值本体论意义。由老子再向上追溯，我们看到《周易》中就已表达了对幸福价值的抽象理解。有学者已指出："《周易》中乾、坤两个概念都有原始情欲的内涵：'夫乾，其静也专，其动也直，是以大生焉。夫坤，其静也翕，其动也辟，是以广生焉。'其中'专'读为'团'，象征'收缩'貌。这不是直接把这两个概念同性器官、性行为和生育联系在一起吗？"[4](P61)《郭店楚简》中说："道始于情，情生于性。"[5](P136)在古希腊神话中爱神厄洛斯就代表爱欲。"爱智慧"的"爱"是爱欲的意思。毕达哥拉斯哲学的"本一"具有原始情欲的意蕴（"太一"的内涵是"精液")。人类"各个文化区的古代哲学,其基本概念都有原始情欲的含义"[5](P136)。后来理性主义兴起后,道的概念在屡次解释中渐渐失去感性欲望意义,由经验意义变为超验意义。后来由于哲学走上了思辨理性主义的路数,对原始生命欲望的表达相当困难。哲学家们用"酒神精神"(尼采)、"生本能"(弗洛伊德)等概念来表达,并力图在哲学中获得本体论地位。哲学的思辨特征使原始欲望用打上叉的 Scin(海德格尔)来表达。欲望及其满足在哲学中变得难以表达了,但在近代以来的现实生活中却有强大的势力。可以说现代性文化与人的欲望的满足,即与幸福价值的追求直接相关。幸福价值的追求和实现成为现代化的强大动力。

二　传统正义观的失效与幸福价值的近代出场

　　幸福价值的近代凸显有其重要原因。这个原因就是旧正义观的失效,或者说是正义价值结构的转变导致了人们对幸福价值的追求。近代以前中西方都存在着善恶福祸报应正义观。这种正义观确信善有善报,恶有恶报,行善得福,作恶得祸。但在现实生活中情况并非尽然,行善的人不但不能得福,而且常常得祸,而作恶的人不但未得祸,往往得福。用中国人的一句话说就是"一生作恶日子红火,终身行善苦难相伴"。《圣经》中一个著名的记载是"约伯记"。约伯作为义人对上帝有着虔诚的信仰,常有善行,但约伯经常遇到财产的损失和身体的苦难。他说自己的苦难比河里的沙子还要沉重。约伯义人无故受难,这引起了人们的深刻关注与反思。人们在想,既然行善不能得到福的回报,那么还值不值得行善?德行还有什么意义?既然德行不能得到幸福的回报,那么不如直接去追求幸福,即直接追求欲望的满足。新的正义观须在幸福价值的基础上来重建。新的正义观就是承认每个人追求幸福是合理的、正当的,同时不损害他人的利益。这种正义就是权利。权利成为现代的正义。权利正义观成全着幸福价值,成为保证幸福得以实现的社会政治和法律形式。于是幸福价值成为近代以来社会中的主要价值类型。我认为原始的正义观即我们常说的善恶福祸报应论正义观并没有失效。说它没有失效并不是从经验实证意义上说的,而是从超验希望的意义上说的。就是说善恶福祸报应是人们的一种发自内心的愿望和希望。这种愿望和希望如成为人们的普遍希望,它仍然是有力量、有效力的。所以,我们应有两种正义价值观念,即作为权利的正义制度和作为善恶福祸报应的正义希望。从上面的论述中我们可以看到，幸福价值与权利价值是密切联系的。其实围绕着幸福价值不仅可以形成权利价值，还可以形成知识价值、技术价值、科学价值、市场价值、法律价值等相关的价值类型和价值形态。因为所有这些价值类型都是为幸福价值的实现服务的，由此亦可看到在现代社会价值体系中幸福价值的重要地位。这一点马克思主义也是承认的。马克思、恩格斯写道："全部人类历史的第一个前提无疑是有生命的个人的存在。因此第一个需要确认的事实就是这些个人的肉体组织以及由此产生的与其他自然的关系。"[6](P300)个人的物质欲望及其满足不仅是历史的前提，也是历史的动力。恩格斯明言："自从阶级对立产生以来，正是人的恶劣的情欲——贪欲和权势欲成了历史发展的杠杆。"[6](P35)

三　幸福价值的多维展开

　　幸福价值的内容是多种多样的。从人的欲望的种类来看，有多少种感官、感觉机能和心理机能，人就追求多少欲望的满足，就有多少种幸福价值内容。物欲、情欲、权欲、名欲是人的四种最基本、最强烈的欲望。财富、爱情、权力、名誉的获得就是人的四种主要欲望的满足，就是幸福。幸福属于人的经验价值或实用价值。就人的实用性现实生活而言，人的幸福价值的内容包括八个方面，这就是李泽厚提出的"食、衣、住、行、性、健、寿、娱"。李泽厚说："现代社会性道德如自由主义、个人主义以及罗尔斯的理论、罗斯福的四大自由等，都是以现代经济物质生活为根基的，即保证人的物质性生存延续（食、衣、住、行、性、健、寿、娱）的基本满足，亦即以'世俗性'的'幸福'为目标。"[7](P35)就是说，世俗性的幸福价值就是人的食、衣、住、行、性、健、寿、娱诸方面欲求和需要的满足。

　　食，就是人的食欲，人的饮食欲望和需要的满足。食欲及其满足是人的基本的、基础的价值的实现。饮食欲望的满足能实现人的生存、健康、快乐等价值。人的饮食是由低到高发展着的，最初是充饥，在此基础上是美味，在美味的同时追求营养。充饥是满足生存需要，美味是满足快乐需要，营养是满足健康需要。在经济落后的时期，在贫穷者那里，饮食主要是解决生命存在问题，在经济状况好或富裕者那里，饮食追求美味，在享受美味中得到快乐、幸福。此时人们把美味作为饮食的重要目的。有家餐馆的门前写有这样的宣传语："人以食为天，食以味为本。"在经济短缺时代，人以食为天，因为没有食，人的生命便无法存活，所以经验的食被抬高到超验的天，经验价值成了超验价值。在物质生活改善了的今天，味（感觉）成了食之本，包含吃饭的根本是为了品味美味，为了美食。有人戏说中国人改革前后的饭食发展变化："吃啥没啥，有啥吃啥，吃啥有啥，没啥吃啥。""没啥吃啥"就是想着吃没吃过的东西，所以人们得不断地发明出新的食品和菜种。中国的食文化向来发达。孙中山曾说，近代以来中国什么都落后了，就一样没落后，这就是饮食文化。毛泽东也认为中国传统文化的精华是中医和饮食文化。随着人们对健康的重视，饮食的营养作用越来越受重视，人们对食物的营养成分、食疗价值越来越看重。遗憾的是，由于法治和道德等社会和文化原因，市场上的有毒食品时有发现，严重地影响着人们的生命和健康。这样人们就难以从饮食中得到幸福价值，相反，人们有可能从饮食中感受到痛苦和不幸。孔子说："食不厌精，脍不厌细。"[8]（乡党）这为中国人追求饮食美味提供了文化正当性依据。于是中国人把生活的快乐和幸福放置在饮食上。所以，中国人对吃饭就极为重视。做官经商的目的是为了吃香喝辣，找工作叫找饭碗，失业叫丢饭碗，办事有能力叫吃得开。过去人见面打招呼的话是"吃了没？"总之，饮食在中国价值系统中占有极为重要的地位，它是中国人幸福价值的重要组成部分。

衣，就是人的着衣需要及其满足。穿衣最初是为了满足人的御寒和羞感需要，这是实用性需要，但随着物质生活的改善穿衣就有了满足审美需要、身份地位需要的作用，于是人们把丰屋美服作为价值目标。在现代社会服装不仅仅是遮风御寒的实用物品，更重要的是一种价值符号。着名牌服装一方面能满足审美、美感需要，另一方面是身份地位的符号。服装符号是着装者身份地位的标志，这是着衣的社会文化价值。现代社会服装已变成了时装。时装表演成为一种新的艺术形式，成为重要的审美形式。时装与身体是结合在一起的，时装作为审美形式使身体成为审美对象。身体在道家、佛教中都是物质性的负担，是臭皮囊，而现在身体与时装结合，身体便成了美感自身。在传统社会，身体、肉体要受理性和理念的约束，而在现代却放射着耀眼的美的光芒。于是在价值论美学中时装表演成为现象学描述的对象。时装使感性直观、感性身体、感性欲望变成快乐的来源。刘小枫分析说："在时装表演中，身体是第一位的。身体的优位性是生活观念史上的重大转折：身体成为享用性的在世者，不再是在世的负担，而是唯一值得赞美的在者。服装转变为时装，不断变换，日新月异，身体在质体上总是这一位，它不可剪裁、不可置换。过去关于身体禁忌的话语、戒律都被（时装舞台上的）身体凯旋式的扭行踩碎：天堂、来世、永恒之理念，在生活感觉中的优位性被身体的优位性置换了。人身的意义和目的并不重要，重要的是，我的身体在此世舞台上行走过。"[9](P332)服装的式样变化不只是服装自身的事，它同身体与理念的关系的颠倒直接相关。亚里士多德把沉思生活看作幸福，而现代人则将身体的表演看作幸福。总之，在现代，人们对衣服、服装、衣装符号、时装需要的满足成为幸福价值的重要组成部分。

住，就是人们对居住房屋、环境欲望和需要的满足。丰屋美服向来被看作幸福价值的内容。住的基本条件是房屋、家具。自己的住房是人的自有的私人活动空间。在经济短缺时代，住房主要的用途是实用的挡风遮雨、睡眠休息空间。在现代社会，房屋也成了一种符号、一种身份地位的感性符号。房子所在区位、房子面积大小、房子的式样装修都表征着主人的身份和地位。主人得到这种地位身份感到是一种幸福。张三住在某著名别墅区，别墅面积达数百平方米，这意味着张三的成功与幸福。这种幸福价值观带动了房地产的发展、建筑业的发展和装修业的发展。现在人们努力工作的一个重要目标就是为了买到一套好住房。人们把对大面积、好位置的住房的拥有看作人生的幸福所在。

行，就是人对行走条件、工具的欲求及其满足。人长腿脚本是为了行走，但现在用腿脚行走主要是为了锻炼身体，步行成为锻炼身体的方式。人们出行则要用代步工具。代步工具和交通工具的水平、品位及其拥有成了人是否幸福的标志。中国文化中对行走工具的品质是极为看重的，认为它是人的社会身份地位的重要表征。《论语》中记载了孔子对自己车的珍视。"颜渊死，颜路请子之车以为之椁。子曰：'才不才，亦各言其子也。鲤也死，有棺而无椁，吾不徒行以为之椁。以吾从大夫之后，不可徒行也。'"[8](先进)就是说，颜渊死了，他的父亲颜路请求孔子卖掉乘坐的车为颜渊置办一副外棺。孔子说："不论有才能还是没才能，说来都是各自的儿子。我的儿子孔鲤死的时候，也只有棺而没有椁。我并没有卖掉车自己步行而为他买椁，因为我尚随于大夫行列之后，（出门）是不可以徒步行走的。"孔子把车子看得很重，把怎么行看得很重。行、怎么行具有了社会性价值，不只是走的快慢的自然性问题。现代经济交往使社会生活速度加快，所以人们需要更快的交通工具来缩短不同地域的人们之间的时空距离。拥有和享用速度快的交通工具是幸福价值实现的标志。现代交通工具使人们的行走更为便捷，便捷就是人所追求的快乐价值。便捷意味着人的自由度的增加，所以是快乐。便捷使人们受自然因素、时空因素的制约越来越小。人所追求的就是不受或少受外在必然性的决定和制约。行走工具、交通工具的日益快速和安全的价值论意义正是在于人的自由价值的实现，现在的铁路、高速公路、航路越来越多，也越来越好，各种交通工具越来越便捷、安全，人的快乐、幸福价值在行的方面迅速地实现着。行、行的工具和条件与人们之间的通的价值相关。庄子说："道通为一"。正是行走工具的发达使人们之间的流通、相通、交往得到加强，使人们之间的了解得到加强。谭嗣同曾将"仁"解释为"通"，而现代科技和生产力所提供的行走工具正在促进着"通"与"仁"的价值。

性，就是人的性爱、爱欲、爱情诸情感欲望的满足。爱欲、爱情方面欲望的满足是人的幸福、快乐价值的重要部分。爱欲、爱情不只是人自身的生产、种的繁衍的情感促进机制，同时具有内在价值，它是内在而超越的，即它内在于人自身的生产和繁衍，内在于人类总体，又超越于人自然生产和人类总体，而成为个体人生命品质、生命感受和生活质量的重要内容。中西方的文学艺术神话等文化形式都将爱欲、爱情作为中心内容来描写。马克思将饮食男女看作人们生活最自然的事情。他说："人与人之间直接的、自然的、必然的关系是男女之间的关系……从这种关系就可以判断人的整个教养程度……男女之间的关系是人和人之间最自然的关系。"[10](P114) 恩格斯把生活的意义看作工作和爱情。他坦然自白："我如果有五千法郎的年金，我就只是埋头工作，并且和女人们消遣，一直到我生命完结。如果没有法国女人，根本就不值得活着。但是，只要还有浪漫女郎，那就得啦！这并不妨碍有时谈一些正当的事情或者使生活带一些文雅的乐趣。"[11](P94) 恩格斯主张爱情的私人性，他说："共产主义制度对家庭将产生什么影响？答：两性间的关系将成为仅仅和当事人有关而社会无须干涉的私事。"[12](P371) 同时恩格斯强调性爱、爱情要与道德相统一，反对把肉欲捧得高于一切。他喻示："我并不是一个抽象的道家，我厌恶一切禁欲主义的反常现象，我永远不会谴责抛弃的爱情；可是，使我感到痛心的是，严肃的道德正濒临着消失的危险，而肉欲却企图把自己捧得太高。"[13](P146) 恩格斯对性爱的态度是自然合宜而辩证的，这样的合宜态度保证着人在性爱方面幸福价值的实现。饮食和性是人的两种欲望和本能，这两种欲望的满足都是快乐和幸福。至于这两种本能哪种更迫切、更根本，学者们有不同看法。马克斯·舍勒认为，人的性本能更根本、更迫切。舍勒断言："饮食本能比性本能更加迫切，这种学说对人而言是错误的。原因在于，如果不曾以某种方式实现出自父母（尤其是母亲）的哺育本能，以及主要由他们完成的最初的进食，一种特殊的饮食本能就根本不可能形成。新生儿可能会'饿'，但他不会有饮食本能，可以说这种本能是通过喂食才形成的（如在第一次喂食之后），母亲的哺育天性则只是其生殖本能的延期效应，后者在孩子出生之后自然转变为对新生儿的抚养本能。就此而言，饮食本能及其满足的形成（在孩子身上）与扩展的生殖本能的存在和满足（在母亲身上）联系在一起。"[14](P268)就是说，性本能、性爱是比其他本能和欲望更为根本的、原始的、本能的欲望，别的本能和欲望都是由性本能而派生的。因此，与性本能欲望相联系的爱、爱欲在一些思想家那里便成为绝对的、至上的价值。德国诗人歌德就是这么看的，他的诗写道：

> 我们追求绝对，
> 就像追求至善。
> 我让每个人自由为之。
> 可是我曾经发现，
> 绝对的爱无条件地构成了我们的条件。[14](P269)

　　西方哲学和文化的确将爱、爱欲看得很高。古希腊神话中的爱神厄洛斯的存在就是西方人对爱欲重视的表现。爱欲贯穿于西方文化的各个方面。美国学者唐力权指出："希腊哲学所表现、所强调的主体性乃是以爱罗精神为本的主体性，而非以仁爱关怀为本的主体性。爱罗精神的主体，说得具体一点，就是工艺匠型的主体，为存有伸张其材知权利的匠心匠识。雕刻家所要伸张的权利不只是大理石的权利、雕刻刀的权利，更是他自身所具有的材性知能的权利。在爱罗神的宇宙里，爱就是权利欲；真善美的价值最后分析起来只不过是权利欲的满足。"[15](P105)这里实际上是把爱欲及其满足看作一切价值的核心价值了。在笔者看来，爱是有经验层的爱和超验层的爱的。性爱、爱欲是经验层的爱，它的满足属于幸福价值。宗教中的圣爱则是超验层的爱。我们认为经验价值和超验价值是不容混淆的。文化和时代的发展过程是爱欲及其满足越来越变得正当化、健康化的过程，从而是人的幸福价值不断增长的过程。中国改革开放以来，人们对性爱从态度、理念、行为、习俗等方面都发生了新的变化。性社会学家李银河提出性爱只要符合三个条件，即成年人、自愿、私密，就是正当的。在民俗方面，西方的情人节受到中国青年人的欢迎。人们越来越大方地、自然地、理直气壮地表达自己的情爱意愿。这都是幸福价值在性爱维度上的巨大增进。当然，舍勒对与性爱直接相关的情感，如羞感的弱化的忧虑和研究也颇值得我们关注。因为它涉及性爱方面的幸福感能否继续保持和增长的问题。

　　健，就是人的健康、健美需要及其满足。人要享受生活、创造价值、发展事业，就必须有健康、健美、强壮的身体。在人们的基本生存需要满足后，身体健康、健美便成为人们极为关心的价值。关于健康价值的地位，坊间流行着一种说法："以健康为中心，潇洒一点，糊涂一点。"这是人们生活中的"一个中心两个基本点"原则。在此，健康居于生活的中心价值。没有了身体健康一切就都谈不上了。身体健康既是内在价值，又是手段价值。健康是内在价值，是说身体健康本身就是好的，就是价值。因为健康了人就会对生命本身有美好的感受和体验，人会感到生命是充满活力的，精力是充沛的，自我是美好的、幸福的。健康的内在价值意味着健康是自己的、切己的，不是别人的。健康的切己性使人更加珍视自我。珍视健康就是珍视自我，而珍视自我是人生价值的重要内容。著名美籍华裔学者许倬云认为，生活的一个重要意义是珍视自己。珍视自己有几个基本内容：一是珍惜自己的身体，二是珍惜自己的灵性。说到珍惜自己的身体时他说：天地生个人不容易啊！从十月怀胎到能走路，到成长，以至于到变成一个独立的人，这是很长、很辛苦的一个过程，我们要珍惜这个生命，每个人都有他自己了不起的生命，每个人都是天地间独一无二的，所以必须珍视。对于我们的生命、身体，不要糟蹋它，不要用欲望来损毁它，不要因贪欲而糟蹋它，不要因盲目地追求物质而消耗自己的生命，更不要因不良嗜好而浪费自己可贵的生命。珍惜自己的生命从生物体的意义上讲，是在珍惜自己的身体而已，这是很简单的事情，珍惜身体就是珍惜自己生活意义的一部分[16](P234)。中国传统主流文化主要讲道德价值，不重视身体健康价值，所以在中国传统艺术中我们看不到像古希腊展示人的健壮身体的雕塑、绘画。这是中国文化中一个很大的局限。这可能与中国文化重群体、不重个体自我相关。因为身体是自我的，而自我的是不能作为价值加以珍视的，群体是没有身体的，所以不重视身体健康价值。其实，身体健康作为手段价值也是利他的，如在家庭中，家庭成员身体好，对家庭中所有的人都好。父母健康无病本身就是对子女好，也是对社会好。在传统群体本位价值体系中，人重视自己似乎是不光彩的，所以中国人到了老年才知道珍惜自己的重要性，才回到重视个人价值的价值原点上来。鲁迅曾说中国传统文化的本质是"吃人",这里所吃的人,首先是个人,包括个人的身心健康。中国文化鼓励人屈从忍受、逆来顺受,这对身心健康是不利的。健康作为手段价值是人的事业价值、精神价值、成功价值、奉献价值、利他价值等价值的条件。笔者多年来一直在寻求健康与学术之间的协调与平衡,我想任何一个人都应这样,在健康与事业之间保持平衡和相互促进,不要因一方面而牺牲另一方面。

寿,就是人的长寿需要及其满足。长寿是人的幸福价值的重要内容。中国人祝贺人时常说"福如东海,寿比南山"。"寿比南山"就是长寿。在中国传统价值观中"福、禄、寿"是人们追求的价值的三个方面,其中的寿就是长寿。在传统价值观中,"不朽"是极为重要的价值。中国文化讲人的价值是"三不朽",即立德、立功、立言。"不朽"是超验价值,长寿是经验价值,但我想"不朽"价值是从"长寿"价值升华而来的。人们的一个重大愿望是万寿无疆、长生不老。人的生命是有限的、一次性的。正因为如此,人们才追求长寿不朽、长生久视价值。万寿无疆是不可能的,但长寿是可能的。我们发展生产力,解放生产力,提高人们的物质生活水平,一个重要目的就是提高国民的寿命。人的寿命与发展生产力直接相关。长命百岁、健康长寿是幸福价值的一个重要内容。

娱,就是人的娱乐、休闲、游戏需要及其满足。劳动、工作是价值,娱乐、休闲、游戏也是价值。康德曾说,幸福是工作、劳累之后的休息。我想康德的意思应是,人的价值包括工作和休息。工作是生存、发展价值,休闲、休息是享受价值。鲁迅曾说,人的价值就在于生存、发展、享受。所以,工作之外的休闲、休息、娱乐、游戏,就成为人的价值的组成部分。我们看到动物和人在小时候都喜爱游戏,我们通常的解释是:这是为长大捕获猎物和劳动在做准备。这种解释是实用的、功利的解释,这自然是有道理的,但这不是唯一的解释。同时,我们认为游戏有其内在价值,也就是说,游戏有它本身的价值,而且游戏价值是同自由内在相关的最高的价值。德国思想家、美学家席勒认为,游戏的人是自由的人,是完美的人。歌德认为,人有两种冲动,即感性的冲动和理性的冲动。歌德在《浮士德·城门之前》一幕中借浮士德的话说:

你只知道有一个冲动,

啊,另一个你却完全无知!

有两个灵魂住在我的胸中，

这一个要跟那一个分离；

一个沉溺于粗俗的爱欲，

以执著官能迷恋人间；

另一个强烈地超脱尘寰，

奔向那往圣先贤的领域。

席勒指出，歌德所说的是人身上的两种冲动，其中感性冲动是被动的，理性冲动是主动的，但这两种冲动各自都有其强迫性，不能直接结合。怎样才能把这两种冲动结合起来呢？那就要靠这两种冲动之外的另一种冲动，即游戏冲动。游戏冲动不受任何方面的约束，也不带有强迫性。游戏是摆脱来自感性的物质强制和理性的道德强制的人的自由活动，是对感性和理性的超越，因而是更高级的体现人的自由本质和价值的活动。席勒断言："只有当人是完全意义上的人时，他才游戏；只有当人游戏时，他才完全是人。这个道理此刻看来也许有点似是而非，不过如果等到把它适用到义务和命运这双重的严肃上面去的时候，它就会获得巨大而深刻的意义。我们可以向您保证，这个道理将承担起审美艺术以及更为艰难的生活艺术的整个大厦。"[17](P80)游戏属于审美艺术和生活艺术。当我们在人生中能把严肃的道德义务和祸福命运都升华为审美艺术和生活艺术，将其上升为人生的游戏时，我们才能获得一种摆脱感性和理性强制的超越感和自由感。记得记者在采访已故著名学者启功时，启功说他的人生是游戏人生。我想这种游戏人生是对生活经验和阅历进行升华之后的一种自由状态。这种自由状态以超越的方式蕴涵着人生的义务和命运。我们把娱乐引申到游戏，把游戏联系到人性、人生境界。这是幸福价值，但这里的幸福价值已经不是纯经验性的价值了，而是经验和超验的结合。休息、休闲、游戏、审美、艺术等幸福价值形式，也为马克思所高度重视。马克思认为，人们发展生产力、科学技术和提高劳动生产率的目的是为了增加"自由时间"和"闲暇时间"。发展生产力的目的不是为了生产力，而是为了人有更多的"自由时间"。在自由时间中人可以做他所喜爱的事情，可以从事艺术活动、娱乐活动、创造活动等。在马克思看来，未来的共产主义社会就是有更多"自由时间"和"闲暇时间"的社会。我们现在的经济学、哲学开始研究快乐经济学、休闲经济学。改革开放以来，我们的节假日在不断增多，比如过去一个星期休息一天，现在休息两天。这为人们的休息、休闲、娱乐、游戏等更能显示人的自由和审美价值的活动形式提供了时间条件。需要指出的是，人的娱乐游戏等审美、休闲活动的展开除了时间条件外，尚需经济制度、文化价值观念、物质财富、环境等方面的条件。我们看到，现在节假日多了，但很多人并未将其用来休息、娱乐，而是用来加班、充电，拼命工作。因为在市场经济条件下，人们的活动仍然受着客观的强制性的"社会必要劳动时间"的决定，受着优胜劣汰法则的决定。所以人虽有节假日，但还不敢将其全部用于休闲、游戏。这大概就是马克思要反资本主义、反私有制和市场经济的原因，是马克思不满足"政治解放"（资产阶级经济政治解放），而要进行"人类解放"（人本身的解放）的原因。批评和否定现代主义的后现代主义的合理性似乎亦应从此来理解。现代主义、马克思主义、后现代主义都在追求人的幸福价值，这是没有分歧的，分歧只在于什么是幸福，怎样才能达到幸福。现代主义注重物欲满足意义上的幸福，马克思主义注重拥有"自由时间"的幸福，后现代主义则注重摆脱一切本质主义强制的幸福。

上述表明，幸福价值的内容是十分丰富的，它全面地体现在人的食、衣、住、行、性、健、寿、娱诸多方面。要全面地达到在所有这些方面的幸福，需要我们付出很大努力。我们建设小康社会，建设中国特色社会主义社会就是要实现人们追求的幸福价值。

四　幸福价值群链及其文化特征

以幸福价值为中心会形成一组相关价值群链。幸福价值要求知识价值、科学价值、真理价值、技术价值、理性价值、权利价值等。因为幸福是人的物质需要、感性需要的满足，而这种满足的条件是创造大量的物质财富，而要创造物质财富就要改造自然，要改造自然就要认识自然，认识自然的过程和结果就是科学活动、科学知识。科学知识要转化成工具、工艺就要有技术。科学技术是第一生产力。可见，在幸福价值的推动下，知识、科学、技术等价值必然得到重视。相应的，创造知识和发明技术的人才也会受到重视。在追求幸福价值的时代，人才成为各种资源中的第一资源。幸福价值要求权利价值、法律价值、自由价值。因为人们追求幸福是在社会关系中进行的。在社会关系和交往中，周围人、他人有可能侵犯和损害自己的利益，影响自己的幸福。这个问题的解决要靠权利观念和制度来解决。于是权利就成为追求幸福价值的人们珍视和要实现的价值了。权利是幸福的社会保证，没有权利制度，一个人即便创造了财富也有可能被他人抢走。权利必须表现为法律，所以法律价值成为追求幸福的人们的自觉要求。胡适曾认为，西方文明是将幸福价值作为根本价值的文明。正因为如此，西方文明，特别是近代文明，把知识、科学、权利、法律作为十分重要的价值来追求。反过来，这些价值的全面实现，也成全了西方人的幸福价值。我国自改革开放以来，将解放和发展生产力作为社会主义的本质内容，其价值意蕴就是实现人的幸福价值。同时，把科技视为第一生产力，把建设法治国家作为战略目标。所有这些都是由幸福价值所派生、所推动的价值群。邓小平所贞认的社会主义本质，从价值哲学上看就是幸福价值和正义价值。解放生产力，发展生产力，是为了实现幸福价值；消灭剥削，消除两极分化，最终达到共同富裕，是正义价值。因此，幸福和正义是社会主义的核心价值。

幸福价值的存在与发展同经济、政治、法律、文化等因素有极其密切的联系。经济发展、生产力发展是幸福价值存在和发展的根本条件。经济中的生产关系，如所有制、交换、分配、消费涉及每个人的幸福能否得到实现。财产所有制是否合理、分配是否合理、交换是否合理、消费是否合理都制约着幸福价值的存在与发展。传统社会主义将生产资料国有制看作生产资料公有制或生产资料全民所有制的形式，而国有企业或中央企业所取得的利润人民能不能享用呢？如果人民不能真正享用国有企业所创造的利润，那么所有制即生产关系就影响了幸福价值的实现。分配关系和制度也对幸福价值的实现有重大影响。比如现在行业间的收入分配差别很大，即分配不公，影响着人们的幸福价值。政治因素对幸福价值也有影响。专制政治和民主政治下，人们的幸福感是不同的。专制政治下人们的幸福感不可能高。因为专制政治是支配性政治，这种支配包括经济支配和人格支配。权力者、在上者可以支配无权者、在下者的经济收入，从而影响着在下者的幸福。权力者也可以支配无权者的行动及其方向。前苏联的朱可夫可以很富，但当时斯大林让他穷他就立刻穷了。法律因素与人的幸福价值亦相关。如果法律能保护公民的生命、财产、自由，那么公民就幸福，否则就不幸福。文化与幸福价值亦关系密切。在禁欲主义、存理灭欲、男女授受不亲的文化观念之下的国民要想获得幸福价值是困难的。幸福价值也受自然因素的影响。身体不健康、自然条件贫瘠、环境恶劣，幸福价值就难以实现，幸福价值也依赖于人的辛勤努力与付出。

幸福价值对诸条件的依赖性表明幸福价值具有被动性、受动性一面。就是说，幸福价值的产生、存在和发展是由各种主客观条件决定的。这些条件有的是既存的、先在的，如人的欲望、人出生的环境、家庭、社会制度等都是客观先在的东西。在此意义上人们自由选择的空间是很小的。正因为如此，一些哲学家认为幸福价值难以体现人的自由本质，如康德就认为幸福是由人的物质欲望所决定的，不是人自己的意志决定的，甚至认为幸福只是一种事实，不是价值，不能叫价值。这样就将幸福、快乐排除出了价值的范围。有的哲学家则因幸福价值的受动性而放弃对幸福价值的人为追求。如在《论语》中子夏说："死生有命，富贵在天。"[8]（颜渊）就是说，死生有命运，富贵在于天。常言亦曰，小富由勤，大富由命。这样就因幸福的受动性而将幸福看作由天命、命运等外在不可控制的因素所决定的价值。叔本华最后也认为，人的欲望的满足不会给人带来幸福，所以放弃欲望满足，回到东方的佛教。有的人则因追求幸福要付出辛勤劳动，所以主张"知足者常乐"，把欲望的不满足和欲望的消除当作快乐。这些观点都有一定的道理，它至少说明幸福价值并非自足的、绝对的价值，在一定的意义上它是相对的价值。我们必须以辩证的态度和方法来理解幸福价值。幸福是否体现人的自由意志？我们认为虽说幸福有受动性的一面，但它也有能动性的一面。当人用自己的主动积极的劳动创造物质条件满足幸福价值时，这时幸福就体现着人的自由意志。面对欲望的要求我们既可以选择满足，也可以选择不满足，这就是人的自由意志和自由选择，当然基本需要必须选择满足。这点连主张存理灭欲的朱熹也是承认的。朱熹将满足人的生存基本需要叫作天理，不叫人欲，只有满足基本需要之上的快乐才叫人欲，对此他主张选择消灭它。按照唯物史观，人的需要不全是既有的、自然的需要，马克思就提出过"新的需要"的概念。"新的需要"就是在人的活动中所产生的需要。"新的需要"既然是由人的活动产生的，那其中就体现着人的自由意志因素，所以幸福价值也体现着自由意志，体现着人对自然的支配占有和控制。正因为如此，幸福不能完全看作事实，同时幸福也是价值。由幸福价值的受动性而放弃对幸福的主动积极追求的态度也是偏枯的，在我们看来，将幸福的有无看作天命是片面的，应当用人的积极劳动和努力去实现幸福价值，使人生更加美好。由幸福价值难以产生快乐而完全放弃幸福，回到弃绝欲望的佛教，如叔本华那样，也是极端化的。这对于人，特别是大部分人来说是不可能做到的，因为大部分人都是常人，不是精英。难道完全弃绝欲望的人就很快乐、就不是缺陷、就不违背自然吗？在一定条件下，人们对幸福价值的实现有所节制，不至于陷入虐待狂和受虐狂式的快乐，这是有价值的。但弃绝幸福，如俄罗斯文化中主张在痛苦折磨中体现意义，或追求极度满足都有失偏颇。当然，此问题作为非公共性的私人意识领域的问题，不同的人可以进行自由选择。如现代法国哲学家福柯自白："我会，我也希望死在任何种类的过度快乐中"，"那极度完全的快乐，对我来说，联系着死亡"[19](P236)。福柯死于艾滋病。西方的酒神精神和日神精神都体现着要将人性的各种维度加以充分发挥的倾向和特征。当然，在现实生活中多数人还是讲究理性、节制、适度、持中的。杜威就主张在理性指导下去满足人的欲望。李泽厚认为，今日对快乐、幸福或者说对情的追求可以分为两大类别或形态。一是对肉体及心灵做所谓"极度体验"（Limit Experience）的病态追求；二是与此相反的，将世际人间本身作为个体的生活价值和人生意义的情感归依。李泽厚主张后一形态，但强调："其中也不排斥在多种冒险中去追求强烈刺激和极力测试自己的身心限度而得到的痛苦、紧张、创新和快乐。创新作为自我不断建构和成长，其本身是一种快乐。这属于正常状态和健康心态。"[18](P237)"极度体验"是对自己身心能力极限的认知和体验，这种体验可以使人更加了解自己，在此体验中人会得到幸福感，同时也有创新、创造的产生，这都是有价值的。"极度体验"表现出现代社会文化中幸福价值主体的个人性特征。"极度体验"中的体验者是个人，个人试图将自己的感官感觉机能和潜力发挥至极致，避免自己的潜能永远处于潜在状态，随着生命的完结而完结。这用中国传统哲学的话说叫"尽性"。梁启超曾将西方的"个人主义"一词翻译为"尽性主义"。"尽性主义"在幸福观上的体现就是"极度体验"。中国传统文化重群体性、社会性，所以虽讲"尽性"但所尽的不是个人的感性机能和潜力，而是人的恻隐之心等伦理之心。"极度体验"因具有个人性、危险性、感觉性，所以在中国文化中，此种幸福观不被看重，所以中国没有酒神和日神，缺少虐待狂和受虐狂式的情感表达方式。在通常情况下，我们主张幸福、需要的满足要与自然、身体、社会、文化诸多相关因素保持适度，保持平衡。杜威主张把欲望满足与其他相关因素联系起来理解，而不要将它看作孤立的东西。杜威说："有两类享受的类别。例如，'满足的'和'可满足的'是不同的。当我们说某种东西满足了某种要求时，我们是把它当作一个孤立的、最后的事实报道的。当我们说某种东西可以满足某种要求时，我们是在它和其他事物的联系和交互作用中说明它的。"[19](P720)到餐厅去不掏钱吃东西是满足欲望，但它未与食品所有者、货币、交换诸因素相联系，因此这种感觉体现就存在问题。当然猛吃自己买来的东西以满足欲望和感觉体验对不对呢？是不是有价值呢？这也要与身体、健康、生命、家庭等因素联系起来考虑。不与其他社会因素相联系的孤立的个人欲望的满足在生存论层面和范围内是有意义、有价值的。因为追求欲望的充分满足和"极度体验"毕竟是个人内心的真实要求，满足这种真实要求是有价值的。酒神精神、尼采、存在主义、福柯所表达的价值观就是生存论的价值观，它是摆脱欲望满足、感觉体验与其他事物的联系来独立地理解价值问题的。这是西方原子论宇宙观和个人主义传统在价值哲学中的表现。我们在生存论意义上承认其合理性，但在社会学意义上则要联系社会、文化、他人等相关因素来评价。这里存在着哲学立场和方法的差异与分歧，存在着形而上学与辩证法的差异、个人主义与社群主义的差异、存在主义与社群主义的差异。这种差异可以通过划定界限、层次、领域的方式来解决，不要用一方消灭另一方的方式来解决。

参考文献

[1]〔德〕康德：《实践理性批判》，邓晓芒译，人民出版社，2003。

[2]〔德〕马克斯·舍勒：《爱的秩序》，林克等译，三联书店，1995。

[3]曹勇宏：《老子》，中国发展出版社，2009。

[4]谢遐龄：《本体论重兴之兆》，《读书》1987年第4期。

[5]李零：《郭店楚简校读记》，中国人民大学出版社，2007。

[6]马克思、恩格斯：《德意志意识形态》，人民出版社，1988。

[7]李泽厚：《李泽厚近年答问录》，天津社会科学出版社，2006。

[8]张帆编著《论语》，北京燕山出版社，1995。

[9]刘小枫：《现代性社会理论绪论》，三联书店，1998。

[10]《马克思恩格斯全集》（第42卷），人民出版社，1979。

[11]《马克思恩格斯全集》（第27卷），人民出版社，1972。

[12]《马克思恩格斯全集》（第4卷），人民出版社，1958。

[13]《马克思恩格斯全集》（第41卷），人民出版社，1982。

[14]〔德〕马克斯·舍勒：《价值的颠覆》，罗悌伦等译，三联书店，1997。

[15]〔美〕唐力权：《周易与怀德海之间》，辽宁大学出版社，1997。

[16]许倬云：《中国文化与世界文化》，贵州人民出版社，1991。

[17]〔德〕弗里德里希·席勒：《审美教育书简》，冯至、范大灿译，北京大学出版

社，1985。

[18] 李泽厚：《人类学历史本体论》，天津社会科学出版社，2008。

[19]〔美〕杜威：《确定性的寻求》，载周辅成编《西方伦理学名著选集》（下卷），
    商务印书馆，1987。

论幸福的本质及其实现途径

刘孟学

（空军工程大学理学院社科教研部副教授　陕西西安　710051）

　　摘　要：幸福是主体对客体状态满意度的心理感受或体验，其本质就是主体的心理体验。幸福指数是对幸福感的量化，是主体对客体状态满意度的数值，具有一定的客观性，而幸福观就是主体对幸福的总的观点和看法。不断提高客体的理想状态，适时调节主体的心理感受，是获得幸福的重要途径。

　　关键词：幸福　幸福指数　幸福观

一　幸福及其本质

　　党的十八大提出建立社会幸福生活，共同创造中国人民和中华民族更加幸福美好的未来！那么，对于什么是幸福，怎样创造幸福生活的美好未来，我们必须从理论上搞清楚。事实上，幸福是一个既简单又复杂的问题，从客观上讲，幸福是应该有客观标准的，或者说不同时期都应有不同的标准，但幸福更多的是自我感受、自我评价、自我体验，这又很难从客观上做出准确的回答。什么时期谁幸福谁不幸福，具备什么条件就应该幸福，不具备某种条件就不应该幸福，似乎又是很难得出结论的，这就给幸福的客观性带来很大的难度。因为对一个人来说，什么条件下是幸福的，什么条件下是痛苦的，必须和自我感受结合起来才更有意义。比如就一个人的生活来讲，吃什么是幸福的？是山珍海味还是粗茶淡饭？一般来讲，吃好的从味觉感受上会很好，由此形成幸福感，但如果自己没有这种消费的水平，一顿山珍海味在满足味觉的同时又可能带来消费上的压力，感觉这样消费是很大的浪费，在这种情况下，这种消费和自己的客观需要相比，就显得山珍海味不见得能获得幸福。但当你可以免费吃到这种美食的时候，你又可能形成满足感或幸福感。还有一种情况是，你有消费的水平，但由于你吃饭的习惯、身体的需要，以及当时的心境，山珍海味不一定就是心目中的美食，由此也不一定产生满足或幸福的感受。

这样看来，是否幸福不能离开主体的感受、体验、评价，同时还要看到主体自觉意识的重要性，因为人们在更多情况下不去感受自己是否幸福，当人们有意地去感受、体验的时候，才会出现是否幸福的评价，而这时的评价更多的可能不是身体的或生理的，而可能是心理的或比较的。有人讲我现在是最幸福的了，但我没有感觉，但当人总这么讲的时候，我就问自己，自己真是最幸福的人吗？我就想为什么别人会这么评价，过去怎么没有呢？原来那是因为以你目前的现状，心理上应该满足了。在这种情况下，你只要无所求，处于自然的生活状态，在大家的眼里自然就是最幸福的人了。那么他们有幸福感吗？或者说为什么没有感觉到自己也是最幸福的人呢？那是因为他们还很执著，还有应该得而没有得到的东西，还需要努力追求，所以感觉还有压力，而你似乎已经摆脱了这种压力。我想大家的这种说法也不无道理，但自己又该怎么评价这种状态呢？我只能用知足常乐、自然无为作答，因为知足才开心，无为才省心，虽然结果没有最好，但只要自我满足，就应该是幸福的了。所以，我感到幸福是否就是一种自我感受的满足呢？

近年来我在闲暇时间练习书法，发现自己有了长进，或者得到朋友的赞许，心里就有种愉悦的感觉，这种愉悦的感觉是"知进"并被认可的结果。所以我感觉一个人能够发现自己取得了进步、得到了赞赏或者嘉奖，同样也是一种幸福的感受。最近我们要求很严，又要搞考评，领导感觉你是老同志了，或者说你很"幸福"了，所以就考虑把你排在末位，这时你会是什么感觉呢？会有幸福感吗？我想一般情况下人们可能是想不通，或者说是不愉快的。而我由于对这样的结果有所预感，所以，当领导和我谈话的时候，我感到并没有什么意外，反而认为领导这样考虑是可以理解的，因为末位对我影响不大，反而能给大家垫底，这何尝不是一种价值存在呢？所以我又感到"知价"似乎也是一种幸福，一个人虽然为他人付出了一些，但他能感知到自己的价值存在，也会产生幸福感，即所谓"吃亏是福"吧！

鉴于实践经验的分析，我感到幸福是一种心理感受或体验，即便是一种满足状态，如果没有心理体验，也难感受幸福的存在。但满足状态是感受幸福的基础，没有相应的满足也很难体验到自己的幸福。由此也可以得出另外一个结论，即幸福可以是一种回忆，因为回忆可以体验曾经的感受；同时幸福也是一种比较，比较可以体验自我的满足。所以，幸福是一种主体满意或知足的状态，这种状态是经过感受或体验反映出来的。如果给幸福下个定义，那就是幸福是主体对客体状态满意度的心理感受或体验，其本质就是主体的心理体验。这说明，幸福不是简单的对客体的满意状态，满意状态是前提，可表现为舒适、高兴、快乐等，但更多情况下，满意状态没有心理体验就不会有幸福感，亦即幸福感是通过体验表现出来。生活中我们经常看到条件比较好的人群，或者说具有权力或金钱的人群，他们在物质上非常丰裕，也有很大的权力，对此人们总会评价这些人很幸福。但实际上，当你询问他们是否幸福的时候，他们可能没有反应，甚至认为自己并没有感到幸福。这里面有两种情况：一种情况是他们有满足，但没有体验；还有一种情况就是物质上满足，而精神上并不满足，所以也没有幸福。但外人为什么会得出人家幸福的结论呢？实际上是外人以主体的形式对他人进行主体想象，在想象中体验别人的感受。所以即便不是他人，你也可以通过体验感受到人家幸福的结论，但事实上对方不见得是幸福的。这说明，幸福往往不是生活过程的满足，而是对这个满足过程的体验，没有体验，就很难获得幸福感。

幸福的表现状态可以通过愉悦、开心、舒适、自由、高兴等表现出来。主体之所以愉悦、开心、舒适、自由、高兴等，说明客体满足了主体的愿望，所以主体就会表现出这样一些状态，但一个愉悦、开心、舒适或自由、高兴的人，不见得把这些状态理解为幸福，因为他没有体验这个状态，当他离开这个状态，用心去体验这个过程的时候，可能就会产生幸福的感受。所以，幸福又往往通过回忆、比较的方法体现出来。

幸福的内容形式可以是多样的，但基本可以分为物质和精神两大类。物质上可以分为生理欲望的满足以及健康的身体状态等，而精神上可以分为社会对个人的认可、尊重，各种荣誉的获得，以及自我精神的充实满足等。

二　幸福指数与幸福观

幸福指数是对幸福感的量化，是主体对客体状态满意度的数值。主体对客体的满意度越高，幸福指数就越高；满意度越低，则幸福指数就越低。用幸福指数评价人们的幸福状况已成为当下的热词，所谓城市幸福指数、国民幸福指数、全球幸福指数比比皆是。对幸福指数的认识，最早是由不丹国王提出并付诸实践的，从而形成不丹模式。后来受到美国、英国、荷兰、日本等发达国家的重视，这些国家也开始对幸福指数进行研究，并创设了不同模式的幸福指数。我国近年来也很重视幸福指数的研究，深圳社会科学院在做"和谐深圳"社会调查考评时，通过三类指标测量居民的幸福感。A 类指标：涉及认知范畴的生活满意程度，包括生存状况满意度（如就业、收入、社会保障等）、生活质量满意度（如居住状况、医疗状况、教育状况等）。B 类指标：涉及情感范畴的心态和情绪愉悦程度，包括精神紧张程度、心态等。C 类指标：指人际以及个体与社会的和谐程度，包括对人际交往的满意程度、身份认同，以及个人幸福与社会和城市发展之间的关系。这些指标的设定，对幸福状态进行量化应该是有一定意义的，但能否通过这些指标的设定进而找到幸福的客观尺度，应该还需要长时期的检验。因为主体的状态会直接影响人们的幸福感，进而影响对幸福的量化。

　　根据前些年英国"新经济基金"组织对全球 178 个国家或地区所做的幸福排名，太平洋岛国瓦努阿图荣登冠军，中国排名第 31 位（后又提升为第 20 位），世界发达国家的幸福指数反而不靠前，非洲国家平均成绩最不理想，包揽了最后 10 名中的 7 位，津巴布韦倒数第一。而 2012 年 4 月联合国首次发布全球幸福指数报告，比较全球 156 个国家或地区人民的幸福程度，丹麦成为全球最幸福国度，于 10 分满分中获近 8 分，其他北欧国家也位于前列。中国香港排名第 67 位，中国内地排名第 112 位。最不幸福国家集中于非洲，最低分的多哥得分约 3 分。造成这样的原因是什么？是客观的还是主观的？数字是否能够客观地反映幸福现状？这些都值得进一步研究。城市幸福指数排名也有这个问题。但是提出幸福指数，并把幸福指数作为对幸福的一种量化还是值得肯定的。从一定意义上说，GDP、GNP 是衡量国富、民富的标准，而百姓幸福指数可以成为一个衡量百姓幸福感的标准。一方面，它可以监控经济社会运行态势；另一方面，它可以了解民众的生活满意度，并从客观上为我们提出了怎样提高人们幸福感的指标依据。目前，幸福指数已成为落实科学发展观过程中被频繁提及的话题。国家统计局在 2006 年 9 月曾表示将推出包括幸福指数在内的一系列软指标，以适应各方面对中国经济社会协调发展的需求。党的十八大提出的"五位一体"布局，无疑也体现着社会幸福生活的发展目标。这说明幸福指数已逐渐成为我们评价幸福感的重要指标，具有现实意义。

　　如果说幸福指数具有一定的客观性，那么幸福观就是人们的主观问题了，它反映了主体对幸福的认识，是主体对幸福的总的看法和观点。主体不同，接受的教育不同，世界观、人生观、价值观不同，都会影响人们的幸福观。

从历史上来看，不同阶级、不同学派、不同人对幸福的认识也不同。比如，道家主张清静无为，顺其自然，崇尚返归自然，逃避尘世，过原始质朴和自由自在的田园生活；佛家主张苦、集、灭、道，认为人生本无幸福可言，有的只是生老病死各种各样的痛苦，要摆脱痛苦的"生死轮回"，才能达到幸福的彼岸即涅槃；基督教神学家认为，人要达到幸福的境界，不是对财富、名誉、权力和肉欲的享受，而是在宗教德行中，在对上帝的热爱和追求中，只有对上帝的沉思、崇拜，才能返归天国，获得真正的幸福；我国儒家提倡积极进取、奋发有为的人生，向内修身养性，形成仁、义、礼、智良好的道德品质，向外要齐家、治国、平天下，求取功名，行中庸之道，不走极端，处理好人际关系等，这样的人生才是幸福的人生。

从阶级的角度分析，资产阶级的幸福观是利己主义、享乐主义、个人主义，认为物质享受与个人私欲的满足是衡量幸福、快乐的尺度。而马克思主义则认为，每个人都在谋求幸福，个人的幸福和大家的幸福是分不开的，主张人们应该把幸福的创造和幸福的享受结合起来，并把创造幸福作为前提，然后才谈得上享受幸福。因为对无产阶级和劳动人民来说，没有劳动就没有幸福可言。在社会主义条件下，只有社会劳动才是创造幸福的根本途径。只有为共产主义事业而奋斗，为绝大多数人谋利益，才是人生的最大幸福。

至于个人的幸福观更是多种多样。高尔基认为，做个幸福的人其实是很简单的！什么是幸福呢？就是知足……别的没有什么……契诃夫认为，为了让内心不断感到幸福，那就要善于满足现状，为了让内心不断感到幸福，甚至在忧伤悲愁的时候也不变；卢梭认为，不论到什么地方，幸福步步跟随着我，这种幸福并不是存在于任何可以明确指出的事物中，而完全是在我的身上，片刻也不能离开我；雨果说，生活中最大的幸福，是坚信有人爱我们；爱因斯坦说，只要你有一件合理的事去做，你的生活就会显得特别美好；美国总统罗斯福曾认为，幸福不在于拥有金钱，而在于获得成就时的喜悦以及产生创造力的激情。

以上这些不同的幸福观，反映了不同历史条件下人们对幸福的理解。在不同的幸福观影响下，幸福感也因此产生差异。一个人是否幸福，他的存在状态直接和他的幸福观发生联系，由此形成是否幸福的评价和体验。在此情况下，树立正确的幸福观对提高人们的幸福感具有积极作用，他直接影响到主体的幸福体验。那么什么才是正确的幸福观？这又与主体的世界观、人生观和价值观有关系，但无论如何，幸福观会直接影响主体的幸福感和幸福体验，这是不可否定的客观事实。当然，强调幸福观对主体的影响，并不反对我们对幸福本身的客观追求。这就是我们必须重视探讨幸福的共性及其一般规律，由此发现获得幸福的基本途径。

三　实现幸福的基本途径

在分析幸福、幸福指数以及幸福观问题的基础上，我们能否找到实现幸福或者说提高幸福感的路径？我认为是可以的。因为，幸福虽然离不开主体的心理体验，但幸福毕竟和人的存在发展乃至人的客观需要有关，这种主体与客体的关系存在，为我们探讨幸福途径提供了可能。我们也可以循着这两个大的方面去探讨实现幸福的基本途径。

一是从客观上，不断提高客体的理想状态，为主体的满意度创造条件。

客体的状态是一个多层次、多元性的变化过程。多层次是讲，客体有自然的、社会的、团体的、家庭的、个人的等；多元性是讲，客体状态从不同方面构成对主体的影响。

首先，看多层次。从自然的角度讲，构建适合人类生存的生态环境，是实现人自然满意度的基础。一个人经济条件再好，如果没有一个好的环境，整天处在污染、吵闹、拥挤不堪的环境中，心中必然产生不快，很难获得幸福的体验，严重影响幸福指数。从社会的宏观角度来看，社会的全面发展进步，是提高幸福指数的重要环节，党的十八大提出，我国未来发展的总体布局是"五位一体"建设，这些思想为提高社会幸福指数创造了条件。因为在未来的发展中，我们不仅强调经济、政治、文化、社会建设，而且把生态文明建设作为未来发展的重要方面提了出来，这体现了一个国家对社会发展的全面关注和重视，这些方面如果做好了，无疑会从客观上满足人的发展需要。从这个意义上讲，党的十八大提出的全面小康，以及"共同创造中国人民和中华民族更加幸福美好的未来"都是以"五位一体"的社会建设为基础的，如果我们党在未来的发展中，全面建成小康社会，"五位一体"得到长足发展，无疑会为提高人们的幸福指数奠定坚实的社会基础。从社会的中观角度来看，团体的、组织的或单位的理想状态，也是个体获得幸福感的重要因素。如果说国家是高层次，或者说是第一层次、社会的宏观把握者，那么和个体密切联系的团体、单位就是中观层次，或者说是第二层次，这个层次主要涉及主体存在的一切组织系统，这个系统所提供的客观环境对人的幸福指数有着很大的影响，一个好的单位、团体或企业、公司，对自己的成员将构成理想的状态或不理想的状态，这种状态直接影响人的心理感受，它对主体的影响也是幸福指数的关键环节。从社会的微观角度看，家庭、亲人、朋友等的状况也会影响主体的心理感受。人作为社会存在离不开具体生活的人群关系，这些关系直接作用于主体心理，主体是否幸福，家庭、亲人、朋友都会对其产生重大影响，只是家庭的影响可能更大一些。列夫·托尔斯泰说过，"幸福的家庭都是相似的，不幸的家庭各有各的不幸"，这说明幸福与家庭的关系密不可分，幸福也好，不幸福也好，都会受到家庭关系的制约，这点非常重要，不能忽视。

其次，看多元性。它是指客体物质状态从不同方面构成对主体的影响因素，有的是身体的，有的是心理的。身体的可能是各种生理需要的满足，满足的类型也是多样的。美国著名心理学家亚伯拉罕·马斯洛曾经提出五种需要理论，其中生理的需要和安全的需要就属于这类需要，心理的需要属于精神需要的满足，它也由各种因素所构成，与主体精神追求有关。马斯洛提出的五种需要理论中，友爱和归属的需要、尊重的需要、自我实现的需要，都属于精神需要的范畴。这些需要是否满足也直接影响主体的幸福感。所以，提高幸福指数的途径，应该重视这些方面的实现，努力创造满足主体需要的客观环境，这是提高幸福指数的重要条件和基础。

二是从主观上，学会幸福体验，这是获得幸福的重要方面。

首先，幸福离不开心理体验，如果缺乏自我合理的心理体验就很难获得幸福。因为客体状态是确定的、相对的，作为确定的客体不会因主体的要求而发生变化，它具有一定的稳定性，同时它相对于个人的需求又是相对的，不会完全满足主体的需要。在这种情况下，不同的客体对主体的作用会因主体的心理而产生不同的体验。对于同样的客体，不同主体的反映是不同的，粗茶淡饭满足了人的生理需要，但不同的主体感受就不一样，体验也不同。这主要取决于主体的心理需求和心理期待，需求期待低满足度就高，需求期待高满足度就低。从发展角度看，客体是变化的，甚至是发展的，主体能否因客体的发展而获得幸福，还是取决于主体的心理感受。如果主体要求低，这种满足感就强，甚至会越来越强，否则会相反。这就可以理解，社会发展了，物质条件好了，人们的幸福感不见得都提高了，因为他们的主体要求期待也提高了。所以，一个社会物质水平的发展不见得就能换来幸福，相反，一般的物质水平不见得就不能满足人们的心理需要。所以，物质水平和人们的幸福感不是直接关系，也不是呈正比关系，它只是幸福感的一个方面。相反，幸福感和人们的心理指数呈反比关系。心理对客体的要求越低，幸福感就越强；心理对客体的要求越高，幸福感就越低。

其次，学会幸福是获得幸福感的重要条件。由于幸福是一种心理体验，是一个主体感受客体的过程，主体要想获得幸福，必须学会感受幸福的存在。这里就需要主体的生活智慧，需要认识事物、分析事物、解决矛盾的合理方法和能力。因为，客体始终处于变化过程中，这个过程不一定按主体的需求向前发展，波浪式、螺旋式，甚至倒退式的可能都是存在的，主体是否因客体的变化而适时调整自我、解决矛盾，直接影响主体的心理体验。特别是当条件变差的时候，主体能否获得幸福感，与主体的心理认知有关，主体应适时调节自我心理感受，建立符合实际的目标和期望标准，用平和的心态、辩证的思维应对一切，以获得应有的幸福感。从这个意义上说，在一般条件具备的情况下，幸福与否取决于主体的主观感受，这是我们必须正视的问题。一个人是否幸福，这里的主宰者不是别人，正是我们自己。学会幸福，拥抱幸福，生活就会充满阳光、充满幸福，幸福之神就会降临到我们的身上！

参考文献

［1］胡锦涛：《坚定不移沿着中国特色社会主义道路前进　为全面建成小康社会而奋斗——在中国共产党第十八次全国代表大会上的报告》，《人民日报》2012 年 11 月 18 日。

［2］宁薛平、周新辉：《中国住房消费信贷与居民幸福指数》，社会科学文献出版社，2011。

［3］《全球幸福指数报告》，凤凰网，2012 年 4 月 6 日。

［4］孙英：《幸福论》，人民出版社，2004。

［5］《个人幸福指数》，腾讯网，http：//book. qq. com/a/20070930/000024. htm。

论构建幸福社会

苗露露① 郑冬芳② 李 勤③

（西安交通大学人文社会科学学院①硕士生 ②教授
③副教授 陕西西安 710049）

摘 要：幸福是人们对美好生活的向往和追求，而幸福社会则是社会发展的理想目标。然而，我国的民生问题未得到解决、社会不公正现象的存在以及多元的价值观冲击着主流的幸福观的现实，使人民的幸福感下降，从而阻碍了构建幸福社会的进程。为早日建成幸福社会，我们认为应从三方面努力：大力发展经济，满足人们的物质文化生活需要；合理使用经济发展成果，形成公平公正的社会秩序；营造幸福文化氛围，引导人们树立科学的幸福观。

关键词：幸福 幸福社会 幸福观 公平公正

"幸福社会"是目前社会的一个热点话题，"幸福社会"的构建也受到了大家前所未有的关注，但目前对什么是"幸福社会"却远远没有达成共识，而基本共识是构建"幸福社会"的前提和基础。

一 幸福社会及其特征

（一）幸福社会的含义

对什么是"幸福社会"学术界也进行了研究，虽然意见不一，但主要有以下三种观点：第一种观点，主张以人们的主观幸福感和精神状态来衡量幸福社会。例如，有人认为，幸福社会是以提升社会大众幸福指数和幸福感为目标导向，追求人人幸福、人人快乐、人人满足，进而身心愉悦地去工作、生活、学习的美好社会。[1]第二种观点，主张以人们的主观感受和客观的社会环境的发展程度来衡量幸福社会。例如，有人认为，幸福社会是由造成幸福的社会环境、幸福的心理环境等所构成的社会综合体。在这样的社会综合体中，幸福的社会环境又是由宽松的政治环境、优越的经济环境、发达的文化环境等构成的。幸福的心理环境是由人的宽阔的胸怀、宽容的心态、宽厚的人性这样一种由知己到知人，再由知人到知物的内在的心性构成的。[2] 第三种观点，主张幸福社会要建立在经济、社会、政治、文化四位一体全面发展之上。例如，有人认为，幸福社会不仅要求物质财富的宽裕，而且对生态环境、公民权益保障、社会公平正义、公共文化品供给、公民文化素质、城乡建设、创业乐生、社会管理水平等方方面面都有较高的要求。[3] 这些对"幸福社会"的理解各有其道理，都对"幸福社会"及其构建提出了有益的尝试。

我们对于"幸福社会"的界定是建立在对"幸福"理解的基础上的。心理学认为，幸福是人生重大需要、欲望、目的得到实现的快乐心理体验，是达到生存和发展的某种完满的、快乐的心理体验。[4](P13) 伦理学认为，幸福，是人们在社会生活实践过程中，由于感受到人生价值的实现而形成的一种精神上的满足。[5](P264) 虽然有人认为，幸福的本质是一种快乐的心理体验，是由满足产生的一种快乐的心情，幸福具有主观性，和个体的感受有密切的关联。对此我们并不否认，但是，幸福在具有主观性的同时并不能否认其客观性的存在，人的需要、欲望以及目的的实现是幸福的客观内容和客观标准，一个人是否觉得幸福，取决于他人生的重大需要、欲望、目的能否得到满足和实现。所以，幸福是主观形式和客观内容的统一。

而就"幸福社会"的建构而言，并不能从简单的心理学或伦理学的角度解释幸福社会中的"幸福"，因为，幸福社会中的幸福，并不是单指个人的幸福，而是将幸福提升到了社会的追求目标的层次，是政府的施政目标之一，目的是使政府提升人民的整体幸福感。而人民整体幸福感的提升，虽然离不开个人的幸福感受，但显然不只是个别人的主观感受所能涵盖的，也不是能离开社会环境的整体发展所能达到的，和个体的幸福感相比，"社会幸福"具有更强的客观性和社会性。因而，我们认为幸福社会是一个具有发达的经济环境、民主的政治环境、繁荣的文化环境、稳定的社会环境、良好的生态环境，社会中的大多数人感到是幸福的，并能以愉悦的心情和饱满的热情去工作、生活、学习的社会。

（二）幸福社会的特征

对幸福社会特征的概括，既要考虑到幸福社会对幸福感的重视，也要考虑到幸福社会所强调的社会性。虽然以此为出发点，可能对幸福社会的特征会做出各种不同的概括，但幸福社会的主要特征应该包括个人幸福与普遍幸福的统一、物质幸福与精神幸福的统一、主观感受与客观标准的统一。

第一，个人幸福与普遍幸福的统一。

幸福社会不是个人幸福，而是社会幸福，因而，大多数人感到幸福的社会才叫幸福社会。当然，幸福社会不会因为注重大多数人的普遍幸福而排斥个人的幸福，它更主要地强调个人幸福和普遍幸福的统一。因为，普遍幸福内含着个人幸福，个人幸福的实现必然要依赖一定的社会条件以及大多数人普遍幸福的实现。幸福社会并不反对个人幸福，个人幸福的实现是有利于普遍幸福的实现的，它所反对的是离开或损坏普遍幸福而追求个人幸福，或者把个人幸福凌驾于普遍幸福之上。对于以普遍幸福为前提，把个人幸福融入普遍幸福中的个人幸福，社会不仅不会反对，而且还积极地加以保护。同时这种个人幸福也是最幸福的，正如马克思在《青年在选择职业时的考虑》中写到的那样，"经验赞美那些为大多数人带来幸福的人是最幸福的人"。有时之所以要或多或少地牺牲个人幸福，是为了实现大多数人的普遍幸福，在更高的基础上体现个人幸福与普遍幸福的统一。

第二，物质幸福与精神幸福的统一。

幸福是人的需要、欲望得到满足后的一种快乐的心理体验。但人的需要不只局限于物质的需要，还包括精神的需要，因而，幸福可以分为物质幸福和精神幸福两大类。物质幸福即物质生活幸福，是一个人的生理需要、肉体欲望得到满足的幸福，具体表现为生活富裕和身体健康。精神幸福即精神生活幸福，是一个人精神方面、心理方面的需要、欲望得到满足后的幸福，是高层次的幸福，表现为自我价值的实现、社会的肯定等。判定一个社会的幸福程度，除了看物质层面的幸福外，还要看精神层面的幸福，离开精神层面真正的幸福，所谓的幸福社会就不会是真正的幸福社会。因为人毕竟不同于动物，精神的追求和享受是人在物质需求得到一定满足后必要的需求，是人之为人的一个重要特征，精神需要的满足所带来的幸福感可能会更加长久、持续。

第三，主观感受与客观标准的统一。

就个人而言，幸福似乎更多的是一种主观感受，对于同样的事物，不同的人产生的幸福感是不同的，所形成的幸福标准也不同。但当幸福上升到社会建设层面，指大多数人的普遍幸福时，幸福在承认个体主观感受的同时，还具有了要被社会大众普遍认同的内涵，具有了社会公认的标准和原则，即幸福的客观标准。从幸福社会的含义中我们也可以发现这一点，社会中个体的幸福感是幸福社会的主观标准，政治清明、经济发达、文化繁荣、社会安定、生态良好则是幸福社会的客观标准。同时，人们的主观幸福感和这些客观指标又是相互影响、相互作用的。所以，幸福社会是主观感受和客观标准的统一体。

二　构建幸福社会必须解决的主要问题

"幸福社会"的构建过程在某种程度上就是一个解决妨碍幸福社会建成的问题的过程，在当前，影响幸福社会的问题还有很多，但最主要的莫过于民生问题、社会公平公正问题和社会幸福观等问题。

（一）民生问题

解决民生问题是关系人们幸福，也是关系幸福社会的根本。建设幸福社会，必须以关注、保障和改善民生问题为基本出发点和落脚点。

20 世纪 90 年代中期至今，是中国经济发展最快的时期，也是群众得到实惠最多的时期，我国成为全球第二大经济体。2011 年国内生产总值达到47.3 万亿元，人民收入大幅提升。但在发展的同时，不可否认，这一时期并不是群众意见最少的时期。

幸福社会除了以人们的主观幸福感的提升来衡量外，还有一定的客观标准，即优越的社会环境。在我国经济高速发展的过程中，伴随着人民生活水平的不断提高，也出现了诸如"三农"、教育、医疗、就业、保障、分配等一系列的民生问题。这些问题的出现，不仅直接影响着我国经济的发展，还有可能影响到我国社会的稳定。当前，我国的民生问题主要表现在以下几个方面：一是优质教育资源短缺，教育公平问题突出。如上学难、上学贵、困难群体受教育权没得到充分保障等现象，离"学有所教"还有一定的距离。二是就业方面存在不少问题。劳动力供给大于社会需求，高校毕业生就业、农村剩余劳动力转移、低学历毕业生就业都存在一定的问题。三是看病难问题。政府对医疗卫生事业投入、医疗服务分配比例、医疗保障水平、医疗覆盖面等方面存在着不少的问题，"病有所医"还远远没有实现。四是养老问题没有完全解决。目前的养老制度建设虽然有了一定的进展，但养老制度还不健全，尤其是占人口大多数的农民还没有完全被覆盖，"老有所养"还有一定的困难。五是房价问题，有效抑制房价还没有真正实现，保障房建设存在着许多问题，"住有所居"更多的还是一种理想。这些都成为构建幸福社会所面临的最现实、最急需解决的问题。

（二）社会公平公正问题

社会公平公正指国家的政治利益、经济利益和其他利益在全体成员之间合理而平等的分配过程，它意味着权利的平等、分配的合理、机会的均等和适用制度规范的统一性。[1]公平公正既是我国构建幸福社会的一个基本原则，也是衡量社会幸福的一个客观标准。

美国经济学教授理查德·伊斯特林（R. Easterlin）通过研究发现，幸福和收入的增加并不一定成正比（理论界称之为"伊斯特林悖论"）。在收入达到某一点以前，幸福随收入增长而增长，但超过那一点后，这种关系却并不明显，影响幸福的因素包括除收入外的其他许多因素。而其中一个因素就是当收入达到一定点后，人们更习惯于从和周边人的横向比较中体验幸福，而不是像刚增加收入时习惯于从和过去的纵向比较中体验幸福。而所谓的横向比较在某种程度上就意味着大家对公平公正的更多关注，这也就是为什么有时社会生产力快速发展了，但群众意见有可能不是减少而是增加的原因。

随着生产力的发展，中国人民基本上摆脱了贫困，已实现了总体小康。在总体小康的情况下，人们似乎更愿意的不是纵向比较，而是横向比较，更多看到的不是自己的今天比昨天好，而是自己的今天同别人相比不好。"伊斯特林悖论"确有其不足的地方，但并不能由此否认对我们构建"幸福社会"具有的借鉴意义。"幸福社会"的构建当然要增加收入，但绝不能将"幸福社会"等同于纯粹的增加收入。目前我国存在的城乡之间、地区之间、行业之间、人群之间基于收入差距拉大所引发的不公平问题，以及以权谋私及腐败等现象，使人们心理产生失衡感、相对贫困感甚至被剥夺感，进而影响到幸福社会构建的进程。在经济发展到一定水平后，公平感的获得在一定程度上比财富的增加更能让人们具有幸福感。因而，社会的发展进步必须与公平公正相向而行，构建幸福社会必须要把维护社会公平公正放到更加突出的位置，真正做到"权利公平、机会公平、规则公平"。

（三）社会幸福观的问题

幸福社会是主观感受和客观标准的统一，而主观感受就是人们的幸福感。在我国 GDP 总量居世界第二位、人们物质富裕的今天，似乎人们的幸福感不但没有上升，反而有下降的趋势，为什么会出现这种情况？除了可能存在的不公正外，在很大程度上也和现今社会流行的幸福观有关系。

幸福观是人们对幸福以及怎样实现幸福的观点和看法，是人们世界观、人生观、价值观的反映。由于人们的生活价值目标不同，幸福观自然也不同。在改革开放、市场经济条件下，随着利益的多元化，价值观也必定多元化，而多元的价值观也必然会反映在幸福观上。

个人主义价值观对幸福观的影响。在个人主义价值观的影响下，形成了个人主义的幸福观。有人就时时处处以我为中心，只注重个人的利益，一切行为以自我利益最大化为原则。为了追求自己的利益、幸福，不仅不顾他人的利益，有时还会牺牲他人的利益和幸福来换取自己的幸福。这种将个人幸福与大多数人的普遍幸福对立起来的做法，往往是"求福不成"反而"得祸"，最终不利于自我幸福感的提升。

功利主义价值观对幸福观的影响。功利主义不考虑一个人行为的动机，只考虑一个人行为的结果对最大快乐值的影响，能增加最大快乐值的即是善。受这种价值观的影响，有人就会排斥那些不实用、对自己不利的，但却是社会价值体系至关重要的内容，如道德。但在某种程度上可以说，有德性的人才是幸福的人，道德是人们追求幸福的重要条件，通过道德修养才可以得到真正的幸福。

拜金主义价值观对幸福观的影响。拜金主义价值观主张，有钱就会幸福，人生应及时行乐，从而将幸福物化。殊不知，对物质的追求和占有获得的幸福是短暂的，是浅层次的幸福，它只是达到深层次幸福的手段与条件，而精神生活充实才是高层次的幸福，才会使人获得持久的幸福。

三 构建幸福社会是一项系统工程

构建幸福社会是一项庞大、长期、复杂的系统工程，需要全社会在经济、政治、文化等方面的共同努力，而其中不可或缺的，包括幸福社会的物质基础、公平公正的建设、幸福观的培养等。

（一）发展经济，为构建幸福社会奠定物质基础

虽然，财富的增加、经济的增长并不必然带来幸福感，GDP 的增大并不意味着幸福社会，但不可否认的是，幸福感的提升，以及"幸福社会"的构建必须建立在经济进一步发展的基础上。

我国社会主义脱胎于半殖民地半封建的旧中国，生产力极不发达。"文化大革命"中的一些"极左"做法，又使我国刚刚发展起来的社会主义经济遭到重创。经过多年的发展，我国的经济成就斐然。但是，我国仍处于并将长期处于社会主义初级阶段，人民日益增长的物质文化需要同落后的社会生产之间的矛盾仍是我国社会的主要矛盾。我国的生产力水平总体还不高，在综合实力上仍然同发达资本主义国家存在较大差距，加之中国庞大的人口数量，再大的国民生产总值除以 13 亿就变得微不足道。而解决民生问题、公平公正问题仍需要足够多的财力，恩格斯说"追求幸福的欲望只有极微小的一部分可以靠观念上的权力来满足，而绝大部分却要靠物质的手段来实现"。只有生产力不断发展，只有具有丰厚的物质基础，"幸福社会"才能逐步实现。当然，今天所谓的发展经济，已不是简单的经济数量的增长，而更多的是协调、可持续的发展。

要协调、可持续的发展，就要求我们必须转变经济发展观念，做到人与自然的和谐。在自然经济时代，虽然人与自然的矛盾也存在，但由于生产力水平的原因，人对自然的掠夺程度还不激烈，人与自然的矛盾还不突出。随着科技的飞速发展，人类和自然的矛盾从没有今天这样尖锐过。汤因比和池田大作批评当代世界的基本观念把视野局限于经济方面，把属于人类整体一部分的经济置于绝对优先地位，所以，构建"幸福社会"，必须考虑人与自然的关系，做到人与自然的协调发展，摈弃片面追求 GDP 增长而不考虑资源投入和环境成本，只考虑当代人需要而不顾及后代人利益的发展观念，努力实现经济发展与环境相协调，真正做到又好又快发展。建设"美丽中国"的过程也是提升社会幸福感的过程。

要协调、可持续的发展，就要求我们深化经济体制改革，处理好政府和市场的关系，尊重市场规律，完善市场体系，形成有利于公平竞争和优化配置资源的市场机制；更好地发挥政府宏观调控在引导投资方向、产业结构升级、规模经营和技术进步方面的导向作用；推进经济结构战略性调整，改善

需求结构，优化产业结构，促进区域协调发展；促进科技进步，创新管理方式，提高劳动者素质。

要协调、可持续的发展，就要求我们提高开放型经济水平，增强综合国力，适应经济全球化新形势，实行更加积极主动的开放战略，完善互利共赢、多元平衡、安全高效的开放型经济体系；推动开放朝着优化结构、扩展深度、提高效益的方向转变；创新开放模式，坚持出口和进口并重；统筹双边、多边、区域次区域开放合作；提高利用外资的综合优势和总体效益，提高抵御国际经济风险的能力。

（二）合理使用经济发展成果，维护社会公平公正

"幸福社会"不仅意味着要"做大蛋糕"，更意味着要"分好蛋糕"。虽然"不患寡而患不均"被认为是一种绝对平均主义，但不可否认其中包含着中国人对公平公正的热烈向往。所以，构建"幸福社会"，必须做到发展成果为社会全体成员所共享。为此，要继续调整国民收入分配格局，优化初次分配，提高居民收入在国民收入分配中的比重，提高劳动报酬在国民经济总量中的比重，使人民劳有所得；完善税收体制，充分发挥税收的调节作用，提高个人所得税的起征点，降低税率，加大对高收入者的税收调节力度，扩大中等收入者的收入，提高低收入者的收入，促进公平；规范收入分配秩序，有效保护合法收入，坚决取缔非法收入；通过财政手段影响国民收入的再分配，完善社会保障制度，对弱势群体的教育、医疗、养老、住房、就业等问题给予更多的资金和政策支持，提高社会弱势群体的幸福感。

为了更好地维护社会的公平公正，政策的制定应坚持公平公正的原则，公平地反映和协调城乡不同阶层不同方面群众的利益，反映和协调不同地区、不同行业、不同阶层、不同群体的利益，反映和协调不同方面群众的合法权益，切实把实现公平公正的理念和做法贯彻落实到政策的整个制定过程中；适时对政策进行调整，随着客观条件、环境的变化，有些政策可能会偏离它制定的初衷，失去公平性，甚至反过来助长两极分化，所以，要善于根据现实环境的变化，及时、适时地对政策进行调整，否则就变成了"本本主义"。

社会的公平公正必须有体系、制度和机制来维护，要强化和扩大社会公共服务制度体系的公益功能和覆盖面，加强和完善政策导向和政策落实、财政支持和资金投入、体制改革和新制度建立等体系和制度建设，形成维护最

广大人民群众基本利益和基本权益的制度体系和制度保障；构建城乡一体化的社会保障体系，做到"全覆盖、保基本、多层次、可持续"（党的十八大），以增强公平性、适应流动性、保证可持续性为重点，全面建成覆盖城乡居民的社会保障体系；改革和完善企业与机关事业单位社会保险制度，整合城乡居民基本养老保险和基本医疗保险制度，逐步做实养老保险个人账户，实现基础养老金全国统筹，建立兼顾各类人员的社会保障待遇确定机制和正常调整机制；扩大社会保障基金筹资渠道，建立社会保险基金投资运营制度，确保基金安全和保值增值；完善社会救助体系，健全社会福利制度，支持发展慈善事业，做好优抚安置工作；建立市场配置和政府保障相结合的住房制度，加强保障性住房建设和管理，满足困难家庭基本需求。只有制度、体系的维护，社会公平公正才能真正落到实处。

（三）营造幸福文化氛围，树立适当合理的幸福观

幸福建立在一定的物质基础之上，同时幸福也是一种主观感受，同样的物质基础，不同的人有不同的甚至相距甚远的幸福感。虽然说，幸福感不能强求统一，但却可以通过适当的方式，引导人们树立同社会经济发展水平、同中国的现实，甚至同社会主流价值观相适应的幸福观。

要建立适当合理的幸福观，必须加强人文关怀和心理疏导，培育自尊自信、理性平和、积极向上的心态。一个人的心态决定其精神状态和幸福感。心态健康，能正确认识自我，辩证看待成败得失，勇敢面对困难挫折，始终保持积极向上的精神状态，否则，就很容易迷失自我，陷入成败得失的苦恼中，在困难挫折面前灰心丧气，容易丧失发展进步的信心和动力。在我国处于社会转型期、价值取向多元化的今天，很多人因工作、生活、前程、财富，往往表现出焦虑不安、浮躁不定、弱势心理、不公平感的社会心态，这在很大程度上影响了人们幸福感的提升和科学幸福观的树立。所以，培育自尊自信、理性平和、积极向上的社会心态对引导人们树立科学的幸福观有重要作用。

而要做到此，就必须致力于幸福文化的建设，营造幸福氛围。幸福文化是以幸福为思想内核和价值取向，以研究和实施正确的幸福理念，形成科学合理的幸福观为主要内容的文化形态和文化现象。[6]它主要解决什么是幸福和怎样获得幸福的问题，核心内容是让人们追求幸福、传递幸福、分享幸福。当人们处于一种幸福文化氛围中时，就会潜移默化地受到影响，再加以

适当的引导，人们会慢慢以科学理性的方式来认识金钱、财富和快乐，以适当的方式接受贫困、失败和痛苦，把幸福感的获得不依赖于外界环境，而寄托于自己的心境。

幸福文化的建设，可以通过慈善活动和组织各种团体活动来实施。目前我国已有此方面的尝试，如幸福中国联盟是魏鹏创立的以幸福中国为宗旨的非官方组织，联合所有国内外希望追求幸福的组织、媒体、企业、机构、政府官员、个人，积极参与到幸福中国的公益活动中来，致力于联合、整合全国的幸福资源，提高人们对幸福的认识、理解和体验，举办公益活动，出版发行幸福书籍、刊物等，呼吁社会各界践行幸福信念、幸福价值观、幸福行为方式，达到幸福自我、幸福他人、幸福大家的目的。

幸福文化的建设，还需要个体培养幸福心理，提高自我"幸感力"（"幸感力"即对幸福的感知能力）。幸福心理是人们在认知和行为中采用能使自己产生幸福情感的一种积极思维角度。幸福是一种主观感受，任何客观事实最终都要靠人们的主观心理去感知。我们"对幸福的感知能力"也在很大程度上决定我们的幸福程度。而培养人们的幸福心理应从培养积极品质做起。积极的品质能使人善于看到事物美好的一面，避免纠结在消极或困难的事情上，使人热爱自己、热爱他人、热爱生活，从而拥有幸福。

人生是一个追求幸福的历程，更是一个感知幸福的过程。只要我们常怀感恩之心，保持乐观心态，善于发现生活中的美，就能提高我们的幸感力，就能时常感受到幸福。

参考文献

[1] 张书林：《幸福社会构建浅析》，《桂海论丛》2012 年第 3 期。

[2] 杨竟业、曾学龙：《论"幸福广东"概念及其对中国特色社会主义发展理论的创新》，《南方论刊》2012 年第 3 期。

[3] 《幸福广东是对全面建设小康社会的超越》，2011 年 1 月 10 日，http：//news. cntv. cn/20110110/113784. shtml。

[4] 孙英：《幸福论》，人民出版社，2004。

[5] 高兆明：《道德生活论》，河海大学出版社，1993。

[6] 王浩：《从政府视角看科学的幸福文化实现的途径》，《辽宁行政学院学报》2012 年第 8 期。

［7］王霄、王丽玲、曹书敏、阎连朵:《幸福社会的分析维度和具体内容》,《河北科技师范学院学报》2011 年第 1 期。

［8］辛路:《当代国人幸福感塑造与大众媒介》,《理论界》2011 年第 6 期。

［9］朱锐:《我国构建幸福社会的问题及对策——以章丘市为个案进行研究》,《决策与信息》2012 年第 2 期。

［10］胡锦涛:《坚定不移沿着中国特色社会主义道路前进　为全面建成小康社会而奋斗——在中国共产党第十八次全国代表大会上的报告》,《人民日报》2012 年 11 月 18 日。

"时间价值论"与"量子认识论"

——钱学森院士对现代自然科学若干发展的总结及其对价值哲学研究的启示，兼说"诗意幸福论"

胡义成

（陕西省社会科学院研究员　陕西西安　710062）

摘　要： 中国眼下价值哲学研究"主范式"即"个人主客体模式"似不妥。比利时俄裔化学家普里高津的"耗散结构理论"及其"时间价值论"，是在唯物主义本体论层面上对这种"主范式"的摧毁性打击。由"耗散结构理论"可推知，如果可把物质进化比喻为"物质流"的话，那么，"时间"应是"物质流"的纵剖面，而"空间"就是"物质流"的即时横剖面。中国价值哲学研究"主范式"论者应当深刻省认钱老对"时间价值论"思路的肯定。"时间价值论"及其美学推展，也对"幸福哲学"之研究提供了最好的思路取向，说明诗意生活才是真正的幸福。"主范式"用研究个体认识形成的方法研究"价值观"形成，也似不妥。钱老的"人天观"已对此提供了自然科学前件。从物质的本性上说，人和宇宙各物都是相关的。在钱老的"人天观"五层面上，人的认识服从量子力学的"主客体互融"模式，"量子认识论"不仅成立且应被吸收进马克思主义哲学中。"时间价值论"所论是"量子认识论"之基，"量子认识论"所论只是"时间价值论"所论在特定条件下的瞬时状态。

关键词： 钱学森　时间价值论　量子认识论　幸福

中国眼下价值哲学研究"主范式"是"个人主客体模式"，即研究的出发点首先设想出一个脱离了具体历史环境演化结构的个人主体，在其个人活动中面对和改造着客体而形成了所谓认识和价值观念等，这种个人活动模式实际上离开了马克思对"'实践'即社会生产－生活"的规定[1]而被说成"实践"，于是就出现了中国当代源自毛泽东主席《实践论》的所谓"（个

体）实践论"模式，从中又分出了"（个体）实践唯物主义"模式下的
"（个体）实践论价值观"，以及"辩证唯物主义价值观"论者等。关于价值
哲学研究首先应当在唯物史观之经济基础－社会意识形态关系框架中展开的
马克思原则，被置之不理或虚与委蛇。据观察，在中国所谓"纯粹价值哲学
研究领域"，长期流行的是完全不理睬一段时间中国急需研究的作为"头号
价值观问题"的人权和人道主义（即以人为本），而只讲谈所谓"价值定
义"等"一般价值哲学问题"，包括长期围绕"价值定义"是否是一个光秃
秃的人的"需要"而展开了争论并形成了几派，等等。当然，后来其中某些
论者在"人权入宪"后也从那个脱离了具体历史环境结构的个人主体中推说
或否定人权、人道主义、自由、平等等，但由于范式所限，他们什么都说明
不了，什么都证明不了，成果往往只能是一种跟着即时政治气候而变幻的高
级哲学宣传品。在我看来，这种主范式"谈玄能说虎狼仁"，可以从那个光
秃秃的非历史性的个人主体中，导出自己想要的一切价值观念，甚至使彼此
水火不容的价值观念并呈，也可以用抽象个人"人性"的名义把自己不想要
的价值观念排除出去。它在本质上是非历史的，远离马克思主义唯物史观，
也是一种非常落后的过时范式。即使在过去爱玩抽象"个体模式"的西方哲
学界，也已逐渐被许多有水平的价值哲学研究者所抛弃，我因为它的范式核
心缺乏学术的社会担当和人道主义品格，只能供自娱自乐的学者消遣游戏。
当然，作为国内哲学学派，其成果中的某些片断，也可供在唯物史观之经济
基础－社会意识形态关系框架中展开的价值哲学研究所采纳，未可全否。我
国有人私下议论说，它只能形成一种有中国特色的"价值哲学研究产业"，
制造出一些有中国特色的价值哲学研究"博导"和博士，目前确能成为一些
以价值哲学研究为生者的精致的文字游戏和精神寄托。此议论太尖刻，缺乏
学者应有的容量和百家争鸣姿态，但确以极错误的口吻说出了目前国内价值
哲学界主流的某些真相，值得戒止。

　　针对这种"个人主客体模式"，作为价值哲学学术争鸣，我 23 年前在研
究作为价值观念的人权和人道主义问题时，就表示过异议，并依唯物史观范
式而明确提出了"商赋人权论"[2]。"商赋人权论"又引导我在经济哲学中省
悟到马克思《资本论》中的"劳动价值论"本身只是马克思平等人权观念在
经济哲学中的设定[3]，并据以省悟到《资本论》中的经济价值论不是"劳动
价值一元论"，而是"生产力价值论"[4]。此后，从 1994 年开始，我又进一
步根据当代自然科学新进展和可持续发展之需，从本体论角度深化了摆开主

范式的"时间价值论",说明价值的最深本质是时间,各种价值观都是人对时间的某种省悟[5];在"时间价值论"中,宇宙中的一切存在皆有自己的价值,它们的价值并非由人类赋予而由其进化时间决定,包括在地球上,各种动植物等也均具有自己的存在价值;人类、人群或个人的价值,只是"时间价值"的一种极特殊的形态,"商赋人权论"更是"时间价值论"的一种特殊历史形态[6],等等。在研究中,我越来越发现,中国价值哲学研究主范式的缺陷,在近年社会主义核心价值体系构建上反映得最为明显,论者几乎很难从那个光秃秃的个人主体中导出社会主义应有的最高核心价值观念及其不同层级的分支群,对已被认可的社会主义应有的核心价值观念及其分支群(如党的十八大提出的"二十四字核心价值观")也说不清为什么如此,只能使这种价值哲学研究呈现明显的困境[1]。其中包括,按照马克思的看法,从作为社会主义经济基础的市场经济中导出平等、自由、人权、以人为本的人道主义等价值观念轻而易举[2],但在主范式下,平等、自由、人权、以人为本的人道主义等是否为社会主义应有的核心价值观念,却长期在所谓关于"普遍价值观"的政治争议中面目不清。一批价值哲学研究者公然以拒绝"普遍价值观"为由,否定平等、自由、人权等社会主义核心价值观念[1]。好在"以人为本"和人权原则已被宪法确立,党的十八大进而确立了平等、自由等作为社会主义应有的核心价值观念的地位,关于"普遍价值观"的学术讨论也越来越理智。此事也迫使中国价值哲学研究深刻反思自己的方法论基础。

在反思中,中国价值哲学研究者也应该看到,限于当代中国教育文理分科,自己队伍中许多人缺乏对当代自然科学及其哲学的理解和接受,甚至不知道或不懂获诺贝尔奖的"耗散结构理论"及其"时间价值论"为何物,未听说国内外还有"量子认识论"等,导致学术视野较窄,是其研究中致命的学术局限之一,应努力克服。本文由此出发,以"幸福哲学"为"由头",进一步介绍述评当代中国科技泰斗钱学森院士对现代自然科学及其中的"量子认识论"和"时间价值论"的总结,意在进一步破除中国价值哲学研究主范式的方法迷惘。

钱老在写给某著名哲学教授的信中早就明确说过:"近100多年来,人类知识的发展绝大部分在自然科学、工程技术,要深化发展马克思主义哲学必须注意从自然科学、工程技术中吸取营养。而这又不能从一些'二流哲学家'吐出来的东西中去找。但这又有困难,哲学家不懂自然科学、工程技术，自然科学、工程技术的专家们又无暇钻研马克思主义哲学！所以我一直宣传马克思主义哲学家要同科技专家交朋友，联合作战。"[7](P402)这些话对国内"二流哲学家"投以蔑视，所讲也是本文所指和企盼。

一　"耗散结构理论"及其"时间价值论"

——兼说"诗意幸福论"

（一）普里高津"耗散结构理论"概述

比利时俄裔化学家普里高津的"耗散结构理论"曾获 1977 年化学诺贝尔奖。所谓"耗散结构"，最早是普氏在研究生命起源时揭示的一种化学现象。"它是指当体系处于非平衡状态时，通过体系与外界进行能量和物质交换而形成和维持的一种稳定化了的宏观体系结构，即在非平衡状态下宏观体系的自组织现象。"[8](P233)由于这种结构在一定条件下的产生和发展，最早的生命便从无机物的化学反应中产生形成了；由于这种结构是自反馈、自调节、自催化和自组织的，所以，它不仅产生了最早的生命，而且促使生命沿着进化之阶不断发展，由无机物到有机物，到植物，到动物，到人类社会。有人说，普氏揭示的耗散结构，实际上是在生物化学的层面上重新发现了进化论。这话是有道理的。普氏本人也直接把作为模式的耗散结构图式称为"进化范式"[9](P355)。

这种进化是不可逆转的，它沿着一个方向持续不断地展开。在受海德格尔启发而关心时间问题的普里高津看来，这种横贯于自然界及人类社会的进化（或演化）的不可逆性质，实质上就是时间[9](P359、P349、P340、P281)，或曰时间的本体论本质乃是物质"进化的度量"[10](P200-221)；社会科学注目的历史性则是这种时间性的社会层面上的表现[9](P257)。于是，时间的奥秘在现代科学层面上就被揭示了。

当然，也许会有中国价值哲学研究主流学者，沿其固有思路会说，"耗散结构的不可逆性质就是时间"的命题并未确立，故不能作为立论出发点。但我要问，如果你不承认"耗散结构的不可逆性质就是时间"，那么，请你说清在横贯宇宙论、生命出现演化、动植物进化和人类社会进步的诸科学层面上，别的什么还可成为不可逆的时间的共有标识。恐怕你除了说出热力学的"熵"外，再也说不出什么了。但据我所知，"熵"与耗散结构的不可逆性质思路大体同向，但解释力很小。目前除了耗散结构的不可逆性质外，没有其他东西堪当此任。

（二）普氏对其理论所含"时间价值论"说明的内容[6]

其一，普氏把生命的起源（即从无机界到有机界的突变。注意，它不是主体－客体，不仅仅是人）问题作为全部证明和说明的突破口，认为"只有在理解了生命之后，科学才能指望得出关于自然界的任何连贯一致的看法"。生命不是主体，但却是在世的主体始源处；生命也不纯粹是客体，它更孕育着主体的胚胎。这既是作为生物化学家的普氏的"天赐"专业好运，实际上也是普氏具有哲学本体论自觉的选择，包括使自己的理论在出发点上兼顾自然与人类社会两个方面并可以提升为本体论结论。

其二，在西方经典物理学中，时间仅仅是外界参数，而只有耗散结构理论"开始能够建造"从"'存在'通向'演化'的桥梁"。可以说，只有耗散结构理论才使人们逼近对"时间"和"空间"本质及其关系的最终破译。

其三，从耗散结构可知，在自然界进化中，"存在"只不过是演化在某种条件下出现的"系统某一状态"而已；"演化"与"存在"是彼此互相转化的，它们是"现实的两个有关方面"，"我们不能把存在约化为时间，我们也不能讨论一个缺乏时间内涵的存在"。对本文而言，这些论点明确地界定了"时间"和"空间"的概念，指出"空间"只是"时间"在某种演化或进化条件下出现的"（物质）系统的某一状态"。由此可推知，如果可把物质变化比喻为"物质流"的话，那么，"时间"则是"物质流"的纵剖面，"空间"就是"物质流"的即时横剖面。

其四，与唯心主义时间观针锋相对，普氏明确说其理论"重新发现了时间的实在性"，因为，耗散结构及其展示的不可逆性并不是"什么假设"，而是"自然界中的存在，没有什么逻辑上的必要性"。我特别看重普氏作为自然科学家的这种唯物主义立场，它显示"时间价值论"是百分之百的唯物主义理论。

其五，既然物质的本质就是进化，时间在本质上是物质进化的度量，那么，一切存在的真正意义当然就只能是时间。此即"时间价值论"。其中，普氏特别突出地强调，"在人类生存这个水平上，不可逆性是一个更根本的概念，对我们来说，它不能与我们自身存在的意义分割开"。在这一强调中，作为存在者的人们的生存意义（或价值）即时间的结论，十分清晰。普氏还曾直言不讳地说，在我们自身存在的意义是时间的结论下，"我们不再把不可逆性的内部感觉看作把我们和外部世界隔开的主观印象，而是看作我们参加在一个由某种进化范式统治着的世界内的标志"。这里所谓人对"不可逆性的内部感觉"，实际上也指人的价值观。在普氏这里，主体的时间框架只是主体作为自然界一物参与自然进化的标志，因为，在耗散结构中，"进化范式"统治着主客体系统，统治着一切客体，也统治着一切主体及其精神模式，主体的价值观只不过是"进化范式"的一种主体内部表现形式而已。主体及其价值观的唯物实质被勘明了。

当然，也许又会有中国价值哲学研究主流学者沿其固有思路说，普氏所谓"在人类生存这个水平上"，时间或进化即"我们自身存在的意义"；人的价值观只是人对时间或进化的"内部感觉"，这种关于价值和价值观的界定并未确立，故不能作为立论出发点。但我要问，如果你不承认"时间或进化即我们自身存在的意义"，那么请问，我们自身存在的意义，在唯物主义哲学本体层面上，除了时间或进化，究竟还能是别的什么？你好意思说是"空间"（其在今日的俗化便是房子、车子、票子等）吗？至于人的价值观只是人对时间或进化的"内部感觉"，即人的价值观念应是人对时间的不同感觉，在"时间或进化即我们自身存在的意义"已确立的条件下，就自然确立了，在此不赘述。

其六，既然包括人在内的一切存在物的价值均是时间，那么，人与物的区别又在哪里呢？普氏说，"对定向时间的理解水平随着生物组织水平的提高而提高，很可能在人类意识中达到了它的最高点"，"随着复杂性的增高，从石头到人类社会，时间之矢的作用在增长"。此论也意味着，人与物的区别还在于价值观不同。这是不难理解的：一方面，自然界一切存在的东西，均是进化即时间的产物，它们均具有自身固有价值，人无权自视为一切价值之源（请注意，这也是生态伦理学和环保学说在价值论层面的根本依据，中国价值哲学研究的主流派不可能省悟这一层哲理），彼此理应共处；另一方面，时间（即历史）是决定人类社会存在形态和去向的力量，与此相适应，很可能只有人对时间的理解、对一切存在及自身存在意义的理解，比其他一切存在者的水平都高，其中包括，只有当代人类才能意识到并证明与实施时间价值论（请注意此处"实施"二字）。一部人类史，就是时间价值论的实施史。

其七，普氏还把基本证明了的时间价值论应用于伦理学和美学。本来，伦理学和美学就是价值哲学理论在社会不同层面上的具体展开，普氏此举意在使时间价值论的证明更加挺立。

对伦理学，普氏指出，"我们不再能接受在科学价值和伦理价值之间的那种古老的先验区分"，因为，"今天我们知道，时间是一种建设，因此负有一定的伦理责任"。普氏生态伦理学也显然是对古典伦理学只注目人与人之间关系的纠校。它从时间价值论指向伦理学，当然要求后者应首先注目于生态平衡和环境保护等。显然，普氏站立在伦理学发展的最前沿。

对美学，普氏的议论也足以惊世骇俗："一方面是在时间中存在的东西，不可逆的东西，另一方面是在时间之外的东西，永恒的东西，这两者之间的区分正是人类符号活动之始。也许在艺术活动中尤其这样。确实，一个自然客体，一个石头，在它转变成一个艺术对象时，转变的一个方面是和我们对物质的作用密切相关的。艺术活动打破了该客体的时间对称性。它留下了一个标志，这个标志把我们的时间不对称性翻译成该客体的时间不对称性。从我们所在生活的可逆的、近乎循环的噪声水平中升起了同时是随机的又是时间定向的音乐声。"认真地说，这是我看到的美学论著中确令人震惊的一段话，它用时间价值论改写了美学，从作为本体的时间层面揭示了人类实践及其艺术活动的特殊点，的确撼人灵魂。把它与海德格尔的"诗意栖居论"并读，当代美学新天将展露出万道新的霞光。由这里，可能生长出一片"时间美学"大森林，它也会把主客体美学大树作为一部分怀抱于自身，但它肯定比后者更博大、更鲜活。

（三）钱老对普氏理论的肯定

钱老说，他最早接触普氏学说后"眼界大开"[7](P10)。"复杂系统中的结构稳定性代表着有序性，但这稳定性到底是怎么产生的呢？首先给出这方面线索的是普里高津"，"他们由此发现了远离平衡态的稳定结构，也就是所谓'耗散结构'"，即"系统本身尽管在产生熵，但系统又同时向环境输出熵，输出大于产生，系统保留的熵在减少，所以走向有序"[11](P242)。在这里，"首先"二字特别重要，表明了包括"时间价值论"在内的普氏理论的独创性。

普氏确实首先揭示了一切复杂系统中结构进化的最基本模式的线索。对此钱老说，耗散结构理论也"合乎理论生物学的规定：从热力学的角度来看，系统必须是开放的"[11](P242)。这等于表明：耗散结构理论的模式也适用于生物学，亦即它从根本模式上打通了化学、物理学和生物学等，也即普氏

"把理论生物学推进了一大步，使一般系统论的有序结构稳定性有了严密的理论根据，这个理论也可称为系统的'自组织理论'"[11](P242)。这里所讲的"使一般系统论""有了严密的理论根据"，实际上是再伸耗散结构模式揭示了一切复杂的进化系统最基本的模式；当代系统科学其他各学科的新进展，在某种意义上都可被看成"耗散结构的 n 次方"。对此，钱老进一步说，"在不违背热力学第二定律的条件下，耗散结构理论沟通了两类系统（即生命系统和非生命系统——引者注）的内在联系，说明两类系统之间并没有真正严格的界限"，"所以普里高津在其著作中指出，'复杂性不再仅仅属于生物学了，它正在进入物理学领域，似乎已经植入自然法则之中'"[7](P209)。在诸如此类的肯定中，"时间价值论"的确立也就被包括在内了。中国眼下价值哲学研究"主范式"论者应当深刻省认此肯定。钱老更说，包括普氏理论在内的"系统学的建立，也将向马克思主义哲学提供深化和发展的素材。普里高津的开放系统强调了世界的一个局部可以走向有序的结论是很有启发性的"[11](P246)。在我看来，这就是要把经过凝练的包括"时间价值论"在内的普里高津模式纳入马克思主义哲学之中。

　　恕我直言，钱老的上述见解也从根本上消解了中国眼下价值哲学研究的"主范式"。当然，我并不否认，此"主范式"之下取得的若干成果片断，在其"主范式"被消解的前提下，仍可作为"时间价值论"的一个较低子层次被镶嵌在"时间价值论"关于人类个体对时间内感觉之不同水平的研究中。

　　从时间顺序看，普氏"时间价值论"很可能源自海德格尔《存在与时间》中首提但未能确证的"时间价值论"，而海氏的"时间价值论"很可能又源自马克思及其前的政治经济学中的"劳动价值论"。因为，"劳动价值论"虽隶属政治经济学，但其实是一种价值观念，应是价值哲学瞩目的对象，故也成为海氏的借鉴对象。"劳动价值论"曲折地反映着人类生活的意义在于劳作的人生观，也是劳动者人权呼求的经济哲学出发点。由于劳动时间的可量度性和可通约性，劳动价值论成为当时揭示商品价值的基础理论之一曾获得巨大声誉，马克思主义的劳动价值论甚至成为海氏生活时代席卷全球的劳工精神战旗。海氏熟悉它毫无疑问。他受"劳动价值论"启发而提出"时间价值论"和"诗意栖居论"，的确是一个十分重大的哲学突破，其某些缺点并不能掩其理论功绩。起码它给人们从本体论上探索价值的时间实质和人生幸福真谛指出了哲学思索方向，并成为当代可持续发展理念的哲学基础，这不能不令人刮目相看。由此可知，钱老肯定它也存在上述历史因缘。

此历史因缘也值得中国价值哲学研究者深思。在我的印象中，国内价值哲学主流学者似乎均未注目学界关于"劳动价值论"的争论，他们一直在摆弄那个可怜的"价值定义"问题，根本顾不过来，但它是深刻的吗?!

（四）兼说"诗意幸福论"

在我看来，海德格尔此论和普里高津的"时间价值论"及其美学推展（见前），也对"幸福哲学"之研究提供了最好的思路取向。

其一，幸福在本质上即人对自己顺应时间（包括进化、进步或特定条件下的革命）的不同水平和"觉域"的内在感觉。在这里存在一个十分宽阔的"内在感觉谱系"，包括从"存活"到其他，如粮食、衣服、房子、票子、孩子、亲情和家人团聚、中国农民工工薪、中国农民工成为真正市民、官爵及其晋升、美女－帅哥和其他"声色犬马"、情人、生前名声、科研成果、学术头衔，以及进名山、寻知音、出世、隐居、吟诗，直到高档审美和诗境。好像马斯洛心理学对此已进行若干清理分类。

其二，这种幸福的感觉，只有在审美对人生必会呈现的异化的弱化和克服中才可达到极致。审美的最高境界即诗意[12]。求真的科学研究和求善的道德修养也可在某种程度上使人体悟顺应时间的快感，包括普氏理论甚至可揭示"时间价值论"，但它们无法从根本上消解人的异化状态。只有作为人类追求真善美之最高层阶的审美诗意，尤其是其中整个生命投入的"悦志悦神"（既包括诗人骚客面对幽境悠然，也包括人们从气功、太极拳中体悟的"天人合一"妙境，乃至创新者有所创新时的绝妙感受，艺术作品对作为时间的瞬间的永留，等等），才能使人"勾销了时间"，在体悟天人同构中化入时间之"永恒"。包括诗人在内的艺术家、科学家、哲学家自由潇洒的道理，就在这里。他们所处的最自由潇洒状态，即人类"幸福"的某种瞬间投影。

其三，从根本上说，对个人而言，不是"福禄寿"，不是"生前隆名"，等等，而是普通日常的诗意生活（即海德格尔所谓的"诗意栖居"）才是真正的幸福，包括隐藏于过日子等中的"天人合一"式诗意达观，才是真正的幸福。

二　钱老重申"量子认识论"的启示

价值哲学研究不能不面对"价值观"与"认识"的关系问题。中国眼下价值哲学研究"主范式"实际上是用研究个体认识形成的方法研究"价值观"形成的，这也不妥。如前述"时间价值论"所揭示的，在对"物质流"的省悟体认中，人的"价值观"对应着其纵剖面，人的认识则对应着其横剖面；人的"价值观"并非人的认识的"积淀"，相反，宏观而历史地看，人的认识倒是人的"价值观"在某种条件下的瞬时（或横断面）呈现，它并非如许多哲学家特别是科学哲学家所理解的那么神圣，两者相比，最神圣者倒是"价值观"。为说明此论，看来又需先叙说钱老重申产自量子力学之"量子认识论"的启示。而为了在钱老科学哲学层面上展此叙说，又得从钱老"人天观"开头。

钱老说，"我以为'人天观'是讲人和环境、人和宇宙这样一个超级巨系统的"[13](P176)，即作为超巨系统的人在各层次的超巨系统中是什么，为什么；这种哲学思考会导向钱老重申"量子认识论"，并引出其他推论。

（一）钱老五层次"人天观"简介

其一，要"把人放到宇宙中去考察"[13](P176)。从宇宙学即宇观（宇宙观）层面看，"人天观"首先要讲"人择原理"。钱老认为"人择原理"表明，"我们这个物质世界之所以是这么个物质世界，与人的出现有密切的关系，或者反过来说，就是因为我们有这么一个物质世界，所以才会出现人。研究人可以反过来对我们研究整个宇宙有所启发。"[14](P96)钱老对它的另一表述是，"人的存在或出现是和宇宙的实际演化有关的；也当然可以反过来说，宇宙的实际性质是人的存在的必需条件。""宇宙的演化，在几百亿年的过程中，可以有多种可能，有多个分支点，为什么单单走宇宙实际走过的这条途径？为什么不走另外一条途径？有意义的是：如果宇宙演化走另外一条途径，那么现在我们所知道的生物、人，就不大可能出现！这也关系到决定宇宙演化的物理学基本参数，它们不偏不倚，单单取我们知道的数值，是人的出现所要求的。那也就可以说，因为人实际上出现了，所以宇宙的性质也就必然是这样，不可能另外什么样。换句话说，从物质的本性上说，人和宇宙，也就是人和太阳系、银河星系，以及整个宇宙都是相关的。这是宇宙学的'人天观'。"[13](P176)从后面这一段话可以发现，钱老所讲宇观的"人天观"，主要是讲人虽由宇宙演化而产生，但人一旦产生，就与宇宙构成了一个整体，彼此因果互缠，难解难分，"天人感应"，"天人合一"。显然，在这一思路上，在人对客体的认识中，把主客体截然分开的旧思路就不行了，主客体互缠互融就成为必然。

其二，从宏观的即日常生活的层面，"考察人体内部与环境的关系"[13](P176)；"'宏观人天观'的素材是中医理论和气功理论，也就是中医对人体的理论和古来道、释、儒三家讲修身养命的学问"[13](P183)。

其三，从微观层面即量子力学看，其基本理论"与传统的认识论有矛盾"。请注意，正是在这里，钱老重申着产自量子力学之"量子认识论"，"可以提出'量子认识论'，这就是真正地从量子力学微观的角度来研究人如何感觉或认识客观的东西。当然这就又涉及人体科学，因为认识的主体是人"，故"经典的认识论要改造、深化，要更现代化"[14](P96-97)。

除了上述宇观、宏观和微观三个层面外，根据当代科学最新进展，钱老在其"人天观"中后来又补充了大于宇观的"胀观"层次和小于微观的"渺观"层次[7](P188)。

其四，所谓"渺观"，钱老说它指"比物质世界微观层次更深的一个层次。什么是渺观呢？这要从所谓普朗克长度讲起"。其中，近年提出的"超弦理论"中的"'超弦'的长度大约是 10^{-34} 厘米"，"比今天中子、质子等'基本粒子'的 10^{-15} 厘米世界还要小 19 个数量级"，后者是微观世界，前者就是"渺观"世界[7](P188-189)。钱老说，这个"超弦理论"描述的渺观世界是"十维时空"，推测除人能觉察的四维时空外，其中还有六维时空是量子力学也觉察不出来的"隐秩序"[7](P189)。据钱老一再讲，美国学者玻姆就是"隐秩序"（或称"隐参量"）理论的首倡者之一，他说"世界是决定性的"，"量子力学还没有看到"，"玻姆的思想是对的"，决定性的"隐秩序"就"藏在比物质世界微观层次更深的一个层次，即渺观层次"[7](P188)。

钱老还说过，玻姆"隐秩序"理论提出"所有的物质都是相互联系的，而且这种相互关系可以超光速地传递"[13](P165)。2013 年初，国内关于中国科技创新人物的权威报道说，我国量子力学家潘建伟先生在这种"量子传输"方面已站在全球前沿[15]。

其五，所谓"胀观"，就是指近年宇宙学在"大爆炸理论"失效后提出的"膨胀宇宙论"。钱老说，它"对我们所在的这个宇宙起始膨胀的机制提出了设想，也指出我们所在的这个宇宙不过是大宇宙中数不清的宇宙中的一个。大宇宙要大得多"[7](P190)。

综合上述关于物质世界的五个层次，钱老还给出了一个表格[7](P191)（其中有的内容系笔者根据所引钱老论述补加）。从该表中可知，在物质世界不同尺度的层面上，哲学所注目的物质在表现形态上是不同的。物质的不同存在形态所决定的科学理论不同，包括渺观、宏观和宇观层面实际上是决定性理论，微观层面的量子力学理论则是非决定性理论，胀观层面的科学理论究竟是决定性理论还是非决定性理论目前不清楚，但对无论何种层面的物质现象，人们认识它们的哲学理论均是量子认识论，因为人的认识只能服从量子力学规律。

表　物质世界的五个层次

层次	典型尺度	科学理论认识论理论
胀观	10^{40} 米	量子认识论
宇观	10^{21} 米	广义相对论　量子认识论
宏观	10^2 米	牛顿力学　量子认识论
微观	10^{-15} 厘米	量子力学　量子认识论
渺观	10^{-34} 厘米	决定性理论：超弦？　量子认识论

（二）量子认识论对马克思主义哲学认识论的充实

为了仔细论述基于当代科学进展的人天观，钱老专门写了长文《基础科学研究应该接受马克思主义哲学的指导》[16]，主要论述从物质世界五层次（胀观、宇观、宏观、微观、渺观）看马克思主义哲学的发展，说明吸取量子认识论的合理性。他说，"我们经典的认识论要改造、深化，要更现代化，这就是真正地从量子力学微观的角度来研究人如何感觉和认识客观的东西"[14](P97)。由此出发，钱老就把哥本哈根学派力主"主客体融合"的量子认识论融合在了马克思主义哲学之中；马克思主义哲学应当在某种含义上承认认识论中的"主客体融合"，承认主体也决定客体，主观也决定客观。应当说，这是以人天观的形式，在理论形态上对马克思主义哲学的一种发展和深化。钱老明确说过，其"人天观"就是"扩大了的马克思主义哲学"[14](P90)。

为证成量子认识论，钱老还特意指出"人的神经接受信号的过程本身就是量子力学"[14](P345)，这是"量子认识论"成为马克思主义认识论的学理根据。其实，当年量子力学开创者玻尔、玻恩和玻姆在阐述量子力学时，都曾阐释过这一问题。"玻尔假定思维过程涉及的能量很小，因此在确定思维过程的性质时，量子理论的种种限制起着很重要的作用"，因为大脑中复杂的神经联结"是如此的灵敏，协调得是如此精巧，以至于必须用本质上是量子力学的方法描述它们","玻尔的假说与目前已知的任何事实都没有矛盾"[17](P203-204)。玻恩讲，在认识过程中大脑"所收到的信息和刺激"，"乃是传导神经纤维所特征化的给定强度和给定频率的脉冲"，"大脑'获知'的一切，就是这些脉冲的分布和'地图'"，因而"'科学的客观实在'这个观念，显然是不适用的"[18](P128)。玻姆也说，"思维过程与量子过程相类似"[17](P203)。钱老根据科学事实，断然认可了"三玻"之论，否定了前苏联机械唯物论哲学家的大批判。这也意味着，作为宏观现象，人的所有认识都应被纳入量子认识论，唯物主义则只在本体论上成立。

（三）钱老对国内马克思主义哲学研究和宣传中某些僵化倾向的抵制纠校

钱老以量子认识论为马克思主义哲学认识论，当时引起国内学界特别是哲学界轰动。这样，他就不能不面对国内过去在研究、宣传马克思主义哲学中较浓厚的僵化倾向的挑战。

事实上，国内学界在此前很长时期内，都是跟在前苏联"哲学匠"之后，对量子认识论持完全批判态度的。早在 20 世纪 50 年代，当玻尔还在世的时候，前苏联哲学界就按斯大林《辩证唯物主义和历史唯物主义》的机械唯物主义思路，开始批判哥本哈根学派。例如，早在 1956 年，沙赫巴洛诺夫在给莫斯科大学学生讲课时，就以纯粹大批判的口气，既斥爱因斯坦有"唯心主义观念"[19](P24)，又斥哥本哈根学派"破坏唯物主义的原则"，还点名批判"玻尔、海森堡、玻恩、约尔旦和狄拉克以唯心主义的精神发挥了对量子论的解释。以玻尔和玻恩为首的哥丁根和哥本哈根的物理学家学派，以及以狄拉克为著名代表的英国物理学家的剑桥学派对量子论的解释也是如此"[19](P47)，说他们"思想反动"，"得到了在资本主义国家占统治地位的社会阶层的全力支持"[19](P49)。这一猛棍扫出去，量子力学各派学者均成千古罪人。1963 年，当玻恩《关于因果和机遇的自然哲学》一书被译介到中国时，书前"译序"就写着：玻恩之书及哥本哈根学派之论，是"主观唯心主义哲学"，因为它们"积极宣扬物理学的非决定论思想，否认微观现象的因果规律性和客观性，强调观察者的作用，宣扬量子力学已经证明主客体不可分，因而必须重新修改关于实在的定义"；今天"在现代修正主义者广泛利用自然科学哲学中的种种问题对马克思列宁主义进行歪曲和修正的情况下，我们不能把自然科学哲学中唯物主义和唯心主义的斗争看得过分简单"[18](译序)。

1965 年，当玻恩《现代物理学中的因果性与机遇》一书被译介到中国时，书前"译序"虽比前书"译序"宽厚了许多，但仍给哥本哈根学派扣上了"不折不扣的实证主义和形而上学的观点"、宣扬"唯物主义认识论的许多根本概念的不适用"等帽子[20](译序)。"文化大革命"结束后，这种批判哥本哈根学派的思潮仍未退去。1978 年，当玻尔《原子物理学和人类知识论文续编》一书被译介到中国时，书前"译序"还是充斥着对哥本哈根学派的谴责，包括其中写到哥本哈根学派代表人物玻尔"不满足于仅仅在物理学领域中论证他那些实证主义观点，而是把他的互补原理说成适用于一切知识领域的哲学原理"；甚至提到"互补原理不曾真正地推动物理学的进展，它更不会推动其他学科的进步"。这篇"译序"还把认同哥本哈根学派的哲学见解说成"修正主义"，进而严责它是"唯心主义""似是而非"，还点名说玻尔是"渺小的唯心主义哲学的俘虏"等[21]。

直到 1984 年，在钱老 1983 年明确肯定"量子认识论"[14](P75、P96)以后，由中国社会科学院哲学所自然辩证法研究室编的一本书，在论及量子力学哲学问题时，仍然心存余悸，说什么关于波粒二象性的解释"至今没有定论，尚需科学和哲学联合起来去进行深入的探讨"；关于量子力学提出的主客体关系问题，"至今还是一个值得认真研究的重大哲学问题"；同文又说，"我们认为，客观和主观、物质和意识的对立，在承认什么是第一性和什么是第二性的这个认识论的基本问题的范围内，具有绝对的意义"，"在量子力学中，客观和主观在认识论范围内的划分也是绝对的"[22](P141-147)。在这里，这位哲学研究者显然把本体论和认识论弄混了。与此大体同时，另一位专攻自然科学认识论的专著则似"王顾左右而言他"，对此说"认识论的研究不要回避那些新奇的东西，例如人择原理；也不要一听到新奇的东西就认为动摇了认识论的基本观点"[23](P285)。细一琢磨，这话虽绵而含刚：承认人择原理就是"动摇了认识论的基本观点"，帽子不小嘛。尤其是在钱老明确肯定"量子认识论"后，著名微观物理学家何祚庥院士也有意绕开量子认识论，力求只从宏观角度解释量子测量问题，实际上是不认同钱老，并引起当时学界的激烈争论[13](P177)。

钱老胸有成竹，一方面分析批评意见，冷静地巧妙迎对，包括随时修正或补充自己的观点，使自己的见解更全面准确，对无理指责则进行反批评；另一方面他又针对一般人不太了解系统科学、人体科学和思维科学的现状，利用各种机会，反复宣传和深化自己的观点，耐心答疑解惑，团结科学工作者一同前进。

其一，他以史为鉴，耐心回顾马克思主义哲学发展传播中的教训，启发马克思主义哲学工作者解放思想。

钱老指出，"马克思主义哲学不可能是一成不变的"，"从历史上看，在哲学的发展中，好像哲学家常常以被动的方式来接受新的发展，好像每次科学技术的重大新发展都使哲学家受到冲击。""每一次科学技术的重大发展都爆发一场唯物主义对唯心主义的论战。就是在马克思主义的哲学已经建立之后，也是这样。""我们千万不能把马克思主义的哲学看成僵化的、一成不变的东西。马克思主义的哲学也就是人类社会实践的最概括的理论，随着人的社会实践的不断发展，新事物的出现，当然要不断地充实。"[13](P108)"人靠实践来认识客观世界。这不过是人脑这一部分物质，通过物质手段，与更大范围的客观物质相互作用的过程。什么主体，什么客体，什么思维，什么意识，都只不过是讨论研究这一相互作用过程中使用的术语而已。""哲学界争论不休的问题，从开放的复杂巨系统的观点和从思维科学观点来看，都是很清楚的。"[7](P227)。在这里，钱老对马克思主义哲学工作者"常常以被动的方式来接受新的发展，好像每次科学技术的重大新发展都使哲学家受到冲击"的回顾，确实实事求是，振聋发聩，令人汗颜。从上下文可以体会出，钱老反思其原因，是国内许多马克思主义哲学工作者往往有马克思主义哲学"一成不变"的"僵化"倾向，对"什么主体，什么客体，什么思维，什么意识"等哲学术语、原理的理解把握往往"硬化"，不能随着"每次科学技术的重大新发展"而变通、改进和发展。从所点"主体""客体""思维""意识"等术语看，其批评锋芒主要针对着传统认识论中的机械唯物论倾向。在传统认识论中的机械唯物论中，主客体的界限是十分清楚的，主体就是主体，客体就是客体，思维只能是主体意识对客体的反映。在这种僵化的模式中，根本容不下"量子认识论"所揭示的主客体界限模糊和主体意识也决定观察结果和思维结论（此即著名的"观察渗透着理论"说）的情况。当年苏联的马克思主义哲学工作者如此，中国国内许多马克思主义哲学工作者以前也如此，教训深刻。它迫使马克思主义哲学工作者改弦更张，充分注意到它是"人类社会实践的最概括的理论，随着人的社会实践的不断发展，新事物的出现，当然要不断地充实"。这就从马克思主义哲学发展史角度，总结教训，为把"量子认识论"纳入"马克思主义哲学"提供了历史前提。

其二，采取与哲学界持异议者进行学术交流的方式，解疑释惑，输出新看法，化解旧思维。

钱老提出，"多年来我国知识界闭关自守、老死不相往来，大家感到实在不是办法。必须活跃学术空气！"[7](P318)在活跃学术空气中，钱老关于"天人观"五层情况的具体分析（见前列表格），一方面在本体论上坚持唯物论，另一方面在认识论上坚持"量子认识论"，讲事实，摆道理，很有征服力。

其三，反复讲说自己的见解。

改革开放后，钱老思维十分活跃，"洞察毫微，综观经纬，虑深谋久。看新声时创，风骚先领"，"万卷胸中，千行笔底，有谁堪偶"[24]。仅《创建系统学》《人体科学与现代科技发展纵横观》等书，就汇集了他在科学研究讨论班上的讲话超百篇，包括反复再三宣传讲解量子认识论和系统学等见解，时有妙语，常见创新，苦口婆心，循循善诱，终于使当代科技成果逐渐为人们所知道、熟悉乃至了解。

其四，针对部分马克思主义哲学工作者"左"的积习颇深而动辄给量子认识论扣政治帽子的恶习，针锋相对地揭发其机械唯物论本质。

虽然我国实行改革开放已多年，但由于来自前苏联斯大林著作和毛泽东《实践论》之机械唯物论哲学长期流行并与"左"的政治倾向结合，一当涉及认识论和方法论问题，涉及以前被反复批判过的欧美量子力学科学家哲学观点，国内马克思主义哲学学界守旧的势力还很顽固，不时有过时而"左"的东西出面干扰。即使对钱老这样的功勋卓著的科学大师，"老左"们也不罢手，钱老对此给予适当的揭露反击，完全必要。

在给一位学者的信中，他曾说，"现在出现矛盾，根子在于思想不解放，老一套'左'的东西不肯丢！"[7](P315)有一次，他还针对关于"量子认识论就是唯心论"之类的批判，公开反驳说，"批评人家是什么唯心论啦，什么主观论啦，我说你就是机械唯物论。你要扣人家帽子，我也扣你帽子，你就是机械唯物论。"[14](P345)这种反批评一语中的，点到了否定"量子认识论"者的理论要害，有理有据，令人警觉。

这方面最典型的事例，是他于1992年曾给哲学界坚持传统唯物论的代表人物北京大学哲学系黄楠森教授写信，先引用了恩格斯关于自然科学能导致马克思主义哲学进步的论述，并进而有针对性地说，"马克思主义哲学作为一门科学是时代发展的必然要求，而非马克思主义的哲学——思辨哲学，应该被清除了。""科学技术已演变成一大体系"，"最高层次的哲学，如果不是科学（此指吸取现代科学成果——引者注）还可以吗？""要进行这项工作，不靠哲学家当然不行。但只靠哲学家恐怕也不行，要整个科学技术界的同志大力协同，共同奋斗。"[7](P441-442)在这里，钱老针对传统旧唯物论所用的"思辨哲学"一词，分量是很重的。它明显专指那种不理自然科学发展及其结论而只知重伸"老话旧话"的旧唯物论哲学，实际上是针对哲学界相当一批学者不懂或不知量子力学常识而仅凭牛顿时代的旧话语理解马克思主义唯物论哲学的实际状况，严厉批评他们搞的这种脱离当代科学的哲学，实际即"思辨哲学"，明说对其应予清除。这里的话说得很不客气，也表达了钱老对思想守旧、不思创新而仅会凭机械唯物论搞"大批判"的某些哲学教授的反感。在给这位教授的一位学生的信中，钱老又说，"近100多年来，人类知识的发展绝大部分在自然科学、工程技术，要深化并发展马克思主义哲学必须注意从自然科学、工程技术中吸取营养。而这又不能从一些'二流哲学家'吐出来的东西中去找，要直接钻到自然科学、工程技术中去找。"[7](P402)这些话说得多好啊！我特别注意到其中一方面是对"二流哲学家"的厌恶和批评，入骨三分；另一方面则是关于百余年来"人类知识的发展绝大部分在自然科学"，"要深化并发展马克思主义哲学，必须注意从自然科学中吸取营养"的明确说法。显然，真正搞马克思主义哲学的人，都应努力钻研包括量子力学常识在内的当代科技知识，根据科学新进展努力充实马克思主义哲学，而不再把"量子认识论"视作异类加以拒绝。

其五，揭露和批评某些领导机关和领导者动辄把"量子认识论"等哲学探索当作负面政治问题对待的现象。

他曾公开说，"我看这个问题（此指以"量子认识论"指导的科学研究——引者注）好像被认为是一个意识形态问题"，它"又像跟现代科学有矛盾，跟马克思主义哲学有矛盾。为什么不敢公开支持？怕涉及意识形态问题。当然，说是跟马克思主义哲学有矛盾，这是不对的，实际上不过是存在于他们头脑中的矛盾。"[14](P105-106)在这段对某些领导机关和领导者明显有意见的话里，钱老进一步明确了针对"量子认识论"，它们硬"说是跟马克思主义哲学有矛盾，这是不对的"。换句话说，"量子认识论"完全符合马克思主义哲学。为什么某些领导机关和领导者动辄否定"量子认识论"等？钱老点明了其主要原因，就在"他们头脑中"僵化的东西太多，不仅常常把马克思主义哲学变成了一成不变的教条，而且常常把不该"意识形态化"的人和事件也"意识形态化"，助推了"左"的倾向。如此直率地提意见，表现了钱老对科研求真的执著。国外有媒体"抹黑"钱老，说他"唯领导脸色是从"，显然不符合事实。对助推"左"的倾向的领导者，他也是不客气的。

改革开放以来，钱老以对"时间价值论"和"量子认识论"的肯定和深化，以及他在有中国特色的社会主义"社会工程技术"创建－应用方面的卓越贡献，使中国马克思主义哲学理论研究及其与实践的结合跃上了一个崭新的层阶。要说中国改革开放以来马克思主义哲学理论研究及其与实践结合的最佳代表者，我认为钱老当之无愧。如果说，人们目前还未能完全认识到这一点的话，那么，随着时间的推移，这一点将越来越明显。至于有人引述量子力学产生前的《自然辩证法》和《哲学笔记》中的某些结论批评钱老，在认识论和价值哲学研究层面上仍然坚守所谓"辩证唯物主义"，我觉得似乎不值一驳。道理很简单：《自然辩证法》和《哲学笔记》时代，人的认识服从量子力学规律以及进化即耗散结构之事，尚未被科学揭示；如今它被科学揭示了，马克思主义哲学理论自然就应刷新，《自然辩证法》和《哲学笔记》的作者对唯物论随着科学发展而应变换形式就多次明言不讳。

三 "两论"关系辩证与价值哲学研究者应熟悉现代自然科学

从耗散结构理论可知，在自然界进化中，"存在"只不过是"演化"在某种条件下出现的"系统某一状态"而已，"演化"与"存在"是彼此互相转化的。如果可把物质变化比喻为"物质流"的话，那么，"时间"则是"物质流"的"纵剖面"，"空间"就是"物质流"的"即时横剖面"。由此可推想，"价值观"即人对"物质流"纵剖面的省悟，而认识论则是人对"物质流"横剖面的把握。于是，"时间价值论"所论是"量子认识论"之基，"量子认识论"所论只是"时间价值论"所论在特定条件（即人的认识在特定历史中呈现的量子现象）下的瞬时状态。两者相比，"时间价值论"更为根本，价值哲学研究才是哲学研究的主体。在我看来，中国眼下价值哲学研究"主范式"根本未能顾及此境，包括颠倒这种主次，应予弥补。所谓认识论结论先于价值观，它可被用以区别和判定价值观是非，实际是孤立地把人对"物质流"横剖面的把握绝对化，把更重要的人对"物质流"纵剖面的体悟，以及把握了这种体悟的"社会建构论"，却看成了次一等的附属物，应被纠正。物质进化的社会层面很复杂，受历史条件限制的人们对它的体悟认识，不可能瞬时而全面，只能或从历史－社会－文化上逐渐把握，或从科学上瞬时体认,理想的状态是并用两者而达于全面。

从钱老对现代自然科学发展的总结还可引出的一个重要推论是,包括价值哲学研究在内的国内哲学界一定要高度重视吸纳现代自然科学成果,戒止僵化。中国眼下价值哲学研究"主范式"论者早已知道现代自然科学提供的"时间价值论"与"量子认识论",但数十年来他们迷恋于过时范式,"躲进小楼成一统,管他冬夏与春秋",包括不能给可持续发展提供哲学论证,一直玩文字游戏而自娱自乐,教训极深。看来,部分原因是他们中的一些人看不懂耗散结构理论和量子力学。这说明,包括价值哲学研究在内的国内哲学界一定要高度重视吸纳现代自然科学成果,戒止僵化。

无可讳言,钱老提出其"天人观"之时,正是国际上"后现代主义"科学观流行之际。钱老提出的"天人观"等见解,与"后现代主义"科学观某些基本观点有所相同或相近,包括对其"广义科学观"("多元科学观")及所含"民族科学观"有所认同,并把它们作为自己既定的立论前提,故可把钱老之见理解为一种"建设型的后现代主义"。但仔细琢磨,钱老持论并非"后现代主义"科学观在中国的简单翻版,而是对之有取,有舍,更有发展。有取,已如上述;有舍,是指钱老对其中本体论唯心主义有力纠校,以及灭除它所带来的对科学发展的破坏性影响;有发展,不仅是指钱老用自己结合东西方优点的系统科学大大推动了当代科学及科学观的发展,而且是指钱老在中医研究等新领域的卓越开拓远远超前于同时代人。在后一种意义上,可把钱老之见理解成"破坏性后现代主义"的反对者。这说明,中国价值哲学研究者定要注意借鉴国外后现代主义科学观,且忌再"躲进小楼成一统,管他冬夏与春秋"。

参考文献

[1] 胡义成:《"实践"即社会生产 - 生活——重读马克思〈关于费尔巴哈的提纲〉兼论马克思哲学即唯物史观》,载于周树智主编《马克思的新世界观》,社会科学文献出版社,2012。

[2] 胡义成:《认真研究马克思主义人权理论》,《光明日报》1989 年 5 月 22 日,第6 版。

[3] 胡义成:《马克思主义经济学中的人道主义价值观论纲》,《江汉论坛》1992 年第1 期。

[4]　胡义成:《经济学应当完成从"革命"到"建设"的转轨——试论中国经济学必须改造"劳动价值论"》,《当代经济科学》1994年第1期。

[5]　胡义成:《"价值即时间"论纲》,载于王玉樑主编《中日价值哲学新论》,西北大学出版社,1994。

[6]　胡义成:《论普里高津对海德格尔猜测到的"时间价值论"的证明》,载于王玉樑主编《价值与发展》,陕西人民教育出版社,1999。

[7]　钱学森:《创建系统学》,山西科技出版社,2001。

[8]　湛垦华:《耗散结构理论的热力学基础》,载于湛垦华《普利高津与耗散结构理论》,陕西科学技术出版社,1982。

[9]　普里高津:《从混沌到有序》,上海译文出版社,1987。

[10]　普里高津:《对科学的挑战》,载于湛垦华《普利高津与耗散结构理论》陕西科学技术出版社,1982。

[11]　钱学森:《论系统工程》,湖南科技出版社,1982。

[12]　李泽厚:《美学四讲》,三联书店(香港)有限公司,1989。

[13]　钱学森:《社会主义现代化建设的科学和系统工程》,中共中央党校出版社,1987。

[14]　钱学森:《论人体科学》,体育出版社,1987。

[15]　"中国2012年科技创新人物颁奖典礼",中央电视台,2013年2月8日。

[16]　钱学森:《基础科学研究应该接受马克思主义哲学的指导》,《哲学研究》1989年第10期。

[17]　玻姆:《量子理论》,商务印书馆,1982。

[18]　玻恩:《关于因果和机遇的自然哲学》,商务印书馆,1964。

[19]　沙赫巴洛诺夫:《辩证唯物主义与物理学和化学的若干问题》,科学出版社,1960。

[20]　玻恩:《现代物理学中的因果性与机遇》,商务印书馆,1965。

[21]　玻尔:《原子物理学和人类知识论文续编》,商务印书馆,1978。

[22]　中国社会科学院哲学所自然辩证法研究室:《现代自然科学的哲学问题》,吉林人民出版社,1984。

[23]　陈昌曙:《自然科学的发展与认识论》,人民出版社,1983。

[24]　钱学森:《创建系统学》,山西科学技术出版社,2001。

幸福观的现代性趋向与幸福建构的
心物两翼①

雷龙乾

（陕西师范大学政治经济学院教授、博士生导师　陕西西安　710062）

摘　要：被永恒和普遍地讨论着的幸福，其本身并不是一个绝对永恒和普适的事情，而是一个正在趋向现代性的历史转型过程。在这种情形下，幸福必须在新条件和新形态下得到重新建构。从中国的当前情况来看，这种重建至少需要两方面条件：一方面是信仰重建，即在"儒、佛、道"三位一体的传统信念体系陷入信任危机之后，代之以"中、西、马"三位一体、相辅相成的新型互补系统；另一方面即客观方面，要从构建优良社会生态的社会结构和社会制度入手，为新型幸福体验创造客观条件。

关键词：幸福　现代性　建构

　　以往关于幸福的研究往往以超越社会形态、民族国家、学科种类和学派观点，追求普遍真理的面目示人，只是在不同学科的研究视角和表达手段及风格上有所不同。在同一个学科内部，比如哲学里面，即使有所谓德性主义和功利主义、感性主义和理性主义、节俭主义和消费主义、集体主义和个体主义、主观主义和客观主义等思想观念的差异，其中的形而上学气味也仍然难以祛除。

　　所以笔者以为，其实还应该进一步根据中国社会的真实情境，着眼于长时段历史趋势，深入研究幸福和幸福观的那些因为社会现代化转型而呈现的转型性质和趋向，积极探究转型实践的方法论，比如至少可以从心性基础和社会生态建构两个方面观察和促成幸福事业的有效发展。

---

　　①　基金项目：国家社会科学基金后期资助项目（10FZX035）。

一　幸福观的现代性趋向及其有限性与内在张力

虽然古今中外的哲学家们主观上都努力探究和阐发关于幸福的所谓真理性认识，熙熙攘攘的人群也都无不汲汲于谋求实现自己的幸福理想。但是，在客观上和现实中，无论是哲学家还是社会众生，他们关于幸福的认识、想象和追求，却都是具体的和历史的。对于当代中国社会的理论家和实践者来说，最近一两个世纪里最重要、最持久的问题其实恰恰就在于通过反思来自觉理解和把握这样一个基本事实，即人们的幸福观及其现实基础，正在经历着从传统的"人的依赖性"的形态向"物的依赖性"的世界历史性转型，同时也包含了从"物的依赖性"向"建立在人的能力的全面发展基础上的人的自由个性"的部分转型因素。

从唯物史观来看，幸福观是一种社会意识，从总体上受社会存在制约的，这种制约从根本上来说是受生产方式制约的。从人类历史发展的长时段节点来看，迄今为止人类主要经历了两种主要的生产方式：一种是主要利用现成的自然力量和生命资源进行生产的生产方式；另一种是大量利用人造机器和非生命资源作为生产条件的生产方式。其中前者为较早期人类社会的关系形态奠定了技术基础，后者则为相对晚期的社会关系形态提供了技术基础。在这种技术基础上，人们的社会关系也相应地形成马克思所说的"人的依赖关系"和"以物的依赖性为基础的人的独立性"两种现实形态。对这样的人类社会发展历程，马克思指出，"人的依赖关系（起初完全是自然发生的），是最初的社会形式，在这种社会形式下，人的生产能力只是在狭小的范围内和孤立的地点上发展着。以物的依赖性为基础的人的独立性，是第二大形式，在这种形式下，才形成普遍的社会物质交换、全面的关系、多方面的需求以及全面的能力的体系。建立在个人全面发展和他们共同的、社会的生产能力成为从属于他们的社会财富这一基础上的自由个性，是第三个阶段。第二个阶段为第三个阶段创造条件。因此，家长制的、古代的（以及封建的）状态随着商业、奢侈、货币、交换价值的发展而没落下去，现代社会则随着这些东西同步发展起来。"[1](P107) 这其中，从现实的历史进程来看，严格意义上的第三种社会关系形态和历史发展阶段还没有成为全面的历史现实。不但马克思在自己的有生之年没有看到，即使是自此一百多年以后，当人类已经跨入 21 世纪以后的今天，也仍然不是人类现实历史的基础事实。

当然，这并不妨碍我们看到所谓第二个阶段从来都不是一个静态的现实，相反却自始至终包含着异质的因素。初期是来自前现代力量的拖累，然后是自身系统的漏洞，再后就是自由个性异军突起，各种力量机缘际会，使得所谓第二阶段时时处处都面临着再次被否定的威胁。

　　幸福主要是一种心理体验，但是也是一种社会性的心理体验。作为社会意识形态的要素，人们幸福观的情形与这种社会关系形态的世界历史性转变大体对应、相辅相成。按照马斯洛心理学的说法，人的需要有基本需要和发展需要的区别。前者主要是生存需要、安全需要、归属和爱的需要、尊重需要等，后者主要是自我实现的需要。"人最初因一系列基本需要而产生动力；当这些基本需要得到满足，他就会走向更高的层次，会因更高级的需要产生动力。"[2](P51)在必须有所取舍的情况下，人们必然选择满足最匮乏的需要，或者按照经济学家的说法，先获取边际效用最大的效用对象，其次才兼顾次要的需要。

　　在中国，我们所谓绵延数千年的"传统社会"，大体上相当于马克思所说的"人的依赖的关系"的社会形态，主要由于"人的生产能力只是在狭小的范围内和孤立的地点上发展着"，人类总体上面临着生产力发展不足和异己性自然力量过于强大的问题。在这种生产力长期低下和生活资源总体长期匮乏的经济条件下，人们的主要需要和主要关切必然在于解决生产力不足和合理分配现有的少量生活资料的问题。在这种情况下，在大多数人中，自然把渴望的目光投向农业生产和农业生产所必需的人与人之间的技术关系、经济关系，进而形成农耕社会和农耕文明，形成和拓展致力于农耕的价值观念、审美文化和幸福观念。这种传统社会，自然倾向于讲求以农业、农村和农民视角体验人与人的关系、人与自然的关系、人与生命和自我的关系等，倾向于形成"士农工商"的社会关系格局，即所谓的"差序格局"，倾向于形成勤俭节约和顺应自然的精神气质，倾向于儒、释、道相互对立统一的哲学文化结构，进而形成中国人特有的幸福观念。这种幸福观，表现为儒家所谓的"安贫乐道""孔颜之乐"，道家所谓的"归隐山林""长视久生""得道升天"，佛家所谓的"慈悲为怀""普度众生""涅槃寂灭"，也表现为帝王之家的"一统江山""千秋万代""国泰民安"，也表现为普通农民所谓的"三十亩地一头牛，老婆娃娃热炕头"，甚至也表现为中国人普遍禀赋的"祖先崇拜""人情人治""知足常乐""难得糊涂""讲究面子"等精神特性和体验风格。[3]在这种社会形态和文化格局里面，所谓幸福，就是生理需求、社会需求和意识形态需求得到满足以后的良好心理体验。

只是从世界历史视域里的 16 世纪，从中国体验的 1840 年鸦片战争以后，"人的依赖关系"向"人的独立性"的关系转型才开始缓慢启动。这是一种以使用非生命资源为主要生产手段的新型生产方式，从而是以商品经济、市场经济为主要资源配置方式的经济交往形态，进而是以城市化、市民化、世俗化、理性化等为主导倾向的上层建筑形态。

"人的独立性"的社会最根本的改变是把人从绝对的自然界盲目必然性中解放出来，同时也把人从狭隘的社会共同体里解放出来，因此也把人从对自然和社会的绝对依赖中解放出来。工业化、机械化、自动化把人从短缺经济和基本需要满足的渴求中解放出来，高级的需要成为幸福的新型需要和基础；城市化、全球化、信息化把人们从狭隘、停滞的乡村时空中解放出来，改变了人们幸福体验的内容和比较范围；世俗化、科学化、民主化把人们从宗法血缘共同体及其等级制度下解放出来，改变了人们幸福体验的尺度和自由度。

不过，正像人们清楚地看到的那样，日益转向高级需要、世俗尺度、理性思维的现代性趋向在自由解放的背后至少在两个方面是具有严重局限性的。第一，物质需求挑战自然环境，必然受自然条件和自然规律的制约；第二，自由竞争产生两极分化的后果，必然加大社会关系的紧张度。同时，物质需求的满足既降低了物质满足的边际效用，也降低了人们对物质满足的幸福体验；高级需求或自我实现的需求的凸显又增加了人们对高级需求难以满足产生的焦虑感和不幸福感受，形成所谓现代社会的"幸福悖论"。

二　信仰重建——幸福建构的心性基础

幸福悖论是物质增长与精神煎熬两方面的统一，而既然物质增长本身并没有根本的负面意义，那么问题的主要方面就在于精神方面。物质丰富没有从根本上消除人们的苦痛感觉，证明苦痛感觉并不完全来自物质的丰富与否。

事实上，近代以来的历史的确是由思想文化的结构性转型作为基础性构件的。这在西方国家表现为文艺复兴、宗教改革、启蒙运动等，在中国则表现为一浪高过一浪的"反传统"和"西化"潮流。一方面，这些精神转型过程有力地激发和策应了整个社会的结构转型，对社会生产力发展和制度转型、文化转型起到了重大和基础性的作用；另一方面，由于摧毁了旧的、传统的精神家园和信仰基础而使得精神本身暂时置身于一个过渡性的流浪处境。在新的精神家园建成和完善以前，人们衡量和体验幸福的信仰基础即体验参照支离破碎、动荡不定，导致和增加了人生于世的无根感、流浪感、危机感、惶恐感或焦虑症，导致精神无所依从和进退失据。所以，重建幸福体验的心性基础和终极参照，应该成为我们思考重建幸福观从而重建幸福的一个重要和关键的着眼点。

首先，追根溯源，在迄今一个半多世纪里，中国社会在内外矛盾叠加放大的世界历史洪流中被迫开展现代化转型发展实践。在此期间，"中、西、马"各路圣哲都曾临场指点，结果却都相继受挫，纷纷铩羽而归，日积月累造就了全社会对主干信仰体系的信任危机。

一是思想信任危机，指向以儒家为首、"儒、释、道"互补的哲理逻辑和话语系统。先是19世纪末引入的"进化论"哲学不再重视"温良恭俭让"，开始强调面对竞争世界必须首先图强和自保，甚至鼓励变革祖宗成法，直接挑战和颠覆传统哲学话语习惯及其主流价值观。由此，"启蒙－救亡"、进步、革命逐渐演进成为先进知识分子、开明政治精英、觉悟社会精英的普遍思想共识和话语介质。

二是继戊戌变法惨烈失败、辛亥革命有名无实之后，"五四"时期的反传统、新文化运动激愤勃发。变革潮头的知识分子开始认为，必须对传统的话语形态和信仰体系进行全面反思和坚决清算，因为问题不在于个别要素而在于文化系统。既然以儒家为代表的传统哲学及其文化观念是近代中国衰败的总根源，那就必须对传统哲学及其整个思想、信念展开全面的批判和坚决的颠覆，内容上要"打倒孔家店"，形式上应废弃文言文，使用白话文。

三是20世纪60~70年代的"文化大革命"运动。"文化大革命"运动意图用所谓的"造反有理""要同传统的观念实行最彻底的决裂"的反潮流精神，替代"温良恭俭让"的实践话语，这无疑对中国传统哲学的信仰体系造成颠覆性的破坏和打击。

市场经济的建立和推进更是毁弃传统中国幸福体验的决定力量。市场经济体系的现实实践，比起精英们的鼓噪更加具有弥漫性和穿透力，市场经济实践的关联要素如工业化、城市化、民主化、法制化、人本化、全球化等从根本上动摇传统社会的客观根基，是更直接影响民众日常生活和体验结构的客观物质力量。小农经济、村落生活和熟人社会正在加速衰微，普遍的等级观念迟早要丧失其合法性，"三纲五常"于今人恰如痴人说梦般不可理喻。

走上市场的人们习惯于利益权衡，进入城市的人们被迫面对职场与生活的双重压力，传统的幸福在市场上表面热闹却无法掩盖其灵魂依凭的失落。

其次，继传统幸福观的危机之后，西方近代资产阶级主流幸福观念也遭遇到普遍深刻的信任危机。

西方近代资产阶级主流幸福观念虽然的确对近代以来的中国社会历史和中国人民的生存实践产生了广泛、深刻、实际、长远的影响，但是如果撇开个别地区和人群而就整个民族和人民整体来说，中国人几乎从来就没有真正彻底、完整地理解和信服过西方近代资产阶级倡导的主流幸福观念。除了政治、学术层面，人本、民主、科学这类意识形态话语对中国人日常生活中的行为模式、思想方式，特别是幸福体验方式的影响十分有限，比如"西化"这个词语至今仍不是一个褒义词语。

一方面，拒斥西化的动能来自传统教化，中国的传统文化塑造的信仰与西方近代资产阶级格格不入；另一方面，西方资产阶级的现代化道路也的确存在着重大和致命的道德缺陷、审美缺陷、经济政治缺陷和文明历史缺陷。"资本来到世间，从头到脚，每一个毛孔都滴着血和肮脏的东西。"[4](P226) 其所造成的残酷的社会竞争、阶级斗争、国际战争、经济危机、人的异化、种族歧视、生态破坏等，无论究其深度还是究其范围和广度，都为此前任何世代所不及。中国大陆地区一百多年来从未真正实行全面的资本主义，反而选择社会主义，这个事实本身就是一个对西方近代资产阶级哲学精神不信任的有力证明。

最后，信任危机的最近对象不幸恰恰指向所谓的教科书式的马克思主义的信仰体系，特别是这种体系内含的幸福观念和幸福体验方式。

究其原因，一方面，由于传统文化精神熏陶和现实矛盾体验，人们当初对马克思主义的理解、信任和信仰本身其实已经包含了不少复杂的"误读"的成分，不同的解释包含并进从而造就不同的版本，而版本之间往往真假难辨。本来，马克思主义主张的是从历史规律和人本价值相结合的立场出发积极扬弃资本主义的社会主义。但是，有一种中国版本的社会主义者却主要只是在传统道德价值的立场上盲目地拒斥和简单地反对资本主义，进而把资本主义的积极历史和文明成分也一并排斥掉了。更有甚者，竟把国家、政府、权力乃至官员对社会、人民、思想的绝对优势地位看作社会主义的标志或特征，结果导致"官本位"的文化惯性和官僚主义、教条主义的思维方式等封建主义文化借助社会主义的名义死灰复燃，并挥之不去。在实践上，这种版本所谓的马克思主义对社会、对历史、对人民都造成了严重的伤害，挫伤了不少民众、干部对马克思主义、共产主义的热情、信仰和信任，助推了对马克思主义、社会主义的信任危机，除了少数坚守者以外，人们从集体主义和社会主义、共产主义信仰和实践中得到的幸福体验逐渐趋于式微，甚至催生某种逆反性幸福体验倾向。

另一方面，经过几十年改革开放和社会现代化建设，主要是随着社会禁锢的开放和市场经济的推进，人民群众的自主意识、认知能力、幸福需求、幸福尺度、幸福参照等各方面都在水涨船高。但是，极左时期反复无常的权力争斗、现代社会发育的缺陷、党和政府职能转变的滞后，以及转型社会拜金主义盛行、等级制残留、权力腐败泛滥的现实，都造成人民群众的不满情绪，从而催生和加剧了对马克思主义、社会主义、共产主义哲学的怀疑和否定。

这些有关基本心性和终极信仰的信任危机，一方面助推着当前社会暗潮涌动的狭隘、浅薄的自我意识和庸俗实用主义精神，造成社会幸福体验基础的支离破碎和疏离动荡；另一方面也为化被动负能量为积极正能量，建构更合理可信的世俗化、人民化、开明化、理性化和当代化的新心性形态和信仰形态，客观上开辟了可能的空间，人们的幸福观和幸福体验方式正在发生历史性的重大转型。

走出信仰危机或哲学危机没有捷径，仍然必须走创造性地利用现有哲学资源的道路。一方面，各路基本哲学源流虽然都经历了不同形式的信任危机，却也都始终没有沉沦作废，反倒成为中国现代化实践的宝贵的哲学思想资源；另一方面，"中、西、马"三种哲学相互之间具有明显的个性差异，但却都具有难以替代的建设功能和积极意义。所以，中国现代化的哲学演进理路理应是促成马克思主义为主导的"中、西、马"差异互补结构，以此扬弃和选择性包容"儒、释、道互补结构"，而从总体上则予以全面替代。这种信仰形态的建构固然是一项尚需时日的艰苦思想事业，但也正因为是幸福观成功和合理转型，从而也是新时代幸福体验的基础和条件而必须坚持不懈地予以推进。

三　优良社会生态——幸福建构的客观条件

幸福的重建在需要精神重建的同时，也需要客观条件的营造，比如需要继续发展生产力，通过有效、充沛和可持续的经济发展不断满足人民群众日益增长的物质文化需要。但是，在发展生产和加快与生产有关的社会制度建设的同时，还应该进一步从构建社会优良生态这个角度展开思考和探索。具体来说，似应从转型发展的客观规律、普遍经验与人们的切身体验和情感两种尺度的综合中，以建设优良社会生态为牛耳，为人民和社会的幸福体验创造客观条件和优良氛围。

我们这里所谓的社会生态，关系的不是一般所谓的自然生态，相反主要是人与人之间的关系，是人与人之间经济、社会、政治、思想等诸多关系的总和，是这种关系错综纠合而形成的动态结构。所谓优良社会生态，实际上就是能够为人们的高质量生存、生活和发展提供最优条件和动力的社会关系形态。

一方面，社会生态是社会结构的产物，又是个人生存实践的条件。起初，"社会结构和国家总是从一定的个人生活过程中产生的。"[5](P71) 人们只是因为要生存、生活才相互分工、合作、交往，形成技术生产关系、经济利益关系、政治权力关系、价值认同关系等各种社会交往关系。但是，一旦社会关系形态形成以后，个人就成为相对弱势的方面。整个社会呈现为一种利益咬合、矛盾而又互相依存的生存利益链条，每个人都只是社会链条的一个环节，只能按照既定的社会生存法则取得自己生存发展所必需的价值份额。这种社会关系形态必然型塑着人们的生存方式、生存能力和交往规则意识。不同的社会形态必然造就不同的生存体验，造就出不同的生存手段、生存趣味、生存法则和生存文化，造就出不同的人和人性。这就像马克思所说的，"人的本质在其现实性上是一切社会关系的总和"。

但是另一方面，"社会生活在本质上是实践的"[5](P60)。在可能的条件下，人们宁愿生存于造就优良福利效果、生存体验的社会关系形态里。而且事实上，人作为自由自觉的活动者，在历史相对高度发展的条件下，尤其是在社会存在转型发展机遇的情况下，人们完全可能反过来按照客观规律和现实条件，尽可能地构建生态机制优良、优秀的社会关系形态。这种优良社会生态能够最大限度创造社会福利、公平关系、幸福体验和发展信心。由于这种社会关系形态也能够产生相对而言最大限度公平公正的人际交往关系，鼓励人们挖掘自身潜力，以合理、正派的方式实现自己的个人价值及社会价值，最大限度地减少投机心理，因而它也能最大限度地发展生产力。再简单地说，这是一个好人能够获得好报的社会。

当然，优良社会生态的判断标准是相对和历史的，建设难度也是巨大的。特别是由于近代以来，中国的社会变革转型实践同时面临"人的依赖性"惯性和"物的依赖性"乱局的重围，使得优良社会生态的建构面临特别复杂的话语困难。

在"人的依赖性"的社会生态关系中，每个人都根据自己和他人的自身能力，如体力、智力、品格、德行等获得自己的生存资料、权利份额、社会地位，人本身直接构成社会交往的主要依据。但是总体而言，这种对人的本身的依赖、重视乃至崇尚还是狭隘的和初级的，更多只是开发了人们在低级交往关系和简单交往环境中的直接能力，比如身体的搏击能力、心理的耐受能力、头脑的推算能力以及情感的收发能力等，社会生产和社会交往的物化能力尚未得到更高的开发。这也就是说，"在发展的早期阶段，单个人显得比较全面，那正是因为他还没有形成自己丰富的关系，并且还没有使这种关系作为独立于他自身之外的社会权力和社会关系同他自己相对立。"所以，"留恋那种原始的丰富，是可笑的，相信必须停留在那种完全空虚化之中，也是可笑的。"而在"物的依赖性"的社会里，由于出现了发达的商业、奢侈、货币、交换价值，"普遍的需求和供给互相产生的压力，作为中介使漠不关心的人们发生联系"，"个人的产品或活动必须先转化为交换价值的形式，转化为货币，并且个人通过这种物的形式才取得和证明自己的社会权力……个人从属于像命运一样存在于他们之外的社会生产；但社会生产并不从属于把这种生产当作共同财富来对待的个人。"在这个社会，"人们信赖的是物（货币），而不是作为人的自身。但为什么人们信赖物呢？显然，仅仅是因为这种物是人们互相间的物化的关系，是物化的交换价值，而交换价值无非是人们互相间生产活动的关系。"[1]（P107、P112、P108、P110）实际上，"计划模式"的现代性方案就是"人的依赖性"和片面的"物的依赖性"在一定历史条件下的临时性产物。它是一种便宜选择，在具有积极历史功用的同时，也隐隐蓄留了人治、官本位、平均主义的传统社会生态机制和"文化大革命"那样的社会动乱暗流。至于如何从中超越出去，创造真正优良的社会生态，问题远为复杂难解。就当前的理论努力来说，我们应该强调走向实践的话语精神，一方面要鼓励直面当前实践的真实处境（我们将长期处在社会主义初级阶段），必须首先坚持在经济、政治、社会和文化建设上学习和追赶现代文明，着力促进建构现代社会生态文明的转型实践；另一方面要超越旧实践的局限，把人民的幸福体验、生存质量始终作为构建优良社会生态的根本实践尺度。

　　幸福直接是一种个体主观体验，不能由他者从客观立场代为实现，而任何所谓至圣先哲引经据典和高高在上的赐福与照应，对幸福本身而言都可能是隔靴搔痒、不着边际，甚至是南辕北辙的。所以，优良的社会生态一方面当然要掌握社会资源的人们树立人民幸福的工作宗旨，另一方面要排除这些人物对人民幸福的自以为是、颐指气使的说三道四，特别是要建立这些人物不能随意"代理"人民发言、逼迫人民声明"幸福"的权力意志，要给予人民追求幸福的权利，保障人民自己体验自己幸福的自由社会空间。从现代的而非传统的文明逻辑来看，从当前经济相对而言高度发展而社会不公凸显、人民尊严和权利不足从而使社会道德扭曲、"劣币驱逐良币"的某些严重迹象来看，一种建立在人民主体、社会公平、正气导向、真实平和和良性互动机制上的幸福社会，正是社会和人民的需要，是当前中国改革开放和社会主义现代化事业的核心议题。

　　当然，世界上从来没有绝对单纯的幸福和绝对完善的幸福，幸福从来都与痛苦相伴而生、相邻而居，作为一个有限生命，人不配幻想天国一样的绝对幸福，社会也绝对没有可能把温馨的安乐窝替人民造就。所以，一个健康、优良的社会生态应该允许和鼓励多元幸福观的存在，应该允许和鼓励人们从不同的幸福观出发进行富有个性、富有挑战性甚至冒险性的探索和尝试，应该能够激励尝试、接纳失败、鼓舞创新，让幸福成为社会共同的事业。

参考文献

[1]《马克思恩格斯全集》（第 30 卷），人民出版社，1995。

[2]〔美〕弗兰克·戈布尔：《第三思潮：马斯洛心理学》，吕明、陈红雯译，上海译文出版社，1987。

[3]〔美〕阿瑟·亨德森·史密斯：《中国人的人性》，姚锦镕译，中国和平出版社，2006。

[4]《马克思恩格斯选集》（第 2 卷），人民出版社，1995。

[5]《马克思恩格斯选集》（第 1 卷），人民出版社，1995。

实践视角下个人幸福与社会幸福的关系探讨[*]

侯彦峰

（西安理工大学思政部哲学博士　陕西西安　710048）

摘　要： 幸福是人由生存需要得到适度的满足、发展需要得到一定程度的满足并不断追求进一步满足所产生的对人生总体上感到满意的愉悦状态。显然，幸福是人的幸福。从幸福的主体看，幸福分为个体幸福和社会幸福。一部追求幸福的历史就是个体幸福与社会幸福博弈的过程。在中国进行现代化建设的进程中，当前树立科学发展观的核心是以人为本，这为个体幸福与社会幸福的实现奠定了理论基础。同时，中国共产党提出的和谐社会理论，为实现个人幸福与社会幸福提供了制度保障。

关键词： 个人幸福　社会幸福　实践　历史流变　现实幸福

人的一切活动都有目的，但在各种各样目的背后的终极目的是幸福，幸福是人生追求的终极目的。正如费尔巴哈所说："生活和幸福原来就是一个东西。一切的追求，至少一切健全的追求都是对于幸福的追求。"[1](P543) 目的是建立在需要和需要的对象基础之上，从需要的角度看，"幸福是人由生存需要得到适度的满足、发展需要得到一定程度的满足并不断追求进一步满足所产生的对人生总体上感到满意的愉悦状态。"显然，幸福是人的幸福。从幸福的主体看，幸福分为个体幸福和社会幸福。一部追求幸福的历史就是个体幸福与社会幸福博弈的过程。在中国进行现代化建设的进程中，当前树立科学发展观就是为了中国社会的进一步发展，"以人为本"是科学发展观的核心，实现人的幸福、人的自由全面发展是当代中国发展的必然要求和发展目标，这为个体幸福与社会幸福的实现奠定了理论基础。中国共产党提出的和谐社会理论，为实现个人幸福与社会幸福提供了制度保障。因此，研究个

---

*　基金项目：西安市社会科学基金"提升西安民众幸福感的社会学路径研究"（13S33）。

体幸福与社会幸福的关系，能够为进一步理解科学发展观、和谐社会理论以及在实践上如何实现个体幸福和社会幸福提供理论指导。

一　哲学史上关于个人幸福与社会幸福关系的理论梳理

幸福在人生中不是作为一个具体的事物而存在的，而是人生追求的终极性目的。幸福不只包括追求者个人的幸福，也包括他人乃至社会的幸福。在幸福思想史上，西方和中国的思想家都探讨过个人幸福和社会幸福的关系。

在西方，尽管早期的古希腊和罗马哲学家，比如柏拉图、亚里士多德、伊壁鸠鲁等，对幸福以及个人幸福和社会幸福的关系进行过一定程度的研究，但是，西方思想家对幸福探讨的话题主要集中在中世纪和近代。

在中世纪，西方基督教神学幸福论者坚持原罪说和性恶论，认为人类的一切情感、欲望和意向都是邪恶的和败坏的，并把人性恶的原因归结为原罪和人的自由意志，人类只有皈依上帝和信仰上帝才能获得真正的幸福。阿奎那首次提出了社会幸福的问题。他认为在一个社会中，必须有某种能够产生多数人幸福的要素，因为人不能离开社会而存在。那么，社会幸福如何才能得到实现和保证呢？阿奎那认为需要一个充满智慧的统治者来管理，而这个统治者就是人格化的全知全能的上帝。显然，西方基督教幸福观把人性看作恶的一方面，唯有通过信仰来超越人的世俗本性而获得幸福，以达到个人幸福和社会幸福的统一。这种观点抹杀了人类自身实践的能力，必无益于个人幸福和社会幸福的实现。

在近代西方社会，随着资本主义社会生产方式的产生，形成两种不同的幸福观，包括理性主义幸福观和感性主义幸福观。斯宾诺莎是近代西方理性主义幸福论的代表人物之一。他认为人是自然的一部分，自然事物的本性是自保，那么人的本性也是自保，这样便形成其人性自保理论。他从人性自保理论出发，论述了个人幸福和社会幸福。他认为每个人都爱自己，寻求对自己有益的东西，人又是有理性的，理性命令人们利己的同时要利他，把个人幸福与社会幸福统一起来。在一定的意义上，这种个人幸福与社会幸福的理论具有合理性，但是斯宾诺莎坚持自然性是人性，理性也是人性，而把社会性为人性的方面排除在外。同时，他没有看到理论指导的实践才是个人幸福和社会幸福的桥梁。西方感性主义幸福论者爱尔维修继承了洛克的感觉论思想，并在此基础上论述幸福问题以及个人幸福与社会幸福的关系。爱尔维修认为，趋乐避苦是永恒不变的人性原则，人们获得了快乐，也就获得了幸福，但是单独、孤立的个人不可能获得幸福，只有与自己同类的所有人都获得幸福，个人才能幸福，因为人的理性告诉人们，只有把个人幸福寄托在社会幸福上，个人的幸福才能实现。但由于他认为人的本性是趋乐避苦而不是理性的，所以社会幸福只是保证个人幸福的手段。功利主义幸福论的代表人物之一边沁继承了爱尔维修的人性论，也认为趋乐避苦是人的本性，苦和乐是"两个至上的主人"，幸福就是趋乐避苦，幸福就是获得快乐。当趋乐避苦所涉及的对象是整个社会时，那么由此获得的幸福就是社会幸福；如果所涉及的对象是一个人，那么幸福就是个人幸福，社会幸福是由组成社会的所有单个成员的幸福所合成的。同时，人类与生俱来的天赋感情，比如良心和同情，可以使人在考虑个人幸福时，也能适当地考虑他人和社会幸福。教育、法律及政治等途径也可以使人们从个人幸福过渡到社会幸福，但他们希望实现的社会幸福的落脚点还是个人幸福，个人幸福是社会幸福的基础和条件，社会幸福只不过是个人幸福的延伸和扩展。

中国传统思想家们总是从人的伦理道德方面来区分人与动物，把伦理看作人性最根本的东西，认为人具备了德行就获得了幸福。中国的思想家们围绕人性是善还是恶的话题争论了两千多年。性善论是儒家人性论的主流思想，孔孟号召人们"杀身成仁""舍生取义"，实质上就是要以个人幸福的牺牲来换取社会整体利益的完整。荀子则提出了性恶论的主张，荀子公开提出个人追求幸福的欲望是"恶"的，要"化性起伪"，要通过道德法度来使人改变这种本性，使"涂之人"皆可成"禹"，也就是说要使一般的平民百姓变成一心为公的人。宋明理学硬是把个人幸福与社会幸福割裂开来，提出"存天理、灭人欲"的思想，这就要求人们放弃个人幸福，服从"天理"，来保证社会幸福。从合理性角度看，中国传统思想从伦理角度的人性出发，要求人们把追求幸福同重公义轻私利相联系，舍弃个人幸福，这种伦理思想为社会规定了一种道德理想，有利于中华民族的凝聚力和生命力的提升。从局限性看，封建统治下的社会整体幸福更多的是代表封建地主阶级的利益，一味强调存"天理"，灭"人欲"，只不过是维护统治阶级的幸福，扼杀普通劳动者的正当利益及对幸福的欲望和追求，不利于个人幸福和社会幸福的实现和统一。

二　实践视角下个人幸福与社会幸福关系的学理论证

要理解个体幸福与社会幸福的关系，必须找准立足点。马克思在继承和发展西方哲学史上的幸福观基础上，找到了解决幸福问题的视角——实践。实践不仅是历史唯物主义的核心概念，也是理解幸福的重要前提。马克思从实践的角度分析和研究幸福以及个人幸福和社会幸福的关系，在未来的共产主义社会里描绘了个人幸福和社会幸福的关系。后继的马克思主义学者秉承马克思的思想，继承和发展了马克思的实践幸福观。在马克思主义实践观的指导下，人们对幸福的认识更加科学。中国的马克思主义者编著了《中国大百科全书》（哲学卷），该书从实践的角度界定幸福，"幸福是指人们在一定的社会生活实践中因目标和理想的实现或接近而感受到的一种内心满足。"[2](P1038) 在《哲学大词典》中幸福被定义为"人们在一定的社会物质生活和精神生活中由于感受或意识到自己预定的目标或理想的实现或接近而引起的一种内心满足。"[3](P1712)人的实践活动的内在动力源于现实的人的多种多样的需要，因此有学者从人的需要角度来定义幸福，"幸福就是人由生存需要得到适度的满足、发展需要得到一定程度的满足并不断追求进一步满足所产生的对人生总体上感到满意的愉悦状态。"[4](P1)综合上述思想，不难看出，所谓幸福，就是人们在一定的社会历史条件下和社会经济关系中，设定自己的理想、目标、需要和欲望，通过实践活动，达到预定的满足效果，获得身心的体验。显然，幸福是专属于人的，只有出现人类，才能有幸福的话题。

人类的活动分为实践和认识，从事实践和认识活动的人称为主体，而实践和活动的对象为客体。幸福既然是属于人的，而且与人的需要、实践活动紧密相连，因此，从幸福的主体角度看，幸福分为个人幸福和社会幸福。从实践角度看，个人幸福是个人在创造物质和精神生活条件的斗争实践中，因感受到理想和目标的实现而得到的精神上的满足。社会幸福是社会整体的幸福，指部落、阶级、民族、国家等社会群体共同普遍的幸福，即社会整体在创造物质和精神生活条件的斗争实践中，因感受到理想和目标的实现而得到的精神上的满足。马克思主义认为，个人与社会是对立统一的，个人需要与社会需要也是对立统一的，因此，个人幸福与社会幸福亦是对立统一的，表现在三个方面。

第一，两者是相互区别的。从概念看，个人幸福是指每一个组成社会成员的个体的人生幸福，它是个体性概念。而社会幸福是社会中的最大多数人能够尽享的最大幸福，而不仅仅是某一个人、某一个群体能够感到的幸福，它既不同于个人幸福，更不是个人幸福的简单相加，是社会整体的幸福。从特征看，个人幸福具有个体性。所谓个体性，一方面，从客观上看，幸福是满足人的需要的愉悦状态，而每个人的需要是不同的，个人幸福呈现差异性；另一方面，从主观上看，幸福具有主观性，幸福和对于幸福的体验存在于人们的主观感受中，几乎每个人对幸福的体验都是不完全相同的。而社会幸福的一个基本特征是将社会整体作为幸福的主体，具有整体性。虽然社会不能像个人那样有直接、具体而独特的感受，但是，"社会总体的自我意识，是社会总体借助于自身内部的无数个体（及相应的集团）对社会的认识及其成果（关于社会的学说、观念）而实现的一种自我反思。"[5](P61)

　　第二，两者又是相互联系的。首先，社会幸福是个人幸福实现的基础，个人幸福的真正实现依赖于物质的丰富、政治的民主、文化的文明和社会的和谐，这样的一个幸福社会既是人们社会实践的结果，也是个人幸福实现的基础。正如恩格斯在《共产主义信条草案》中指出的："每个人都追求幸福。个人的幸福和大家的幸福是不可分割的。"[6](P132)这是因为，个人幸福的实现就是个人的需要、欲望满足的内心感受，但个体需要具有社会性，个体的需要及满足都要打上社会的烙印，因此作为满足需要的人的自由自觉的劳动只能在一定的社会历史条件下才能进行。所以，社会幸福是个人幸福的基础，离开了社会幸福的个人幸福将是无源之水，无本之木。那种将社会幸福当作个人幸福的手段不符合人性的要求，个人要获得幸福，首先要为社会幸福做出贡献，社会幸福为个人幸福提供客观基础。社会幸福是通过个人幸福表现出来的。从需要的角度看，社会需要由无数个体需要构成，没有个体需要就没有社会需要；从个体与社会的关系看，个人是社会的元素，社会是个人合成的有机系统，个人与社会的关系密不可分。因此，社会幸福是所有个人组成的，社会幸福应以个人幸福为起点，社会幸福要通过个人幸福表现出来。

　　第三，个人幸福与社会幸福统一的基础是实践。幸福不是纯粹的思辨活动，幸福是人们在一定的社会生活实践中，因目标和理想的实现或接近而感受到的一种内心满足。主体的欲望与客观事物属性两方面的因素和关系，决定着主体是否能获得幸福，而主体的欲望和客观事物发生作用的中介和桥梁就是实践。劳动创造了人、人类社会以及人类社会的一切，个人幸福和社会幸福同样是在人的劳动与实践基础上形成的，并随着人的实践活动的发展而实现统一。

从动态的角度看，幸福的形成是一个过程，可简要表述为：个体需要 - 实践活动 - 客观对象 - 满足状态 - 自我反省 - 幸福感受。人是对象性的存在物，人如果不进行实践，不能使劳动对象化，那么人就找不到自身存在的依据，人也不可能有幸福的感受。人只有在自由自觉的劳动中才能感受、确证和实现自己的幸福。因为实践活动是一种客体化与客体主体化的双向活动，人的幸福在这种双向活动中，客体的变化及其对主体欲望的满足，表现为客体向主体的生成。只有在实践中，人类的主体能力才能显现，本质力量才能确证，客体才能满足主体的需要。因此，人的需求不断得到发展和满足，人的社会关系日益丰富，人的自由得以自觉实现，都离不开实践，唯有实践才能创造理想的人性，展现人的本质力量。从个人幸福看，个人幸福的获得，不是某种外在力量的赠予，而是人通过自己的实践活动获得的，个人幸福的真正实现依赖幸福社会提供的丰富的物质成果、民主的政治制度、多样的文明成果以及和谐的社会状态，而这样的一个幸福社会既是人们社会实践的结果，也是个人幸福实现的基础。从社会幸福看，其获得，亦是广大人民群众通过物质生产实践、改造社会关系和精神生产实践，实现社会共同理想，从而创造和实现社会幸福。由此可见，正是马克思主义的实践观点科学地解决了个人幸福与社会幸福的关系。

三　个人幸福与社会幸福关系的历史流变

幸福是主体在社会实践中进行价值创造和自我实现的过程中确证的。就个体而言，在不同的人生阶段，他的价值创造能力和本质力量是不同的，实现幸福所需要的外在条件也是不同的；就整个人类而言，在不同的历史时期，人类的潜能和本质力量不同，创造幸福的所需和已有的外在历史条件也不同，社会幸福也是在人类实践能力的发展过程中提升主体能力和改善外部环境而逐步实现。一般来说，个体幸福与社会幸福是统一的。然而，从历史上看，社会幸福与个人幸福往往不一致，甚至出现激烈的冲突。只有到未来的共产主义社会，个人幸福和社会幸福才能达到一致。

在前资本主义社会，个人幸福为社会幸福服务，个人幸福表现为社会幸福。原始社会幸福成员是所有社会成员，奴隶社会和封建社会的社会幸福实质上是少数统治阶级的幸福。幸福的产生和实现的基础是社会实践。在前资本主义社会，科学技术落后，劳动工具简单，生产资料主要是土地，总体生产力水平低下，社会分工较为简单，个人基本生活在固定的地域和单一的生活环境中，他们不得不使自己属于家庭、氏族或公社等共同体中，从事的是一种寻求闭锁的形态、形式以及寻求既定的限制的劳动形式。这种劳动形式既没有激发人们过多的需要和欲望，也不能刺激人们创造出更多的物质财富，此时的生产方式带给人们的幸福有双重的影响，欲望与幸福成反比，欲望不多，在某种程度上可以提高人的幸福程度，但是人的全面发展需要物质基础，没有发达的社会生产力和充裕的物质财富，人的发展将成为一句空话，人的幸福也缺少物质基础。而且，在生产力比较落后的状况下，人与人、人与共同体、共同体之间的联系是肤浅的、贫乏的，没有丰富的社会关系，个人和社会都不能有充分而自由的发展，个人幸福主要融入社会幸福中。

在资本主义社会里，生产的需要导致科学技术的迅猛发展，生产工具实现了机械化，社会物质生产力在较短时间内获得的发展比过去的还要多，还要大。商品经济取代了传统的自然经济，市场成为一只"看不见的手"在操纵着经济的运行，个人之间的交往由于契约、市场的存在变成经常的事情，形成多样化和普遍化的社会关系，其结果造成人的生产能力和交往能力的极大提高，这些都对人的幸福产生了深远的影响。但是，资本主义社会生产方式却造成了人的片面性，使人成为单向度的人。因为机器大工业更使工人成为机器的附属品，人的能力只能畸形发展。由于社会分工的存在，人的本质能力只能通过物才能表现和确证，人的劳动变成了仅仅是为了维护肉体生存而进行的劳动，在劳动中能够感觉到的自由性和创造性也随之消失了。同时，由于资本主义的私有制，大多数劳动者不能占有生产力和生产关系，反而在劳动实践中创造出了阻碍自身进步的异己力量，资本家则把自我利益的获得、个人幸福的实现看得高于一切，社会幸福只看作实现个人利益或幸福的手段，这将不可避免地使个人幸福和社会幸福出现矛盾和冲突。

怎么摒弃资本主义社会对人的幸福的不利因素，同时发展其有利条件，促进人的发展和幸福的实现呢？马克思为人的幸福指明了方向，他指出，"根据古代的观点，人……毕竟始终表现为生产的目的，在现代世界，生产表现为人的目的，而财富则表现为生产的目的。"[7](P486)生产力的发展、个人本质力量的发展，使人必然要摆脱对共同体的依赖，摆脱物对人的控制，合理地驾驭物质财富、社会关系，共产主义社会的出现也是人类社会发展的必然结果。在共产主义社会，个人自由地组合成联合体，社会扬弃异化，废除私有制，消灭社会分工，联合起来的个人占有高度发展的生产力和生产关系，人类的幸福才会有归宿。在那里，个人发展和社会发展具有一致性，既不必像前资本主义社会那样为了共同体利益而做自我牺牲，也不必像资本主义社会只有私人利益和私人的发展，社会发展为发挥个人的天赋、潜能、本质力量和创造性提供了有利的条件，而个人自觉地将他的自由而全面的发展固定在符合和促进整个人类社会发展的这一指向上，社会幸福和个人幸福达到了真正的统一。

四　中国特色社会主义境遇中个人幸福与社会幸福关系的现实关照

马克思认为，"在社会主义的前提下，人的需要的丰富性，从而某种新的生产方式和某种新的生产对象具有何等的意义：人的本质力量的新的证明和人的本质的新的充实。"在私有制范围内，这一切却具有相反的意义。只有在社会主义条件下，人的需要的满足才能证明和充实人的本质，个人幸福才能实现，只有劳动成为人的自主的需要，人人都能从劳动中体验幸福，社会幸福才成为可能。

新中国成立后到改革开放之前这一特定历史时期的基本特征是，中国人民的幸福观与当时国家的政治生活和经济制度紧密相连，高度政治化、道德化。同时，社会整体利益被理解为唯一的国家利益，使得个人把幸福问题当成一个政治的、意识形态的内容，并从政治和道德的层面理解和对待它，而忽视了幸福的物质基础，最终导致个人的利益追求受到严重的抑制，个人对幸福的理解和追求，也就变成了对这些口号的形而上学的服从和响应。更有甚者，发展到讲个体幸福的极端地步，把幸福与享受、劳动、创造、奉献对立起来。结果，这种片面化、极端化和形而上学化的幸福观，既没有带来预想中的理想道德状态，又制约了经济的发展。

改革开放以来，中国进行现代化建设的伟大实践，既为社会幸福创造了条件，又为个人幸福的实现创造了条件，但是在转型期出现的问题影响了社会幸福和个人幸福的提升。长期以来，我国的经济增长方式基本上是粗放型的，表现为高投入、高消耗但效益低、污染严重。这种增长方式引发了一系列问题，比如资源供应不足和环境污染严重的问题，社会财富快速积累和贫富差距过大的问题，不健全的社会保障体系造成居民在医疗、教育、养老和住房上承受着巨大的压力问题，以及急剧的社会变革引发的社会成员心理不适、信仰危机、精神家园失落等社会心理问题。这些问题是我国在新的社会发展阶段出现的新问题，过去我们要打破平均主义思想，现在则要调整过高的收入差距；过去人们最需要的是日常生活用品，而现阶段人们最缺乏的是政府提供的公共服务；过去要着重解决的问题是人们对衣食住行等物质需求得不到有效满足，而现在越来越多的人则对精神文化、自然环境的需求更为迫切。这些新问题的解决并不会伴随着经济的发展自然而然地得到解决，需要对发展的价值取向、发展的目的、发展的主体、人的幸福在发展中的地位和作用等内容做出正确的判断，如何将个人幸福融入经济社会发展的目标中去是解决问题的有效途径。

现阶段提出的以人为本的科学发展观以及构建社会主义和谐社会，其价值目标也是为了实现整个社会所有民众的幸福及个人幸福。科学发展观，第一要义是发展，核心是以人为本，基本要求是全面协调和可持续，根本方法是统筹兼顾。从价值取向看，科学发展观就是要实现人民幸福。科学发展观强调人民既是发展的主体，也是发展的目的，也就是说，科学发展的最终目的也就是为了人的全面发展和人的幸福。社会是由全体人民所组成的，发展是为了大多数人的发展，这是社会主义条件下发展的深层本质，人民群众作为发展的主体和发展目的相统一。从幸福角度看，科学发展的过程就是人民群众创造自己的幸福生活的过程，在这一过程中，人民群众共享发展成果。科学发展观不仅是一种指导幸福生活的理念，而且具有实践性。因此，我们要在科学发展观的指引下建设社会幸福，就应研究影响社会幸福的因素。其中，这些因素应包括人的健康、亲情、就业状况、经济状况、社会状况和生态状况等。政府部门要通过相关调查，发现这些影响社会幸福的因素、权重及其演化的规律，从而制定出提高社会幸福水平的政策，关注民生，在中国走出一条既能够节约资源，又能够和谐发展，最终实现个人幸福最大化的发展之路。

要使科学发展的成果惠及广大人民群众，就必须进行公正、公平的制度设计，也就是要进行社会建设。社会主义和谐社会提出，一方面为和谐的社会关系做出理论论证，另一方面为个人幸福和社会幸福的互动搭建了平台。社会幸福是社会成员整体的幸福，而不是某个个体或某个群体的幸福，追求的是"最大多数人的最大幸福"，可要实现这一点，经济发展、公平分配、政治民主、社会公正、人与自然和谐相处是达到最大多数人的幸福的重要条件。当然，个人的幸福感也同样受因社会发展带来的收入增长、社会保障、社会公平和就业等因素的影响，因此，个人幸福与社会幸福的统一在于社会建设。这就要求各级政府积极发展教育，扩大就业，进行收入分配制度的改革，加快建立覆盖城乡居民的社会保障制度和基本医疗卫生制度，逐步完善社会管理方式，在社会主义的中国实现最大多数人的最大幸福，达到个人幸福与社会幸福的统一。

参考文献

[1] 路德维希·费尔巴哈：《费尔巴哈哲学著作选集》（上），荣震华译，商务印书馆，1984。

[2] 中国大百科全书出版社编辑部编《中国大百科全书》（哲学），中国大百科全书出版社，1987。

[3] 金炳华等编《哲学大词典》（修订本），上海辞书出版社，2001。

[4] 江畅、周鸿雁：《幸福与优雅》，人民出版社，2006。

[5] 欧阳康：《社会认识论：人类社会自我认识之谜的哲学探索》，云南人民出版社，2002。

[6]《马克思恩格斯全集》（第42卷），人民出版社，1979。

[7]《马克思恩格斯全集》（第46卷），人民出版社，1979。

何以幸福？教化、制度设计抑或革命？

——以柏拉图早晚期和马克思早期的哲学方案为例[*]

刘明艳

（长安大学政治与行政学院哲学博士　陕西西安　710064）

摘　要： 柏拉图以自身理论的和实践的经历与努力，提供了启蒙/教化辩证法、法制国制度设计达取和支撑人类幸福生活的两种卓越的哲学方案案例。前者目的在于以辩证法启蒙城邦公民如何关照自己的灵魂，如何使自己的生活臻于至善，为日臻败落的城邦树立某种伦理道德规范；后者在兼顾人类现实生活经验的基础上，试图用法将知识、法与既往生活经验连接起来，作为表达对人类最高关切之政制根基。而青年马克思则将耶拿早期浪漫派的反讽主体实践化，在无产阶级这一物质武器支撑下，希图通过现实的、具体的、历史的、个人的社会革命，获得全人类的自由解放。今天看来，无论是马克思的方案，还是柏拉图的方案，均堪为精美绝伦，它们给予人类现实生活的，多为理论的或实践上的启发或实践智慧。

关键词： 马克思　柏拉图　启蒙辩证法　制度设计　哲学革命

关于幸福的话题，仁者见仁，智者见智。本文仅以马克思早期哲学革命与柏拉图早期教化及晚期制度设计的互文性研究为例，反省（哲学）革命、启蒙辩证法、制度设计与人类自由幸福之间到底具有何种关联：是一种方式，或者（哪）两两结合，还是三者联合更有利于人类自由幸福落地生根？

---

* 基金项目：长安大学中央高校基本科研项目（Q1107）、长安大学人文社会科学基金项目（0908）、长安大学马克思主义理论学科建设（2012～2013）。

一　柏拉图关于人类自由幸福方案：从启蒙辩证法到法制国设计

柏拉图以自身理论的和实践的经历与努力，一生执著于哲人政制的理论与实践，主要采取两种方案，即早期的启蒙/教化辩证法和晚期的法治国设计。前者目的在于以辩证法启蒙城邦公民如何关照自己的灵魂，如何使自己的生活臻于至善，为日臻败落的城邦树立某种伦理道德规范；后者在兼顾人类现实生活经验的基础上，试图用法将知识、法与既往生活经验连接起来，作为表达对人类最高关切之政制根基。

（一）柏拉图早期的启蒙辩证法：人应该如何生活？

A. E. 泰勒认为，苏格拉底最终"成为神谕的本意的代言人，神谕的意旨指出人类普遍对这件最为急迫的事情一无所知，即如何使他们的生活更加完善，如何'关照'他们自己的灵魂，以及'使之臻于至善之境'"。尽管苏格拉底本人说没有拥有这种知识，但至少"他认识到它的重要性，并且他知道自己的无知"[1](P41)。对此，B. 威廉姆斯写道："苏格拉底问题——人应该如何生活——是道德哲学最好的出发点，它要优于'我们应当做什么'或'我们怎样才能是善的'甚或'我们如何才能幸福'这些问题。"而张任之对此评价道："因为这些问题中的任何一个都已经预设了太多的东西，而人们又总是很难在这些所预设的东西上达成一致。"[2]

尽管柏拉图以苏格拉底之口提出"正义者是否比不正义者生活过得更好更快乐"，"我们应该慎重考虑，这并不是一件小事，而是一个人该怎样采取正当的方式来生活的大事"[3](P39)，即舍勒所谓苏格拉底问题较晚。但是，早在《游叙弗伦》《苏格拉底的申辩》《克里同》等著作中，他就谈到虔敬、使命、义务等主题，实质上他已经开始从不同角度探究此问题了。在柏拉图早期的视域里，人到底应该如何生活，才能剥离于自然而独立，获得幸福自由？

第一，否弃大众道德。在《普罗泰戈拉》中，苏格拉底问普罗泰戈拉是以教授什么为职业的，普罗泰戈拉回答说他是以教授德性为职业的。但苏格拉底坚持认为德性是不可以传授的，或者说雅典人是聪明的，他们不认为德性可以被传授。这一点来自公民大会。当他们要决定如何修建庙宇、建造船只或其他工艺上的事情时，他们只愿意倾听专家建议，而不容他人发号施令。但当他们面临有关城邦管理的决定时，却愿意考虑任何人的建议[4](P361a5‑c2)。苏格拉底表示自己很沮丧，因为他和普罗泰戈拉似乎都在论证中与他们刚开始所坚持的观点相左了。

什么原因使得雅典人在不同决断上表现出如此差异？观念。在如造船等工艺性事务上，历来只允许专家发言；而在另一些如公民大会等关于城邦管理事务上，是需要德性的，却允许任何人发言。如此看来，雅典人认为，德性不是一项专门的技艺，也不相信德性可教。

在《克里同》中，同样表明苏格拉底拒斥大众道德的观点：克里同催促苏格拉底逃狱，原因是许多人认为这样是适当的。但是，苏格拉底说："我们丝毫不必考虑大众怎么质问我们，只要注意那明辨是非邪正的一人和真理本身是怎么说的。"[5](P104)

在《拉凯斯》中，他更为明确地拒斥了德性不是专门技艺的流行观点。面对两位父亲向两位将军拉凯斯和尼西亚求教各自的儿子如何正确教育的问题时，两位将军认为是可以教的，但苏格拉底不同意。他认为应征求经过优秀教练员训练过的人的意见，这恰恰又是普罗泰戈拉所认为的雅典人的观点。而他坚决否认自己在这方面有专门技艺，两位将军愿意发表自己的看法，以供检验。文中以讨论德性中的一部分——勇敢——来检验他们在这一方面的技艺。因此，在文中，苏格拉底明确认为，当我们面对一个需要德性才能做出的令雅典人首肯的决定时，我们不应当考虑每一个人的意见，而只有专家建议才在我们的考虑范围之内。在此，他把给予此类建议所需要的德性与某种类型的专门技艺等同起来，而专门技艺本身似乎就相当于或至少是获得德性本质的知识。而《拉凯斯》的一章支持了他对大众德性的拒斥：苏格拉底式牛虻式的使命。他考验拉凯斯和尼西亚的专门技艺，其实就是在执行牛虻式的使命。这一使命是在《苏格拉底的申辩》中提到的，源于凯勒丰到德尔菲神庙请求神谕之行。

第二，亮剑苏格拉底式的道德。从上文分析足以看出，苏格拉底实际上主张德性是一种专门技艺。这跟智者和大众道德有何区别？所谓智者（sophistēs），在古希腊指一种特殊职业，即某些周游于城市之间，依靠演讲和讲授各科课程并获得报酬的教师。智者派运动主要活动在公元前460年～公元前380年之间。"使人精明审慎或技艺熟练"是"智者"的基本含义之一[6](P279)。智者们宣称能够教授的主要是德性 areté。它原指任何事物之特长、用处和功能，即事物的固有本性。当此词用于人时，则指人之本性，即人之才能、优点、特长，并逐渐获得了伦理意义，因此，特指人之天然本性、功能转向人之社会本性，即德性或卓越。依照《普罗泰戈拉》，苏格拉底认为，智者们宣称能够教授"政治技艺"，能使人成为更好的公民，还能够传授德性。普罗泰戈拉并不否认这一点。在《大希庇亚》中，苏格拉底又把希庇亚的智慧，即智者们的专门技艺描绘为"使那些学习和研究它的人在德性上有所增强的智慧"。在《高尔吉亚》中，苏格拉底总结了高尔吉亚关于修辞术的观点，修辞家不是专门工艺的专家，如在造船、健康等方面发表意见，而是只在有关正义、非正义问题上给予专家式建议。

　　然而，苏格拉底拒斥智者派的道德观，但同时他并不拒斥德性乃是专门技艺这一智者派的观点。例如，在《欧绪德谟》中，苏格拉底面对以辩证法自诩的兄弟俩宣称能够传授德性，并请他们演示其技艺，以说服其爱智慧，对德性的关注之后提出了两个应对，即规劝，从中可以看出苏格拉底式的德性是什么。在第一个规劝中，苏格拉底认为每一个人都追求幸福或好运，而为了追求它们，我们必须拥有善。然而，苏格拉底认为，唯一真正的善就是知识或智慧，一切表面上的善只有当它们为知识所引导时才是善的。在第二个规劝中，苏格拉底认为，对幸福或好运来说，并非任何知识或技艺都是必要的，相关的知识和技艺是那种能够把"制作东西与知道如何使用它所制成的东西"结合起来的知识或技艺是与幸福相关的。又如，制作竖笛、风笛、演讲、政治，甚至君侯的技艺是不是与幸福或好运相关的技艺呢？不是。制作风笛者不会使用风笛，而炮制君侯的技艺所制作的东西难以确定。只有勇敢是关于所有善恶之物的知识，是德性的全部而不是其部分，质言之，勇敢是和德性同一的。而德性对于我们的幸福或好运是必不可少的，但作为德性的知识或技艺并非马术师或制作风琴师所具有的那一类知识或技艺，而是关于善恶的知识或技艺。总之，对苏格拉底而言，德性是一种技艺，但不是以辩证术自诩的兄弟俩的强词夺理，不是高尔吉亚的说服技艺，也不是希庇亚的多才多艺或普罗泰戈拉的技艺。那它是何种类型的技艺？

　　第三，绽放苏格拉底式的技艺。苏格拉底式的技艺就是一种能力或力量。它先于与之相关联的行为而存在，但必须与其特殊对象是同一的。如人的眼睛，它要有看的能力，即视力，是关于颜色的，要看到自己，必须成为颜色。换言之，这种特殊的能力部位成为其对象，而对象就是一种技艺，那么它就是一种能力或力量了。这样，苏格拉底技艺的认知方面，说明了技艺的绝对可靠性、准确性和不依赖于运气的特征。如在《高尔吉亚》中关于技艺和技巧的区别的讨论。为什么二者结果不同呢？关键在于是否拥有逻各斯。技艺拥有对象的逻各斯，而技巧没有。政治基于逻各斯，一项技艺能在比如说何物为善的问题上做出正确的判断，因此也才能说何以说一个善的事物都是善的。技巧则不能，它只能猜测比如说某物是愉悦的。政治基于技艺，即基于其对象的定义性知识（即自身对象拥有逻各斯）解释了技艺关于其对象的绝对可靠性。

因此，苏格拉底的德性是一种技艺，这种技艺是一种其对拥有逻各斯的定义性知识的力量或能力，一种与特定的活动和特定的对象相联系的力量或能力。作为一种认知能力，德性还能绝对可靠地产生关于其对象的正确判断，其对象就是善。

第四，澄明苏格拉底的善。在《高尔吉亚》中，苏格拉底指出，善是我们一切行为的理性目的。在《欧绪德谟》中，苏格拉底认为幸福或好运是每一个人的理性追求目标。我们是否可以说，苏格拉底的善就是幸福或好运呢？答案是肯定的。因此，苏格拉底说，无人有意作恶。因为人都是理性的，依据技艺德性的认识能力行动，怎么会有意作恶呢？除非他对善一无所知，没有关于善的知识或技艺。这样，苏格拉底式的道德的典型特征就是德性乃是关于善的技艺的观点，即理智主义的德性观，会产生一个这样的结果，即有德性的行为有益于实践这些行为的行为者。相应的，无德性的行为无益于实践这些行为的行为者。

这正是柏拉图通过苏格拉底之口，希望通过在与普通民众的对话中达到的启蒙和教化的效果和后果是：人们因理性，即自身先天的能力或力量，也就是技艺而剥离于自然而自立成人，在有德性行为中过有德性的生活，就是幸福生活，就是幸福。是这样吗？苏格拉底式的反讽，最终却以自身成就了最为典型的范例。无论他在柏拉图的那些对话录中怎样论证、自始至终持守、秉承着他的理智主义的德性观，但苏格拉底在他最深爱、眷恋、论证、维护，并以此为荣的古希腊城邦中，最终却以"慢神"和"蛊惑青年"罪被赐毒汁而死。这就是后世思考千年、影响人类生活千年的苏格拉底事件。包括柏拉图本人。柏拉图在最后十年封笔之作《法篇》中，弃辩证法，多独白性阐发。这显然表明柏拉图对苏格拉底事件，以及对他自己一生理论的和实践的反躬自省，甚或深刻检讨。检省的结果就是在《法篇》中，他给出了长久思考后对哲人和大众、哲人和政治人、哲学和政治学都相安无事的较好设计：人心、灵魂的转化依然是根本性的，但正义城邦的捍卫在依傍公民内在正义的同时，要付之于法律，来教化规范人们的行为，捍卫理想政制。

（二）柏拉图晚期中道政治的法制国：以表达对人的最高关切

如果柏拉图三赴西西里①之后，苏格拉底事件阴魂不散、如鲠在喉，而哲学王政制则若海市蜃楼一般，确实美若仙境，但在现实层面绝无安放的可能之地，那么还有没有既可以保障哲学家安然无恙，又可以保障民众得到正义幸福，从而支撑雅典正义之城邦与正义之公民同构的理想国永续繁荣和谐呢？这是柏拉图晚期从《智者篇》经《政治家篇》到《法篇》，特别是《法篇》的问题（意识）及理论方案之核心旨趣：弃极端、持中庸，在柔情与法度之间，谋求中道政制。如何缔造中道政制？

第一，反思既往最卓越的王国何以覆亡。

答案是唯一的：既往最卓越的王国，皆毁灭于对人的最高关切一无所知。何谓最高关切？

传说中古希腊同属于赫拉克勒斯子孙的特美努斯王国、克瑞斯丰特王国、普罗克列斯和欧律斯塞涅王国，为什么均遭遇毁灭？是因为他们的"整个设计中指挥员和被指挥的人"都是胆小怕事的人吗？还是因为他们对军事一窍不通？不。使"他们遭遇毁灭的原因是他们具有的其他各种邪恶，尤其是他们对人的最高关切一无所知"[7](P444)。

何谓"对人的最高关切一无所知"？柏拉图没有做出正面的回答。从字里行间里我们不难发现，他所谓对人的最高关切一无所知就是对人的内在和谐一无所知。这表现在不同层次。

不知何谓爱憎情仇。"判断告诉他高尚的或好的东西，他并不热爱而是仇恨；而判断告诉他卑鄙邪恶的东西，他却喜欢和热爱。就是这种快乐与痛苦之间的不协调，我称之为最糟糕的愚蠢，也是最大的愚蠢，因为它本身是灵魂的居民，痛苦与快乐在灵魂中就像一个共同体中的民众和普通人。"[7](P444)

不知公民个人内在不和谐何在。如果灵魂自身所拥有的知识、判断、推理及一切非智慧的东西，造统率推理的反的话，那么，"在这种人身上，优

---

①　在39岁、60岁、66岁时，柏拉图应叙拉古僭主狄奥尼索一世、二世之邀，三赴西西里，以图施展其哲学王政制，但均以失败而告终。

秀的推理虽然存在于灵魂中，但并没有起到相反的作用"，这种类型的愚蠢，就是柏拉图称为"共同体或个别公民身上最大的不和谐"[7](P445)。

不知公民内在最大的和谐为何物。如果政治家或立法者，或者王者不关切何谓公民内在的不和谐，甚或不关切公民这种内在的不和谐，即何谓最大的愚蠢的话，这就是最显著的对人的最高关切的一无所知。是否这就囊括了对人的最高关切一无所知的全部呢？不。仅知公民内部的不和谐，而不知道何谓公民的内在和谐，特别是最大和谐，依然是对人的最高关切一无所知。什么是柏拉图所谓的公民个人内在的最大和谐，也就是最智慧的人呢？"按照规矩生活的人"，就是"最美好、最伟大的、和谐的人"，是拥有"最大的智慧的人"。相反，在柏拉图眼里，"没有智慧的人必定是酒囊饭袋，与社会无补，只能起相反的作用"[7](P445)。

最关键的一点，即为不知或缺失美德，特别是那种给其他美德带来约束的美德之高贵和重要。

由以上可知，柏拉图的智慧与理性重合，或者说，他的智慧来源于理性，以理性为前提；而他的美德，与智慧同源同根，特别是那种"伴随着适当欲望的判断、理智和正确的信念"，以及"可以给其他的美德带来约束的美德"，就是所有美德中"最主要的和第一位的美德"[7](P443)，也基于理性，甚至就是最卓越的理性或得到最卓越运用的理性。如果政治家或立法者或王者不知晓或缺失这种美德，不知晓这种美德，与智慧及最大智慧一样，均以理性为基础、前提，甚或就是理性，且是那种最卓越的理性或得到最卓越运用的理性的话，那么，他更是对人的最高关切一无所知。而这种不知，危害最大：小则导致人心不古、政制腐败、王国堕落，大则已经将传说中古希腊最卓越的王国引向毁灭，甚至导致了当下政制混乱，社会堕落，良制善政终成无。因此，仅知公民个人内在是否和谐还远远不够，还需知晓如何保持和维护公民内在的和谐、修复公民内在的不和谐，引导公民个人如何习得最卓越的美德，获取最大的智慧。这是政制的根基和基本功能。

共同体亦如人。因此，对人的最高关切一无所知，即对人/共同体内在的和谐一无所知。

以此观之，既往最卓越的王国皆已毁灭，毁就毁在他们对其公民内在的和谐、不和谐，最大的和谐、最大的愚蠢，以及美德，特别是那种给其他美德带来约束的美德一无所知，也就是毁在对人的最高关切一无所知。那何以知晓并实现对人的最高关切呢？首先需要的，恐怕是以史为鉴，探究既往卓越王国到底毁在何处，何以拯救现存王国，或缔造人世间最优秀的国家。

第二，何以达成中道政制？

世人皆知，居鲁士、大流士时代的波斯人曾缔造了人间辉煌，阿提卡也盛极一时，但均已成为历史的陈迹。何以至此？这需从政治家的技艺说起。所谓"政治家的技艺"，就是"无与伦比的培养品性的技艺"[7](P398)。不过，政治家的技艺，首先在于用。诸如立法者这样的政治家的目标，首先必须是"在一个共同体中创造他所能创造的一切智慧，并用他的力量来消灭愚蠢"[7](P444)，创建平衡政制。然而，要成为这样的政治家，他必须具备某种资格。何种资格？是父母有资格统治他们的后代这种生物遗传资格？是因高贵出身而有资格统治出身卑贱者这种偶然性资格？是"年长的有权统治，年轻的要服从"的习俗资格？是"奴隶要服从，而他们的主人要统治他们"这种被认为天经地义的阶级社会的强盗资格？是"强者统治，弱者服从"这种权力就等于力量的资格？是所谓"愚蠢的人追随和接受聪明人的领导和统治"这种被誉为"自愿的从属者的非暴力的法律统治"，而实为能人政制之资格？还是依照"上苍和命运的青睐"，根据抽签的方法所得，被称为"最公平的安排，运气好的人就进行统治，运气不好的就接受统治"，将自身命运交于偶然性的这种资格？

从行文中，我们会发现，欲图中庸政制，其王者与其说需要某种资格，毋宁说他倒应该具备某种品质。

有节制的自足是根基。诸如阿尔戈斯和墨西涅"这些城邦的力量在当时的希腊是非常强大的"却导致了自己的毁灭之根本错误，在于遗忘了赫西奥德箴言"一半经常多于全部"，无节制的攫取僭越或主宰了有节制的自足[7](P446)。

这种有节制的自足，表现在方方面面。比如说，不骄奢淫逸，特别是王者自身不应养成骄奢淫逸之风。因为在柏拉图眼里，一个共同体内部的腐化堕落，根在上。王者自身的不检点、不节制，就很难保持王者自身内在的和谐。而这种违反和毒害法律的疾病是可以传染的：王者的寡廉鲜耻和骄奢淫逸之风，会被他的子女和臣民广为效仿，诱发共同体内公民之间的不和谐，并一点一点腐蚀掉他那卓越的王国。因此，柏拉图认为，"就是这种无节制的不协调——它看起来与智慧很相似，但在我们的判断中它确实是一种极大的愚蠢——毁灭了整个体系"[7](P447)。

那么，一个城邦一旦患上这样的不节制的疾病，是否就意味着无可救药呢了？不。在笔者看来，一个王国出现这样的劣迹或不好的征兆，恰恰是一个政治家或立法者展现卓越的政治才能、创建平衡政制的契机。而一个卓越的政治家、立法者恰恰就是一个在危机孕育或将要来临之前，捕捉到这种危机的迹象，防微杜渐；在混杂中甄别优劣，保持某种平衡。这些进一步表现在比例的恰当。如造船之工匠一般，不可把过多的风帆给予一艘船；如营养师一般，不可把过多的营养给予一个身体；或某种政制一般，不可把过多的权威给予一个灵魂。立法者要洞察并预见到这种比例的不恰当，特别是某种政制设计中权威比例的不恰当配置的危险。因此，在政治实践中，王者政制的制度设计至关重要。所谓王者政制，就是柏拉图眼中的中庸政制。他的中庸政制，关键因子有二，一为君主制，二为民主制，在政治实践中，在二者之间保持或维系某种平衡。也就是说，在这种政治体制中，既不乏对君主制原则的忠诚，又不乏对自由体制的忠诚，二者取得势均力敌时，将会造就王者政制。在现实政治实践中，有没有这种风范呢？有。柏拉图说，"当波斯人在居鲁士时代沿着服从与自由的中道前行时，他们开始为自己赢得了自由，并成为无数民族的主人。作为一个政府，他们给予臣民一份自由，并赋予臣民与自己平等的地位，因此他们的士兵愿意追随指挥官，敢于冒着危险前进"。并人尽其才，物尽其用。因"自由、和平，以及一般普及的理智之间的结合，在那个时代带来了全面的进步"[7](P450)。不过，这样的风范亦非尽善尽美，例如波斯人在创造神奇的同时，却忽略了或并没有把握到对一个王国长治久安、保持卓越，并得以持续提升品质那种关键性的东西。因此，居鲁士时代，只是王者政制降落人间，在现实政治实践中乍现风姿，未能长久。何以如此？为什么尽管波斯人在大流士时代曾经取得过"全面复兴"，但从此以后，波斯却一蹶不振，盛景不再？到底它忽略了什么关键性的东西？或者说它在何者与何者之间未能保持平衡？表面上看，柏拉图似乎倾向于认为，即使在居鲁士、大流士创造神奇的时代里，其实就已经失败了，败就败在教育上。政治家的技艺就是"无与伦比的培养品性的技艺"，而居鲁士、大流士却忽略了教育，特别是疏于培养品质的教育。不过，如果从王者政制的资格或者王者政制在实践中的展开来看，那么，王者阙如的，却是其个人内在的和谐，即对巨大财富的贪婪造了推理的反，贪欲俘获了理智，主人成了奴隶；王者政制在实践中缺失的，是遗失了给其他美德带来约束的主要的和第一位的美德。而且最要命的是，王者这种骄奢浮夸，未能保持适当的比例的恶习，传递给他的子女和臣民，特别是他的子女，其结果是，这样的王者确实缔造了辉煌，但却不能将这种表面上的辉煌和浮华传递千秋万代，终将未能将自己造就为身怀无与伦比的培养品质这种技艺的政治家。

可以发现，无论是居鲁士，还是大流士，他们的失败均源于对外在善的过分执著，对内在善的忽略甚或不屑，还未将连接内外之善之支撑——身体之善，置于恰当的位置。居鲁士为他的子女和子民"攫取了大批的牲畜和无数的百姓"，却"闭眼不管嫔妃和太监对他儿子的教育"，其结果是，他的儿子们未能得到正确的管教，"被所谓的幸运腐蚀"，最终被傲慢和放纵吞没[7](P451-452)。尽管大流士这个未曾沾染傲慢和浮夸之风气者，确实"通过立法引入了某些平等，使波斯人之间的和睦与公共精神得以提升"，但在子女即臣民的教育上，他重蹈居鲁士的覆辙。不仅如此，君主的儿子和暴富者的后代都过上了这种骄奢淫逸的生活。他们都将本该"放在首位的、最荣耀的位置上——而灵魂的节制总是被假定为必不可少的"——的灵魂之善弃之不顾，而完全醉心于本该置于第三位的"城邦之善，我们称之为财富"，居于第二位的"身体的利益和善"亦不见踪影[7](P454)。总之，波斯人提供给我们的，是这样一个风范，"普通民众的自由太少，君主的权力太大"[7](P455)。

因而，在柏拉图眼里，"波斯人从来没有一位真正的大王"。不过阿提卡的例子表明，"来自各种权威的、不加限制的、绝对的自由，远比服从有限制的权力的统治更糟糕"[7](P698)。当阿提卡的民主政治沿着自由的音乐教育，即当诗人主导了教育，唤起听众无限想象力和追求快乐的欲望，当古代最优者的统治权让位给了一种邪恶的听众的统治权，并且这种趋势超出艺术领域，成为大众时尚和习俗的时候，鲁莽就产生了。所以，"向着自由的旅程的下一站将是拒绝服从执政官，在接下去就是不受权威的约束和不接受父母和长者的矫正，然后，他们努力接近这个种族的目标，摆脱对法律的服从，一旦达到这个目标，他们就会藐视誓言和一切宗教。"[7](P459)那离亡国还会远吗？

无论是波斯人的例子，还是阿提卡的例子，其实都是政治实践领域中不是普通民众的自由太少、君主的权力太大，就是普通民众的自由太大、执政官的权力太少，致使他们的社会未能在专制和自由之间保持平衡。当这种偏向发展到极致时，他们的社会便难以拥有恰如其分的自由、和平和理智。个人内在的和谐、公民之间的和谐，以及共同体的和谐，皆因弃重就轻，张扬一端，终因服从和不服从之间比例的严重失调而成空。何以至此？人类命运竟致如此悲惨？那么，"学会一个社会如何得到最佳的管理，一个人如何最佳地规范他的个人生活"[7](P460)，到底还有没有希望？

第三，在法度与柔情之间：次好的才是尘世最佳的选择。

柏拉图一生执著于哲人政制的理论与实践，却在将理论付诸实践的过程中屡战屡败，似愈挫愈坚。直至70岁，才弃幻想，迫不得已承认了哲人政治不过是海市蜃楼。加之苏格拉底事件如影随形，如鲠在喉。凡此种种，使得垂暮之年的柏拉图，发出了叩响天际、响彻人间的绝叹："人从来不立法，我们的立法总是偶然性和无限多样的环境起作用的结果"，以史为鉴，实际上"人类的全部历史都由偶然事件组成"[7](P466)。若如此，人为造作之物，尤其在政制设计上，人世间凡夫俗子还有没有空间？特别是还有没有能支撑一个公民成为好公民、一个社会成为管理优良的社会的东西存在的空间？有。不过，垂暮之年的柏拉图，依然被哲人政制紧紧抓住。此时的他，少幻想，多务实，弃至善而求其次。因此，务法度，多柔情，重生活经验和实践智慧，更多地注意到了现实生活允许理论建构、政制设计的实际空间。

所以，在柏拉图的潜意识中，他除了依然承认人间政制设计和实践是得神佑、应接纳偶然性和情境之势之外，一定意义上，他接纳了技艺，即人为造作品的威力，特别是在创建一个新的国家的过程中。这三者的提出和接纳，实际上意味着柏拉图承认了现实政制的成功与否，除天佑、运气之外，很大程度上出于人为，即权能的效力。这就是为什么在随后论政体中，尽管认为最好的国家出自君主制，亦即他在《理想国》中构建的完美的哲人政治这种唯一"正确的"[3](P466)体制，然而，对于一位立法者最好的社会条件，则是一个拥有"年轻、节制、聪明、勇敢、心灵高尚"的独裁者统治的社会，因为这样的独裁制的社会，是一个新的国家的"最方便的起点"。"其次是君主制，再次是民主制，寡头制列在第四位"。不过，要命的是，柏拉图认为，按说寡头制并没有机会建成优秀的国家，但如果有"一位天生的真正的立法者，而且他要能与社会中大部分有影响的人分享权力"，如果"后一种人很少，但却是最强大的，那么在这样的地方，就像在君主制中一样"，很容易发生革命[7](P468-469)。我们可以试着推论一下，如果柏拉图所说的寡头制中他所谓的与"真正的立法者"分享权力者少到一人，那会变成僭主制还是君主制？行文中，柏拉图说"独裁者想要改变公共生活的基调并不费劲，也不需要很长时间"，因为他"以自己的行为做标准，奖励一种值得赞美的优秀行为，惩罚不值得赞美的行为，羞辱那些倔强的不服从管教的行为"[7](P469)，表面上柏拉图说的是君主制，也认同"最好的国家是从君主制中产生出来的"，但心中想要的并以此为起点付诸实践创建新国家的，则为僭主制，不过法在其中还可以发挥一定效力，僭主的独裁在一定程度上受到法律的约束。波普在《开放社会及其敌人》中指明：专制主义起源于柏拉图，他是开放社会的敌人的鼻祖，或似有几分理①。当然，我们不能说老年柏拉图完全向权力投降，至少表明，他实际上倚重权威，更倚重权能，如立法、强制净化（排除、流放、死刑）等，特别是在创立新的国家的时候。不过，这只是一个起点，从根本上讲，柏拉图偏好的是"法律支配着权力，权力成为法律驯服的奴仆"[7](P475)这种混合的、次好的政治体制：上有奥林帕斯诸神、城邦的保护神、低等神灵、冥府神祇、精灵，间有英雄，还有家神的偶像，均按照法律的要求进行崇拜[7](P476-477)。此外，还应按照法律孝敬父母，规范婚姻，来荣耀"统治我们的诸神以及诸神之下的神力之后"，还需依法荣耀公民自身的灵魂，荣耀公民的身体。总之一句话，在说服与高压、教育与自由教育双管齐下中，头上有神明，心中有崇高和圣洁之外，凡事应适度，过有节制的、诚实的、友善的生活，怀悦纳矫正的心态，持服从权柄的立场，要我们的身体处于灵魂的驯服之下显卑微，靠"终生有形的实践"[7](P488)教导我们的子女及自身明白：是因拥有敬畏而富足。同时，适度的领域、人口、土地、财富、规模，一部卓有成效的法典和民法，如净化畜群一样，用正义与惩罚来净化城邦，让自由与忠诚、服从与不服从保持某种平衡，对一个卓越的城邦始终如一必不可少。因此，在法律（程序）上如何任命官吏、实施教育、对待爱情、动用惩罚、对待我们的信仰与神灵等，就成为构建一个新的优秀国家必不可少的基础性要件。如果依照法律（程序）将这些方方面面都规范好、落实好，那么，在现实中，一个次好的、适度的、中道的国家是可欲的，也才是人世间唯一可能的选择。当然，这次好的国家是柏拉图转而求其次的无奈选择。在他心中，唯一"正确的"依然只有君主制，而民主制、寡头制、独裁制等，实际上是"非政制"。"它们中间没有一个是真正的政制，它们的恰当名称是'党派的支配地位'。"[7](P591)不过，人世间能够承受得起的，也只有次好的国家，它似乎应以"独裁制"为起点，竭尽全力实现中道

---

① 柏拉图三赴西西里，均应僭主狄奥尼索斯之邀；他的学生得到诸如腓力的重用；赫米阿斯还继欧布卢成为小亚细亚西北阿泰尔纳和阿索斯的僭主。以上表明，柏拉图学说及其政治实践，似乎总与"独裁"相关。

政治。那么，到底如何才能够实现中道政治？这主要表现在以什么原则、什么标准将职务授予个人，以及为官员提供一部什么法典上。

例如，在创建"一种合理的制度"时，柏拉图何以要设置这样的一个职位而不是其他，何以把一种官职授予这个公民而不是另一个？在笔者看来，在职位设置上，柏拉图的标准不出现实需要；在对公民的职务授予上，其标准不出美德与财产及其二者恰到好处的联袂抉择，以及民主推举、提名、复议、投票选举和终审等严格的程序。柏拉图认为，只有以这样混合的方式进行的选举，才会"产生一个介于君主制与民主制之间的体制"。以史为鉴，加上自身终生的寻觅、尝试、实践，老年柏拉图骨子里涌动着的，正是"奴隶和他的主人之间绝不会有友谊，卑贱者和高尚者之间也不会享有同样的荣耀"这样的东西。他已经深深地意识到"事实上产生内乱的丰富源泉"，在于"以平等的方式对待不平等的对象，如果不用特定的比例来加以限制，就会以不平等的结果而告终"[7](P513)。不过，这里的要害在于"平等"的种类及基本内涵。事实上"在大部分情况下产生的结果相反"，是在同一名称下的两种平等。一种为"数量和尺度的平等"。这种平等简单易得，但其后果往往适得其反。它会使"强者更强，弱者更弱"。因此，柏拉图终生实践智慧的最高汇集，就是提出与"数量和尺度的平等"相对的另一种"真正的平等"。这种平等是体制、制度能产生并赋予其机体、社会、公民的平等。其基本原则，就是按照平等的承受者的真正性质赋予合理的荣耀，即"对高尚的人要授予较大的荣耀，而对与之相反的人则要授予与其相对应的荣耀"。对立法者而言，主要体现在其立法的目的，"不是着眼于少数独裁者或某个独裁者的利益，也不是着眼于富人对社会的主宰，而是着眼于用正义去消除各种各样的不平等"。这种源自政治体制的纯粹的正义，就是柏拉图眼中的"真正的平等"。柏拉图说，"对人世间的公共和私人事务，哪怕是宙斯给予的奖励也只能产生恩惠，不能产生平等"[7](P513-514)。他还说，无论是运用第一种平等还是运用第二种平等来达取社会生活的平等，都要极为吝啬，要严格加以限制。而且说，无论是设置或授予官职，还是立法，特别是立法，其基本指向为"画美人"，要随着实践的深入，不断地给这样的"美人"着色、润色：这是不是意味着柏拉图不是为创制体制而创制体制、为立法而立法呢？是不是他提供的政制，只是一个轮廓，他的法典，也只是一个大概呢？还是无论是政体还是立法，在根基上一致，但在具体运行机制上，确乎应时移世易，要顺应需要而不断完善政治体制，源源不断地培养更加卓越的立法者，创立更加有效的立法呢？

　　实际上，79 岁的柏拉图既已深深地意识到人为造作之巨大功力，又深刻地把握到偶然性与环境等多样性之媾和杂糅，但绝非是人类智慧满可以驾驭的。而人类自身能做的，特别是在为自身创立美好政治体制、过有德性的生活过程中，美德甚于智慧，灵魂之善甚于身体之善、城邦之善（财富），但凡事很难尽善尽美。或许在政制上我们仍需奋力为之，锐意创立法度，对抗偶然性，调和环境，规约任意，并在付诸实践的过程中矫正过与不及，不断修补维护政治体制，给自身及子孙后代予以鱼，更应授予渔，为人世间“美人”不断着色、润色，而非在现实中一旦“造”就美人就一劳永逸。所以，立法者所立之法，表面上看是一部，实则为两部或两部分：“法律有一部分是为有美德的人制定的，如果他们愿意和平善良地生活，那么法律可以教会他们在与他人的交往中所要遵循的准则；法律也有一部分是为那些不接受教诲的人制定的，这些人顽固不化，没有任何办法能使他们摆脱罪恶。”不过，柏拉图认为，即使在最迫不得已时惩罚罪犯，其目的仍然在法外：“这种最后的惩罚不是死刑，因为死刑尽管比其他任何刑罚更加具有威慑力，但它对这个世界上的罪犯所造成的痛苦并不能在他们的灵魂上产生威慑效果。”[7](P642-643) 这意味着以今生惩罚来治疗、拯救灵魂更有意义。如何拯救灵魂？要靠“理智在灵魂中的发展，视觉和听觉在头脑中的发展”，“当理智与这些最高尚的感觉合成一个整体的时候，它可以使生灵得到拯救”[7](P726)。而这只能待到“仅当我们审慎地选择了我们的人，对他们进行了彻底的教育，让他们居住在这个国家的中心城堡里，让他们担任国家的卫士，成为我们从来没见过的完人，这个时候我们的理想才能真正实现。”[7](P736)

　　不过，在《法篇》中，柏拉图注意到现实给理论建构留下的实际空间，弃极端，持中庸，意欲用美德、财富，并辅之以民主程序，将高贵出身、高尚品性（美德、知识）者与民众勾连起来，试图在人类生活的实际经验和理论创作之间谋求某种结合，创制“新的”理想国，为人类最卓越的公共政治形式奠基。立法无疑是最可宜的媒介。在理性的保证下，经由法制的媒介，构建起人类幸福生活的公共政治形式，以之托起表达对人的最高关切这一神圣的使命。青年马克思正是这一精神的承继发扬者：他用独特的哲学方式，开启了人类获取自由幸福的另一条路径——现实的、具体的人的社会革命实践之自我拯救之路。

二 马克思早期关于人类自我拯救方案：现实的、具体的人的社会革命

马克思早期关于人类自我拯救之路径的开启，既源于他自身智识成长的特殊时代语境，又源于他大胆、执著、深刻的理论思考和实践探索。深深浸润于古希腊哲学艺术的青年马克思，将自身耶拿早期浪漫派之传人"柔化客体"之无路可逃之败落心境，升华为理论的、实践的执著探索，在证立感性主体性的独立性之后，在客观现实社会基础上，将耶拿早期浪漫派反讽主体安置在社会现实的实践上，在无产阶级这一物质武器支撑下，制订出现实的、具体的、历史的个人的社会革命方案，来拯救人类于自我增生并强化着的资本逻辑之中。

首先，浪漫反讽中介"分离、分化"之近代原理向疏离-结合之升华。"马克思在柏林时代的 1840 年，从亚里士多德的《论灵魂》中读到了从一切中分离、分割的近代原理（chōrismos）"[8]。不仅如此，这还诱发了青年马克思将这一原理转向-出离当下人类生存困境之基本哲学意识：在疏离里寻求某种"合"的过程中追寻自由。这一意识的萌生绝非偶然，而是马克思自身炼狱般的智识成长中所遭遇到的重重危机使然。

他在畅游古希腊哲学文化殿堂过程中，敏锐地洞察到由柏拉图-亚里士多德向来关注的重要问题之一——分离-结合即"such"or"this"的问题，以及物身与灵魂的问题，这映照出他生活的社会时代的典型特征：分离、分化。在马克思的青年时代，尽管近代启蒙早已如火如荼，英国民主革命完成已多时，资本主义势力鼎盛，激动人心的法国大革命狂澜之余波仍然苍劲有力。然而，他的母国——德国，正如郭少棠博士所言，却备受着"古老帝国的历史包袱"的折磨，与"启蒙的洗礼"和拿破仑"狂飙的奠基"的双重煎熬。一方面，拿破仑在短短数年之内横扫欧洲，建立起庞大的神圣罗马帝国，给德国人以巨大的民族优越感：只有德意志民族才继承了伟大罗马帝国传播文明的使命。然而，事实上帝国不过是一大堆没有历史使命的小公国，远不如西方民族国家生机勃勃。这构筑起特有的德国性。另一方面，这种混合的民族优越性和政治上的分散混乱，导致了在社会经济发展上远不如西方统一民族国家的尴尬局面。青年马克思经受了这样的洗礼，即他经受了"法国革命的哲学表达"的思想洗礼，也承受了德意志政治"狂飙的奠基"之后

复归于反动、非统一的封建王朝与力量尚显微弱的德国民族资本主义经济的双面夹击的痛苦。因此，他深切地体会到，他生活的德国，犹如柏拉图－亚里士多德生活的分离、分割、动荡的堕落时期，政治、经济、社会，乃至人的性格都是处于分离、分裂的状态中的。这种情景相似，使如此年轻的马克思读懂了亚里士多德的"理性正如行为事实是可以分离的那样，正如行为事实从质料即自性地且对自性地分离并实际存在那样（即，正如事物从质料中分离存在那样，即正如由抽象进行分离是可能的那样）也是可以分离的"[8]。这恐怕与身为耶拿早期浪漫派传人的青年马克思此时自身理论困境及其历史使命意识无不相关。这种洞悟，是否能够助神仙精神信仰困境的青年马克思成功出逃呢？恐怕首先得搞清楚耶拿早期浪漫派的理论困境何在。

维塞尔认为："客观性的反讽相对化，摆脱了经验外在性的懒散，获得的是凝结于对象中着魔的诗歌自由。倘若一个人能够好好设想浪漫派可能经历到的挫折和绝望的感觉，那他就不可能浪漫化客体。这就是包括马克思在内的后期浪漫派的真正命运。"[9](P64)维塞尔在此不但指出了浪漫派进退唯谷的窘迫与困境，也直接将青年马克思认作德国早期浪漫派的传人。不过，青年马克思即使是德国早期浪漫派的传人，那也不过只是德国早期浪漫派们的思维方式、处世态度、处事方式，以及他们的诉求和希望等方面都充分地暴露出问题，走向没落时期的传承者之一罢了。

这些浪漫派的宇宙诗人，他们本身不过是相信"人的能力"可以把"经验世界转变为世俗的上帝王国"，凭借着指向有限性的个体客体和无限性的神圣客体——狄奥尼索斯意向，从而指向试图将分离的主体与客体合二为一那种和解的内在冲动，想"利用自身的精神力量，人类精神从根本上解放凝固在'万物'中的精神内容"而已。因此，他们崇尚死亡、毁灭、重生等意向，因为，在他们看来，"献祭、毁灭以及死亡构成了生命之门"。然而，实质上，他们不过是以崇尚"创造性的毁灭力量"，来救赎实在与诗化现实。所以，是诗人的语言，"它表达了整体的结构，在整体结构中，万物皆是发散物"，"是诗人的创造的主体性，而不是客观世界的创造主体决定了诗歌的语言和任何主观事物的美学研究"[9](P52-64)。也就是说，肇始于施莱格尔的"反讽的浪漫主义万应性，又要求他扩大反讽的范围"，除"'反讽的'哲学以外，他同时又为'反讽的'诗歌伸张了存在的权利。'反讽的'诗歌追求一个目的，就是将诗歌高扬、抬高到跟哲学平起平坐的地位"[10](P100)。他们是诗人，而且是宇宙诗人，不但要诗化哲学，而且最终目的是要诗化现实。

不过，他们的"自主性"，正如施莱格尔所指出的，不是"苏格拉底式的反讽"，它与古希腊以苏格拉底为典型的反讽主体及其主体性具有鲜明的差异性，"尽管古希腊（主观主义①发展的时代）的主体意识到了自己的独立性，把自己跟客观存在（世界、自然）区分开来，却没有将这种独立性绝对化，也没有因而消灭客观存在本身。古希腊的主体依然保持着跟客观存在的特殊关系。古希腊主观主义这一客观因素也在苏格拉底的反讽中表现出来。"洛谢夫认为，苏格拉底反讽具有"最深刻的和原则性的客观性"，因此"苏格拉底进行反讽时，考虑的只是客观上存在着什么，而唯一不承认主观目的"[10](P89-90)。苏格拉底反讽的主观性具有"有限的意义"，"苏格拉底坚持反讽的态度，目的是发展人的内心伦理世界以把握普遍的善的理念"。因此，在黑格尔看来，苏格拉底反讽是悲剧性的[10](P95-96)。苏格拉底式的反讽，它"包含和激发了无条件与有条件之间不能解决的冲突的矛盾，包含和激发了整体交谈的不可能性和必然性的感情"[9](P71)，而浪漫反讽不过是"游戏"。在德国（耶拿）早期浪漫派弗里德里希·冯·施莱格尔那里，苏格拉底所谓的尚友精神中的"文雅"不过变成了"以自身及自身自由作为唯一目的的主观精神自由的（跟一切客观事物对立的）生活活动方式"[10](P98)。因此，这些浪漫派的宇宙诗人为了"把客观性转化为本我内在的生命的启示，诗人要消灭客观性的自主性"[9](P67)，而他们的内在本我不过就是所谓假设的"生成"，即内在本我的流体化，是转瞬即逝的。因此，他们所渴望的目标——自我实现：内在本我的永恒流体化，不过成了与他们对真实的客观世界幻化为"无"一样，也成了"无"。他们渴望的所谓整体、主观与客观合二为一的和解，以及为了保持渴望的原动力，必须使已经取得的统一与超越的所有活动消灭，这本身就成了十分吊诡的反讽与不可能。所以，他们无限放大的浪漫化真实世界：设想为对"无"的真实的世界的能力，就是他们自身的无能，由此所寻觅的所有活动和行动就是终止与非行动。尤其是德国早期浪漫派想要魔幻客观对象世界，试图以诗歌弥合主体与客体、实然与应然的根本对立，再度缝合人与自然的分离与疏远，调和宗教与科学、信仰与知识的根本对峙，从而最终达到以诗歌拯救历史[10](P120-207)。其结果，他们这种魔幻唯

---

① 中译文作者译法"主观主义"，以及"主观主义发展的时代"，笔者认为如果翻译为"主体性"或"主体觉醒的时代"或许会好一点，"主观主义"的译法容易使人产生"任性""随意"等感觉。

心主义的咒符或迟或早会把自身魔幻显现为虚伪，即"无"，消解掉了主体自身的主体性，而对象世界却依然是从前的老样子，从未曾改变什么。因此，他们发现"客观性无法抒情化"，自己所做的一切努力都是徒劳。所有的这一切，不过是整体上表达了他们在疏离化的客观现实中所遭遇到的分离、分割的精神与肉体的重创，从而产生某种解脱、超脱的"感觉"与"心情"，这种"感觉"与"心情"就浪漫化了现实，或说对客观现实进行反讽而已。他们对现实无能为力，无路可逃；同样，客观现实也对他们的"感觉"与"心情"无动于衷。所以，正如维塞尔所言：德国早期浪漫派"面对生活在19世纪30年代晚期的那一代德国人，重要的任务是解决人与自然、本质与存在、客观化与自我现实化之间，一句话就是主体客体之间的敌对情绪"[9](P81)而已，不过，其结果只是魔幻了客观现实，但是，被魔幻了的客观现实却依然是老样子，它从未曾因这些宇宙是人的心情或感觉而改变什么。

以上既是青年马克思个人情感抱负在没落的浪漫派中受创的原因，也是其表现；既是分裂的客观现实在这些宇宙诗人的投射下所造成的情感与心情反应，也是这些浪漫化的宇宙诗人对疏离化社会现实无能为力、无路可逃的窘境之写照；同样是他们另辟蹊径、转换着力点、改变方向、寻索新的出路时必须汲取与避免的经验与教训：浪漫化客体已经无路可走。

从以上可以见得，为什么1840年柏林时代的青年马克思，在研读亚里士多德《论灵魂》中读出分离、分割的近代原理，并非常看重亚里士多德强调在分离中的结合。实际上，柏拉图在探究理性世界和感性世界的关系中无意间开出了抽象分离－结合的方向；亚里士多德在人的理性本身功能分、殊、缀合中可能出现的讹误/错谬的虚伪根据的探究，无疑提示马克思如何突出重围，获取新生：在诸矛盾张力关系之间游走、勾连，感性世界中，诸多个人或许就在理性世界－感性世界之间的交接中，或在感性世界本身中追寻各自的自由。柏拉图－亚里士多德开显的分离－结合之路向，如何与感性生活现实结合，其附着点，恰恰就在马克思思想中的浪漫情愫。佐尔格的思路，无疑使窘境中的马克思受益良多。"佐尔格不止一处讲到反讽表现为限制性力量，恰恰是教人留在现实之中、教人在局限之内寻找真理"。因为"真正的反讽从以下观点出发：人只要还生活在现世，他就只能在这个世界里完成他的使命——最高意义上的使命。任何对无限的东西的追求并不能真正使人超凡脱俗，如作者所说的那样，而只能把他引入不确定的处境以及空虚之中；作者自己也承认，对无限的东西的追求只不过是由尘世生活障碍重重这个感觉所引起的，可除了尘世生活之外，我们别无依托。所有自以为能够完全超脱庸碌此生的想法都不过是空洞的、不切实际的幻觉而已。"[11](P277)

现在问题的关键在于，具有什么资质者才可以担当此重任? 因此，马克思的基本理论旨趣就在证立感性主体性的独立性，若如此，千万个普罗米修斯就可以独自追寻自己的自由了。

其次，证立感性的主体性的独立性。以上已澄明时代问题的症结在于追寻主体，换言之，当下最为根本的使命在于如何证立个人的主观性、个别的感性的自我意识，在感性自然中取得同物质相对立的独立性。马克思带着这种强烈的问题意识，回溯到古希腊晚期哲学那里，通过甄别德谟克利特的自然哲学和伊壁鸠鲁的自然哲学的差别，即倚重于对伊壁鸠鲁独特的原子偏斜学说的全新阐释，从自然哲学的角度，论证并凸显了个人的主观性的独立性，以及对象化了的、经验的、个别的自我意识，在感性自然中取得"在自身中反映自身，以它特有的形态作为独立的形式同物质相对"的独立性地位，从哲学上给感性生活中的诸多感性个人，论证并树立起在感性自然中唯一权威的地位。因此，马克思会说："只有在原子的互相碰撞是决定论的和强制的时候，才开始有自由这个对立面。"[12](P32)原子为什么会发生相互碰撞呢? 这恰恰是由于原子在因重力而做直线运动中发生些微偏斜。这样一来，偏斜解释了碰撞，碰撞又解释了排斥，原子概念中所包含的纯粹形式规定客观化了，偏斜就表述了抽象的个别性的概念。"抽象的个别性只有从那个与它相对立的定在中抽象出来，才能实现它的概念——它的形式规定、纯粹的自为存在、不依赖于直接定在的独立性、一切相对性的扬弃。"[12](P35)因此，"排斥是自我意识的最初形式"[12](P37)。但是，个人的主观性的独立性、感性的自我意识以它特有的独立形式同物质相对立，在感性自然中要取得唯一标准的地位，它还要遭遇漫长的煎熬。所以，马克思在关于"质"的章节中，给空洞的原子概念赋予特定的质的规定性，跨出了对原子概念否定的第一步，为本质界的原子向现象界跳跃打开了可能的通道。关于"'不可分的本原'与'不可分的元素'"章节对原子本身特征的静态甄别，伊壁鸠鲁在"矛盾极端尖锐化的情况下把握矛盾并使之对象化，因而把成为现象基础的、作为'元素'的原子同存在于虚空中的作为'本原'的原子区别开来"，从而阐明只有"那具有质的原子才成为'元素'"，才可能成为现象的基础。这不但细化了基于质的通道本身，还澄明了构成现象界真实的基础——"不可分的元素"与那个通道——质本身的密切关联。关于"时间"的文本中，马克思从动态综观并阐明了"时间是现象的绝对形式",时间被规定为偶性的偶性,实际上,"自身反映的感性知觉就是时间本身",因为,"偶性在感性知觉中的反映以及偶性的自身反映被设定为同一个东西"。所以,"感官是具体自然中的唯一标准"。但是伊壁鸠鲁的原子论的抽象方法——类比的方法本身在时间中就失效了。关于"天象",伊壁鸠鲁在他的天象理论中看到:在天体中,由于"物质将个别性纳入它自身之中","天体就是成为现实的原子",那么,这便迎来了他的体系的最高峰,同时也迎来了他的体系的终结点。不过他感觉到这一点,并有意识地说出了这一点。终于以他整个原子论科学与方法的毁灭,换来了哲人的最高境界"不动心":"物质已经同形式和解并成为独立的东西,个别的自我意识便从它的蛹化中脱身而出",否定了"物质成为具体的个别性、普遍性",对象化了的、经验的、个别的自我意识自身成为"存在和自然的普遍的东西",取得了同物质形态相对立的独立的形式。因此,在感性自然中取得独立地位的感性的自我意识的死敌,就是将众人的意见强加于神,而以众神的名义发号施令来麻痹愚弄众人的人,即利用众神的人。只有打倒这样的人,拥有了对象化了的、经验的、个别的、感性的自我意识的人,才会获得精神的自由,满足政治上的需要。

如此看来,马克思回到强调主观性的古希腊晚期哲学,看似经过了一个漫长曲折的迂回,实际上却以最强有力的哲学方式论证并彰显了个人的独立性的主观性、证立并彰显了个别的感性的自我意识在感性自然中的唯一权威。从表面上看,这为满足青年黑格尔派以宗教批判方式获取政治上的要求奠定了强有力的主体基础,彰显了马克思本人与青年黑格尔派其他成员的显著性差异:马克思从根基上为青年黑格尔派批判宗教、张扬自由个性、凸显自我意识的绝对价值和地位奠定了坚实的主观性资质。实际上,它还表征了马克思独立的创新意识和创新意愿:他另辟蹊径,从伊壁鸠鲁自然哲学中原子偏斜这样一个无原因的自动契机切入,采用带有哲学隐喻的方式,从另一个角度完成了黑格尔借助于绝对理性在历史中的自因谋划,才使人这样的历史动物从无意识、无知觉的阶段,经历感性－知觉－知性,慢慢才飞跃至意识到自身,即自我意识阶段。不仅如此,马克思还获得了意外收获,他不但达到了黑格尔借助生命欲望、主奴辩证法、苦恼意识才获得的对自我意识的意识这一点,他还以他对德谟克利特的自然哲学和伊壁鸠鲁的自然哲学的差别的解读,使感性的自我意识在感性自然中获得同物质相对立的独立形态,个人的感官成为感性自然中的标准。这样,马克思就为他步入政治领域、社会领域，逐步走向社会 - 经济批判，在主观性上、在哲学追问的自由上，找到并奠定了锐意发力、奋起批判的支点。这都同他对黑格尔哲学思想的较深入把握与理解分不开。因此，黑格尔应当是他时时进行对话的不显身者，黑格尔的《精神现象学》《哲学史讲演录》等，是与之对质的主要隐形文本。在与黑格尔深入对话中，马克思尽管从另一个角度、采用隐喻的方式实现了黑格尔在整部精神现象学中才最终彰显出来的东西——自我认识到了自我，即自我意识，但是马克思批判德谟克利特的经验方法，彰显伊壁鸠鲁的概念方法，甚至批判伊壁鸠鲁直观的原子论方法，最强有力的思想武器，却恰恰是运用了黑格尔连续的正 - 反 - 合的思维方法。尽管如此，马克思采用原子偏斜说，在一定程度上打破了黑格尔的纯粹内在性的自因谋划，为单个人在感性自然中获得感性自由在主观性条件方面做了充分的哲学准备。然而，在哪里追寻自由、依凭什么而自由，尚在空中。

最后，市民社会与政治国家分离语境中开显疏离中结合的感性自由可能性前景。到底在现实生活中的哪个领域追寻？追寻哪种自由？如何追寻？社会现实的基本特质如何？等等，均尚在理论抽象中。《莱茵报》时期和《德法年鉴》时期，恰是马克思证立主观性的独立性之后，以自身性社会实践为基础的试验阶段。比如，在《莱茵报》时期，他呼求政治领域内的言论自由、新闻出版自由，揭示政府管理中的官僚政治与贫苦人们的切身物质利益之间的辩证法；在《德法年鉴》时期，反思批判黑格尔理性国家的抽象形式——法、宗教自由问题和国家问题、政治解放和人类解放等全人类的自由的辩证关系问题。然而，在《评普鲁士最近的书报检查令》《关于新闻出版自由和公布省等级会议辩论情况的辩论》《〈科隆日报〉第 179 号的社论》的相关文章中，在犹如神助之浪漫反讽方法论的支撑下，马克思将黑格尔关于法、国家的理论运用自如，对普鲁士政府的书报检查制度的分析抨击可谓入木三分。然而，在《关于林木盗窃法的辩论》与《摩泽尔记者的辩护》中，当这种方法，即试图使现实符合所谓抽象的法或国家概念时，却根本无法解释现实的物质利益问题。浪漫反讽与理性信仰，在现实面前，均不堪一击，连马克思本人也被逐出《莱茵报》。然而，正如 1837 年马克思因精神上极度亢奋和操劳，接二连三的创作性劳作的失败，成为马克思步入青年黑格尔派、厘清旧的信仰、安放新的神——"转而投入他的敌人的怀抱"——黑格尔哲学的绝妙契机①一样，马克思再次获得了厘清自身信仰、清理他和黑格尔（理论）纠葛的好时机。因此，《黑格尔法哲学批判》《论犹太人问题》和《〈黑格尔法哲学批判〉导言》等，是马克思初步批判黑格尔的理性国家观、宗教观和法律观，吁求关于个人的宗教自由、市民社会的社会自由，析分、辨明宗教问题和国家问题、政治解放和人类解放的密切关系及其显著性差别等的重大成果。除主要对话者黑格尔外，费尔巴哈、鲍威尔、卢格、恩格斯、施蒂纳等青年黑格尔分子也是其对话者之一。对马克思哲学革命的生发，这些对话者，或正面推进[13]，或反面鞭策[14]，或负促进[15](P406-423)。

然而，相对于马克思哲学革命追随者而言，此时他仍在黎明前的黑夜中摸索。第一，《莱茵报》时期，马克思更多的是无意识地活动于这种分离-分化的客观现实中。无论他在《评普鲁士最近的书报检查令》与《关于新闻出版自由和公布省等级会议辩论情况的辩论》中为争取新闻出版自由和言论自由而进行的分析批判，抑或是在《〈科隆日报〉第179号的社论》中希望在使哲学与世界同构中获得理性国家和法，抑或还是在《关于林木盗窃法的辩论》与《摩泽尔记者的辩护》中遭遇到物质利益的问题和官僚政治的物化统治问题的理论努力，应当说，马克思是在争取个人自由中，无意识地遭遇着德国政治国家与市民社会的分离-分化所造成的种种苦闷和精神信仰坍塌的当头棒喝的。因此，为了个人在政治上享有真正的言论自由和新闻出版自由，以及为了穷苦人的利益而抨击官僚政治和官僚管理，试图将理性作为现实层面的种种问题的根据和根基来解决现实问题，或者说试图将现实比照理性，将现实结合进抽象的理性之中来矫正现实、拯救现实的方式追寻个人自由，注定是要失败的。源自黑格尔的理性信仰动摇了，追寻自由的方式被否弃了。因此，《德法年鉴》时期，在厘清自己的信仰的过程中，国家和人的关系问题，成为马克思关注的核心。马克思在围绕法国大革命而潜心阅读中凸显出来的以上问题意识，促成了《黑格尔法哲学批判》的核心问题与批判黑格尔国家哲学的立场。这也比较好地解释了为什么马克思唯独选择了从《黑格尔法哲学原理》中关于《国家法》的第260~313节，并且单单从第

---

① 1837年，青年马克思过分迷恋于古希腊哲学与艺术，痴狂于耶拿早期浪漫派那些宇宙诗人的浪漫诗歌创作，不知白天黑夜地精神劳作而病倒了。在被迫养病期间，发生了同柏林的青年黑格尔派分子组成的"自由人"俱乐部的联系，促成了马克思放弃理想主义，转而拥抱自己的敌人——黑格尔现实主义哲学及其弟子的思想。这应当被看作马克思思想成长过程中第一次精神危机的产生与化解的重大事件。

260 节开始进行批判的问题。马克思关注的焦点就落在具体自由在制度层面上将如何的问题。因此，马克思在批判黑格尔的王权中凸显了民主制；在批判黑格尔的行政权中，激烈抨击黑格尔的官僚政治，并指出其实质在于私人政治或特殊利益群体将国家作为维护自己特殊利益的工具；在批判黑格尔的立法权中，凸显了人民主权即个人的选举权与被选举权问题，其实质在于如何落实个人在政治领域的每一个环节中都真实地享有切实的、形式和内容相一致的权利。在批判中马克思洞察到了黑格尔法哲学和国家哲学反映了政治国家与市民社会分离、市民社会本身被割裂为不同的特殊利益群体的现代国家现实。《论犹太人问题》则是马克思在批判黑格尔法哲学过程中所阐发的关于政治国家与市民社会分离的辩证法在政治问题与宗教问题、政治解放与人的解放问题上的运用与明晰化、深化，同样也是对黑格尔在第 270 节的附释中论及的国家与宗教的关系问题的批判性回应，在批判中初步形成了自己独特的宗教观。政治与宗教、政治解放与人的解放的辩证法，凸显了宗教批判与政治批判、政治革命与彻底的社会革命的紧密关系，以及人的真正解放的前景问题。《〈黑格尔法哲学批判〉导言》阐明了《黑格尔法哲学批判》的意义与目的，表明马克思《莱茵报》时期的社会政治实践中的批判与《德法年鉴》时期的国家哲学和法哲学批判，即原本与副本两面展开、双向攻讦的密切关系，以及宗教批判和市民社会中现实的人的自由解放的辩证关系，哲学和实践经由被赋予历史使命的无产阶级的中介者而紧密勾连起来的彻底的人类解放。这样的一个领域即无产阶级活动的领域，亦是它遭遇压迫最深重的领域，也许就成为无产阶级解放自身，乃至解放全人类的希望之境。苦难的获得与苦难的扬弃，似乎走的是同一条道路。

三　两位哲人、三种方案，异曲同工及其当代意蕴

至此，柏拉图、马克思，不同时代的两位思想巨人，时代不同，但思考的问题的基本旨趣一致：均试图采用某种理论的创制，如启蒙辩证法、法制国设计，或者精心设计一场哲学革命，以应对时代难题，突出重围，为他们时代的人类更为优良的生存发展，从理论根基上开疆僻壤或者直接参与社会现实活动，甚或革命。然而，时至今日，这样的精美绝伦的哲学的、理论的创制或者方案，是否尚能够按照其初衷，在实践中取得美轮美奂的实践效果，或者还将为当下或者未来人类走出困境、提高生活质量、谋取幸福，提

供不竭的启迪？以上诸问题，人们均难以给出或者否定或者肯定这样断然一致的答案。

然而，如果一流的理论家和社会最一般的民众都在谈论什么是幸福或者何以幸福的问题时，作为社会主义国家的理论工作者，对既往谋求幸福的方式或者方案，诸如启蒙/教化、革命、制度设计等进行反思，恐怕这既是时机，也是必需，甚或是责无旁贷的使命。就本文的立意及所选择的两位理论巨人、三种关于人类自由解放的典型方案而言，任何一种方案或者理论，理论的价值多于实践的建构；而就人类自由幸福而言，其实任何一种理论方案，均不可独立承担起支撑这样的实践吁求的重担，特别是脱离具体实际的抽象方案尤为如此。但是，实践的意义同样十分重大。仅从本文看，至少可以说：苏格拉底之死，改变的不仅是柏拉图人本的理论实践方式、路径、方向，也引起了随后诸多哲人对哲学与政治、哲人与政治人、哲人与民众等诸多关系及层面的思考和反省。或许，哲人与政治人、哲学与政治，既要各循其道，又要保持若即若离的微妙关联，对维系哲人和政治人、哲学和政治各自安全、有序的演进，是必要的。然而，苏格拉底之死，也未必改变了人类整个政治路向、改变了人们，特别是哲人的基本人生观和实践路径的基本方向。其实，苏格拉底事件对柏拉图的影响很大，但是他并没有完全放弃进入政治，实验理想政制的欲望。柏拉图之后，马基雅维利可谓意图实现自身理性净涤的鲜明范例之一。堪称现代政治哲学和政治学鼻祖的马基雅维利，首先是个政治人，同时也是个政治哲人。然而，他试图将自己的政治理想举荐给当权者梅蒂奇家族。然而，无论他怎样努力，他的政治抱负、政治理想，只不过昙花一现。旋即，就在残酷的权力逐鹿场上，惨遭失败。实际上，他的政治抱负非但未能在其有生之年得以实现，而且其最主要的政治著作——《君主论》《李维史论》等——均被历史封存了几百年。最终，其政治理想，不过在20世纪70~80年代的美国复古主义者列维·施特劳斯的政治哲学中回声乍起，应和了这一时期美国在苏联强势面前政治上的内心恐惧。

而马克思更是这一路向的一个特例。他用自身作为范例，铿锵有力地回答了他对柏拉图的质问："教育者本人一定是受教育的。"[16](P55) 他还开出了与柏拉图很不一样的哲学方案来拯救人类于不自由的畸形生存境地，为全人类自由全面发展奠定基础。他身兼哲人与政治人，试图使哲学与政治融为一体。他怀揣着热腾腾的崇高理想，为解放全人类奋战一生：年轻时既做哲学，亦积极投身于政治批判，既深入探究政治经济社会，又直接投身于革命实践，试图以现实的、具体的人，即无产阶级为物质承担者，发动一场彻底的哲学革命，解放全人类，实现人类自由平等的梦想。然而，从根本上来看，无论随着资本主义社会的发展，无产阶级及人民大众曾掀起多少次热潮，或曾真正登上历史舞台（巴黎公社），马克思终难身兼哲人与政治人，使哲学与政治融合。综观人类历史，尽管每一次政治人及其创建之物都跟哲人及哲学有着千丝万缕的复杂关联，但若要有利于哲人与政治人、哲学与政治、哲人与民众各自的安全及有序发展，二者之间保持适当张力，恐怕不仅必要，而且还很重要。这还不够，还必须顾及卢卡奇的实践智慧：什么样的哲学方案或方式，对人类幸福是最有效的，恐怕关键在于具体的历史的总体，生成而非现成，以及有这样的承担者，并且这个承担者在具体的总体的历史中意识到与其地位相称的意识[17]。在此前提下，主客体统一，或许才可能为幸福预备一定的前提条件。青年马克思自由解放的哲学方案，与早晚期哲学方案的互文性研究，对人类当下幸福的谋求、获取或者保持而言，意义可能就在这里。

参考文献

[1]〔英〕A. E. 泰勒：《苏格拉底》，周濂、朱万国译，山东人民出版社，1998。

[2] 张任之：《舍勒对苏格拉底问题的回答》，《哲学研究》2011 年第 10 期。

[3]〔古希腊〕柏拉图：《理想国》，商务印书馆，1986。

[4]〔古希腊〕柏拉图：《柏拉图全集》（第一卷），王晓朝译，人民出版社，2003。

[5]〔古希腊〕柏拉图：《克里同》，商务印书馆，1983。

[6]〔英〕泰勒编《从开端到柏拉图》，中国人民大学出版社，2003。

[7]〔古希腊〕柏拉图：《柏拉图全集》（第三卷），人民出版社，2003。

[8]〔日〕内田弘：《〈德意志意识形态〉在〈资本论〉形成史上的意义》，赵仲明译，《现代哲学》2007 年第 5 期。

[9]〔美〕L. P. 维塞尔：《马克思与浪漫派的反讽》，陈开华译，华东师范大学出版社，2008。

[10]〔俄〕贾比托娃：《德国浪漫哲学》，王念宁译，中央编译局，2007。

[11]〔丹麦〕克尔凯郭尔：《论反讽概念》，汤晨曦译，中国社会科学出版社，2005。

[12]《马克思恩格斯全集》（第 1 卷），人民出版社，1995。

[13] 吴晓明：《施蒂纳的"唯一者"与马克思的哲学革命》，《南京大学学报》（哲学·人文科学·社会科学版）2007 年第 3 期。

［14］张一兵：《“类哲学”人本逻辑的彻底颠覆》，《开放时代》1998 年第 6 期。

［15］张一兵：《回到马克思》，江苏人民出版社，1999。

［16］《马克思恩格斯选集》（第 1 卷），人民出版社，1995。

［17］〔匈〕卢卡奇：《历史与阶级意识》，杜章智等译，商务印书馆，1992。

马克思幸福观的唯物史观解读

许春玲

（西安理工大学教授、硕士生导师　陕西西安　710054）

摘　要：幸福问题是马克思一生关注的问题。马克思克服了抽象人本主义的理论缺陷，指出了幸福的主体是"现实的人"，指出了劳动是一切幸福的源泉，实现全人类幸福是最高的人生价值追求。这种幸福观的核心是人对自己本质的全面占有，人的本质力量在社会历史中得到充分展现，个人得到全面而自由的发展。

关键词：马克思　幸福观　唯物史观

追求幸福是人类的永恒主题。幸福是人类永恒的终极目标，追求幸福是人与生俱来的基本权利。在伦理学史上，人们对幸福的理解见仁见智。西方有快乐论和完善论，中国则有儒家道德幸福论、道家自然幸福论、道教长生不老幸福论、佛教普度众生幸福论、"存天理，灭人欲"论等。幸福问题同样也是马克思主义非常关注的一个问题。列宁曾经把"怎样使一切劳动者的生活最为安适而能够幸福"作为社会主义的科学依据，并强调指出："马克思主义的全部困难和全部力量，就在于了解这个真理。"[1](P529) 的确如此，人的幸福问题是马克思最早思考的问题之一。马克思在《青年在选择职业时的考虑》中写道："如果我们选择了最能为人类福利而劳动的职业，我们就不会为它的重负所压倒，因为这是为全人类所做的牺牲；那时我们感到的将不是一点点自私而可怜的欢乐，我们的幸福将属于千万人，我们的事业并不显赫一时，但将永远存在。"[2](P460) 即表明了要为人类的幸福而工作的崇高志向，这一志向贯穿于一生，包括理论研究。马克思对唯物史观的探求正是在这一远大志向引导下展开的。从一定意义上说，对人的解放和发展的关注与追求，一直引导着马克思理论探讨的深入和展开。追求人的解放和发展乃至人类的终极幸福，是马克思创立唯物史观的出发点。马克思的幸福观彰显了深厚的唯物史观蕴涵。

一　马克思克服了抽象人本主义的理论缺陷，指出了幸福的主体是"现实的人"

在马克思之前，西方资产阶级抽象人本主义肯定人的价值，追求人的幸福，以人性反对神性，以人权对抗神权，把人、个人提高到宇宙的中心地位。这种人本主义虽然强调人、肯定人，提出以人为中心，但无法达到对现实的人及历史发展的科学认识；不理解人既是社会发展的手段又是社会发展的目的；不理解人的实践活动在改造自身、改造社会中的革命意义，因而无法正确地揭示人的本质；不理解人的发展与社会发展的关系，因而无法找到实现人的自由全面发展的现实道路；不理解人的幸福的本质内涵，因而无法发现通往幸福之门的现实途径。

马克思则相反。马克思认为历史是人自己创造的，历史的主体不是想象出来的主体，而是现实的主体，这个现实的主体是在一定社会历史条件下从事实际活动的现实的人。只有"现实的人"才是历史发展的真正动力，因而马克思是从"现实的人"出发展开历史的，也就是说，历史唯物主义的前提、根据或出发点是"现实的人"。马克思明确指出："德国哲学从天上降到地上。与此完全相反，这里我们是从地上升到天上，这就是说，我们不是从人们所说的、所想象的、所设想的东西出发，也不是从只存在于口头上所说的、思考出来的、想象出来的、设想出来的人出发，去理解真正的人。我们的出发点是从事实际活动的人……"概括地说："这是一些现实的个人，是他们的活动和他们的物质生活条件，包括他们得到的现成的和由他们自己活动所创造出来的物质生活条件。"[3](P73)这句话是马克思主义创始人对他们唯物史观前提的科学规定，这个规定的基本思想是：现实的个人、他们的活动和他们的物质生活条件是一个有机系统的三个基本要素，唯物史观的前提就是由这三个要素所组成的一个有机整体。首先，历史的前提是人。"任何人类历史的第一个前提无疑是有生命的个人的存在。"社会是人的社会，社会历史是人类发展过程的历史，是现实的人活动的历史，历史规律的形成必然要有主体因素的参与。因此，有生命的个人的存在是社会存在和发展的自然前提和基础。人不仅是社会的自然前提和基础，而且还是社会生活的主体，是社会关系的承担者和体现者，社会这个有机体的各个要素都贯穿着人的活动,都渗透着人的影响和作用。其次,现实的人,也就是从事实际的历史活动的人。生产物质生活资料的劳动是人类历史的第一个基本条件,是人的生命存在和全部社会生活的源泉,是人类社会存在的基础,是产生一切社会关系的最原始的胚芽,也是推动人类社会发展的决定力量。因此,人类社会的历史首先的、根本的是劳动发展史、生产发展史。马克思指出:“我们首先应当确定一切人类生存的第一个前提,也就是一切历史的第一个前提,这个前提就是:人们为了能够‘创造历史’,必须能够生活。但是为了生活,首先就需要衣、食、住,以及其他东西。因此,第一个历史活动就是生产满足这些需要的资料,即生产物质生活本身。”[3](P73) 最后,现实的人的活动,归根到底要受到物质生活条件的制约。从事实际活动的现实的个人是历史的主体,但这个主体又恰恰被一定的物质生活条件所制约,它包括继承下来和现实创造的一切东西。现实的个人要想活下去,历史要延续下去,必须具备一定的物质生活条件,如果没有物质生活条件,现实的个人就不能生存,历史也自然中断,那还谈什么人的生产活动,更不需要谈唯物主义的前提了。因此,物质生活条件是人类社会存在和发展的基础。对现实的人的研究,对现实的人的生产活动的考察,归根到底要研究制约着人的生产活动的社会物质生活条件。因此,所谓幸福,一定是现实的人在现实的历史活动中创造和追求的现实的幸福。

二　马克思超越了抽象人本主义的理论误区,指出了劳动是一切幸福的源泉

对幸福的追求是现实的人的本性,是在劳动实践活动中展开和实现的。幸福存在于劳动实践中。劳动是人区别于动物的重要标志,也是人最终脱离动物的主要杠杆,只有在劳动中人才能结成社会联系,才能创造出语言,才能成为社会人。因此,劳动不仅创造了一切物质财富和精神财富,同时也创造了感受幸福的主体,所以劳动是一切幸福的源泉。

而且,劳动实践是人独特的生存活动,是人最根本的创造自我价值的活动,是人的需要不断产生和满足的过程,是人特有的超越自我、追求幸福的活动。“已经得到满足的第一个需要本身、满足需要的活动和已经获得的为满足需要用的工具又引起新的需要。这种新的需要的产生是第一个历史活动。”[3]P33 因此,第一个历史活动不仅包含劳动,而且包含需要的满足和新的

需要的产生。由于新的需要构成新的活动的内在动因，因而旧的需要的满足和新的需要的产生构成人类历史发展的能动性源泉。需要不仅和生产劳动紧密相连，而且与人类的一切活动紧密相连，古往今来，人类历史的一切重要方面都不能离开人的需要，人的现实的自然存在和社会存在决定了人的需要的丰富性。不能离开需要去谈人的自由、发展和幸福，这表明，现实的人的现实的需要，决定并内化于劳动实践之中，体现在人类追求幸福的过程之中。也就是说，人的劳动实践活动，一方面改变了自然的原初形态，把自己的目的、追求和本质力量投射到对象上去；另一方面人在不断地改造自然界的同时不断地创造自我。人的"现实生活世界"是由人的劳动实践生成的，劳动实践活动是人最基本的创造性活动，劳动实践活动通过人和自然的统一表现出来，而且也正是在这种统一中体现着实践的价值性，体现着人类对幸福的追求。人类历史是人在现实生活世界的提升和跃进中不断走向自由解放的历史，也是人追求幸福和实现自身本质的历史。"马克思一生的全部著作都是以人和人的实践为前提的，他从来也不对人以外的纯粹自然感兴趣，他关心的是人世间的事情。"[4](P20) 离开劳动实践，一切的幸福都是空谈，都是抽象的。

劳动实践也是人类实现幸福的基本途径。马克思在谈到人类幸福实现时，对资本主义制度下的人类自由、幸福的丧失的根源进行了揭示。他认为，"资本一出现，就标志着社会生产过程的一个新时代"[5](P198)。"资本在具有无限度地提高生产力趋势的同时，就又在怎样程度上使主要生产力，即人本身片面化……"[6](P410) 资本是以价值增值为目的，以获取财富为目标的，而不是以人的生存和发展为目标，并且以摧残工人的生命为代价，因此，它直接导致了劳动的异化和人自身的异化。因为工人在劳动中"使物化的死的劳动增值，赋予死劳动以活的灵魂，但与此同时也丧失了它自己的灵魂，结果，一方面把已创造的财富变成了他人的财富，另一方面只是把活劳动能力的贫穷留给自己。"[7](P98) 因而马克思说："资本主义生产比其他任何一种生产方式都更浪费人和活动，它不仅浪费人的血和肉，而且浪费人的智慧和神经。"[8](P190) 资本的本质就是蔑视人，资本在其创造人类历史最大财富的同时，却使人类最主要的生产力——劳动者受到了极大的摧残和伤害。

在马克思看来，异化并不是日常生活中的空幻的精神氛围，而是支配着日常生活的现实的力量和关系。因此，异化劳动情景下的人完全成了一种失去生活丰富性和全面性的存在物，成为"单向度"的人。由于异化劳动的存在和资本剥削逻辑的不断发展，社会贫富差距越来越大，社会伦理道德也遭到了巨大冲击。现代社会的"理性人"已然把原本作为手段的经济行为变成了目的本身，而且为了这个目的可以抛弃一切道德的约束。可见，在资本横行、异化凸显的资本主义制度下，人是没有幸福可言的。

对马克思而言，人的幸福问题就是社会如何真正、彻底地创造条件，使人们摆脱外界的一切束缚，而达到自身全面发展的和谐状态。对私有财产的扬弃即对异化劳动的消解是人获得自身幸福的前提、方式。对私有财产的扬弃，也就是人把自己的感性活动、把一切"感性意识"和"感性需要"从异化状态中解放出来，这就意味着人全部占有了自己的整个生命，"占有了自己的全部本质"，以一种全面的方式获得属于自己的幸福。它意味着人的一切异化（包括宗教、物、劳动、人的自我等异化状态）、一切压迫性的生存状态和生存情境的消解，使人和自然之间、人和社会之间、人和人之间的一切矛盾得到根本性解决。因此，只有在作为异化克服，私有财产的积极扬弃的共产主义社会，人的本质和特性才能得到彻底解放，人的需要和幸福才会失去利己主义性质，人性完全复归，人的自由全面发展充分实现。实现人的自由全面发展也就是人获得属于人的真实幸福，在其现实的发展进程中，人对幸福的追求正是通过个人对人的社会特性的重新占有而实现的。"代替那存在着阶级和阶级对立的资产阶级旧社会的，将是这样一个联合体，在那里，每个人的自由发展是一切人的自由发展的条件。"[3](P294) 而这也正是马克思关于人的幸福思想的唯物史观意蕴。

三　马克思明确了实现全人类幸福的最高价值追求

马克思在批判宗教时曾经这样说："废除作为人民幻想的幸福的宗教，也就是要求实现人民的现实的幸福。"[2](P453) 不过，"现实的幸福"也不是单纯物质意义上的精神上的追求，作为更高层次的幸福，也是作为社会关系总和的人所希望的理想。人是一种自为的存在物，因此，人的认识和实践的范围都是由主体的价值目标决定的。没有价值的东西，不能成为主体认识和实践的对象，也不能构成认识和实践的内容。不同的需要产生不同的认识和实践。丰富多彩的人类认识和实践是与人类价值目标紧密相关的。不同的人生追求会产生不同的价值标准，因此，人的价值观念是人的世界观、人生观、历史观的集中体现。人的价值是自我价值和社会价值的有机统一。自我价值的实现固然是幸福的，但是人的社会价值的彰显则是幸福的最高体现。正如爱因斯坦所说："我们切莫忘记，仅凭知识的技巧并不能给人类的生活带来幸福和尊严。人类完全有理由把高尚的道德标准和价值观的宣道士置于客观真理的发现者之上。"[9](P64)

马克思在论及人的价值时认为，历史是人自己创造的。因此，人具有最高价值；劳动是衡量人的价值的第一尺度，是人的生命的最高确证；创造性是人的价值的第二确证，人的本质就在于自由自觉的活动；人的生存的最高价值就在于人对社会进步的贡献。也就是说，凡是有利于物的价值的创造，有利于人的生存环境的改善，有利于人的能力提高的事情，都是有价值的。当然，人们只有从事有价值的活动的时候，才能拥有真正的现实的幸福。"所以，共产党人强调和坚持整个无产阶级的不分民族的利益；另一方面，在无产阶级和资产阶级的斗争所经历的各个发展阶段上，共产党人始终代表整个运动的利益。"[3](P285)

幸福的一般意义是指个人的自我奋斗、个人自我目标的实现。但作为一种更高、更深刻的幸福则表现为对社会和人类的无私奉献。马克思说："人们只有为同时代人的完美，为他们的幸福而工作，才能使自己也达到完美。"[10](P7)正因为人有类的道德，因此个体为类做出贡献甚至牺牲时，才会产生一种极其崇高的幸福感，这种幸福感将远远超过个人自私而可怜的欢乐。唯有这种把人民的自由、幸福看作高于自己生命的人，才能体会幸福的真正含义。可见，马克思所倡导的最大幸福，并非个人的解放和自由，而是全人类的解放与自由，所以，他的口号是"解放全人类"，他甚至提出："无产阶级只有解放全人类，才能最后解放自己"，正如马克思说的："历史承认那些为共同目标劳动因而使自己变得高尚的人是伟大人物，经常赞美那些为大多数人带来幸福的人是幸福的人。"[11](P7)相反，"当一个人专为自己打算的时候，他追求幸福的欲望只有在非常罕见的情况下才能得到满足。"[11](P331)可见，幸福的最高境界就是为全人类谋幸福，这时候，幸福才是一种伟大的精神力量。

因此，追求人类解放、实现人的现实幸福是马克思一生的事业。马克思从唯物史观的视角上提出现实的人的现实幸福观，这一幸福观有别于以往的幸福观，既超越了直观感受主义的幸福观，也超越了人本主义的抽象幸福观。这种幸福观的核心是人对自己本质的全面占有，人的本质力量在社会历史中得到充分展现，个人得到全面而自由的发展。

　　人的幸福问题是马克思主义哲学中的重要内容之一，也是人类追求的永恒主题。在当代人类生存境遇下，人从劳动的异化状态中解放出来，但在一定程度上又陷入了新的异化之中，人成为物和金钱的奴隶。一方面，生产力迅猛发展，物质财富快速增长；另一方面，人们的幸福感不断降低。传统价值观失落，艰苦朴素、勤俭节约的精神被人淡忘；拜金主义、享乐主义、极端利己主义盛行，金钱成为人的价值尺度，物质财富成为至高无上的追求标杆；功利原则和工具主义被推崇至极端，导致人文精神失落，人生存的目的和意义被扭曲；一些人贪求金钱，追求奢靡的生活享受，以炫耀富有为荣，以浪费钱财为乐，暴殄天物，在物质上富有的同时陷入了精神上的空虚，缺乏基本的人道主义关怀和社会公德，漠视生活意义和道德境界；注重个人价值的实现而不去对社会和他人奉献。党的十八大召开后，新一届领导集体提倡艰苦奋斗，厉行节约，密切联系群众，廉洁奉公。习近平总书记满怀深情地说："人民对美好生活的向往，就是我们的奋斗目标。人世间的一切幸福都需要靠辛勤的劳动来创造。"这充分表明了中国共产党领导人民，同心同德，凝心聚力，为"实现中华民族伟大复兴的中国梦"，给全体人民创造美好幸福生活的坚强决心和坚定信念。这种现实更加凸显了马克思幸福观的当代价值，它不仅为我们诠释了马克思幸福观的唯物史观内涵和深刻的理论特色，也为我们追求幸福和实现幸福提供了一条真实可靠的现实之路。

参考文献

[1] 李瑞环：《学哲学，用哲学》（下），中国人民大学出版社，2005。

[2]《马克思恩格斯全集》（第1卷），人民出版社，1995。

[3]《马克思恩格斯选集》（第1卷），人民出版社，1995。

[4] 孙承叔：《真正的马克思》，人民出版社，2009。

[5]《资本论》（第1卷），人民出版社，2004。

[6]《马克思恩格斯全集》（第46卷），人民出版社，1985。

[7]《马克思恩格斯全集》（第48卷），人民出版社，1985。

[8]《马克思恩格斯全集》（第47卷），人民出版社，1979。

[9]〔美〕杜卡斯主编《爱因斯坦谈人生》，高志凯译，世界出版社，1985。

[10]《马克思恩格斯全集》（第40卷），人民出版社，1979。

[11]《马克思恩格斯全集》（第21卷），人民出版社，1979。

孔子德性幸福观的内向性

何睿洁

（空军工程大学理学院教研室主任、副教授　陕西西安　710051）

摘　要： 幸福是人生的永恒主题。孔子的幸福观始终保持了德性至上的基调，体现了内在的幸福取向。孔子德性幸福观主要包括"孔颜之乐""曾点之志""君子之禄"等内容，其中既有理想的层面，也有现实的层面，他的幸福观决定了他的幸福之路是在内向自修的基础上不断提高道德修养、提升幸福境界的。孔子德性幸福观启示我们在内在的道德圆满、心灵充实中自得其乐，体悟幸福的真谛。

关键词： 孔子　德性幸福观　内向性　孔颜乐处

人人都在追求幸福，幸福是人们希望的最高生活目标。我国的"十二五"规划第一次将幸福作为我国经济社会发展与建设的主题之一，引起了公众对于幸福问题的热议。幸福是人生的一个永恒主题，然而，"幸福是什么？幸福在哪里？你幸福吗？"在今天却似乎成了很难回答的问题。莫言在获得诺贝尔奖后，面对记者的提问"你幸福吗？"他回答"不知道"。他的回答在许多人的心里激起了不小的涟漪，引发了许多学者对幸福的重新关注和深入思考。其实，如果我们拂去现代社会的表面浮华与内在浮躁，静心翻开儒家经典，与孔孟等先哲展开关于幸福的心灵对话，也许能悟到一些幸福的真义。

孔子生于诸侯混战的春秋末期，社会动荡，家庭也说不上美满。孔子三岁丧父，少时"贫且贱"。一生仕途坎坷，颠沛流离，游说列国却无人重用。这样的人生历程，在常人眼中很难说是幸福人生，可孔子自己却是怡然自乐。那么，在他人看来不堪其忧的生活，孔子又如何能自得其乐呢？这是一种怎样的幸福观呢？

一　孔子德性幸福观的主要内容

孔子以"乐"为题，给我们揭示了一个以德性为核心内容的幸福观，启示我们认识幸福的真谛。"孔颜之乐""曾点之志""君子之禄"，是孔子德性幸福观的主要内容，其中既有理想的层面，也有现实的层面，但始终保持了德性至上的基调，始终体现了内在的幸福取向。他的幸福观决定了他的幸福之路是在内向自修的基础上不断提高道德修养、提升幸福境界。

《论语》中对"孔颜之乐"的记载主要在《述而》《雍也》篇中。《论语·述而》载："子曰：饭疏食饮水，曲肱而枕之，乐亦在其中矣。不义而富且贵，于我如浮云。"《论语·雍也》载："子曰：贤哉！回也。一箪食，一瓢饮，在陋巷，人不堪其忧，回也不改其乐。贤哉！回也。"孔颜之乐排斥物质功利享受，在"箪食""瓢饮""陋巷""饭疏食""饮水""曲肱枕"的生活中自得其乐，在安贫乐道中获得人生的幸福。

《论语·先进》篇中记载了孔子师徒曾聚坐一处，孔子让弟子们各言其志，曾点说："莫春者，春服既成。冠者五六人，童子六七人，浴乎沂，风乎舞雩，咏而归。"夫子听后，喟然叹曰："吾与点也！"对曾子表露出高度的赞赏。"曾点莫春之乐"从表象看是春游的愉悦，从本质上看则体现为人与自然的和谐、个人与社会的和谐、人之存在与天地宇宙合一的生活状态，是人生追求的超越性的幸福。在这里，义利关系内在地关联着理欲关系。"孔颜之乐"排斥功利，要求尽可能地降低感性欲望；"曾点之志"既不排斥功利也不追逐功利，是对功利的超越。两者都强调人内在的理性价值追求和精神需要，是"君子义以为上"在幸福观上的明确体现。

《论语·卫灵公》篇则用"君子之禄""禄在其中"描述了贴近社会现实，儒家弟子和一般民众可以企及的幸福。子曰："君子谋道不谋食。耕也，馁在其中矣；学也，禄在其中矣。君子忧道不忧贫。"孔子注重在德性的完善中同时获得物质功利的幸福。孔子认为只要好学乐道、多闻多见、慎言慎行，那么官职俸禄自然随之而来，实际上是把功利作为德性幸福的副产品。所以，君子只担忧学不到道，不担忧生活贫穷。

二 孔颜乐处

孔颜乐处是历代儒学家孜孜探寻、不断论辩的幸福命题。魏晋时在名教与自然之辩中，提出了"名教中自有乐地"，宋明理学家把从名教中寻求乐地作为自己研究的一项重要内容。

程颢曾回忆说："昔受学于周茂叔，每令寻仲尼、颜子乐处，所乐何事？"[1]可是，孔颜之乐究竟所乐何事，是否乐道？一直是令理学家们费解的一个难题。《朱子语类》记载，问："昔邹道卿论伊川所见极高处，以为鲜于侁问于伊川曰：'颜子不改其乐，不知所乐者何事。'伊川曰：'寻常道颜子所乐者何事？'曰：'不过说颜子所乐者道。'伊川曰：'若有道可乐，便不是颜子。'岂非颜子工夫至到，道体浑然，与之为一；颜子之至乐自默存于心，人见颜子之不改其乐，而颜子不自知也？"曰："正谓世之谈经者，往往有前所说之病：本卑，而抗之使高；本浅，而凿之使深；本近，而推之使远；本明，而必使之至于晦。且如'伊尹耕于有莘之野，由是以乐尧舜之道'，未尝以乐道为浅也。直谓颜子为乐道，有何不可。"[2]程子为什么说颜子不是乐道而是自乐？南宋真德秀在《问颜乐》中做了比较中肯的说明："盖道只是当然之理而已，非有一物可以玩弄而娱悦也。若云'所乐者道'，则吾身与道各为一物，未到浑融无间之地，岂足以语圣贤之乐哉？"[3]可见，程子是为了强调圣人之乐的内向性，说明乐的依据不能向外寻，强调工夫至到，与道浑融无间。而朱子认为道体自足圆满，乐道自然是与道浑融无间，本体工夫合一。其实两人的目的一致，都强调本体工夫的统一，不过程子的本体工夫合一偏向个体的体认，朱子的本体工夫合一偏向普遍之理，这与两人的为学指归不同有关。

孔颜乐处具有鲜明的个体性，可以说是自得其乐。此中的乐趣不依附于外物，与贫富贵贱无关。孔颜乐处的实质是进行人自身的认同，不是乐于外物，而是乐于自我，是自我意识到自身与万物浑然一体，达到了"与天地合其德，日月合其明，四时合其序，鬼神合其吉凶"的理想精神境界[4](P167-168)。可以说，孔颜之乐是儒者在自身的修养中不断提升自我，最终工夫合于本体，体会到至善性体，达至天道天德的一刻所拥有的乐趣。程子不主张明确说"乐道"，是为了强调圣人与道浑融无间，强调道的内在性。恰恰说明了孔子幸福观的内向性。

明末著名关学家冯从吾对"孔颜之乐"的阐述集中体现了孔子的内向幸福观。晚明玄虚学风盛行，冯从吾针对禅学悬空求乐，他坚持乐道之说，强调乐"道"之内在敬畏、洒脱自然。在《疑思录》里，有人问冯从吾："回也不改其乐，孔子乐在其中，不知是乐道否？"他回答说：

天地间惟有此道，吾儒之学亦惟有此道，故孔子曰志于道，又曰吾道一以贯之，其言道者不一而足。至于曾子言大学之道，子思言率性之道，孟子七篇尤拳拳于道字，可见自古圣贤学问全在此道，故仲尼颜子之乐乃所以乐道，非悬空去别有个乐也。孔孟而后，禅学盛行，将此一道字扫而去之，只悬空以求此乐，故其弊至于猖狂自恣而不可救。后世溺于禅学者无论，即号称大儒，挺然以崇正辟邪为任者，亦群然谓孔颜自有乐处，不是乐道，一倡百和，莫可究诘。盖其心虽专主于吾儒，而其学则浸淫于佛氏而不自知矣。故谓乐道有浅深安勉之分则可，谓非以道为可乐而乐之则不可。彼舍道而悬空以求此乐，是异端之乐，非吾儒之乐也。千言万语讳此道字，千思万想解此乐字，此正见禅学入人之深，而人亦不自知处。孔孟而后，此道不明盖千有余年矣，吾儒异端关系学术不小，故不可不辨。

孔子曰："君子忧道不忧贫。"惟其忧道，则所乐在道可知；惟其不忧贫，则不改其乐，乐在其中可知。可见，孔颜之乐全在此道字，奈何后儒必欲讳言之也，不知虽乐到浑然相忘无适不然处，亦总只是个乐道。

孟子曰："理义之悦我心，犹刍豢之悦我口。"分明说破道之可乐，如此后儒必欲谓颜子非以道为可乐，而乐之何也？既非以道为可乐，又将以何者为可乐乎？禅学移人，虽吾儒不能自解如此[5](P46-47)。

一个冬天的雪夜，冯从吾与学友萧辉之围炉畅谈，其间谈及孔颜乐处，冯从吾说："孔颜之乐，谈何容易。古之圣贤，见得道理分明，胸中自有一段乐处，无等待，无起灭，故曰不改其乐，曰乐亦在其中。味'不改'与'亦'字。可见此心常是乐的，虽到如此贫时，犹然不改，犹然在其中耳，且真乐原不在外，乃性体也。人不堪处，正是回不改处，只不忧便是乐，非不忧之外别求个乐也，此克己复礼之说也。"

萧辉之说："真了乃吾性体，固也。'夫子发愤忘食，乐以忘忧，不知老之将至。'岂发愤时复有忧乎？一忧一乐，循环无端，是圣心之乐，又有间歇时矣？"

冯曰：“圣心只有此乐，不乐必不肯发愤，发愤忘食，圣心必有所乐而为之者，岂至乐以忘忧，而后知其乐哉？孔子发愤忘食，颜子欲罢不能；孔子乐以忘忧，颜子不改其乐，故曰：发圣人之蕴，教万世无穷者，颜子也。”

萧曰：“孔颜之乐固不因处贫改矣，不知于富贵又何以处之？”冯曰：“圣人非恶富贵而逃之，但视其义不义何如耳？‘不义而富且贵，于我如浮云’，浮云为太虚之障，不义之富贵为心体之障，圣心如太虚然，故曰于我如浮云。扫浮云而还太虚，此孔子所以乐在其中也。”

萧曰：“仲尼不为已甚，举世皆忧我独乐，无乃为甚乎？”冯曰：“圣心如太虚，断不肯自视太高，视人太低，故曰从吾所好。观一‘吾’字，若曰各人所好不同，他从他所好，我从我所好，吾之乐在其中，亦各从其所好耳，敢谓天下皆忧我独乐哉？‘吾’之一字，何等平易？何等含蓄？若后世学者便不免自视太高，视人太低，分彼此而露锋芒矣。孔颜之乐，谈何容易？嗟乎，富贵贫贱，正学问大关键处哉！欲寻仲尼颜子乐处，正当在此处寻。不然则堕于佛氏空虚间矣。”

萧辉之闻冯从吾之言，喟然叹曰：“妙哉，道盖至此乎？孔颜之乐不必远寻，即此时吾辈座谈间烧烛啜茶，四壁萧然，神怡心旷，当下便是孔颜乐处，又何必远寻耶？”[6](P7-9)两人这一番雪夜围炉，谈笑风生，尽兴而别。雪夜谈学既是有朋自远方来，又是学而共习之，朋友相知相遇，其乐融融，可以说是孔颜之乐具体、生动的写照。

追求孔颜乐处就要懂得处贫之道，要能勘破富贵。冯从吾认为许多人就是不能甘贫，过不了贫富关，所以认为圣贤地位难以希求，孔颜乐处难以体会，他在《示泰安学诸生》中也讲到这一点：

大约学者只是在富贵贫贱上打不破，徒自缠扰一生，安能到圣贤地位？所以然者只是看得大行能加，所以不能审富贵；看得穷居能损，所以不能安贫贱。若是能看破大行原不能加，富贵自然能审；看破穷居原不能损，贫贱自然能安。一切世味都摆脱得开，潇洒快乐，自然睟面盎背，所见自然大，所处自然高。当下便是登东山而小鲁，登泰山而小天下的境界……或曰：富贵贫贱勘得破，便到圣贤地位，抑何其言之易也？曰：饭疏食饮水，曲肱而枕之，乐亦在其中矣。不义而富且贵，于我如浮云。又曰：贤哉！回也。一箪食，一瓢饮，在陋巷，人不堪其忧，回也不改其乐。贤哉！回也。由此观之，言何容易？虽然，孔颜乐地非难造。好读诚明定静书，愿与诸生共懋

勉之。[7](P21-23)

冯从吾认为孔颜乐处不难求，但必须向内求，是自得其乐，心体自足，相信自家生来原与圣人同怀。正如孟子曰"大人者，不失其赤子之心"，阳明先生云"各各人心有仲尼"，只要笃信圣人，学以致其道，自然是入闻圣道而悦，出见纷华而悦，鸢飞鱼跃孰不可悦？达到此境界，工夫合于本体，当下便是圣人，"岂非千古之一快哉"？朱子认为："乐亦在其中，此乐与贫富自不相干，是别有乐处。如气壮之人，遇热不畏，遇寒亦不畏，若气虚者则必为所动矣。"[2]可见，孔颜之乐超越于世间的富贵贫贱，也是超越事功的，无论穷达都加损不得，"登高科，跻膴仕，于此心此知无所加"；"不登高科，不跻膴仕，于此心此知无所损"[7](P18)，即大行不加，穷居不损。

三　曾点莫春之乐

春风沂水之乐当是儒者的潇洒气象，它一扫读书人寒窗苦读、迂腐酸楚的形象，也可以说它是对孔颜之乐的浪漫描述。曾点之志体现了孔子对学问境界的超越指向，即天理周流遍在，随处充满，却又润物无声。安其所居之位，乐其所操之业，并不一定是经天纬地，并不一定是舍己为人，另有一番悠然和从容，却是直与天地万物上下同流，各得其所之妙。曾点具体乐之所在，也许今天已难以体究，但是孔子所赞赏的曾点之乐，一定是赤子之心的自然流露，体会到道体遍在，所以"动静从容"，潇洒自在，乐在其中。此时心中并非空无一物，反而是有丰富的体验，与道合一的体验。

冯从吾深味曾点之乐，乐在感悟到道无处不在，鸢飞鱼跃莫非道体。他在《疑思录》中说："二程见茂叔后，吟风弄月以归，有吾与点也之意。即此便是得仲尼颜子乐处，又何必更往别处寻？鸢飞鱼跃，时行物生，斯道原在目前，只是人丢过道字往别处寻，所以孔颜乐处终不能到耳。"[5](P47)冯从吾说读《子路、曾皙、冉有、公西华侍坐章》，则当时圣门都俞吁咈气象宛然如见。"故曰要识唐虞垂拱意，春风原在仲尼居。""曾点之志不可着迹看，当得其趣于言外，得其趣虽在师旅饥馑之时，宗庙会同之际，亦自有春风沂水之妙，必然从容暇豫，必不至张皇失措，可见春风沂水这等趣味，学者诚一时不可少。"[8](P2)冯从吾指出，曾点莫春之乐又是一种少长咸集、欣然有得的怡然心境，遇莫春能乐，遇秋冬亦能乐。他说："遇莫春能乐，遇秋冬不能乐，点与三子何异？只有了这个乐，无时无处无不是此物矣。譬之善画者写出春景固好，写出秋景冬景亦好。即如此时，天气虽寒，然少长咸集，欣然有得就是春风舞雩气象，何必远求？"[9](P24)可见，心存怡然自得的境界，则四季无时不是莫春。

曾点气象透露出儒家境界的浪漫、洒脱，但是，冯从吾指出，曾点气象不同于庄子的逍遥，魏晋之风流，儒家不是悬空求乐，春风沂水气象就在子臣弟友、庸言庸德之间。他认为曾点之咏而归是泰，庄周之逍遥游是骄。他说："学者必有戒慎恐惧之心，然后有春风沂水之乐。若无此心而徒谈此乐，是晋室之风流，非曾点之真乐矣。"[9](P24)《闻斯录》记载，冯从吾与学者讨论今人与古人所以忙处不同，他说："古人忙处原无奇事，只子臣弟友、庸言庸德之间，此间能尽其道，是谓尽心。今日吾侪群居于此，自揣无不诚敬，无不尽心者，便是春风沂水气象。"[10](P9)可以说，"孔颜之乐"不仅超越贫富等物质享受，超越事功，同时还超越社会道德伦理。这里所谓"超越"并不是不要物质财富，不要功业，也不是不要伦理道德，更不是否定事迹与功业，破坏社会道德伦理规范，而是"有之却又高于之"。由上可见，"孔颜之乐"实际上主要是在人与社会的和谐、人与自然的和谐、个体身心的和谐之中所体会到的内心的自由、自然与安畅，是对人生进行深刻反思之后所达到的一种至高的精神境。"孔颜之乐"立足于人生的终极意义，是对主体与他人、社会、宇宙间关系的自觉理解与自觉体会，已经融入儒家最高层次的精神境界。

"孔颜之乐""曾点之志"和"君子之禄"其实是相互贯通的。儒者通过自身切实的工夫，若能达致工夫与本体合一，就能无私、无我，勘破世间的富贵生死，体验到胸怀天地，此心与天地万物浑然一体的幸福。此时无论做什么，自然都是从心所欲不逾矩，无过而无不及的中庸境界。此心自足自适，乐在其中，"大行不加，穷居不损"，看鸢飞鱼跃莫非天理，即使身处陋巷，茅屋寒食，同样不亦乐乎。此中的愉悦自然是遇莫春能乐，遇秋冬亦能乐，"等闲识得东风面，万紫千红总是春"。这当然就是每个儒者都梦寐以求的圣人境界和幸福之地。

我们当今的现实生活中并不缺乏使人产生幸福感的物质条件和精神条件，可是，许多人却找不到幸福。为什么孔子在"饭疏食饮水"中就能品尝到幸福的滋味，孔子的幸福观能给我们什么启示呢？首先，净化内心情感，培养积极乐观的人生态度。幸福感是一种高级的情感，积极性情感是构成幸福感重要的要素与实质内容。其次，要提高道德修养，把幸福建立在道德的基础上。人对幸福的追求与道德义务是统一的，缺乏道德基础的幸福最终只能导致不幸。因此，提高自身的道德修养，就会从行德的行为中体味到德性幸福——一种持久而美妙的幸福感。最后，要明确人生目的，寻找支撑生命的信念。幸福感是人生价值得到体现和需要得到满足的深层感受，感受到自己生存的意义，也就获得了幸福的体验。因此，明确人生目的，寻找支撑生命的那份信念是我们获得幸福的关键所在。市场经济的冲击使许多现代人的幸福观发生错位，而孔子的幸福观恰如一泓清泉，帮助我们拂去现代化生活所沾染的浮躁、利欲、冷漠与空虚，净化我们因蒙垢而麻木迟钝的心灵，达到内心的平和与充实，窥到幸福的真谛。

参考文献

[1] 程颐、程颢：《二程集（第一册）：河南程氏遗书（卷二上）》，中华书局，1981。

[2] 黎靖德：《朱子语类（卷三一）·论语十三》，中华书局，1999。

[3] 黄宗羲：《宋元学案（卷八一）·西山真氏学案》，中华书局，1986。

[4] 陈俊民：《张载哲学思想及关学学派》，人民出版社，1986。

[5] 冯从吾：《冯恭定全书（卷二）·疑思录》，光绪本。

[6] 冯从吾：《冯恭定全书（卷一六）·雪夜纪谈》，光绪本。

[7] 冯从吾：《冯恭定全书（卷四）·订士篇》，光绪本。

[8] 冯从吾：《冯恭定全书（卷三）·疑思录》，光绪本。

[9] 冯从吾：《冯恭定全书（卷一一）·池阳语录》，光绪本。

[10] 冯从吾：《冯恭定全书（续集卷二）·闻斯录》，光绪本。

自事其心：庄子的幸福观探究

付粉鸽

（西北大学哲学与社会学学院副教授　陕西西安　710127）

摘　要：生命问题是庄子思想的鹄。庄子对生命的思考始于对现实存在状态的反思。残酷的战争、功利化价值取向造成生存的虚无和倒置，生死的无奈和精神的贫乏成为存在的桎梏。庄子以"坐忘""心斋""吾丧我"的无己式直觉走上超越之路，以自事其心的精神自由达致生命存在的幸福境地。

关键词：困境　坐忘　无己　精神自由　幸福

生命的存在问题是庄子哲学的核心。基于对现实存在的认识和反思，庄子建构起自己的生命存在哲学，从生命的产生根据到生命活动的原则再到其所追求的理想境界，庄子无不论及，不乏真知灼见，散发个人魅力。而一切的追问最终落脚于生存的幸福问题，生命的有无，个体无法抉择，这是时与命。但存在的状态和感受，却可以希冀和选择。庄子在自然的顺任和自由的逍遥中找到了心灵的安顿，构筑了诗意而幸福的人生，此即庄子所追求的"自事其心"[1]《人间世》。在庄子的视野中，幸福是一种个体的主观感受，且这种主观的感受不是感官的物欲满足，而是内在心灵的澄明和洒脱。

一　时与命：生存之困境

庄子所生活的战国时代是中国历史上的大动荡、大变革时代，"并大兼小，暴师经岁，流血满野。父子不相亲，兄弟不相安，夫妇离散，莫保其命……晚世益甚。万乘之国七，千乘之国五，敌侔争权，盖为战国"（《战国策·叙》）。战争频繁、社会动荡，当时是一个"福轻乎羽，莫之知载；祸重乎地，莫之知避"[1]《人间世》的时代。除去战争的威胁，统治者的重税高压、残暴专制更使民众困苦不堪。正如孟子所谓的"今夫天下之人牧，未有不嗜杀人者也”[2]《梁惠王上》、“民之憔悴于虐政，未有甚于此时者也”[2]《梁惠王上》、“周室既衰，暴君污吏慢其经界，徭役横作，政令不信，上下相诈，公田不治”、“上贪民怨，灾害生而祸乱作”（《汉书·食货志》）。《庄子》中对统治者的残暴有许多揭露，《人间世》中轻用民死的卫君①，《列御寇》中暴虐嗜杀的宋王②，《徐无鬼》中盈耆欲、长好恶的魏武侯③，他们皆视百姓生命如草芥，残暴无道。这是一个“昏上乱相”[1]《山木》的时代，“今世殊死者相枕也，桁杨者相推也，刑戮者相望也”[1]《在宥》，庄子有感于统治者的无道和残暴，义愤填膺。由于激愤，有时甚至有一些过激的言词④。王先谦指出，这都是“疾时焉耳”，“其志已伤，其词过激。设易为天下有道，生殆将不出于此”[3]。统治者的残暴重压使民众的生活处在水深火热之中。

面对无尽的祸患、无法逃脱的战争和艰难的生存处境，人们思考得最多的问题就是如何幸免于战事，如何延续生命。生命的保全和意义问题成为当时几乎所有思想家建构理论的出发点和目的。在这样的社会状况下，所有有识之士都在思索，试图寻找出路。由于个体性因素的关系，老庄对生命问题的思考更加深入。作为史官的老子，有着丰富的历史知识和现实经验。在对这些知识和经验总结的基础上，老子提出了许多保全生命的策略，期冀告诉人们怎样保身，如何全生⑤。庄子则有感于生逢乱世，生民多艰，而“慷慨发愤，爰著斯论”。不仅在现实层面上提出了许多保全生

---

① 见《庄子·人间世》：“回闻卫君，其年壮，其行独；轻用其国，而不见其过；轻用民死，死者以国量乎泽若蕉，民其无如矣。”

② 据《史记·宋世家》记载，宋国国王偃暴虐嗜杀，被人称为“桀宋”，“（宋王偃）盛血以韦囊，悬而射之，命曰‘射天’。淫于酒妇人，群臣谏者辄射之。于是诸侯皆曰‘桀宋’。”庄子则直接把桀宋比作“骊龙”，认为宋国民众的困苦比九重之渊还深，“今宋国之深，非直九重之渊也；宋王之猛，非直骊龙也；子能得车者，必遭其睡也；使宋王而寤，子为赍粉夫”（《庄子·列御寇》）。

③ 见《庄子·徐无鬼》：“君独为万乘之主，以苦一国之民，以养耳目鼻口，夫神者不自许也。”

④ 如在批驳儒墨教人仁义禁锢人心、扰乱自然本性时，庄子甚至用到“耻”，“儒墨乃始离跂攘臂乎桎梏之间。意，甚矣哉！其无愧而不知耻也甚矣！”（《在宥》）儒家的圣人甚至成为无耻之徒。

⑤ 美国学者安乐哲曾对《老子》做出过如此评说，“生命的血液滋养了遍野的秧苗，他们的尸骨肥沃了血腥的土地。作为对那个暗无天日的时代的回应，《道德经》出现了，它以其迥然有异的视角，提示人类应该过一种怎样的生活”，道出了《老子》的生命哲学意义。参见〔美〕安乐哲、郝大维《道不远人——比较哲学视域中的〈老子〉》，何金俐译，学苑出版社，2004，第2页（引论）。

命的方法，而且更在理想层面上追求精神生命的自由和独立。他们的思想无疑给混乱社会中可怜而无望的生命带来了一线希望和光明。

战国时代，铁器推广和大面积使用，在带来社会经济飞速发展、商品交换频仍的同时，引发了人们的利欲之心，整个社会热衷于追逐功名利禄，功利主义思想泛滥。人们的算计营谋之心日起，"舆人（车工）成舆，则欲人之富贵；匠人成棺，则欲人之夭死也"[4]《备内》。工人造恶劣的器械，"蓄积待时而牟农夫之利"[4]《五蠹》；商人为了"市贾倍蓰"，根本不顾"关梁之难，盗贼之危"，而奔走四方。并且商人垄断市场的局面开始出现，"有贱丈夫焉，必求垄断而登之，以左右望而罔市利"[2]《公孙丑下》，这造成小农业者的处境艰难，社会矛盾增多，农民"解冻而耕，暴背而耨，无积粟之实"，而大商人们则"无把铫推耨之劳，而有积粟之实"（《战国策·秦策》），社会上贫富悬殊的现象更加严重。那些富贾大商们家产巨万，一般贫人却借债度日。商人的贱买贵卖、巧取豪夺，使人们的算计之心胜，整个社会功利意识泛滥，"钱财不积则贪者忧，权势不尤则夸者悲"[1]《徐无鬼》。许多人为求个体私利，往往不择手段，"无耻者富，多信者显"（《盗跖》）、"捐仁义者寡，利仁义者众"[1]《徐无鬼》。当时是"朝甚除，田甚芜，仓甚虚，服文彩，带利剑，厌饮食，财货有余"[5]（第53章），整个社会从上至下虚浮利欲之风盛行。《庄子》中对此种社会现状有很多揭露，"夫天下之所尊者，富贵寿善也；所乐者，身安厚味美服好色音声也；所下者，贫贱夭恶也；所苦者，身不得安逸，口不得厚味，形不得美服，目不得好色，耳不得音声；若不得者，则大忧以惧。"[1]《至乐》"自三代以下者，天下莫不以物易其性矣。小人则以身殉利，士则以身殉名，大夫则以身殉家，圣人则以身殉天下。故此数子者，事业不同，名声异号，其于伤性以身为殉，一也。"[1]《骈拇》在当时的功利化社会中，人为物役的异化现象比比皆是。世俗皆以荣华富贵、身安美服为乐，"今之所谓得志者，轩冕之谓也"[1]《缮性》。世人们多危身弃生以殉物，以致"丧己于物，失性于俗者"[1]《缮性》，真是"天下何其嚣嚣"[1]《骈拇》。

当时社会所崇尚的这些功利价值都是物化的平面化的价值，在这些价值观念的导引下，人们追名逐利，失去自我，生命的本真状态被遮蔽了。时人成为物欲之人、单面的人，失去生命本性和常然，精神缺失，心灵空虚，庄子称此种人为"倒置之民"[1]《缮性》。老庄以哲学家的睿智深刻地认识到这一点，他们以强烈的忧患意识，开始积极地批判这种文化价值观，试图建立新的价值观，来找回缺失的精神和充实空虚的心灵①。

　　春秋以降，不仅礼乐发生混乱，而且仁义礼乐逐渐失去原初的精神实质，只剩下空虚的形式。正如侯外庐所说："春秋时代的西周文物，已不是有血有肉的思想文物，而仅仅作为形式的具文，作为古训教条，以备贵族背诵；所谓诗、书、礼、乐的思想，在这时好像变成了单纯的仪式而毫无内容。这样，西周的文化就变作了死规矩。"[6](P139) 先前西周活的文化到春秋时代成了死的规矩，丰富的内容蜕化为形式的躯壳。更有甚者，在春秋战国时期形式化的礼乐文化变成一些人牟取个人私利的工具。许多人常常假借仁义礼仪之名而行非仁非义非礼之实。孔子曾叹："礼云礼云，玉帛云乎哉？乐云乐云，钟鼓云乎哉？"（《论语·阳货》）对仁义礼乐的这些弊端，许多当时的思想家都进行了深刻的揭露。墨子认为烦琐而形式化的礼义有惑乱人心的罪责，"繁饰礼乐以淫人"。老子更极端地指出"故失道而后德，失德而后仁，失仁而后义，失义而后礼。夫礼者，忠信之薄而乱之首"[5](第38章)，仁、义、礼这些所谓的行为规范和价值观念是大道沦丧、诚信缺失、社会混乱的罪魁祸首。庄子提到的田氏代齐"一旦杀齐君而盗其国"，"为之仁义以矫之，则并与仁义而窃之"，"彼窃钩者诛，窃国者为诸侯，诸侯之门而仁义存焉"[1]《胠箧》。"礼"作为人们生活的仪则和理念支持发展至春秋战国时代，其原有的精神几乎荡然无存，只剩下烦琐的程序仪式和形式化的空洞架子。原有的贵族或者执于古礼顽固不化，新兴的权贵或假礼之名而谋一己之私，周礼文化已经穷途末路。当代新儒家代表牟宗三称此为"周文疲弊"。所谓"周文疲弊"，是指西周三百年间日臻完备而隆盛一时的礼乐之"文"到了春秋时代徒然流为缘饰，不再有先前那样的生命力和真精神。即"贵族生命腐败堕落，不能承担这一套礼乐"，"周文"因此"挂空就成了形式，成了所谓的形式主义，成了空文、虚文"[7](P49)。当周礼文化成为空文、虚文时，一直以其为精神支撑的人们陷入了精神迷茫之中，人们的精神世界变得空虚了。

　　面对无道的社会和空虚而迷茫的生命，许多人开始寻求挽救社会、解救

① 李泽厚认为，庄子的思想是世界思想史上最早的反异化的呼声，他抗议人为物役，要求不物于物，恢复和回到人的自然本性状态。参见李泽厚《庄玄禅宗漫述》，载于《中国古代思想史论》，天津社会科学院出版社，2003，第169页。

生命的道路。在这种背景下，诸子百家之学兴起①，以老庄为代表的道家学派也出现了。老庄特别是庄子从社会现实、生命现状出发，形成和建立了一种独特的生命哲学思想，寻求自由和幸福成为庄子学说的主旨。

二　无己式直觉：超越困境之途径

庄子认为，社会、生死等都是个人无法挣脱的，即时与命是存在之必然，对此，人只能接受。但精神的逍遥、心灵的自适却是可以希冀的。只要心灵虚静、无我（此"我"指充满私利的小我）无识（此"识"指小智小识），便可直觉生命、体悟宇宙，而达到心灵自由和精神逍遥之境。由此，老子的玄鉴式的直观体认发展为庄子的"坐忘""心斋""吾丧我"的无己式直觉。

在《庄子》中生命直觉的形成有一种一以贯之的炼养方式，那就是去除一己之心，即《逍遥游》的"至人无己"、《齐物论》的"吾丧我"、《人间世》的"心斋"、《大宗师》的"坐忘"。去除一己之心，做到"无己"而达到自由逍遥境界是目标，"丧我"是途径，"心斋"是方法，"坐忘"是工夫，"无己"是炼养的核心，通过这四种炼养，蒙蔽在人心的偏知成见将被清除，心之虚静自然重新开显，才可体道，求自由。

"无己"在《庄子》中就是无心，无一己成见偏知之心，而恢复浑然无别虚静自然之心。庄子之所以要"无己""无心"，是针对当时社会人心偏私的现实提出的。庄子生活的时代，人心躁动，争名夺利之风盛起。人之心只知营谋算计，工于心计，"与接为构，日以心斗；缦者，窖者，密者。小恐惴惴，大恐缦缦。"[1]《齐物论》缦、窖、密这些都是形容心境交接之心机。"缦"有软缓之义，引申指有柔奸之心；"窖"本意指井，引申为掘地为井以限人，可谓阴险之人；"密"指心机绵密，深藏不露。缦、窖、密皆是描绘人心的复杂和叵测。人心的这些算计、偏执引发了现实的纷争和生命的沉沦。因此，要消除现实的纷争和重回生命本真，只有从人心入手，消除一己之成心。所以，庄子一开始就在人心上下功夫，"丧我""心斋"和"坐忘"都

---

①　胡适曾指出"诸子之学，皆春秋战国之时势世变所产生。其一家之兴，无非应时而起；及时变事异，则向之应世之学翻成无用之文，于是后起之哲人乃张新帜而起"。参见罗根泽编《古史辨·诸子不出于王官论》（第四册），上海古籍出版社，1982，第7页。

是对人心之涤除。

庄子认为要去除成心，做到无己无心需以"坐忘"为工夫。《大宗师》中颜回曰："堕肢体，黜聪明，离形去知，同于大通，此谓坐忘。""坐忘"在《庄子》中有两层含义，一是对形体及由形体生发的欲望的限制和摆脱，是"堕肢体"之意，就是要"离形"、忘形。在庄子看来，只要肉身成，欲望便生。口之欲食、耳之欲声、目之欲色是生理本能。欲望一旦有，如果不加控制将会无限膨胀，使人失性于俗，丧志于物。而肉身、形体是引发欲望的根源，欲望与形体如影随形，因此，限制和去除欲望，只有从限制肉身和形体入手，最彻底的方法是堕掉肢体，忘掉肉身。这就是老子的"无身"思想。老子有"吾所以有大患者，为吾有身，及吾无身，吾有何患！"[5]（第13章）身体之所以在老子看来，是一种大患，因为由身体引起的欲望使人好利求功，逐物追名，丧失自然朴素本性。庄子的"忘"在忘掉老子的个体肉身的同时，更进一步地还要忘掉肉身所托的天下大身，即忘天下。在《大宗师》中，女偊交给南伯子葵的闻道之法是外天下、外物、外生，以天下、外物、身体为外，即忘掉天下、外物、身体，这样才能入于不生不死、无欲无识、自然自由之境。

"坐忘"的第二层意义指"黜聪明"，即"去知"、忘知。在《庄子》中一直暗含着两种"知"与"聪明"的比较。庄子认为人的知识、聪明有两种，可谓有"大智"（大聪明）与"小知"（小聪明）之别。"大智"是指在体道、感受生命中所形成的智。这种"智"最大的特点是非对象化的融合式智慧，它没有一己之偏见，不以物我之别、支配他物为目的，而是从"道"的高度，在尊重物性的基础上，追寻人与物、生命与自然的统一。这就是老子的"为道"之知，庄子称为"真知"。"有真人而后有真知"[1]《大宗师》，真人之真知具有大、全、周、纯的特点，这种真知即体道之知，是对"道"的直观体认。作为对"道"的体认，一般的感性认识和理性化的逻辑概念推理是无法获得真知的。这种无法由常规思维所达到的"知"首先是对常规之知的挑战，即庄子所谓的以不知为真知。任何常规的知都是对某一具体之物的知，而且是对物的某一方面、某一层次的知，所以这种知是有局限的、狭隘的、片面的，与对"道"的周、遍、咸的大全之知比较即是不知。这是庄子对常人之知的怀疑和超越。因此，真正的得道之人，往往表现出来的是不知，《齐物论》中啮缺问乎王倪，王倪的三问三不知、《应帝王》中的四问四不知、《知北游》的"不知深矣，知之浅矣，知之外矣"皆是如此。与得道的"真知"、大全之知相对待的常人之知,庄子称其为"小知"。大知包容差别,追求和谐一致,而小知却是以别为基础,要尽量区分清差别。差别观念的确立,是对象化思维的前提。求小知之人在对立二分的思维方式下,注重物我相别,追求自我利益。与大知的大、全、周、纯不同,小知是偏、狭、杂,充满一己之偏见、狭隘之私利,驳杂而不纯。正像儒墨是非之争,儒墨皆出于一己小知的立场,以己之是非他人之所非,其是非争论中充满了偏见和狭隘。在《庄子》中大知与小知的对比是鲜明的,"大知闲闲,小知间间;大言炎炎,小言詹詹。"[1]《齐物论》"为道"之大知是庄子极力追求的,而对使人失性伤身的小知又是他积极批判的。庄子要黜的聪明和知识正是这些残身伤性的小知,对大知、大智慧庄子是无限热情地颂扬,因此,庄子绝不是一个反知主义者,而是大知主义者。且庄子去小知而求大知还有更深层的意义。庄子思想的核心是为生命找到意义之寄托和心灵的家园,生命的自由、心灵和精神的救赎是其去知的最终目的。所以,大、全、周、纯的大知在于涵养心之虚静自由,而偏见小知是对虚静清纯之心的破坏,使心灵执迷而失去自由。徐复观对庄子"去知"的解释可谓深得其意,庄子说的"去知"是指与物相接时,不让心对物做知识的活动;不让由知识活动而来的是非判断给心以烦扰,于是心便从对知识无穷的追逐中得到解放,从而增加精神的自由[8](P43)。

庄子认为要去除成心,做到无己无心,除以"坐忘"为工夫外,还需以"心斋"为方法。庄子的"心斋"是指对心的清除,去除蒙蔽在心上的各种偏私己见、意欲杂念,使心不被物所扰,处于清虚宁静状态。"若一志,无听之以耳而听之以心,无听之以心而听之以气。听止于耳,心止于符。气也者,虚而待物者也。唯道集虚。虚者,心斋也。"[1]《人间世》"心斋"的最大特征就是"虚",没有妄意杂念,心灵空明清静,与道之本然状态同。只要心灵清虚空明,便是无己无心,是澄明之境,"瞻彼阕者,虚室生白,吉祥止止"[1]《人间世》。"虚"是生命的原初状态、心灵的本真状态,也是生命的最高状态和心灵的自由境界,"夫虚静恬淡寂寞无为者,天下之平而道德之至,故帝王圣人休焉。休则虚,虚则实,实则伦矣。虚则静,静则动,动则得矣。"[1]《天道》"以虚静推于天地,通于万物,此之谓天乐。"[1]《天道》"虚"是做到无己的重要方式。只要心灵虚静,便不会有占有之意、强为之心,便是无己。此时,"虚"甚至成为保全自我的方式,"人能虚己以游世,其孰能害之!"[1]《山木》庄子把"心斋"后的心用镜子、止水加以比喻,"鉴明则尘垢不止"[1]《德充符》，"人莫鉴于流水而鉴于止水，惟止能止众止"[1]《天道》。心像镜子、止水一样，静与明是其最大特征，"静"指清静，心不为外物所动，"万物无足以铙心"[1]《天道》，清静即是虚，心不为物扰，便心中无一物、无己见，心与物通畅无碍，直接朗现，这便是明，"水静犹明，而况精神！"[1]《天道》所以，静、虚、明是"心斋"后心灵之状态。由静、虚、明而心中无一物扰，即是自由境界的实现。与"坐忘"一样，"心斋"的目的仍是求心灵的自由。

　　"丧我"是达致无己无心的途径。《庄子》的"吾丧我"，郭象注为："吾丧我，我自忘矣；我自忘矣，天下有何物足识哉！故都忘内外，然后超然俱得。"[9](P45) 丧我即是忘我，忘掉自我，忘掉欲望之我，忘掉与物对立、与物相别的我，回到与物无分、浑然为一、没有成心偏见的真我。在《庄子》中，"我"有两种指代，一种"我"指世俗之我，充满物欲、知见的小我，这种"我"是"我"之假象，是假我或现象之我；另一种"我"指超越性的我，与道合一、与天地万物一体的大我，是真我或本质之我。庄子认为欲望之我、与物对立之我是小我，是假我，是真我状态的掩盖。要回到真我，必须从对假我的否定开始，去掉欲望对"我"的支配，达到道的状态。得道即得真我，得真我即是道的实现。庄子《齐物论》的目的就在于由假我、封闭之我向真我、开放之我的提升。"整个《齐物论》的血脉乃在于真我，惟有真我，才能去齐物；也惟有物物都具真我，物物才能齐一。"[10](P95)

　　庄子的"坐忘""心斋""丧我"，核心是"忘"，忘掉一己之形、一己之成心、一己之知，忘掉外物、名言概念对心灵的纷扰，回到心之虚静，直接对"道"进行体认，进入生命本身。但"忘"的同时又是有所不忘的，个体的自由、独立之"心"是不能被忘掉的。在庄子看来，人之所以为人，正是在于其心灵的自由和精神的高远，追求心灵的自由和精神的高远是生命的最高目标。自由之"心"如果被遗忘的话，人的存在也再无价值和意义可言。因此，庄子强调个体的自由之心是绝对不能够被忘掉的。"忘"的目的是体道，是进入生命内直接感受生命，同时也是庄子逃避现实的策略。庄子以哲学家的深邃清醒地认识到当时社会中人的沉沦、本真生存的遮蔽，而且在他看来这种沉沦和遮蔽，不仅是现实社会造成的，而且也是生命之必然，是无可避免的。生命"一受其成形，不亡以待尽。与物相刃相靡，其行尽如驰，而莫之能止，不亦悲乎！终身役役而不见其成功，苶然疲役而不知其所归，可不哀邪！"[1]《齐物论》所以，他没有采取具体的、积极的措施来尽量摆脱和超越这种沉沦和遮蔽，而是选择了回避，以"忘物""忘我""忘天下"的与现实决裂的方式逃避问题①，"'忘'之所以可能，是因为审美对存在之'实'闭上了眼睛"[11](P254)。

从庄子的"忘"中，可看出庄子是一个理论型的哲学家而不是实践型的哲学家②，他把所有的问题划归到精神领域，以精神超越的方式理论性地解决问题，从某种意义上说是取消了问题③。理论的批判是不能代替武器的批判的，理论的抽象性和空洞性使理论具有苍白无力的弱点。对解决现实问题，纯粹抽象的理论是无能为力的。理论的认识和批判只有和现实的活动结合，并以深邃的理论指导实践时，才可能达到批判和变革现实的目的，同时也会增强理论的深度和保持其生命力。而这恰恰是庄子生命思想的缺陷，这种缺陷使庄子思想不可避免地带上了无奈的悲观色彩，使生命之"道"的巨大意义和作用无形中可能落空，走向虚无。因此，庄子虽有大鹏之志，却往往沦为失意者、弱者的无力的叹息，而不像同时代的孟子思想所塑造的"贫贱不能移，威武不能屈"的刚健有为的大丈夫人格来得更有力。所以，庄子的生命理论虽然深刻却由于与变革生存境况的实际活动相脱节，与历史的、社会的现实实践和生活相割裂而影响了深邃理论的转化，甚至使理论成为空洞的话语，未对现实起到积极的变革作用。这正是《庄子》在历史中的影像，往往成为失意者的避难所。

三　自由：幸福之圭臬

先秦思想家都有深深的忧患意识，庄子也不例外，但庄子的忧患与其他思想家（包括老子）的忧患明显有别。庄子的忧患不仅是现实层面的，关涉人们的困顿生活和艰难处境，而且更是心灵深处的，是对生命何去何从、生命如何安顿的忧虑。庄子也是最具有批判精神的古代思想家，他的批判不仅是对历史现实的批判，更是对生命存在异化的批判。同时，庄子是中国古代最早提出"自由"的思想家，他对自由充满了渴望和向往，他的自由是发自

---

① 刘熙载称庄子的此种方法为"跳过法"，他指出"《庄子》是跳过法，《离骚》是回抱法，《国策》是独辟法，《左传》《史记》是两寄法"。参见刘熙载《艺概》，上海古籍出版社，1978，第8页。

② 这里的实践是指现实的物质性变革活动，而不是指修养实践。在庄子的思想中，生命的修养实践处处是。

③ 这是庄子思想的一以贯之的方式，他认为只要精神高超了，许多问题就不会成为问题。

心灵的，是内心深处的呼唤①。

道家（特别是庄子）认为自由才是生命的本质，是存在幸福之所在。庄子的自由是经过一系列身心体认后的"乘天地之正，而御六气之变"[1]《逍遥游》，与宇宙自然地融合，是"天地与我并生，而万物与我为一"[1]《逍遥游》的天地（此天地超越了有形的实体性天地之上）自然境界。而儒家则认为自由是"礼"的内化和自觉运用，即孔子所说的"七十随心所欲而不逾矩"的伦理道德自觉状态。老庄道家的德性自由是充满自然、天性绽放的本性自由，它没有任何的伦理道德色彩，纯任自然；而儒家恰恰相反，他们的自由正是对自然本性的克服，是行仁尊礼后，伦理道德意义上的自觉。钱穆曾从修养论的角度谈儒道两家自由观上的这种差异，他认为，"循孟子之修养论，而循至于极，可以使人达至于一无上之道德境界。循庄子之修养论，而循至于极，可以使人达至于一无上之艺术境界。"[12](P249)

庄子以精神自由作为生命的最高追求和最高境界，这从其谋篇布局上已有所见。庄子以《逍遥游》作为内篇之首，而《逍遥游》整篇都是围绕着精神的自由展开的。郭象在为《逍遥游》做题解时，注"逍遥游"为"夫小大虽殊，而放于自得之场，则物任其性，事称其能，各当其分，逍遥一也"。支道林以"无待"解逍遥，发挥了庄子"精神解放"的哲学意蕴，"夫逍遥者，明至人之心也。庄生建言大道，而寄指鹏鷃。鹏以营生之路旷，故失适于体外；鷃以在近而笑远，有矜伐于心内……苟非至足，岂所以逍遥乎！"[9](P1)"逍遥"就是精神的无待、自由，"逍遥游"则是游于精神的自由之境。庄子以逍遥自由作为首篇之主旨、生命思想的开场白，可谓用心良苦，用意深刻。

庄子不仅在文本的布局安排上力求凸显自由之生命主题，而且在文本借用的意象物采用上也是煞费苦心。《庄子》中提到了各种物，有生命之物、有无生命之物，有植物、有动物，这些纷繁复杂的物的出场只有一个目的——传递自由。《外物》中鲋鱼因庄子的冷漠和讥笑而愤然作色；《秋水》中鹓鶵发于南海而飞于北海，非梧桐不止，非练实不食，非醴泉不饮。千年之神龟不愿被藏之庙堂之上，而愿曳尾涂中；《列御寇》中的牺牛，被衣以文秀，牵入大庙；《大宗师》中相呴以湿、相濡以沫的小鱼；《齐物论》中自

---

① 〔日〕福永光司曾有《庄子——中国古代的存在主义》一书，视庄子为中国古代的存在主义。因为庄子深深地关注人的存在与自由问题。

喻适志的蝴蝶；《秋水》中优游自由的小鱼。庄子用这些动物来表明生命的两种状态：一种是自由自在；另一种是处境危险，环境险恶，生命不得自由。对自由自在的蝴蝶和小鱼的赞美之情跃然纸上，自由的生命哲学主题呼之欲出。

甚至庄子设定的理想国也是为了传递自由观念。庄子的理想国有"至德之世""建德之国"，这些理想之国都非现实世界的存有，而是心理上的设置，是庄子所向往的自由状态。《山木》中鲁侯认为市南宜僚所描述的建德之国真存于南越之地，所以，问"彼其道远而险，又有江山，我无舟车，奈何？"市南子回答："君无形倨，无留居，以为君车。"鲁侯还执迷不悟，又问："彼其道幽远而无人，吾谁与为邻？吾无粮，我无食，安得至焉？"鲁侯以为建德之国是具体存在于某一地方的，要去这个地方，自己既无舟车为交通工具，又无粮食为物质保障，甚至即使到了，也没有他人与之为邻，实在很难办到。他的思维未脱离形器世界之实有的局限，仍停留于感性的经验认识层面。因此，市南宜僚回答："少君之费，寡君之欲……人能虚己以游世，其孰能害之！"虚己便知无物，无物则无私无欲，便可蹈乎大方，自由自在，游心于世，物无所害，这就是建德之国。庄子的建德之国是不离于现实生活的心灵自由之境，是不离于世的逍遥自由。这种理想国不是现实具体的社会存在形式，而是心理的虚灵宁静之状的概念表述，因此，庄子又称这种理想国为"广漠之野""无何有之乡"（不是具体的实存之地）。它们作为理想国体现的是经过炼养后的心灵状态、生命境界。

庄子以自由为最高生命境界，所以对于生命的不自由揭露得很多。在庄子看来，人在苍茫的宇宙中是极其渺小的，相应的人的意识受生存时空的限制往往也是狭隘的，"井蛙不可以语于海者，拘于虚也；夏虫不可以语于冰者，笃于时也；曲士不可以语于道者，束于教也。"[1]《秋水》狭隘的自我意识导致自我中心的出现，即个人一己成心的出现，个体往往以自我为中心，以自我的需要来评判他人他物。成心的出现意味着虚静淳朴之心的丧失，庄子称为心死。《田子方》中仲尼曰："夫哀莫大于心死，而人死亦次之。日出东方而入于西极……效物而动，日夜无隙，而不知其所终。薰然其成形，知命不能规乎其前。"人之生死就像东方日出西方日落般自然而然。生命的存亡最重要的是心之存亡，心之死是人生最大的悲哀。只要有颗鲜活而超越的心，那才是真正的生命、真正的活着。挽救和解脱心灵之束缚在庄子看来是人生最为重要的。庄子经常用"解"来形容对精神、心灵之不自由的消除，"安时而处顺，哀乐不能入也，古者谓是帝之县解"[1]《养生主》，"解心释神，莫然无魂"[1]《在宥》，"彻志之勃，解心之谬，去德之累，达道之塞"[1]《庚桑楚》。人之纯朴虚静之心的丧失，成心、逐物之心的出现被庄子称为"县"（即悬），比喻头足倒立，形神颠倒，生命的不自由。而求自由就要解心之悬，释神于形，重新将人翻过来，即是"悬解"或"解心"①。

庄子的自由是精神的自由，而不是行动的自由。精神的自由是绝对的、无条件的、无限的，超越于时间、空间之上，无古无今，无形无迹，无穷无朕。这种精神的自由境界与艺术的审美境界是相通一致的，所以，拥有自由精神的《庄子》中渗透着浓烈的艺术审美气息。庄子体道的方式、体道所达到的状态都是艺术化的。《庄子》中的许多寓言故事都有表露，其笔下的许多工匠的活动都说明了这一点，如庖丁解牛、轮扁斫轮等。天地作为自然的直接承载者，被庄子视为最佳的艺术境界，所以，庄子说，"天地有大美而不言"[1]《知北游》。精神的自由、艺术的审美都不是理性的逻辑推理所能完成的，而只能靠非理性的直觉观照。庄子与惠施的濠梁之辩，正说明庄子采用的是非逻辑的艺术化的思维方式，即美学的方式，以直观、洞察的观照活动，通过鱼与庄子的共感移情而使庄子体验到鱼之快乐。而惠施对庄子体鱼之乐的质问，表明惠施与庄子运用了不同的认识方式，以理智的思辨方式，通过概念的分析来追问鱼与庄子、鱼之乐与庄子之乐的因果联系，因此，庄子不是鱼、庄子之乐也不是鱼之乐。可见，庄子是在艺术地体验生活，而惠施是在理智地分析生活，两者对鱼之乐采取了不同的认识方式，暗含着不同的评价体系，所以不可能得到相同的认识结论，庄子不可能说服惠施，惠施也无法说服庄子。但无疑庄子的鱼之快乐和自由更令人向往，对生命有更大的启示作用，因为庄子在此达致了幸福的境地。

参考文献

[1]（晋）郭象：《南华真经注疏》，中华书局，1998。

[2] 杨伯峻：《孟子译注》，中华书局，2008。

---

① 徐复观说："庄子认为在战国时代的人生，受各种束缚压迫的情形，有如用绳子吊起来（悬），或用枷锁锁起来一样。因为是悬、是枷锁……由此可以了解庄子对不自由的情形，感受到如何痛切。"参见徐复观《中国人性论史》（先秦篇），上海三联书店，2002，第347页。

[3] 王先谦:《庄子集解·序》,中华书局,1954。

[4] 王先慎:《韩非子集解:新编诸子集成》,中华书局,1998。

[5] (魏) 王弼:《老子道德经注》,楼宇烈校释,中华书局,1980。

[6] 侯外庐、赵纪彬、杜国庠:《中国思想通史》(第一卷),人民出版社,1957。

[7] 牟宗三:《中国哲学十九讲》,上海古籍出版社,2005。

[8] 徐复观:《中国艺术精神》,华东师范大学出版社,2001。

[9] (清) 郭庆藩:《庄子集释》,王孝鱼点校,中华书局,2004。

[10] 吴怡:《逍遥的庄子》,广西师范大学出版社,2006。

[11] 余虹:《中国文论与西方诗学》,生活·读书·新知三联书店,1999。

[12] 钱穆:《庄老通辨》,生活·读书·新知三联书店,2002。

中国传统文化中的幸福观及其当代价值

吴巧玲

（西安理工大学思政部硕士生　陕西西安　710054）

摘　要：幸福观是人生观中关于幸福的根本观点和看法，是产生并形成幸福感的关键。中国传统伦理思想非常重视对义利、理欲、苦乐、荣辱等幸福维度的探讨，并由此构成了不同历史时期、不同流派的各具特色的幸福观。随着社会主义和谐社会的构建脚步加快，人们生活的幸福水平作为社会发展的进步指标而备受关注。当今中国社会处于转型和改革的关键时期，经济、社会的发展速度与人们生活水平的提高出现失衡，社会利益呈现多元化，传统的道德体系也遭到多方面的质疑，使人们的幸福观念发生了动摇。本文通过对中国传统文化中儒、道、法、墨各家幸福观的阐述分析，结合当前人们对幸福观的理解，提出中国传统文化中值得当今人们学习借鉴的幸福观，以促进当代和谐社会建设。

关键字：中国传统文化　幸福观　当代价值

一　幸福及其幸福观

（一）幸福的内涵

虽然现代幸福学派将幸福定义为"人们的渴求在被得到满足，或部分被得到满足时的感觉，是一种精神上的愉悦"，但是从古至今，人们对幸福的解释各不相同，哲学家们对幸福问题的争论也从没休止过，由此可见"何为幸福"是一个很难定义的事。心理学中把幸福定义为主观幸福感，包括情感部分和认知部分。情感部分是指基于情感的对自己内心愉悦程度的评价，体现于自己感觉的"快乐"；认知部分则是指基于一定信息对自己生活满意程度的评价，体现人们目前生活达到理想状态的预期程度。

从人的生存和发展需求角度出发，幸福就是生存需求得到适度的满足、发展需求得到适度的满足，并能够不断追求满足而产生的对人生总体上感到满意的愉悦状态。

（二）幸福观的内涵

幸福观是人们对幸福的根本看法，是一个人的人生观和世界观在幸福问题上的反映，是产生幸福感的源泉。不同的人生阅历、不同的生长环境会使人们形成不同的幸福观，人生目的不同、追求的人生意义不同也会使人们对于幸福形成不同的理解。

资产阶级的幸福观是利己主义、个人主义、享乐主义，主张物质享受与个人欲望的满足是衡量幸福的尺度。而马克思主义幸福观则认为，每个人都是在谋求幸福，个人的幸福和众人的幸福是分不开的，它把幸福的创造与幸福的享受结合起来，并把创造幸福作为前提，把享受幸福作为结果。

二 中国传统幸福观的主要内容

（一）儒家幸福观特征

儒家文化构筑了中国人传统的文化心理结构。注重道德价值，主张"修身，齐家，治国，平天下"的政治伦理文化，道德是美的内容，美是对道德的升华，对至善的追求，就是对幸福的追求。儒家幸福观表现在两方面。一是主张"德福一致"的幸福观。《礼记·大学》里提到"大学之道，在明明德，在亲民，在止于至善"，就是对道德人格的终极要求。儒家最高境界是"内圣外王"，即对内要有高尚的道德修养，对外要有高尚的政治人格。在承认人具有"欲"的本性基础上，儒家认为人是有道德和理性的动物，伦理道德是人类所独有的，是人之所以贵于万物的重要体现。既然欲望是既不可以绝对满足，又不可能完全压制的，那么就应该适度地节欲。将个人幸福融入个人的一善一行之中，认为追逐美渴求的过程就是追求幸福的过程。二是主张"仁爱"的幸福观。仁爱是儒家思想文化的核心，孔子强调仁和义，特别是仁，认为，爱人就是仁，是一种特殊的德行，仁德幸福体现的是与民同乐，而不是一己之乐，是一种"老吾老，以及人之老"的普天下的共同幸福。

孔子的"安贫乐道"思想，是对中国人传统幸福观有深远影响的幸福观。"饭蔬食饮水，曲肱而枕之，乐亦在其中矣"，孔子的弟子颜回所说"一箪食，一瓢饮，在陋巷，人不堪其忧，回也不改其乐"。孔子认为人生幸福不在于丰富的物质生活，不在于外在环境的得与失，而在于内心的平静与充实，是一种独特的道德的充实感，是一种内在的道德修养的境界。提倡"贫而乐，富而好礼""君子坦荡荡，小人长戚戚"。孔子提倡"无所为而为""知命"，那么我们将永不患得患失，永远快乐幸福。儒家以此为典范，主张追求和实现道义，甚至将"杀身成仁，舍生取义"当作自己的最高幸福而不顾物质生活的享受，"仁者不忧，勇者无惧"。一定意义上不具有人文关怀。

（二）道家幸福观特征

道家代表老子认为，"道"是天下之母，是万物之源，人类生活幸福的至道就在于顺应自然之道、幸福之道。指出"人法地，地法天，天法道，道法自然"。以自然为师，不矫揉造作，不刻意妄为，从而无不为。"自然的"是指顺乎个人的德而行，自然而然，以"朴"作为生活的指导原则。追求顺德而行就是幸福。如老子所说："五色令人目忙，五音令人耳聋，五味令人口爽，驰骋畋猎，令人心发狂。难得之货，令人行妨。"人类的欲望永无止境，贪得无厌是最大灾祸。所以要获得幸福，就要超越功名利禄之上，尽情山水自然之间，从而天人合一，物我两忘，磅礴万物，获得精神上的愉悦和幸福。

在个人幸福方面，道家提倡自然无为的幸福观。这里所说的"自然"是指一种不受人为控制和干扰的本来状态，而不是现在人们讲的大自然环境或某具体事物。这里所说的"无为"指的是顺其自然、顺应实际的处世态度和方法，并不是现在的"庸庸碌碌、无所作为"，面对生活什么都不做、都不争取。道家认为幸福不在于占有大量的物质财产、拥有极大的权利和名声，而是以得道为基本信仰，认为幸福在于身体愉悦、精神满足，所以道家以知足常乐作为处世标准，提倡清心寡欲、顺应自然，而争名夺利、欲求不满是人类不幸福的原因。

总而言之，道家认为像圣人一样自然无为、淳朴真实、天真无瑕的人就是真正幸福的人。

（三）法家的功利主义幸福观

法家把人与人之间的关系看作一种自利目的的关系。认为追求个人利益是人的本性，是个人行为的唯一支配因素。人与人之间进行的一切活动都是为了实现自身利益，而为了实现自身利益就必须建功立业。所以法家的幸福观可以认为是一种功利主义幸福观，并且是为统治阶级服务的君主至上的幸福观。

这里所说的"功利主义"可以理解成是字面意义的"功名利禄"，是个人为了达到幸福状态而采取追求功名利禄的方式，注重的是"功利"的目的，是"私利"。

1. 君主至上为幸福信条

法家的代表人物商鞅、韩非、李斯，反对道德礼制，认为人的本性都是追逐利益的，没有道德可言，所以只要给予足够的金钱、地位、名誉，就可以让别人做任何事。对于君主来说，只要能够给百姓带来利益，百姓就会拥戴他。法家把幸福最终归结为君主一个人的幸福，百姓的幸福无非是君主权力集中过程中得到的利益满足。因此法家的幸福观是君主至上的幸福观，是为了加强封建君主专制政权。

2. 建功立业为幸福本质

法家注重法治，认为人们在追求个人利益的时候必须有相应的法律作为社会安定的有序保障。个人如果想得到幸福就应该建功立业，通过建功立业获得君主的奖赏，也就是获得利益，获得利益才会感到幸福。在严酷法律的管制下，在功名利禄诱惑的驱使下，人们重利轻义、急功近利，为了追逐利益而获得幸福可以看作异化的幸福观、功利主义的幸福观。但是法家的幸福观也不是没有积极意义的，管仲说："不羞小节而耻功名不显于天下也。"可见他的功利主义幸福是与天下相关联的。法家眼中的人生价值是在为实现功利目的而奋斗的过程中干一番大事业，以期青史留名，同时也达到了自己的幸福。

（四）墨家的兼爱主义幸福观

墨子围绕着"国家百姓人民之利"提出了独特的幸福主张。他提出了"三表法"，即"有本之者，有原之者，有用之者。于何本之？上本之于古者圣王之事。于何原之？下原察百姓耳目之实。于何用之？废以为刑政，观其中国家百姓人民之利。"（《墨子·非命上》）他认为真正的幸福绝不能仅仅依靠民众个人的"三省吾身""反求诸己""知足常乐"，而要看国家政策能否为民众带来真正幸福。从精神性上升到制度性、物质性，是一种历史的进步。墨子还主张"节葬""节用"，这几乎就是我们现在提倡的环保型、节约型社会的思想渊源，如今世界各国已经达成共识，节约资源，保护环境，为了全人类共同的家园，实施可持续发展战略。

墨子设计了"尚同"的理想社会蓝图。提倡世界和平，极具超前性、前瞻性、思想性。要从国家百姓人民之利出发，国与国，家与家，人与人之间不分彼此，相互爱护，一同天下之利害、好恶。墨子所求的幸福是世界大同的幸福，是为了谋求大多数人最大的幸福，是超越个人利益至上的集体主义的、大众的、人的幸福。总之，墨子"国家百姓人民之利""节葬""兼相爱""交相利"的幸福观，对现实社会具有重要指导和借鉴作用。

三　中国传统幸福观的当代价值

（一）中国传统幸福观对社会主义精神文明建设的启示

随着社会改革步伐的加快、经济的快速腾飞、社会物质财富的增加，以及人民生活水平的逐渐提高，本应该随之加强的幸福感反倒降低了。有些人为了获得利益最大化，为了满足个人私欲，在一些领域内道德失范，拜金主义、个人主义、享乐主义滋生蔓延扩张。人们在寻求幸福的过程中，将财富作为幸福的代名词，对财富盲目的追求使人们成为财富的奴隶，亲情、爱情、友情，以及信誉、勤奋、诚实被淡忘和弱化，金钱、权利、享受异化了幸福概念，物质满足完全取代了精神需求。所以研究中国传统幸福观思想不仅能够帮助现代人树立正确的幸福观，而且必将推动中国社会主义精神文明建设的发展。

1. 坚持儒家"道德满足"，抛弃拜金主义幸福观

拜金主义，是指盲目地崇拜金钱，把金钱作为最高价值，认为一切人生价值都应服从于金钱价值的意识形态。认为金钱不仅是万能的，而且是一切行为的衡量标准。不可否认，追求更加富裕的生活是人类的本性，为使生活过得更好而积极谋取财富也是理所当然的，这种正常的依靠劳动获取生活所需不是我们所说的拜金主义，我们眼中的拜金主义是一种过度地、盲目地，

甚至不择手段地极端程度。拜金主义者为了获得金钱唯利是图，对事物只看表面不重内涵，只重物质利益不顾道德要求。拜金主义主要表现在职业道德的弱化、利益与正义关系扭曲和金钱与权力交易三个方面。

拜金主义是腐朽、消极的思想观念，它的横行必然导致人情冷漠、物欲横流、道德沦丧的不良社会风气，它阻碍了人们追求真正幸福的道路，掩盖了人性的善良本质。要消灭拜金主义，我们可以从儒家"道德满足"幸福观中寻找方法。现代社会没有金钱是万万不能的，但是金钱也不是万能的。金钱能买到房子，但是买不到和睦的家；金钱能买到美色，但是买不到真心的爱情；金钱能买到权利，但是买不到尊重。幸福不仅是物质的单一满足，更是精神的满足。儒家道义主义幸福观中存在解除拜金主义精神顽疾的良方。儒家认为道德满足是快乐和幸福的基础，在处理利益关系上，道义是衡量所获得的利益正确与否的标准，只有符合道义的利益才是正确的，是能令人幸福的利益，反之就是"恶"的利益。"不义而富且贵，于我如浮云"，如果是不符合道义的行为，就应该放弃利益来保全道义。

2. 学习法家"建功立业"，反对享乐主义幸福观

享乐主义是一种把享乐当作人类最重要的追求的哲学思想。在这里我们批判的是现代的极端享乐主义。在物质财富极大丰富的今天，日益方便的社会生活使人们普遍享受到了多样需求的满足。但是人们并没有因此获得真正的幸福，人们却觉得更加痛苦了，因为人们在消费物质资料的同时，变得为了消费而消费，成为消费主义者，通过消费得到快乐满足，通过挥霍金钱得到物质享受。据统计，2010 年我国奢侈品消费金额高达 65 亿元，连续三年居全球增长率第一。预计到 2015 年，我国奢侈品消费总量将会占全球的29%。中国将成为世界上最大的奢侈品消费国家，与此同时，奢侈品消费的主体中青年人的比例大幅增加。

物质需求固然重要，但是幸福的真谛离不开精神满足。享乐主义只注重物质满足，强调感官享受，导致自身精神空虚、意志消沉。中国法家传统幸福观思想中"建功立业"的观点为享乐主义的纠正提供了理论依据。法家的功利主义幸福观也注重个人利益的实现，认为人与人之间进行的一切活动都是为了实现自身利益，但是自身利益不仅是物质利益，还有精神利益，为了自身利益的实现必须建功立业，功名利禄不仅为了获得权力，还包括自我实现。幸福来源于物质生活和精神生活的和谐。只有在物质生活与精神生活和谐统一的发展过程中，人的幸福才能生长起来。

利己主义幸福观是指把利己视为人的天性，把追求个人利益看作高于一切的行为准则和生活态度，把个人幸福看作高于一切幸福的一种人生价值观。不管是极端利己主义还是合理利己主义，都是个人本位的表现形式。在物质诱惑丰富的现代社会，个人本位观念最终必然走向损人利己、唯利是图、以权谋私、金钱至上的歧途。建设社会主义精神文明，可以从个人与集体的关系出发，在墨家"兴天下利"的利他主义幸福观中汲取精华，为摆脱现代社会利己主义思想提供帮助。"兼爱"思想与中国现代的社会主义精神文明要求一致，我们应该提倡人与人之间相互关怀、整个社会相互关爱，促进社会正义，努力达到全体人民各得其所、各尽所能、和谐共处的状态。

（二）中国传统幸福观的现代生态文明价值

在物质文明极大丰富的现代社会，生态环境面临着前所未有的危机。淡水污染、能源紧缺、森林锐减、物种灭绝，这些都是人类物质财富极大丰富带来的灾难。加强生态文明建设，走可持续发展道路已经被世人公认为缓解生态危机的有利手段，人们可以从中国传统幸福观思想中发掘对社会主义生态文明建设有利的想法。

1. 儒家"仁爱万物"与保护生态环境

儒家幸福观思想的核心目标是"道德满足"，而德行的根本是"仁"，孔子所谓的"仁"包括了做人的全部规范，即"能行五者于天下，可谓仁矣。"在儒家看来，"仁"不仅体现在对自己、对家人这样的人类个体上，还体现在对世间所有生命的爱。

据《礼记·月令》记载，"孟春之月，禁止伐木；孟夏之月，无伐大树；季夏之月，草木黄落，乃伐薪为炭；仲冬之月，日短至，则伐木取竹箭。"意思是人类根据每个季节森林的生长状况来决定什么时候伐木、什么时候伐什么样的树木。《礼记·王制》也有记载，"獭祭鱼，然后虞人入泽梁；豺祭兽，然后田猎；鸠化为鹰，然后设罻罗；草木零落，然后入山林。"对动物的捕杀也应该适宜，使动物有繁殖生长的空间。这里的"时禁"与前面讲的儒家幸福观中肯定欲望存在，同时又用道德理性约束欲望是一样的道理，人类在利用自然环境、攫取生态资源的时候可以有"欲望"，但是需要节制"欲望"。

近年来，生态危机已经不容忽视，世界各国都提出了应对策略，中国作为人口大国、文化强国，在生态环境保护中扮演着相当重要的角色。中华民族如何运用五千年来的优秀思想文化应对现代生态污染问题值得考虑。首先应该改变思维方式，提倡合理的生产方式就应该学会正确处理人与生态之间的关系。为了提高民众的环保意识，促进生态文明建设，我们应该积极倡导"仁爱万物"的思想，宣传人与地球、自然息息相关的事实，唤醒人们关爱自然环境、关爱动物生命的意识，并科学地讲解森林、地下资源等的循环规律，帮助民众提高经济发展与环境保护同样重要的认识。

2. 道家"天人合一"与人和自然和谐发展

中国传统哲学的"天人合一"思想是生态伦理观的"思想支撑点"。从《易经》的"天地之大德，日生"到孔子的"赞天地之化育，与天地参"、孟子的"仁民爱物"和老庄的"返璞归真"、张载的"民胞物与"等，无不包含着现代生态伦理观的合理思想。其中道家的幸福是自由逍遥为根本的幸福，主张自然无为，否定对自然进行人为改造，追求返璞归真。

3. 重对"天人合一"的渴望

正确认识自然规律，按自然规律做事对于环境保护工作意义重大。虽然我们不能绝对认同道家的所有观点，但是道家幸福观中的生态观念开阔了人们的视野，为人们建立了一种值得思考的伦理范例，为人类克服环境危机提供了思想根据，具有积极的价值和意义。

（三）中国传统幸福观对社会主义政治文明建设的启示

1. 儒家"为政以德"寓于以德治国与依法治国并行

中国社会主义政治文明建设中强调以德治国与依法治国相结合的政策方针，以保证公平和效率的兼得和均衡。"以德治国"就是以马克思列宁主义、毛泽东思想、邓小平理论为指导，积极构建适应社会主义市场经济发展需要的社会主义思想道德体系，并使之成为全体人民普遍认同和自觉遵守的规范。"依法治国"就是广大人民群众在党的领导下，依照宪法和法律规定，通过各种途径和形式管理国家事务，管理经济文化事业，管理社会事务，保证国家各项工作都依法进行，逐步实现社会主义民主的制度化、法制化，使这种制度和法律不因领导人的改变而改变，不因领导人的看法和注意力而改变。

儒家幸福观强调"德治"，但是并没有排除法治，孔子和孟子都是侧重于道德的约束作用，而作为儒家最后一位杰出代表的荀子，与法家有特殊的渊源。荀子从性恶论出发，清晰明了地指出"德"与"法"同样重要，"法者，治之端也。""治之经，礼与刑，君子以修百姓宁。明德慎罚，国家既治四海平。"他认为治国的根本是礼和刑,君子以此约束自己,则百姓安宁,认为获得幸福的方法只是依靠德治是不够的,必须倡导法治与德治并举。

2. 法家"法不阿贵"寓于社会公平正义

社会公平正义,就是社会各方面的利益关系得到妥善协调,人民内部矛盾和其他社会矛盾得到正确处理,社会公平和正义得到切实维护和实现。公平正义既是构建社会主义和谐社会的理念前提,又是和谐社会必不可少的构成要素。社会公平正义的缺失容易导致社会不同群体、不同阶层之间利益矛盾加剧,造成社会危机和社会冲突,从而影响社会稳定和经济发展。

法家幸福观在政治法治方面主张"法不阿贵",法一旦制定就对全体社会成员具有公信力和约束力。现代法治认为法治的精神在于平等和公正,这与韩非子所说的"法不阿贵"的内涵是一致的。"法不阿贵,绳不绕曲;法之所加,智者弗能辞,勇者弗敢争,刑过不避大臣,赏善不遗匹夫;故矫上之失,诘下之邪,治乱决缪,绌羡齐非,一民之轨,莫如法。"韩非子主张要对全体臣民一视同仁,法律约束力之下一视同仁,法律制裁也是一视同仁。高管和富商没有特权,感情血缘没有特权。2010 年"我爸是李刚"这句话在网络上成为脍炙人口的语言,河北大学生李一帆在醉酒飙车撞人后逃逸,在被拦截时扬言:我爸是李刚!似乎在警告人们,我爸有权有势,撞人这小事拿我没办法,就算法律也管不了我。这种权贵主义的思想在中国现代社会普遍存在,很多犯罪分子花钱找人、走后门逃脱法律制裁或者减轻罪责,而无权无势无钱的普通人只能依法接受惩处。这些都是法律的不公平现象,与社会主义倡导的公平正义相违背。"法不阿贵"思想不但在司法领域给人们以借鉴,在医疗、教育、就业等方面同样可以古为今用、汲取精华。

3. 墨家"尚贤使能"寓于任人唯贤唯能

2010 年习近平在全国组织部长会议上指出,要拓宽选人用人视野,坚持五湖四海,任人唯贤。《党政领导干部选拔任用工作条例》的颁布为优秀人才的脱颖而出创造了良好的环境,对有效遏制用人上的不正之风有深远的意义。该条例体现了在干部选拔任用中,要注重群众公认程度,增加透明度,强化监督力度。

墨家在"尚贤使能"的基础上,还强调因人而异、科学管理。"夫不能治千人者,使处乎万人之官,则此官什倍也。夫治之法将日至也,日以治之,日不什修,知以治之,知不什益。而予官什倍,而此治一而弃其九矣。虽日夜相接,以治若官,官犹若不治。"依据贤者的能力大小,赋予不同的官职，要使德能与官职成正比，既不能小材大用，也不能大材小用。墨子特别强调赏罚分明，认为"有能则举之，无能则下之"，"贫而贱之，以为徒役"，工作出色的人要给予重赏和提拔，能力有限的人要降职撤销；"以劳殿赏，量功而分禄"，按照官员的劳动成绩确定奖赏，根据功勋来发放俸禄。这样就使贤者能上能下，建立了合理的人才流动机制，最终庸才被淘汰，贤才得到重用。

总之，进入 21 世纪以来，以胡锦涛为总书记的党中央领导在邓小平为我们构建的宏伟蓝图的基础之上，将"以人为本""利为民所谋""情为民所系""为大多数人谋最大幸福""提高人民生活水平"当作自己工作的出发点和落脚点，把"构建社会主义和谐社会"作为长期目标和战略任务，当代中国人的幸福观和和谐社会的理念中得到更加充分的表达。这是人类物质生活和精神生活内在和谐的幸福观的实现，符合马克思主义幸福观。如今我们国家已经开始了以构建和谐社会为目标的全民幸福运动。十八大报告中更是强调人民的幸福感，国家经济增长要把国民幸福感作为出发点和落脚点。以经济建设为中心不动摇，实施物质文明、精神文明、社会文明、生态文明四位一体的可持续发展战略，社会和谐意味着我们全民的幸福。我们期盼中国最广大的人民早日实现个人幸福和社会幸福一致的幸福，早日实现"物质生活和精神生活内在和谐"的幸福。

参考文献

[1] 贺家红：《幸福观研究概述》，《哲学动态》1998 年第 2 期。

[2] 司马迁：《史记》，中华书局，2006。

[3] 张富洪、杨慧彤：《福学》（家庭篇），复旦大学出版社，2010。

[4] 胡平生：《孝经》，陈美兰译注，中华书局，2009。

[5] 王天海：《名家讲解荀子》，长春出版社，2008。

[6] 王学典编译：《墨子》，中国纺织出版社，2007。

[7] 《马克思恩格斯全集》（第 1 卷），人民出版社，1995。

[8] 《马克思恩格斯全集》（第 2 卷），人民出版社，1995。

[9] 《马克思恩格斯全集》（第 40 卷），人民出版社，1995。

[10] 张松如：《老子说解》，齐鲁书社，1998。

[11] 邓球柏：《论语通解》，长江出版社，1996。

[12] 郭齐勇：《中国哲学史》，高等教育出版社，2005。

中共十八大语境下陕西文化的崛起

戴生岐

（长安大学马克思主义学院教授　陕西西安　710064）

摘　要：在中共十八大政治文本中，党中央提出了一个恢宏"愿景"，这就是到建党一百周年时，要全面建成中国特色社会主义的小康社会。我们认为，共襄全面小康社会的"宏大叙事"，给陕西文化的崛起提供了千载难逢的时代机遇。因为陕西是中华民族的精神家园和基因根脉。界定陕西文化的内涵和历史流变，概括陕西文化的基本特征，挖掘、整理并豁显氤氲于陕西省人民文化心理结构中的"社会性格"和日常精神生活的真实图景，将为丰富社会主义核心价值体系提供元气充沛的草根基础和"镜鉴"资源。我们现在有一个共识，就是社会主义核心价值体系的"社会化"要接"地气"，这都说明地域性文化的"权重"在当前日益被人们看重。十八大政治报告文本中提出的"扎实推进社会主义文化强国"的宏伟战略，其中包含四个从内到外、从软到硬、从价值到实体、从"心性"到"物性"的规定。这就是核心价值、公民道德素质、人民精神文化生活以及基于文化产业的文化整体实力和竞争力。不难发现，弘扬陕西文化，对于上述战略目标的落实将产生积极的作用。

关键词：陕西文化　历史流变　社会性格　域性文化　核心价值　正能量　文化强国

引言：陕西文化崛起的历史机遇

在中共十八大政治报告文本中提出了一个恢宏"愿景"，这就是到建党一百周年时，要全面建成中国特色社会主义的小康社会。紧接着，新当选的中共中央总书记习近平同志，带领新的六位常委和书记处同志从中南海出发，到国家博物馆参观了《复兴之路》展览。在参观期间，习近平同志抚今追昔，感慨万千，并提出了"中国梦"的概念。他指出："实现中华民族的伟大复兴，就是中华民族近代以来最伟大的梦想。"按照张维为的说法，中华民族的复兴是一个伟大文明型国家的再度复兴。因而这种复兴必然是超越经济层面的一元性和单向度的全方位的和整体性的崛起[1](P57-89)。而且，小康前冠之以"全面"，必然涵盖着文化小康的目标在内。同时，"扎实推进社会主义文化强国建设"，还是五大建设格局中的应有之义。如果这样看问题，你就不能不承认，中国的西部，尤其是陕西，迎来了后来居上、再度复兴的良好机遇。文化学者肖云儒指出，陕西是中国文化的"硬盘"和精神母体，又是中国文化的"芯片"和脱氧核糖核酸。因此，界定、梳理陕西文化的概念所指和历史流变，归纳陕西省人民在千百年的历史长河中所积淀的道德素质和"社会性格"的基本特点，总结陕西省人民精神文化生活过程中所氤氲的独特的幸福内涵并且使之播远流长，做好、做大、做强陕西文化产业并使之参与国际竞争，对于社会主义核心价值体系建设工程承接"地气"，公民道德素质的全面提振增强实效，人民精神生活上层次、上水平和强化社会主义文化整体实力和竞争力，都有着不可估量的积极作用。

一　陕西文化的概念和流变

（一）陕西文化的概念界定

陕西文化作为一种地域文化，亦称为三秦文化。但是，她和在中华大地其他地方发展起来的地域文化相比较，却有着极为鲜明的特色。地域文化是和全国文化相对应的概念，陕西文化所在地当然是"三秦"，但由于在这一方热土前后出现过十三个王朝［西周、秦、西汉、新、东汉（献帝初）、西晋（愍帝）、前赵、前秦、后秦、西魏、北周、隋、唐］，所以因王朝建立所代表的文化既是全国性的文化又是地域性的文化。因此，三秦文化的普适性和普世性就不是中华其他二十四个地域文化圈所能望其项背的。从这个意义上说，三秦文化就是中华文化的原生形态，就是中华文化的历史基因库，就是炎黄子孙的历史身份的 DNA 和寄托灵魂的精神家园。

（二）陕西文化的历史流变

陕西文化继承并发展了周秦文化的优秀成果与原始雄风，到了汉唐阶段臻于鼎盛，并且以独具特色的关中文化或者长安文化的风貌昭示于世人。汉唐时期的关中或者长安，是全国经济、交通、政治、文化和社稷的中心，也是中西文化交流、互动的重镇和要冲。因此，关中文化或者长安文化理所当然地构筑成当时中国传统文化的核心内容和主体元素。文化人类学家马林诺夫斯基认为文化是一个整全的复合体，其表层和硬件设计是堆积在大地之上的"人化自然"的物性文化，然而中国文人历来把狭义的文化即理念层面的文化高看一眼，并且认为惟其理念文化，才是经营器物文化使之健康演进的灵魂和路向。梳理陕西文化，首先映入眼帘的，就是表现理念文化的汗牛充栋的文化典籍、风物掌故以及创造它们的名人大家。陕西大地诞生的《诗经》《周易》《尚书》《史记》《汉书》《正蒙》等，是世界上第一流的文化典籍。易学中阐发的"人文化成"的人文主义维度的文化价值观念，是中国人生生不息、创造自己民族文化的基本指南；司马迁在自己的史学研究中所生发的"究天人之际，通古今之变，成一家之言"的恢宏愿景，代表了陕西人民敢于咥大活、长于咥实活、善于咥成活的价值取向；关中西府扶风人班固的史学价值取向中的"正统意识"和尊儒淑世的改良主义情怀，反映了陕西人民祖宗崇拜和归根返本的"不折腾"（陈忠实先生笔下的朱先生，就是这样一个维护正统、坚信"有本不穷"的最后一个乡村儒者）气质。侯其后进，随着本土黄老之学和道家文化的蓬勃兴起，以及隋唐之际佛教文化在关中的灿烂繁荣，一大批在文史哲（包括宗教）方面造诣颇深的杰出之士便灿若星河。董仲舒（儒）、道安（释）、鸠摩罗什（释）、王重阳（道）、尹喜（道）、老子（道）、孙思邈（道）、阿罗本（景教即基督教）、苏谅夫妇（祆教，即拜火教）、李白（文）、杜甫（文）、韩愈（文）、张载（哲）等都是可以忝列中华文化史或者世界文化交流史长廊中的不二代表。如果说周文化在"监于二代"的基础上有所损益，从而周公旦制礼作乐，开启了中华文明的先河，并熔铸了关中原住先周初民敦厚多礼、文雅谦让、崇尚流动、和合平健的地域性格的话；那么，秦文化在筚路蓝缕、一路西来的艰苦奋斗中所积淀的务实进取、崇尚功利、"唯大是求"和变法图强的地域文化性格，则构筑了陕西省人民不服命运安排、不断超越自身的一如柳青在《创业史》中所勾铉的"恨透铁"精神。到了汉唐，由于南方道家文化、东方儒家文化和魏汉佛家文化的多元交会和碰撞整合，则引发了陕西省人民的"头脑风暴"和不同文化信息观念的组合与裂变。在这个文化大繁荣的实践中，就逐渐形成了陕西省人民大气包容、悦纳会通、涵化创生和内方外圆（孙思邈首倡此说）的交往理性。唐代的长安，由于西域凿空、南夷开通、东海贯达而造成多元文化向心组合并转换生成，遂使她成为世界文化的中心和东方的罗马。

两宋以降，随着政治中心东移和经济文化中心南迁，沟通中西文化的交通要道逐渐向东南沿海转移。当海上丝绸之路送来的西方传教士利玛窦在泉州布道的时候，当意大利旅行家马可波罗经过东线来到中国进行东西方文化交流的时节，陕西文化或者长安文化或者关中文化便逐渐进入了一个相对平和的稳定期。日有朔旺，物有盛衰。正是在这个相对稳定期，被黑格尔称之为"米纳瓦山上的猫头鹰"的哲学家，才算是迎来了大有作为的好时光。因为过于光怪陆离和异常热闹的文化生态，委实不利于哲学家"沉浸浓郁、含英咀华"的理论致思活动。在反省、总结和提升陕西文化的过程中，韩愈、李翱、张载做出了特殊的贡献。特别是张载所创关学的诞生，标志着陕西文化经由器物、经验、民俗、掌故向哲理层面的过渡。而且，秦皇在先期所创造的制度文化，也须待这个后来者作为守护神才能福祉绵延。张载在其《西铭》中所发出的"民胞物与"的哲理之言，被通家视为中国北宋年间现代化发轫阶段的后现代的先声之鸣。所以，历史老人到了两宋，陕西文化才不啻是在狭义层面和人文维度上臻于文史哲三位一体的完善，而且在整合科技因素的广义层面上也才完成了器→道→制的三元整合。

明清时期，由于关中失去了全国政治、经济、文化、社稷的中心地位，故主演中国历史活剧两千多年的陕西省人民，其角色扮演也只好完成由主角到配角的痛苦转身。这时陕人的文化心态也就从形儒实法或者形法实儒转向到形儒实道的地步。但关学鼻祖张载为公共知识分子所开出的"立立既开"的人生使命并没有让关中人忘怀。他们乐于形上性"宏大叙事"的雅兴依依如前。这时最有名的文化人群体当属"关中三李"（李颙、李柏、李因笃）的崛起。尤其是皓首穷经、枵腹乐道、面带菜色的周至人李二曲（即李颙），更抱定了为挽救世道人心而"招魂"的人生志向。当他和眉县人李柏一前一后跨出三秦大地去南国苏杭一带"讲学"时，还不期引起了轰动。"一时巨绅名儒，远近骈集"，"郡人诧为江左百年来未有之盛事"[2](P28)。

二　陕西文化的主要特征

陕西文化在其发生、发展、演变的历程中，彰显了许多不为外埠文化所具备的特色。其中最主要的有以下三个。

（一）合和平健的人道主义特征

这和马克思在《巴黎手稿》中所开发的积极的人道主义或者现实的人道主义有异曲同工之妙。合者，天人合一也。但陕西省人民的天人合一不啻是荆楚道家文化圈里所侧重的天道主义的天人合一，带有强烈的人道主义色彩。因为在陕西省人民看来，这个"天"主要指自己生命所由出的性命之天和祖宗之天。所以从先周初民开始，主敬重礼、慎终追远、以家为本、面向过去、社稷唯大、祖宗崇拜的观念就深入三秦儿女的心灵。和者，人际和谐也。周文化所氤氲的人际和谐的文化价值诉求曾经把为一寸、半寸犁沟界畔争得不可开交的芮虞两个部落首领羞得无地自容。因为周人早就信奉了"一让两有，一争两丑"的道理。平者，心物平衡也。关中大地北傍渭水，南依秦岭，气候温暖湿润，土质疏松宜耕，人们只要稍事劳作，大地母亲便会献出粟米布帛，千百万年来，养成了三秦大地人民的主清静、尚闲逸的文化性格。凡勃伦认为，文化人都是"有闲阶级"。所以，陕西省人民都是内心丰富的文化人。他们没有见了"海"就急巴巴扎下去捕鱼捉虾的冲动，而是多了一种在"岸上""涤除玄览"、仔细把玩自家文化的自觉。孟子说，"学问之道无他，求其放心而已。"[3] 放就是搁置，就是把丢失的心魂找回来并置放在该放的位置。陕西省咸阳人民所开发的"biangbiang 面文化"，就是反映作为文化人的陕西省人民的精神图腾。其中的心字就被搁置在行进的轩车之底座上，而底座和车轮又附丽在大地上，这才叫作"踏实"。陕西省人民认为，惟其把内心做丰富了，才能够和日益丰盈的器物堆积即生产力发展的巨额财富相匹配。健者，身心俱健也。陕西省人民都是中华身体哲学的实践者和道家思想文化的诠释者。他们坚持了一种尊崇价值理性，整合修齐治平、统摄才力命德，突出人际"之间性"的人生幸福哲学，所以特别注重自己"身态"系统的上下协调，他们经常讲道："头圆像天，其所以轻清者上升也；足方像地，其所以重浊者下降也。"所以他们既注重形而下的物性释放和感官享乐，这点和巴蜀大地人民崇尚滋味、"至乐活身"有得一拼。但同时，他们又是见过大场面的人，所以绝不做"下三滥"，而是要做明礼诚信、胸次浩大，具有"智、勇、仁"三达德品性的人。所以他们又对精神性的"东东"更为关注。他们就是进入天地境界的人。孙思邈开发的"胆欲大而心欲小，智欲圆而行欲方"的人格境界，就是他们梦寐以求的。

（二）纳异进取、奋斗为乐的事功主义倾向

先秦属于轴心时代，从那时起，陕西文化就具备了纳异进取、奋斗为乐的事功主义的幸福基因。"纳异"，即采取拿来主义的态度把异族文化整合到自身壮大我们自己也。周据关中，其祖后稷擅长农事，在舜帝时就被封为农官。传至不窋，夏后氏昏乱，不事稼穑，"周人失官而被迫逃窜于戎狄之间"。由于夹缝求生，不得安生，传至公刘，周人又迁徙于泾水中游的豳。公刘率族人"复修后稷之业"，探水源，察地形，划地界，"彻田为粮"，大力发展生产，修建宗庙并建立武装。周人经济的发展引起了戎狄的觊觎，古公亶父说服族人，舍弃了眼前的"坛坛罐罐"，又率浒岐下，开始了向岐山周原一带的第三次大迁徙。"周原瞵瞵，堇荼如饴"。拜天时之利的地缘因素所赐，加上万方辐辏、近悦远来的人和因素，古公又率族人开启了在西岐大地的新一轮改革。他们"贬戎狄之俗"，接受先进文化，重新划分土地，发展生产。"作五官有司"，建立国家机器，从而创造了辉煌灿烂的人居建筑文化、青铜文化和礼乐文化，并为灭商做好了准备。尤其可贵的是，太王并未拘泥长子继承制的古训，而是大胆启用太姜所生幼子季历，以便加强周姜两族的联系，对付戎狄和商朝。季历继位不负众望，讨平西北诸戎，向东逼近商王朝。季历而后文王吉昌继位，他重视农耕，发展生产，体恤人民，爱惜人才，最终造成了周公吐哺、天下归心，"济济多士，文王以宁"的"悦治"局面。这是臻至幸福社会的最深厚的制度基础。纵观周人的崛起可以发现，周人不恋故土，无畏进取，不断开拓生存空间，脚踏实地抓住每一个发展机遇，不仅促进了自身的文明和发展，而且开创了基于《周易》"泽卦"卦象之"悦治"理念的幸福社会的制度基础。

（三）功利务实、变法图强的政治性意蕴

如果说擅长农耕文明的周人在地域文化性格上突出了脚踏实地的交往理性的话，那么，善于养马驾车的秦人，其文化性格就多了一抹仰天长啸和壮怀激烈的英雄色彩。秦人是居于陕西西部和甘肃东部一带古老的嬴姓部落。传说秦人始祖大业是颛顼帝孙女误吞玄鸟蛋而生的。秦人是善于养马和驾车的部族。因而天生秉持了一种唯大是求的政治情怀（可以参照黄帝的作为）。至秦穆公时，广招天下英才，用五张羊皮换回在楚为奴的百里奚，请出隐居宋国的蹇叔，重用善于相马的伯乐和九方皋，大力发展农业畜牧业，终于攻

灭西戎十二国，成为威震天下的春秋五霸之一。

秦人从德公元年（公元前677年）到献公二年（公元前383年）的二百九十多年间，一直定都雍城。十九位国君以雍都为中心苦心经营，为后来秦始皇一匡天下打下基础。公元前384年，秦献公即位，励精图治，毅然离开先祖立业三百年的故都雍城，迁往"可通三晋，北却戎狄"的东部边境栎阳（今临潼东北武屯镇东北北古屯），以示雪耻河西的决心。公元前329年，魏在三代秦王潮水般的攻势之下，终于签订城下之盟。河西之争刚一结束，便传来秦横扫六合的一阵紧似一阵的马蹄声。咸阳位于关中腹地，南临渭水，北依原阪，物产丰富，易守易进，故直至二世秦亡（公元前207年），经七代国君长达一百四十三年的经营，雄踞关中，虎视天下，位列六国之首。及秦王嬴政，"奋六国之余烈"，十年间，秦军铁蹄便踏平韩、赵、魏、楚、燕、齐。其后咸阳又跃为全国首都，"天下辐辏"，近悦远来，堪称当时世界的东方明珠。总之，秦据关中凡五六百年历史，由于其志存高远，唯大是求，纳异进取，事功为本，广罗贤才，变法维新，励精图治，实行耕战，凿渠灌田，南通巴蜀，北备匈奴，西和诸戎，东灭诸雄，车同轨距，书同文字，兴修驰道，厚筑长城，因而成就了独具特色的秦文化之"宏大叙事"。

张恺之先生认为，发轫并成熟于三秦大地的先周文化在本质上讲是一种礼乐文化，她是中华人文精神的原生形态，并且理所当然属于中国传统主导型文化即儒家文化的经典形态。相对于周文化，赵吉惠先生则认为，秦文化在其本质上讲是一种法家化的文化范式。所以陕西文化在她的发轫阶段就是一种阳刚气质十足的以儒为表、以法为里的儒法互补性文化。同时不难发现，无论是周文化还是秦文化，本质上讲是一种幸福文化。因为按照李泽厚先生的观点，儒家文化在本质上讲是一种"乐感文化"，"乐感"就是幸福的感觉；同时，事功主义的幸福观蕴涵着"奋斗为乐"的基本因素，按照王海明先生的观点，幸福就是才、力、命、德和欲望的比值。在这里，才能和努力是获取幸福生活的首要条件，而秦文化的奋斗精神，就恰恰是保证秦人人生幸福的基本因素。作为周秦故地的原住民即陕西省人民，从历史基因讲，就有着这种深厚的幸福根性。

三　陕西省人民"社会性格"勾钰

"心由境生""一方水土养一方人"。这些中国传统历史文化地理学的朴素哲理，和诸多西方人类学取向下的社会心理学成果（关于这点我们另列下篇述及）高度契合。同时，"性格决定命运"是真理。因此，用普列汉诺夫"社会心理理论"的完善版，即西方马克思主义哲学家弗洛姆的"社会性格理论""观照"，陕西省人民在创建自己文化的四大社会生活的实践过程中所积淀的社会文化心理特质，就可以用陕西省人民基于三秦地域环境的"社会性格"来表征。初步概括，主要表现在以下四个方面。

（一）经济生活中氤氲的生烈朴哑

蒙培元先生认为，中国的哲学就是"生"的哲学，其本质就是创新。大凡能够创新的民众都是比较注重守成的人民。此所谓"周虽旧邦，其命维新"是也。这八个字的现实通俗表达就是我开发的陕西省人民的"DNA管理文化"[4]。我们发现，三秦儿女首先就是具有崇根敬本信仰的"得天命"一族。"天"在这里主要指自己性命所由出的祖宗和历史文化基因。所以，三秦儿女在灵魂深处就具有敬天保民和祖宗崇拜的价值信仰。陈忠实先生在其名著《白鹿原》中，通过关中名儒朱先生的口所发出的"究竟要折腾到何时为止"的"天问"，就代表三秦儿女"安息为本"（陈独秀语）和崇尚"不折腾"的心声。今天，西安高新开发区的综合创新能力已经名列中国第三，许多高科技的人文景观矗立在西安大地。这正是三秦儿女"生"之特质的生动证明。得天命一族往往都是高贵之人。高贵者往往"唯大是求"（赵吉惠语），因而又会在仰天长啸中臻于壮怀激烈。所以，三秦儿女又是志存高远、事功至上、纳异进取、不断流动的忠烈之士。从历史发展脉络看，汉唐以前，三秦儿女大都是儒法互补的类型；但是，两宋以降，三秦儿女却在文化反思中变成了形儒实道的人。所以，他们又成了"甘其食、美其服、安其居、乐其俗""高下不相慕"（《黄帝内经》）"至乐活身""得大自在"的老庄之徒。那么，疏离政治的三秦儿女在何处找乐子？答曰"哑活为乐"是也。马克思说，生命的表现方式只有两种：一是表现自己生命的生产劳动；二是表现别人生命的生儿育女活动。而在陕西省人民看来，"哑活"的义项却至少有四重，即一为吃饭，陕西省人民叫"哑饭"；二为交媾，即陕西人所说的"哑活"；三为弄事，陕西人尤为钟情于弄大事、弄实事、弄成事；四为"哑人"，即"打架"是也。最有名者，就是由"陕西冷娃"孙蔚儒、赵寿山等将军带领三秦优秀后生在中条山和日本人干的那一架。而这就是基于人世间生物学生命和人类学生命统一的人生状态的"欢实"和"圆满"。

今天，陕西华阴老腔艺术所氤氲的极富生命原生态特质的审美趣味，则典型地体现了这一文化价值取向。

（二）文化生活中养成的闲逸窝菜

从经济一元导向的发展观来看，三秦儿女的这一文化品性的确不利于在适应幼稚型市场经济所滥觞的"丛林社会"中"成功"。然而，拜上苍所赐，关中地区在多数时间是风调雨顺，除个别年份也因干旱等天灾导致了盗贼蜂拥、土匪横行的靠打砸抢吃饭的混乱局面（可以参照由岐山籍著名导演张汉杰执导的电视剧《关中匪事》），但大多数时间，关中是被称为"天府之国"的，所以关中的子民并不因为工作效能感欠佳而吃不上饭。而且由于受儒家"矜而不争"和道家"知足不辱"以及法家"艰苦朴素"文化的多重熏陶，他们还对自己"一天三顿面，有了辣椒不要菜"的日子感到心满意足。于是就有闲情逸致从事文化活动。"窝菜"一词要分开来讲。"窝"就是待在某一处不挪窝，同时也有"窝心"（即舒坦）之义项；"菜"就是记述家族谱系的薄木片。躺在家族谱系（我们老家叫"先人案"）上不思进取，就必然会坐吃山空。所以由"窝菜"所造成的"品麻"和"闲逸"往往深藏着某种危机。然而，就像经济、政治、文化的发展从来具有某种不平衡性一样，在把祖宗的"家当"还没有"踢踏"完的一段时间里，坚守在家门口的三秦儿女在文化上还是会做出一些好东西的。在家门口经营文化的三秦儿女，把主要精力放在了颇具后现代"小型叙事"的文化创造上。比如说小说、诗歌、散文、书法、玺印、绘画、镌刻、雕塑、建筑、青铜器、甲骨文、玉器、交通、中医、农学等。三秦儿女闲逸窝菜的文化品格还体现在日常生活的各种民俗事象中。日常生活世界民俗文化事象主要涵盖衣食住行、迎来送往、婚丧嫁娶、节庆祭祀、地方戏剧等方面。由于周尚火德，秦尚水德，陕西人民在衣着上主要是喜庆热烈的红色和肃穆凝重的皂色。同时，由于受"天子的选民"意识的影响，在岐周大地人们还普遍崇尚黄色。老者多半会在腰间系上一条黄腰带，以示这个身份特色。而善于驾车和养马的秦人又发展了发达的服舆文化，加上威严厚重的皂色衣着的匹配，在此基础上就形成了独具三秦大地地域特色的社会整饰文化，这就是流行至今的"扎势文化"[5]。

（三）政治历练中生成的正统耿介

正者，天地之正气也，君子之"大体"也，善治之正德也。用心做事的三秦儿女，在千百年来的政治实践中，必然会把天地正气内化为自身的"大体"品性。三秦儿女中庸正统的文化性格主要从医、食、政和个体人格四方面来体现。秦地多良医。三秦医者的杰出代表有岐伯、扁鹊、淳于意、孙思邈、陈尧道、武之望、王焘、李鼎铭、黄竹斋等。他们都是熟稔"医者易也"之哲理，追求医政相通之境界，发誓要济世救人的苍生大医。秦菜多"兼味"。由西安的老字号酒店开发的秦菜系列品种可以说都臻至了"百国之和"的水准。秦政最悠久。中庸正统之文化品格落实在政治治理中，就是对"刑罚中"之公平正义原则的贯彻。药家鑫一案最终能够力排干扰，并有一个公正的处理，就和三秦儿女对这一历史规则的认同和坚守有关。回眸历史，周文化对"兑治"理念的推崇，秦文化对"大一统"国家形态的认同，以及在认同基础上对中央集权制的肯定，可视为王道治理理路价值观念的初级版。"汉承秦制"。汉代在"大一统"基础上不断完善的帝制、三公九卿制、郡县制，可以视为王道治理理路价值观念的完善版。秦汉以后，中国两千年政治基本模式不曾更改。故识者叹曰："两千年之政，秦政也。"秦人多耿介。正因为在医、食、政三方面的长期"熏染"，就养成了三秦儿女的耿介品性。这就是表现在他们身上的以小济大、以柔济刚的忧患意识和"危言危行"、殷忧淑世的家国情怀。这种情怀表现在个体身上，就造成了绵延不绝的"冷娃"辈出。历史进入现代以来，这样的冷娃更是为国家的安危做出了突出贡献。关中蒲城人王鼎，就是这样的血性之士。他通过尸谏的方式上书道光皇帝，力陈香港不能割、和约不能签、穆彰阿不能用、林则徐不能贬的道理。其慷慨激昂的殷殷陈情，几乎成了当时的爱国宣言。比王鼎晚一百年，还是蒲城人杨虎城，又用兵谏的方式演绎了比王鼎更加悲壮惨烈的爱国主题。

（四）社稷生活中所积淀的公诚勤德

"公诚勤德"四字集中反映了三秦儿女特殊的桑梓情怀、社稷意识和家庭主义的价值偏好。"公"在这里主要指一种"大道直行，天下为公"的社稷情怀。"公"以去私，用绝党争。这八个字说明，"公"不啻是一种制度安排，而且已然渗透到三秦儿女的骨髓，变成了他们的道德情操。正因为抱有天下情怀，司马迁才在为李陵辩护遭奇耻大辱之宫刑后怀有"不蛊之志"，写出了"史家之绝唱，无韵之离骚"的史学名著《史记》；正因为有天下情怀，被称为"关西孔子"的东汉渭南人杨震才不徇私情，坚拒王密送来的巨额政治献金而不受，并宣示了闻名天下的"四知之言"；正因为有天下情怀，在明朝被称为"当世的魏征"的三原人王恕，才能"直言直行"，挽狂澜于既倒，扶大厦于将倾，创办关中书院，以整饬人心、呼唤社会正义为己任，被人们赞叹为"两京十二部，唯有一王恕"；正因为有天下情怀，民国报人张季鸾才能在报纸上秉笔直书揭露国民党的政治黑暗，并发表了"不党、不卖、不盲、不私"的"四不"宣言；正因为有天下情怀，被称为"民间顾准"的户县人杨伟民，才能在新中国初创年代之"歌舞升平"中发现问题，并撰写出《一叶知秋》的政论雄文，发出了来自草根的呼吁体制改革的第一声呐喊；等等。"诚"在这里主要指三秦儿女对维系社会生活的基础结构之"爱国诚信"的信仰和坚守。燕汲是孔子七十二高足中唯一的陕西人，有人为了试探燕汲的诚信，故意在他面前丢了一包黄金，但燕汲不为所动，捡到后就物归原主。三秦儿女的诚信基因一直延续到当代。今天，拾金不昧的好人好事在三秦大地可以说比比皆是，龚德银就是其中的典型。而眉县杨家村农民在农田作业时发现、保护青铜器并及时上缴国家的善举，更把三秦儿女"爱国诚信"的美德诠释得淋漓尽致。"勤"则是对三秦儿女崇尚科技、敬业奉献的墨家精神的彰显。我党创办的第一个理工类大学——延安自然科学院院长徐特立先生，就被陕北人民称为"墨子徒"，这说明墨家文化在三秦大地有很深的草根基础。2012 年央视所宣传的十八大党代表巨晓林（陕西岐山人，中铁集团农民工，因技术革新为该集团创收 1000 万元利润而出名）和西北大学物理学教授侯伯宇，可视为发轫于陕西的墨家精神在当代的杰出传人。"德"在这里主要反映三秦儿女的桑梓情怀和家园精神。最早在陕西出土的青铜器"何尊"，上面就镌刻有"宅兹中国"四字铭文。这说明，最早的"美丽中国"和精神家园就形成于陕西关中。今天，三秦儿女被认为是最爱家的"宅心仁厚"的一群。中国最早的社区教育的典范就形成于北宋之际的陕西蓝田。吕氏家族中的翘楚吕大忠，其所撰之《吕氏乡约》，为基层缙绅整饬一方社会组织秩序及挽救世道人心提供了行之有效的指南。明朝的朱元璋在其家乡安徽所推行的社区教育模式，正是以《吕氏乡约》为指南的。这一典章所记述的"德业相劝，过失相规，礼俗相交，患难相恤"等条目朗朗上口，易记好学，极大地提振了陕西基层社区居民的文明程度，史家说自此"关中风俗为之一变"。

关中自古帝王州。但日有朔望，物有盛衰。北宋以降，关中便由"帝王之州"降为藩王属地。加之"超封闭"的地理阻隔性，造成了关中人"争愣犟倔"的个性特质。这就和周秦汉唐时期形成的"和合平健"的"交往理性"和价值诉求相去甚远了。我们在学习陕西人民的社会性格中，对于这一点还是要保持警惕的。

四 "域性文化"勃然兴起之必然性刍析

在当前，我们把文化探析的重点之所以"锁定"在对地域文化的研究上，是基于以下六点充足理由。

第一，突出"域性文化"的研究视阈，符合社会认识论之一般路径。地域文化是一种空间维度的文化。按照认识论之从具体到抽象的一般路径，我们总是首先把握了事物较为具体初级的规定，然后才能把握其较为抽象和高级的规定。相对于抽象的时间因素，空间因素总处在较为具体和初级的层面上。所以，地域文化就是首先进入我们视野的文化维度。

第二，突出"域性文化"理论权重，也吻合唯物史观的一般原理。基于历史唯物主义价值诉求的人本性社会学，目前已经成为一门显学。鉴于此，唯物史观的社会存在决定社会意识的原理就是我们分析地域文化的最基本维度。这一朴素原理告诉我们，作为一般社会意识的文化，必然要受制于包括地理环境在内的生产方式和人口因素的规定。因而，地域文化作为不同地方的人们在生产力实践活动中直接产生的多元化的"社会心理"，就成了作为上层建筑及其相关社会整合中心形成一元导向之社会思想、核心价值和主流意识的活力源头与桥梁中介。

第三，强调"域性文化"的"家园精神"，一直是中国社会思想理论的优秀传统。中国人历来认为，文化是一个从"内隐性"心理价值层面向外绵延、拓展，并逐渐物化为制度公器、工具"家什"和生活消费品的"连续统"。"家"之概念从内向外拓展主要有五重义项：一是"身家"之"家"；二是"家庭"之"家"；三是"家乡"之"家"；四是"公家"之"家"；五是"家伙"之"家"（张再林先生就把"世界"看成人掌握的"家伙"）[6]。君子仁人在自身的"修持"中，就应该把精神性的"家园精神"（或者现在说的"社区文化"）的养成或价值观念的优化，作为自身"安身立命"，并且最终实现"归属需要"和获致幸福感的不二法门。道家的"五修"说和儒家的"八纲"说，在起点上都是从"修身"开始的。他们都认为，一个人必须把"精神内守"作为自己安身立命和拓展事业的灵魂。惟其如此，才能臻至"邪不干正"的境界，给向外开出的物质文化和制度文化灌注丰沛的文化价值血脉或"正能量"。中华易学把既能"贴地而行"，又能"大天而思"的文化境界用"泰卦"卦象来表示。认为凡是把"上天"的至大、公正、澄明的价值诉求纳入内心世界并搁置在一方"地上"的人，才算是进入了天地境界的"三阳开泰"的人。这样的人，也就是具有马克思所说的"自觉自动"的人格尊严和价值思想的人，并且也一定是在"生生不已"中臻至"六合同春"和世界大同的人。

　　第四，突出"域性文化"的方法论，还和西方人类学取向的社会学有益成果契合。在这里，对我们启发尤深的相关理论成果有五。一是"文化生态学"。美国人类学家斯图尔德（1902～1972年）认为，"文化变迁可以归纳为适应环境，这个适应是一个重要的创造过程"。可见，文化多元创新的一个重要基础，就是不同的生态环境对人的"熏染"，以及在这个基础上所形成的文化自觉和文化创新。二是基于精神分析的"集体无意识论"。精神分析大师弗洛伊德是开创西方"隐性文化"的第一人。他认为，以"性欲望"（即"力比多"）为主要元素的人的"潜意识"，正是人的创意（包括破坏力量）不竭涌流的基本心理基础。而荣格作为弗氏的学生，则把重点放在对"集体无意识"的研究上。按荣格的说法，这种集体无意识是一个民族在实践中形成，并且通过获得性遗传而世代累积下来的"原始意象"和"种族记忆"。它决定了生活期间的个体在社会心理上的价值取向和行为模式。显然，一定民族的生存，首先需要"安息"在一定的"地域"上。所以，"集体无意识"也就会因不同民族的不同地域而呈现殊相纷呈、多姿多彩的"面相"。三是"社会人格论"。美籍华裔心理人类学家许烺光提出了"社会人格论"。按照这一理论，个人的人格与社会和文化的关系是一个多层次的同心圆关系。展开来讲，就是一个由"至大无外"的"外部世界"触发，经由"社会""文化""个人""可表意象"的中介，臻至"至小无内"的"不可表意象""前意识""潜意识"的"连续统"。在这个"连续统"中，地理环境因素则是组成"外部世界"的核心因素。这自然使我们想起了中国的"心由境生""一方水土养一方人"的历史文化地理学的朴素哲理。四是"隐形文化论"。美国文化人类学家克鲁克洪（1905～1960年）认为，文化的功能在于它"是个人适应其整个环境的工具"。它应当被看成"历史上所创造的生存方式的系统，既包括显性方式，又包括隐性方式；它具有整个群体共享的特点"。尤其是隐性方式部分，对应着作为集体无意识的群体价值选择的独特性。鉴于此，克氏进一步指出，文化的核心有两个元素，即"传统"和"价值"。所以，文化人类学家就把作为文化隐性方式的"玄之又玄"的二级抽象物即"价值",亦即"潜意识的意义系统,抽象为文化的逻辑起点"。文化学者胡义成先生认为,正是这种界定,才算"抓住了地域文化研究的一个根本",因为任何一种文化的"逻辑起点",实际上就是这一文化的价值取向和选择[7](P24)。五是"社会性格论"。我们认为,作为西方马克思主义学派的著名学者弗罗姆,其在吸收精神分析学派相关理论成果的基础上提出的"社会性格论",无疑是对马克思主义经典作家所创立的唯物史观之社会存在决定社会意识原理的最新细化(普列汉诺夫提出的"社会心理"概念,无疑是这一"细化"的最切近的基础)。不难发现,正是多元取向的地域性的文化心理和社会性格,才是包括"核心价值"在内的"社会思想"反作用于社会存在的中间变量。

第五,突出"域性文化"研究的优先地位,也是坚持和发展马克思主义中国化最新理论成果的现实需要。中国特色社会主义理论体系是经典马克思主义富有时代气息的最新转换,而社会主义核心价值体系又是这一成果中的重要内容。对核心价值的研究,使得基于马克思"积极人道主义"的人本社会学理论研究日益成为一门显学。在人本社会学理论架构中,"社会文化"的研究又是其核心内容。社会文化的灵魂是社会价值。社会价值是一个体系,其中既有基础价值(或者"基本价值"),也有核心价值。基础价值是核心价值的多元土壤,核心价值是基础价值的一元"天空"。离开了多元取向的基础价值的生命"化育",核心价值就失去了"地气"的滋养和新陈代谢的血脉;离开了对核心价值的"星空仰望"和方向归依,基础价值的多元生态就会变得支离破碎。就现阶段的实际情况来看,由于我们一段时间在价值建构中过于强调"从上往下看"的"官语"立场和"从外向内看的""译语"立场,因而就对自己脚下的土地多有疏忽。诚然,在开放的格局下,一个积极进取的政党和政府,总是把优化自己的"组织文化",从而使自身臻至"学习型社会组织"的理想境界,作为组织发展的崇高使命。惟其如此,这个政党和政府才能在"自我武装"中达到"教育人民",并进而实现凝聚"精神动力"、推动社会科学发展的目的。在这方面,我们已经做出了极大努力并取得了不菲的成绩。例如,我们在建构社会主义核心价值体系的逻辑框架时,就对法国社会学家涂尔干的"社会团结论"的"四要素论"多有借鉴;我们在增加社会主义核心价值的操作性中所提出的"三个倡导",尤其是对社会治理中的自由、平等、公正、法治等普世价值元素的接纳,就明显对罗尔斯社会正义论的有益成果做了吸收。然而,文化建设的核心问题即

"核心价值"的建构却不能无视自己脚下的热土。"地气"就是一个民族国家不同地方的民众在文化创造的实践中所氤氲的不同的"民气"和"风尚"。核心价值想要永葆其蓬勃的生命活力,端赖这些深厚"地气"的滋养。这种"地气",又是以弗罗姆所说的"社会性格"的形式表现出来的。一个有尊严和创意的社会,必定是每一个民众都有自己的性格和智慧的社会。如果他们只有听命于来自上面的"礼自外作"式的价值宣示以及"规定性动作",而从根本上忘记了一个社会公民自身应有的"发乎于内"的价值创造和"自选性动作",那就压根儿忘记了庄子的"道在尿溺"的价值提醒和"自由自觉"、锐意建构自身精神家园的人生使命。鉴于此,基于文化人类学家怀特(1900~1975年)的"文化进化能量说"的思路,挖掘和激活存在于我国不同地区的积极性"地域文化"的"历史存量",汇聚和提振现阶段不同地域的人们在从事科技生产力活动中所迸发出来的积极性"地域文化"的"时代加量",就成了我们创新社会主义核心价值体系的基础性工作。因为"地域文化"之积极性的"历史存量"和"时代加量"的统一,就是表现在祖国各地不同人群身上的"正能量"的总合。显然,没有这一巨大的"正能量"的"给力"系统,社会整合中心之核心价值的"方向启迪",必然由于缺乏广泛而富有真实生命力的社会心理的支撑而显得生气不足。

第六,突出"域性文化"的"权重",还是现阶段的时代特点使然。历史进入20世纪80年代以来,伴随着政治革命价值观念向着和平发展与经济建设价值观念的悄然转向,一个扬弃以往年月对社会生活进行阶级分析的社会革命方法论更加注重地域分析的"地区发展"和社会建设(广义的社会建设)方法论就被人们看好。例如,从文化视阈观照邓小平在新时期所倡导的"两个大局理论",不难看出"地区发展模式"(社区社会工作的核心模式)之价值精灵的倩姿靓影。因此,过去年月的"亲不亲,阶级分"的阶级关切,就变成了今天的"发不发,看六合"(主要看是东部还是西部)的地域关切。在现阶段,仅仅因人们涉身的生存性地域空间的不同(如"一线"城市、"二线"城市,或者"三线"城市),就足以造成人们发展状况的极大差异。按照心由境生、境由心摄的理路分析,不同地域人的发展差异,也可以说是由于其不同的"社会性格"造成的。因为性格决定命运是真理。幸好,人是一个善于学习,从而不断超越自身既有社会生活物质条件强硬制约的能动的社会主体。我们完全可以通过"见贤思齐"的过程,把别人的好性格学过来,并内化为自身的"正能量",以改善自己的命运。在中华25地域文化性格的百花园里（笔者有另一个研究成果），陕西文化及其创造她的社会主体特质，即表现在陕西省人民身上表现其地域文化的社会性格，就对我们基于"人文化成"的文化建设事业不无启迪。在党的十八大政治文本中，党中央提出了一个恢宏愿景，即到建党 100 周年时，我们要建成全面小康社会。全面小康社会的建成目标，必然内蕴着"文化小康"和文化强国的规定，这就为陕西文化的崛起提供了难得的机遇。因此，千方百计弘扬陕西文化乃至陕西省人民在创建自身文化过程中所积淀的主体"社会性格"的积极能量，以期作为外埠人民借鉴和效仿的"镜鉴"，就是一个具有文化自觉意识和文化自信情怀的学者的义不容辞的历史责任。

五　陕西文化在推进社会主义文化强国建设中的价值

承上所述可知，中华五千年文明史的活水源头在陕西，中华三千年王朝史的序幕和高潮在陕西，中华 170 年现代化推进和社会革命的历史由探入谷底到跃上葱茏的转折点在陕西，新中国社会主义建设前 30 年工业革命狂飙突进的重镇也在陕西。尽管在改革开放的 30 年，我们在遵循邓小平"两个大局"的理论中把主要精力放在了东部沿海地区的发展上，然而，随着以江泽民为核心的第三代中央集体领导在 21 世纪之交发出的"西部大开发"的动员令的有序推进，历史老人再一次光顾起了西部。今天，建成全面小康社会已经进入了倒计时。文化强国的呼声与日俱增，"中国梦"成了炎黄子孙的"共识"。当此关头我们不难发现，陕西文化的崛起必然会对推进社会主义文化强国建设具有以下四重意义。

第一，陕西文化在提振我们的"价值自信"上将产生不可估量的作用。陕西是中华民族的精神故乡和宗庙祠堂。2008 年冯骥才先生在拜会陕西作家贾平凹时曾说，现在全国各地都讲经济层面的 GDP，陕西就应该坚守文化层面的 DNA。这就是我概括并在不同场合所传播的陕西人民的"DNA 管理文化"。相对于理论自信、制度自信和道路自信这样一种宏大叙事，价值自信是一种生命视阈和微观层面的"小型叙事"。但"大中有小才美"。说到底，这是一种生命自信和基因自信。法国社会学家涂尔干所开发的社会团结理论认为，一个社会的价值体系是由以下四点元素构成的：一是社会整体的政治目标；二是民众的爱国情感；三是现行的意识形态；四是传统的道德伦理价值。鉴于此，陕西省人民的价值富矿元素在以下四个方面对把社会主义核心价值体系拿来"武装全党"和"教育人民"的全体中国人民有以下四重教益。一是陕西省人民的"法先一统"的政治思维对构筑人民的共同理想有积极作用。"法先"就是"法先王"。在陕西省人民看来，先王不啻是理想人格的化身，也是理想法和理想政治的化身。这就是从周文、周武、周公、秦皇、汉武、董子、唐宗，以及周、秦、汉、唐四大朝代传下来的"道统"。二是陕西人民的家国情怀和天地正气对爱国主义的强化有积极作用。同东北二人转文化把男女情爱（这点对今天的社会和谐很重要）的"夫妇之道"作为价值圭臬不同的是，陕西省人民所钟情的秦腔艺术，从骨子里就是对忠孝节义等家国情怀的诠释。这一点对消弭汉奸文化的泛滥极有帮助。三是马克思主义中国化的最早成果就是延安精神和毛泽东思想。这是西方敌对势力最为敬畏的，也自然是在现阶段弘扬社会主义主体性须臾不可或缺的精神食粮。四是陕西省人民在历史长河积淀的"爱国诚信、勤劳质朴、宽厚包容、尚德重礼、务实进取"（赵乐际先生的概括）的家园精神，依然是今天社会主义核心价值体系传统美德伦理教育的极好资源。另外，社会主义核心价值体系表现在政府主导型的社会生活的四大优化过程中，就是倡导富强、民主、文明、和谐。而陕西省人民对这四个元素都有独到的理解：就富强价值诉求而言，陕西省人民既不认同只富不强的"肥大"，也不认同只强不富的"强大"。从上述之"biangbiang 面文化"的价值意蕴可知，陕西省人民历来把社稷生活的幸福和富足与国防力量的强大和威猛结合起来看问题，认为惟其二者的整合，才是臻至伟大国家的王道。就民主价值诉求而言，陕西省人民历来把"敬天保民""奉天承运""顺天而成""为民做主""代民做主"视为基于中华天命史观的中国式民主的正宗版。这是三千年前发生在沣镐二京，并被称为最有品质的革命即周武革命传给陕西人民的基因。就文明价值诉求讲，炎黄初祖的文明肇基就发生在陕西。直到今天，陕西人民一直是以"有文化""知礼仪""明荣辱"的"文化人"的形象昭示于世人的。就和谐价值诉求看，发轫于岐周大地的孝德文化和礼乐文明，历来被看成中华人文精神的原生形态。而且，这种和谐思维不啻就人与人、物（即马克思所说的"人化的自然"）与心的关系而言，她甚至已然渗透到了对大自然的呵护上。发生在陕西境内的泛舟之役、秦晋结好、芮虞息讼、里革断罟等的哲理故事，都是诠释"民胞物与"（张载语）和谐理念的极好佐证。社会主义核心价值表现在社会治理上，就是倡导自由、平等、公正、法制。这是对美国社会学家罗尔斯相关思想的大胆借鉴。而且这四个元素的先后次序是一个"词典式序列"。如前所述，关中是中华道家、儒家（岐周文化是儒家文化的活水源头）、墨家、法家的发源地，道家和墨家的自由、平等、公正的思想，儒家和法家的中庸、中正、中和、中节、时中、执中、守中乃至"刑罚中"之公正原则的操作理路，已然渗透于关中百姓的心灵深处。以公平正义为例，从社会设置维度讲，胡义成先生所开发的"周公型模"，可以视为中国版的社会正义论。休谟认为，人们之所以孜孜汲汲于公正诉求，盖缘于社会资源的相对短缺和人们怕吃亏心理的日益强化。而中国社会资源存量巨大性和人均资源稀缺性的现实国情，就必然决定社会治理者必须把自由平等和公正原则置于法治原则的前面。因为法治原则主要是对差别化原则的保障。一般而言，弱者倾向于亲和自由平等和公平正义的原则，而强者则希望通过差别化原则的落实实现"比例平等"而非基本人权式平等，因为基本人权式平等是一种兜底式的普惠原则。它是弱者的权力，和飞黄腾达基本无涉。陕西省在中国的西部，虽然富人不多，但穷人也基本上能得到救助。相对于前几年东部地区抽象、夸大、差异化原则所导致的公平正义的严重流失，陕西省在落实社会治理这个"词典式序列"上是做得较好的地区之一。比如，为了提高罗尔斯所说的弱势群体的"可行的能力"，陕西省政府对外大张旗鼓地宣传高考状元的做法没有跟进；相反，却在职业教育和民办教育事业的开拓上走在全国的前列。另外，陕西省还涌现出了一大批王扶林式的慈善公益工作的明星。从地区整体推进看，神木地区的社会保障工作更是走在了全国的前面。一般而言，社会主义核心价值表现在公民"自牧"上，就是要倡导爱国、敬业、诚信、友善。我们认为，陕北和关中东部人民的爱国情愫，关中西部和陕南人民的诚信、友善和敬业精神，都是具有全国水平的积极的社会态度。

第二，陕西文化在现阶段全面提高我国公民道德素质方面将立下汗马功劳。陕西省人民最注重道家的"五修"功夫，也最注重儒家的"三身"的养成。因为"宅兹中国"的人必然是宅心仁厚的，也是最具有家园精神的人。所以，他们也就自然是崇尚修、齐、治、平之"四德"养成的人。张再林先生虽为河北南皮人，但其在陕西省的治学体验和人生感悟，使他对陕西省人民的家道哲学了如指掌。由他所开发的《中国古代家的哲学论纲》，则代表了陕西省人民家道文化的形而上学的最杰出理论致思的成果。同时，在实践层面上，由蓝田人吕氏家族的后人所开发的《吕氏乡约》及其推行，把关中人的道德风尚更是推进到了前所未有的历史高度。众所周知，在地域歧视有所蔓延的现阶段，陕西省人民是现阶段中国最具有自尊自信、理性平和和积极向上的一群，因而也是普遍受人尊敬而没有遭遇妖魔化的一群。2012 年，《华商报》所披露的一元爱心店的好人好事，更把陕西省人民的讲道德、知关爱的真善美三统一的和谐人格介绍到了全国受众的面前。

第三，陕西文化的崛起，将对丰富全国人民的精神文化生活产生助益。全面小康的人民必然是既富且贵的人民。而陕西省人民就是这样的一群。根据马克思在《政治经济学批判》序言中所开发的人类社会生活四元分析理论框架和社会意识相对独立性原理可知，我国政治、经济、文化和社会（即狭义的社会结构，在这里主要是指公民社会的发育程度）的发育程度呈现一定的不平衡状况。如果说政治生活的中心在北京，经济生活的中心在上海，社会生活的中心在香港（2012 年的民间保钓活动由港人带头就是最新证明），那么，文化生活的中心就在西安。文化生活表现在陕西省人民的精神生活状态上，就是前文所述的四大方面和十六个字的特色上。中国人社会化过程中有一个非常好的传统，这就是孔子所说的"见贤思齐"的方法论。因而，挖掘陕西文化的富矿，就要把重点锁定在对陕西省人民内心精神世界的把握上。惟其如此，才能把积淀于他们心灵世界的精神气质播远流长。这对现阶段构建我国优秀传统文化体系和相关教材体系大有助益。

第四，振兴陕西文化，也会对我国现阶段文化整体实力和竞争力产生强大的推动作用。文化实力和竞争力是国家富强、民族振兴的重要标志。从 2011 年十七届六中全会召开以来，文化创新和文化强国的呼求已经成为时代的最强音。窃以为，随着十八大后基于文化强国建设的各项文化政策的强势推进，以电影《白鹿原》的上映为契机，中国已经迎来了文化创新的"白鹿原时代"。"白鹿原文化"是以"渭水文化"优秀历史基因为灵魂，以现代高科技生产力为手段，依托具有高度"文化自觉"意识的文学艺术大家，并以创意、策划、传播、影视、动漫等相关人员为主体，在遵循文化产业的生产和经营机制中所形成的多元文化业态的复合体系。中国的崛起需要文化的精神家园为根。渭水文化作为中华文化发展的逻辑起点、历史基因和活力源头，必然会在中国的崛起中彰显其"原点文化"的独特魅力。鉴于此，在现阶段文化大繁荣的现实语境下，惟其回到渭水"原点文化"，我们才能在文化创新中"奉天承运"。诚然，文化的本质是"人文化成"。正是生活于渭水流域的三秦儿女，才是创生、涵化和提升渭水文化的生力军。挖掘和传播三秦儿女在创造自身渭水文化中所积淀的主体"优根性"，对于在现阶段构筑和谐中华文化的"宏大叙事"和增强文化实力与竞争力不无裨益。诚然，文化资源相对优厚的地方往往会发生所谓的"资源魔咒"问题。然而任何问题都是可以分析的。我们认为，"资源魔咒"之所以产生，责任并不在文化资源富矿地带的广大人民，而是政府的管理需要改善。应该指出，文化资源的开发和利用也必须像国土整治一样，需要全国一盘棋来综合考量。之所以出现"资源魔咒"，盖由于经济自由主义思路作祟所致。审视现阶段我国文化产业生产力空间布局结构可知，文化产出的"政出多门""闭门造车"和"重复建设"并不鲜见。这样就容易忽视文化资源禀赋富矿地带的利益诉求，从而造成"文化泡沫"的泛滥成灾。今天我们已经发现，那种无视资源所在地的历史传承，在"文化沙漠"（这些地方往往有的是金钱）地带上通过金钱堆积起来的人工景观，只能是昙花一现的文化垃圾，这样的垃圾是丝毫没有竞争力的。相反，挖掘资源富矿地带即陕西地区的历史文化基因，在陕西当地构建富有历史真实内容和文化含量的国家级别的文化景观，打造名实相符的国家级别的文化重镇和文化品牌，则是提振我国文化竞争力的不二法门。而且，陕西省做好、做强、做大文化产业不啻表现在白鹿原多元文化业态上，即便在小说创作方面，我们也可以产生新的诺贝尔奖获得者，关键是要做好推广工作和跨文化传播工作。鉴于此，建议国家花大力气优化文化产业政策，使之向陕西倾斜，并鼓励民间资本在陕西投入，加大对陕西文化产业的扶持力度，从而使天然具有国家水平的陕西文化产业链条向东部和国外辐射，真正在世界范围内产生积极影响，以此来提升我国的综合国力和国际影响力。

结语　陕西文化的复兴就是陕西人的崛起

根据产生于陕西大地的中华道学"有无之相生"和"有生于无"的原理可知，"可道"诞生于"常道"，"可名"肇基于"常名"，"太极"本源于"无极"，而"人德"仰赖于"天道"。准此观之，陕西文化的崛起理路，就产生于陕西文化历史的天空中曾经拥有的前定性规定。所以，总结陕西文化的丰厚历史遗产，并且使之插上现代科技的利器，从而在凤凰涅槃中振翅高飞，就是我们的神圣使命。陕西产生的伟大史学家司马迁有言："立名者，行之极也。"我们相信，随着陕西文化的崛起，一大批德高望重的真正的社会文化名流，将首先产生于陕西大地。这些人绝对不是"巧言令色"和"色取仁而行违"的"闻者"和"精致的利己主义者"，而是表里如一和言行一致的"达者"和诚者。《周易》云："天地之大德曰生。"王岱舆说："意不诚则无以滋生。"鉴于此可知，夫诚者，天之道也；思诚者，人之德也。人何以为尊？出土于陕西宝鸡的青铜器"何尊"已经给出了答案，这就是"宅兹中国"和宅心仁厚。我们相信，诚实守信的陕西人民，惟其继续弘扬陕西文化和中国文化的家庭主义传统，从修身、修家、修乡起步，就一定能臻至修国、修天下的境界。哈贝马斯在他的"交往理性"中讲到，生活于全球化背景和后现代化的人们，只有扬弃工具理性，坚持真实、正当和忠诚的三原则接人待物，才能求得主体间的共生和共存。陕西省人民就是具备这种特质的群体人格。惟其这样的人格，才能造成知、情、意三元整合和真、善、美的三位一体。党的十八大以来，我们从高层领导班子中陕西人民的杰出儿女陡然间增多的事实中，依稀能窥见陕西人民整体崛起的端倪。对此，我们充满着自豪和自信。归去来兮，"中国芯"！

参考文献

［1］张维为：《中国震撼——一个"文明型国家"的崛起》，世纪出版集团、上海人民出版社，2011。

［2］常新：《李柏思想研究》，陕西人民出版社，2010。

［3］中华孔子学会编辑委员会：《孟子》，群众出版社，1998。

［4］戴生岐：《中华"人天价值观"的历史进路和现实观照》，《唐都学刊》2011年第5期。

［5］戴生岐：《人本社会学新论——基于马克思积极人道主义视阈》，陕西出版集团、陕西人民出版社，2013。

［6］张再林：《中国古代关于"家"的哲学纲要》，《哲学研究》2008年第1期。

［7］胡义成：《关中文脉》（上册），香港天马出版有限公司，2008。

论中国共产党是幸福社会的缔造者、推进者和领导者

李永胜

（西安交通大学人文学院教授　陕西西安　710049）

摘　要： 在当代中国，建设幸福社会与中国共产党具有内在的深度关联性，中国共产党是中华民族幸福社会的缔造者、推进者和坚强的领导核心。这是因为，实现人民幸福是党的宗旨与使命。从纵向看，中国共产党90多年的奋斗历程，就是领导人民不断缔造和推进幸福社会的创造性实践过程。从横向看，人民对幸福生活的向往，就是党的奋斗目标和根本动力；党领导人民进行的中国特色社会主义实践，就是实现人民幸福、建设幸福社会的现实过程；党领导人民构建社会主义和谐社会，是实现人民幸福、建设幸福社会的重要保证；以科学发展观为指导思想，就是为了建设一个满足中华民族幸福生活的社会主义现代化国家。从逻辑关系看，党的建设与人民幸福存在着双向互动的良性循环关系。

关键词： 中国共产党　幸福社会　领导者

2012年10月，中央电视台推出调查节目，提问"你幸福吗?"由此引发了国人对幸福问题的思考。随后，许多地方政府把幸福社会作为其执政目标。截至2012年10月底，已有百余城市将"幸福社会"设定为其施政目标，引起了社会各界的极大关注。所谓幸福社会，是指政府在施政的过程中注重人们的幸福体验，关注民生，通过各项措施使人们都能够过上幸福生活的一种理念，它是一种深刻体现以人为本价值立场、以国民幸福为宗旨、以共建共享为特征的社会建设施政纲领。哲学是时代精神的精华。在当前党和政府高度关注民生问题，加强社会建设，以更大的政治勇气与智慧深化改革，攻坚克难，全面建成小康社会的背景下，从哲学高度进一步探讨幸福社会与中国共产党的关系，无疑可深化对"幸福""幸福社会"

的理论思考，引领和推动幸福社会的建设。

办好中国的事情，关键在党。中国共产党作为拥有八千多万党员的执政党，在建设幸福社会中扮演着十分重要的角色，它是中华民族幸福社会的缔造者、推进者和坚强的领导核心。

（一）实现人民幸福是党的宗旨和使命

中国共产党是无产阶级政党，无产阶级政党是"为绝大多数人谋利益的"，正如马克思恩格斯所说："过去的一切运动都是少数人的或者为少数人谋利益的运动。无产阶级的运动是绝大多数人的，为绝大多数人谋利益的独立的运动。"[1](P282)毛泽东说过："全心全意地为人民服务，一刻也不能脱离群众；一切从人民的利益出发，而不是从个人或小集团的利益出发，向人民负责和向党的领导机关负责的一致性，这就是我们的出发点。"[2](P1094-1095)《中国共产党章程》uu 明确规定：中国共产党是工人阶级的先锋队，同时是中国人民和中华民族的先锋队，是中国特色社会主义事业的领导核心。这就深刻阐明了中国共产党的性质。党的性质决定了我们党的宗旨、使命和价值取向——全心全意为人民服务。为人民服务，表明了党的人民主体论的鲜明价值立场，它要求党始终代表中国最广大人民的根本利益，立党为公，执政为民，实现人民的愿望，满足人民的需要，维护人民的利益，实现好、维护好和发展好人民群众的根本利益。毛泽东在陕北延安时曾说："我们走到哪里，都要牢记为民兴利除弊，我们共产党的干部战士，就是为人民造福的。"[2](P1004)毛泽东又说："我们的共产党和共产党所领导的八路军、新四军是革命的队伍。我们这个队伍完全是为着解放人民的，是彻底地为人民的利益工作的。"[2](P1006)彻底地为人民的利益而工作，就是为人民谋幸福。可见，作为全心全意为人民服务的政党，实现人民幸福就成为党的宗旨和使命。

（二）中国共产党 90 多年的奋斗历程，就是领导人民不断缔造和推进幸福社会的创造性实践过程

幸福社会，是一个具体历史的动态演变过程，幸福社会的建设只有进行时，没有完成时。从纵向来看，中国共产党诞生以来，始终牢记全心全意为人民服务的宗旨，不断为人民谋取幸福，亲手缔造并不断推进幸福社会。为了让人民过上独立、自由和解放的幸福生活，党团结带领人民前仆后继，顽强奋斗，推翻了"三座大山"，实现了民族独立、国家富强和人民解放，建

立了中华人民共和国，奠定了人民幸福的制度基础，并把贫穷、落后的中国变成了日益走向繁荣富强的新中国，使人民过上了自由、平等和独立的幸福生活。为了让人民过上富裕、公平、公正、和谐、民主、文明的幸福生活，党领导人民实行了改革开放，开创了中国特色社会主义事业，在党的坚强领导下，国家一天天强大起来，人民一天天富裕起来，社会越来越公正、和谐、稳定、文明。经过改革开放30多年的艰苦努力，中国已成为世界第二大经济体，国际地位日益提升，中华民族伟大复兴展现出前所未有的美好前景。今天，党又积极回应人民对新的幸福生活的殷切期待，以更大的政治勇气和智慧，不失时机深化重要领域改革，不断把改革开放引向深入，不断把人民的幸福生活提高到新的水平和更高的境界，人民在党的领导下正在奔向全面建成小康社会的幸福大道。

（三）人民对幸福生活的向往，就是党的奋斗目标和根本动力

所谓幸福，通俗地讲，就是让生命、情感和精神处在一种好的状态。幸福既是一种客观状态，又是一种主观体验，是主体的一种心理体验，它与人的价值观密切相关。幸福社会，从公众的角度看，就是人民群众所希望、所期盼、所向往的一种理想的、美好的社会状态。习近平总书记2012年11月15日在十八届中央政治局常委与中外记者见面时说："我们的人民热爱生活，期盼有更好的教养、更稳定的工作、更满意的收入、更可靠的社会保障、更高水平的医疗卫生服务、更舒适的居住条件、更优美的环境，期盼着孩子们能成长得更好、工作得更好、生活得更好。人民对美好生活的向往，就是我们的奋斗目标。"[3]这里的"美好生活"实际上就是指"幸福生活"，因此，习总书记的这番话，我们完全可以理解为，人民对幸福生活的向往，就是我们党的奋斗目标。可见，从横向现实来看，人民对幸福生活的价值期待构成党的奋斗目标。事实上，党的十八大关于全面建成小康社会和全面深化改革开放的总体目标，关于在新的历史条件下夺取中国特色社会主义新胜利必须牢牢把握的"八项基本要求"，关于中国特色社会主义事业总体布局以及经济建设、政治建设、文化建设、社会建设、生态文明建设的重大部署，关于全面提高党的建设科学化水平的重点任务以及牢牢把握推进党的建设新的伟大工程的新要求，等等，都是基于人民群众对幸福美好生活的向往以及价值期待而确定的，它集中反映了人民群众的心声、愿望和诉求，回应了人民群众对幸福生活的期盼和要求。由于人民是历史的创造者，群众是真正的英

雄，人民群众是党的力量的源泉。所以，人民对幸福生活的向往与追求又构成了党和国家工作的根本动力，推动着党和国家事业的不断进步和发展。

（四）党领导人民进行的中国特色社会主义实践，就是实现人民幸福、建设幸福社会的现实过程

幸福的实现是一个历史过程。幸福实现的途径是多种多样的，但归根结底是由主体选择并创造的。90 多年来，我们党紧紧依靠人民，历经千辛万苦，开创和发展了中国特色社会主义，找到并选择了一条通往幸福社会的康庄大道——中国特色社会主义。党的十八大报告指出，中国特色社会主义制度，是党和人民 90 多年奋斗、创造、积累的根本成就，必须倍加珍惜，始终坚持，不断发展。中国特色社会主义道路，就是在中国共产党的领导下，立足基本国情，以经济建设为中心，坚持四项基本原则，坚持改革开放，解放和发展生产力，建设社会主义市场经济、社会主义民主政治、社会主义先进文化、社会主义和谐社会、社会主义生态文明，促进人的全面发展，逐步实现全体人民共同富裕，建设富强、民主、文明、和谐的社会主义现代化国家。中国特色社会主义道路是实现途径，中国特色社会主义理论体系是行动指南，中国特色社会主义制度是根本保障，三者统一于中国特色社会主义伟大实践，这是党领导人民在建设社会主义长期实践中形成的最鲜明特色。中国特色社会主义道路是实现我国社会主义现代化的必由之路，是创造人民美好生活即幸福生活的必由之路。正如党的十八大报告所说："实践充分证明，中国特色社会主义是当代中国发展进步的根本方向，只有中国特色社会主义才能发展中国。"[4]习近平总书记在 2013 年 1 月 1 日全国政协新年茶话会上指出："中国特色社会主义事业是造福人民的美好事业，也是需要为之付出智慧和力量的艰辛事业。"[5]所以说，党领导人民进行的中国特色社会主义实践，就是不断提高人民生活、增进人民福祉、不断奔向幸福社会的历史过程。

（五）党领导人民构建社会主义和谐社会，是实现人民幸福、建设幸福社会的重要保证

共同富裕是中国特色社会主义的根本原则和价值目标。当代中国的幸福社会，不是少数人的幸福，而是人民的共同富裕和普遍幸福。正如邓小平所说："社会主义不是少数人富起来，多数人穷，不是那个样子，社会主义最

大的优越性就是共同富裕，这是体现社会主义本质的一个东西。如果搞两极分化，情况就不同了，民族矛盾、区域间矛盾、阶级矛盾都会发生，相应的中央和地方的矛盾也会发生，就可能出乱子。"[7](P364)邓小平还说："社会主义的财富属于人民，社会主义的致富是全民共同致富的社会主义原则，第一是发展生产，第二是共同致富。我们允许一部分人先好起来，一部分地区先好起来，目的是更快地实现共同富裕。"[6](P172)党的十六大以来，党在科学把握世情、国情、党情的基础上适时提出了构建社会主义和谐社会的重要思想，十七大再次强调了构建社会主义和谐社会的重要性，并对以改善民生为重点的社会建设做了全面部署。社会和谐是中国特色社会主义的本质属性，是国家富强、民族振兴、人民幸福的重要保证。正如党的十七大报告所说："社会建设与人民幸福安康息息相关，必须在经济发展的基础上，更加注重社会建设，着力保障和改善民生，推进社会体制改革，扩大公共服务，完善社会管理，促进社会公平正义，努力使全体人民学有所教，劳有所得，病有所医，老有所养，住有所居，推动建设和谐社会。"[7]党的十八大报告指出："必须从维护最广大人民根本利益的高度，加快健全基本公共服务体系，加强和创新社会管理，推动社会主义和谐社会建设"[4]，"加强社会建设，必须以保障和改善民生为重点，提高人民物质文化生活水平，这是改革开放和社会主义现代化建设的根本目的"[4]，并强调"努力让人民过上更好的生活"[4]。这就充分说明党领导全体人民共同建设、人人共享的和谐社会之价值目标是使全体人民过上更加美好的幸福生活。可见，构建社会主义和谐社会，是实现人民幸福、建设幸福社会的重要保证。

（六）以科学发展观为指导思想，就是为了建设一个满足中华民族幸福生活的社会主义现代化国家

党的十八大把科学发展观确立为党的指导思想，强调科学发展观是指导党和国家全部工作的强大思想武器，它同马克思列宁主义、毛泽东思想、邓小平理论、"三个代表"重要思想一道，是党必须长期坚持的指导思想。科学发展观是中国特色社会主义理论体系的最新成果，它是与邓小平理论、"三个代表"重要思想既一脉相承而又与时俱进的科学理论，它是马克思主义中国化的最新理论成果，开辟了当代中国马克思主义发展的新境界。科学发展观是马克思主义同当代中国实际和时代特征相结合的产物，是马克思主义关于发展的世界观和方法论的集中体现，对新形势下实现什么样的发展、

怎样发展等重大问题做出了新的科学发展，它更加重视发展的协调性、整体性、系统性和可持续性。以科学发展观为指导，有利于解决当代中国经济社会发展的诸多困境与难题，加快转变经济发展方式，深化体制改革，实现经济社会又好又快发展，全面推进社会主义现代化建设。科学发展观的核心立场是以人为本。以科学发展观为指导思想，就要求我们更加自觉地坚持以人为本的价值理念，始终把实现好、维护好、发展好最广大人民群众的根本利益作为党和国家一切工作的出发点和落脚点，尊重人民首创精神，保障人民各项权益，不断在实现发展成果由人民共享、促进人的全面发展上取得新成效，建成富强、民主、文明、和谐的社会主义现代化国家，实现中华民族的伟大复兴，使人民过上更加幸福美好的生活。以人为本，就是要把人的自由全面发展作为党的一切工作的重要价值目标，就是要把人民满意不满意、拥护不拥护、答应不答应、幸福不幸福作为评判党的一切工作利弊得失的根本依据和最高尺度；以人为本，就是要求党和国家一切工作真正体现一切为了人民、一切依靠人民和一切造福人民的政治理念，把立党为公、执政为民作为检验党的一切执政活动的最高标准。

（七）党的建设与人民幸福存在着双向互动的良性循环关系

中国共产党作为社会主义中国的执政党，是中国特色社会主义事业的坚强领导核心，它的执政能力、先进性和纯洁性建设不仅关乎自身的命运与前途，也关系国家发展与人民的幸福。十八大报告指出："党坚强有力，党同人民保持血肉联系，国家就繁荣稳定，人民就幸福安康。形势的发展，事业的开拓，人民的期待，都要求我们以改革创新精神全面推进党的建设新的伟大工程，全面提高党的建设科学化水平。"[4]这就是说，党的建设搞得好，党坚强有力，人民就幸福，而人民对幸福生活的新期待、新要求又推动党的建设。可见，从逻辑关系上看，党的建设与人民幸福相辅相成，相互激励，相互促进，形成双向互动的良性循环关系。十八大报告还指出："全党必须牢记，只有植根人民，造福人民，党才能始终立于不败之地。"[4]这就是说，植根人民，造福人民，始终把人民利益放在第一位，党才有生机、活力和力量，始终立于不败之地。由此不难看出，党的建设与人民幸福存在着深度关联、协同共进的良性循环关系。党的建设，可增强并实现人民幸福，人民幸福的满足与提升又会对党的建设提出新的更高要求，促进和推动党的建设新的伟大工程的发展。所以说，加强党的思想建设、组织建设、作风建设、反腐倡廉建设、制度建设，不断提高党的建设的科学化水平，就是筑牢幸福社会的坚强领导核心，就是夯实幸福社会的组织领导保证，加强和改善党的建设，本质上就是推动幸福社会的建设，就是实现人民的幸福。

参考文献

[1]《马克思恩格斯选集》（第1卷），人民出版社，1995。

[2]《毛泽东选集》（第3卷），人民出版社，1991。

[3]《习近平在十八届中共中央政治局常委同中外记者见面时强调　人民对美好生活的向往就是我们的奋斗目标》，《光明日报》2012年11月16日。

[4] 胡锦涛：《坚定不移沿着中国特色社会主义道路前进　为全面建成小康社会而奋斗——在中国共产党第十八次全国代表大会上的报告》，《人民日报》2012年11月18日。

[5]《全国政协举行新年茶话会》，《光明日报》2013年1月2日。

[6]《邓小平文选》（第3卷），人民出版社，1993。

[7] 胡锦涛：《高举中国特色社会主义伟大旗帜　为夺取全面建设小康社会新胜利而奋斗——在中国共产党第十七次全国代表大会上的报告》，《光明日报》2007年10月24日。

下 篇 分 论

身心健康是生活幸福的第一要素

张文军

（西安财经学院马克思主义基本原理教研室主任、
教授　陕西西安　710061）

摘　要：幸福是人们普遍关注的一个热点问题，是一个常谈常新的话题。幸福是人们对生活境遇的满足感、快乐感和价值感的有机统一。身心健康是生活幸福的第一要素。生活目标明确，凡事宽以待人，养成良好的生活习惯，有合理的膳食结构，积极锻炼身体，业余爱好广泛，塑造幽默乐观的性格，等等，是保持身心健康、打造幸福生活的必要条件。

关键词：身心健康　生活幸福

幸福是人们普遍关注的一个热点问题，是一个常谈常新的话题。人类活动的动机始终是对幸福生活的永无止境的追求。人人都希望拥有幸福的生活，做个幸福的人。人世间如果没有了对幸福的追求，一切存在都将失去意义与光彩。随着社会的发展进步，人们整体生活发生了重大变迁，人们对于幸福的追求也越来越细腻，对于幸福的观点与思想也都发生了重大变化，有关幸福的研究越来越深入。本文主要研究身心健康与生活幸福的关系问题。

一　身心健康的内涵和标志

世界卫生组织对健康的定义是身体、心理及对社会适应的良好状态。

世界卫生组织确定的身体健康十项标志是：①有充沛的精力，能从容不迫地担负日常的繁重工作；②处事乐观，态度积极，勇于承担责任，不挑剔所要做的事；③善于休息，睡眠良好；④身体应变能力强，能适应外界环境变化；⑤能抵抗一般性感冒和传染病；⑥体重适当，身体匀称，站立时头、肩、臂位置协调；⑦眼睛明亮，反应敏捷，眼和眼睑不发炎；⑧牙齿清洁，无龋齿，不疼痛，牙龈颜色正常且无出血现象；⑨头发有光泽，无头屑；⑩肌肉丰满，皮肤富有弹性。

世界卫生组织确定的心理健康六大标志是：①有良好的自我意识，能做到自知自觉，既对自己的优点和长处感到欣慰，保持自尊、自信，又不因自己的缺点感到沮丧。②坦然面对现实，既有高于现实的理想，又能正确对待生活中的缺陷和挫折，做到"胜不骄，败不馁"。③保持正常的人际关系，既能承认别人，限制自己，也能接纳别人，包括别人的短处。在与人相处中，尊重多于嫉妒，信任多于怀疑，喜爱多于憎恶。④有较强的情绪控制力，能保持情绪稳定与心理平衡，对外界的刺激反应适度，行为协调。⑤处事乐观，满怀希望，始终保持一种积极向上的进取态度。⑥珍惜生命，热爱生活，有经久一致的人生哲学。健康的成长有一种一致的定向，为一定的目的而生活，有一种主要的愿望。

二 幸福生活的内涵和影响因素

《辞海》中说：幸福是"心情舒畅的境遇和生活"。《现代汉语词典》中说：幸福即"（生活境遇）称心如意"。这两种解释的意思是一致的。境遇指境况和遭遇。生活是指人为了生存和发展而进行的各种活动。

我们认为，幸福是由人们所具备的客观条件以及人们的需求、价值观等因素共同作用而产生的个体对自身存在与发展状况的一种积极的心理体验。幸福包含三个方面的内容：其一，它是人们对生活总体以及主要生活领域的满意感；其二，它是人们所体验到的快乐感；其三，它是人们由于潜能实现而获得的价值感。幸福是人们对生活境遇的满足感、快乐感和价值感的有机统一。从形式上讲，幸福是一种心理体验，是主观的。但是，从内容来讲，幸福是人们所体验到的一种积极的存在与发展状态，是客观的。

（一）身心健康

党的十七大报告明确指出："健康是人全面发展的基础，关系到千家万户的幸福。"哲学家叔本华就认为：幸福的第一要素是健康。他说，一个健康的乞丐比一个生病的国王幸福。费尔巴哈说："对于一个健康者说来，健康是毫不足奇的，是当然的，是值不得注意和重视的，而实际上它却是其他一切幸福的前提条件。"来自零点调查的结果显示，家庭和睦、身心健康、经济无忧是城乡居民幸福的三大源泉。借鉴毛泽东的"身体是革命的本钱"的话来说，身体是幸福的本钱。一个人身体不健康或心理有疾病，即使腰缠万贯，也不会幸福。

（二）情感满足

人需要亲情、爱情、友情，需要思想和情感的交流，快乐有人分享，苦恼有人分忧，心灵有人抚慰，精神有人寄托。霍尔巴赫说："在所有东西中间，人最需要的东西乃是人。"因为人的本质是"一切社会关系的总和"。婚姻与幸福正相关。美国1972～1989年的调查资料显示，结婚的人认为自己快乐的占40%左右，没结婚的只占23%左右。在一项对超过3万名德国人的15年的追踪研究中，社会学家迪尔勒及同事发现，幸福的人们愿意结婚并保持良好的婚姻状态。据有关专家评估，美满婚姻相当于年赚10万美元。研究表明，友谊能延年益寿。一个人好朋友多，能舒缓紧张情绪，增加身体免疫力，抵挡更多的疾病，即使患上致命的疾病，能活下来的几率可增大，因而比朋友少的人寿命长。美国研究人员对加州阿拉梅达县约5000位居民的健康状况经过9年的跟踪调查，发现朋友多的人相比朋友少的人，其死亡率低一半多。孤家寡人一个，是无论如何也不会幸福的。

（三）相对收入水平高

人们认为收入可能并不是决定幸福的唯一因素，但收入却一直是幸福的基点之一。因为贫穷与幸福无缘。如果你没有一定的收入，食不果腹、衣不蔽体、居无定所，快乐幸福生活就无从谈起。正如高尔基所言："人类生活的一切不幸的根源，就是贫穷。"国内有关调查发现，我国有54.6%的城镇居民和66.4%的农村居民认为贫穷是感到不幸福的主要原因。美国南加州大学教授R. Easterlin通过对20多个国家的统计、抽样调查资料进行分析，得出了著名的"伊斯特林悖论"：通常在一个国家内，富人报告的平均幸福和快乐水平高于穷人，但是如果进行跨国比较，穷国的幸福水平与富国几乎一样高，其中美国居第一位，古巴居第二位。这是因为越富有的国家，人们期望得越多，因而降低了"财富振奋精神"的机会。所以，决定人们快乐程度的一个重要因素是人们对幸福和快乐的"渴望"。这种渴望随着收入的增加而增加，当人们的基本生活需要得到满足后，相对的而不是绝对的收入水平开始影响人们的幸福水平。如果收入增长在全社会范围内普遍发生，那么对于具体个人的主观幸福感程度来说，这一收入增长的效应将是双重的：一方面，本人收入的增长会提升其主观幸福感程度；另一方面，其他人的收入增长导致其相对地位的下降又可降低其主观幸福感程度。这种双效应的相互抵消可能导致收入的跨时期增长并不能带来主观幸福感程度的相应提升。一般说来，只有绝对收入水平高的个人才会同时具有较高的相对收入。因此，个人的主观幸福感与本人的收入水平正相关，而与他人或社会平均收入水平负相关。

（四）就业状况满意

就业是民生之本，而民生的状况又直接影响民众的幸福程度。心理学家、社会学家和经济学家的研究都表明，失业者的主观幸福感程度通常要更低，更容易陷入沮丧的境地。因为失业不仅是失业者的不幸，而且是其亲人的不幸，对于所有就业者也是减少幸福的不祥的阴云。奥肯定律揭示了失业率与潜在 GDP 增长率之间的反方向变动关系。不仅当前的失业率会影响到人们的主观幸福感程度，曾经的失业经历也可能对幸福感决定具有"伤疤效应"；失业的持续时间、失业者的个人特征等都可能影响到主观幸福感程度。总之，关于失业对主观幸福感的分析表明，失业所造成的非货币损失远远大于其货币损失。对就业者来说，就业的稳定性、就业的行业、薪酬的高低、与直接领导的关系、工作岗位、工作环境等都会对就业者的幸福程度产生重要影响。

（五）潜能发挥

"幸福的真谛在于爱和自由"。自由是对个体而言的，一个人只有让自己的主体需求得到充分释放，让自己的价值能力得到充分展现，才有内在的真正的幸福感。一个人能力有大小，长处各不同，只需自己的才能发挥出来，有益于社会，被他人接受，就会体验人生的意义而感到幸福。爱是对社会群众而言的，人生活在社会中，时刻与人发生各种关系，只有感受到人与人之间的安全、尊重和关爱，才能享受幸福。世界上幸福的人不是赚钱最多的人，也不是官当得最大的人，而是一辈子拥有真爱的人！包括父爱、母爱、关爱、友爱等。2000 年国外出版了一本名为《爱的普遍法则》的书，其中有三位心理学家撰文称：爱是生理的自然需求；爱是同时发生的相互制约，一个满足另一个的需要；在爱的问题上没有人能够做到自给自足。所以人与人快乐相处，相互献出爱心，这就是相互赠予幸福，结果不仅扩大生命的宽度，而且还可以延长生命的长度。那些在平凡岗位上敬业工作的人，那些将业余时间奉献给社会的志愿者，那些慷慨救助他人的人，都是在创造他人的幸福中感受自己存在的价值，获得内心的充实和精神的享受。亚里士多德认为，幸福的生活是一辈子都要有善行，如果你是有罪的，你就不可能获得幸福。

（六）教育程度高

教育程度与主观幸福感之间存在正相关性，即受教育程度越高则主观幸福感程度也越高。因为良好的教育能有助于人们获得稳定的高收入工作、控制更多的经济资源及构造稳定的社会关系，从而增强其主观幸福感。在中国职场人士中，教育程度越高，工作幸福指数越高。初中以下教育程度的工作幸福指数为2.45，而硕士以上教育程度的工作幸福指数为2.81。

（七）欲望适度

美国经济学家萨缪尔森认为，幸福等于满足除以欲望。这就是说，幸福与欲望成反比，或者说欲望是幸福的敌人。对一个人来说，如果欲望小于能力，一个人就不能充分享受自身的价值，也未必获得真正的幸福感；如果欲望大于能力，则心有余而力不足，就会产生痛苦无奈。而就生存条件来说，各人也有不同的需要，超过实际需要的物质追求，便会成为影响幸福感的贪欲。总之，每个人欲望的差别会导致幸福感的差别，这说明了为什么生活越富裕的人，越不容易满足，越不容易获得幸福。美国民意测验机构对过去20年中美国人"过好日子"需什么样的物质条件的调查显示，日子过得越好的人开列的需求物品的清单越长，而他的"好日子"就越难以达到。

（八）社会状况良好

富裕、文明、民主、自由、公平、安全与和谐的社会环境，对于人们主观幸福感程度具有正相关性，而贫穷、野蛮、专制、压抑、不公正、不安全的社会环境，特别是当前的一些分配不公和腐败现象，对国民的幸福生活有着显著不利的影响。R. Veenhoven 对自由与主观幸福感的关系进行了细致的讨论，根据47个国家的经验数据发现，经济自由能够促进主观幸福感程度的提高。我国市场经济条件下的社会环境比高度集中的计划经济条件下的社会环境有了很大的改善，与此相适应，我国人民的幸福程度也有了较大的提高。

（九）生态环境好

生态环境是人类赖以生存和获得快乐幸福生活的根本条件。一个和谐、幽雅与生气勃勃的生态环境，对于人类身心健康与快乐满足具有极其重要的作用，生态环境已经成为制约我国人民生命健康和获得幸福生活的重要变量。

三　身心健康是幸福生活的第一要素

由上分析可见，身心健康是幸福生活的第一要素。那么，如何获得身心健康、打造幸福生活？

（一）树立明确的生活目标

斯大林说："只有伟大的目标，才能产生伟大的毅力。"目标是灯塔，目标是旗帜，一个人如果没有生活的目标，就只能在人生的征途上徘徊，永远达不到理想的彼岸，生活就显得平庸、乏味、无聊，就可能滋生各种有害健康的恶习。人生在世，需要追求的东西很多，但由于受到生活环境层次、社会文化情景层次和个人实际条件等主、客观因素的限制，往往是"鱼和熊掌"不可兼得。这就要求我们在现实生活中牢牢把握这样一个原则：要"鱼"，还是要"熊掌"，即确定明确的奋斗目标。如果没有固定的人生追求目标，一会儿要"鱼"，一会儿要"熊掌"，过一会儿"鱼"和"熊掌"都想要。但令人遗憾的是，一生生活得十分艰辛，却没有干成一件像样的事情。

（二）凡事宽以待人

《心灵导师情绪管理》一书指出：付出，让你更健康。在当今世界，科学技术突飞猛进，知识经济已见端倪，竞争已达到了白热化的地步。明确目标，追求人生成功，纵然是获得健康的要素，但伸出援助之手，宽以待人，携手共进，却是人永远年轻、健康、快乐的"添加剂"。我们知道，心胸宽大的人较快乐。宽宏大量，无私助人，通常会得到一些你意想不到的珍贵的回赠：那就是我们助人时所引发的爱和感谢。爱和压力一样也有积累效果。美国医学家塞尔斯博士说，如果我们能囤积好的感觉，像燕子囤积食物过冬一样，我们也能安全稳妥地渡过逆境，这些感觉在一切都不顺利时，提醒我们自己有良好的前景，从而获得信心和勇气，这样生活就容易多了。

（三）养成良好的生活习惯

我国上古时代的奇书《黄帝内经》中说："上古之人，其知道者，法于阴阳，和于数术，饮食有节，起居有常，不妄劳作，故能形与神俱，而尽终其天年，度百岁乃去。"这里特别强调了"饮食有节，起居有常"，要求人们养成良好的生活习惯。良好的生活习惯会使人终生受益，其中对健康的价值更是不可低估！

（四）要有合理的营养构成

合理的饮食应该是每餐八分饱，主、副食各占一半。主食宜粗细粮搭配；副食以 $1:1:3$ 的比例为宜，即动物蛋白（鸡、鸭、鱼、肉等）1份，植物蛋白（黄豆及各种豆制品）1份，蔬菜、水果3份。青少年正处于长身体的重要阶段，对各类营养物质都有特殊的需求。在这一阶段，一方面，由于身体活动量大，新陈代谢旺盛，学习、生活、劳动、体育锻炼都需要消耗较多的热量，因此基本需要热量高的食物；另一方面，身体生长发育也需要提供额外的"原料"。在身体发育这一重要时期，保证糖、脂肪、蛋白质、矿物质、维生素和纤维素等基本营养的合理供给是十分重要的。

（五）保持身体活力的秘诀在于运动

科学研究证明，通过体育活动可以促使头脑清醒、思维敏捷。因为体育运动能够使大脑获得积极性休息，改善大脑的供血状况，使大脑保持正常的工作能力。体育运动能够促进血液循环，提高心脏功能，特别是在运动时，冠状动脉的血流量要比安静时高10倍。国外一位生物学家实验发现，马拉松运动员的冠状动脉的直径要比一般人长 $1\sim2$ 倍，这就是运动能预防冠心病的生理依据。运动还能改善呼吸系统的功能。由于肌肉活动时需氧量增加，呼吸加速、加深，这就促进了肺及其周围肌肉、韧带的发展和功能的提高。运动还可以使骨骼、肌肉结实有力。

（六）必不可少的业余爱好

现代生活既紧张又繁忙，我们在繁忙和紧张的学习、工作和生活之余，找一个安静理想之地，从事一些自己感兴趣的事作为业余消遣活动，这对于调养心情、消除疲劳是很有好处的。如练练书法、玩玩乐器、画画、集邮、下围棋、下象棋、搞点摄影、小制作等，都是增进健康的理想项目，可根据自己的兴趣选择和培养。一旦认定，就要坚持下去，使它成为自己真正的兴趣爱好，并尽可能争取有新造诣。

（七）塑造幽默乐天的性格

"幽默是日常生活愉快的添加剂，幽默是生活波涛中的救生圈"。事实上，能帮你打开紧锁的眉头，松散额上的皱纹，舒张紧缩的心肌，忘却生活中的烦恼，幽默是功不可没的。运用幽默调节身心健康是有其科学依据的。有医生在"无法治疗的病"的研究中发现：幽默和生理状态有很大的关联。幽默引起的大笑会使肌肉乱了步调，与肌肉有关的疼痛就可能在一阵大笑之后随之消失；大笑会刺激大脑分泌一种儿茶酚胺的荷尔蒙，这种荷尔蒙能引发"内啡素"的大量分泌，而起到自然止痛的效果；幽默地大笑会使全身肌肉舒展，进而舒张血管，使紧张充血的内脏器官得到缓解而有节律地张弛，获得积极的休息。

参考文献

[1] 范晓清等：《心理健康自测自疗》，中国华侨出版社，2005。
[2] 郑希付：《健康心理学》，华东师范大学出版社，2003。
[3] 邢占军：《生活质量研究的重要领域：主观幸福感研究》，社会科学网，www.sociology.cass.cn。
[4] 苗元江：《心理学视野中的幸福》，南京师范大学博士学位论文，2003。
[5] 许海燕：《心理健康的"幸福进取者"模型的理论构建与初步检验》，西南大学硕士学位论文，2008。

被挤占解构的"家"及其出路

康兰波①　程秋君②

(①空军工程大学教授　②西安建筑科技大学讲师、博士

陕西西安　710051)

摘　要: 家庭是连接个人与社会的桥梁。只有家庭幸福,才谈得上个人和社会的幸福。然而,现实生活中人们却面临家被挤占被解构的困境。如果家都没有了,哪来的幸福感和幸福社会? 长期以来,社会和个人都只知从"家"索取,而不注重对"家"的奉献和服务,导致家在为社会和个人做出巨大奉献过程中濒临解体,个人和社会的幸福也因此大打折扣。建设小康幸福社会,需要个人和社会共同关注、关爱家庭,并为家庭提供有力支撑和服务。只有这样,幸福小康社会才有实现的希望。

关键词: 家庭　幸福　社会　个人

党的十八大提出要在 2020 年全面建成小康社会。小康社会应该是幸福的社会,是一个让每个人都能够深深感受到幸福滋味的社会。而"家庭是满足人们幸福感不可替代的组织之一"[1],是连接个人与社会的桥梁。小康社会对个人幸福的兑现,很大程度上要通过家庭来实现。只有每个家庭都和谐幸福,才谈得上社会的和谐幸福。如果家都没有了,社会将通过什么样的中间环节或桥梁,来使个人充分享有幸福的生活呢?

一　被挤占解构的"家"

"家"连接着个人与社会,是发出一切民生问题、解决一切民生苦难的真正实体,也是人们最感温馨和幸福的私人情感生活空间。它通过人们直接的婚姻和血缘关系建构起来,又通过这些关系在现实生活中的维系,而让人领略到生活的具体滋味。人世间的一切酸甜苦辣,无不与"家"有着千丝万

缕的联系。然而，在我们的现实生活中，伴随现代性的推进、全球化的发展，"家"正被逼入无足轻重的地步，成为被现代生活解构的对象。而家的被解构，则意味着能够给予人幸福感的最实在空间的消失瓦解。

在现实生活中，家被解构的现象比比皆是。伴随大规模城市建设的兴起，各路媒体争相报道的一件件惊心动魄的"强拆"事件，传统的家园、传统家的居住方式、传统家的姻缘血缘关系、传统家的生活空间等，统统被连根拔起，取而代之的是一幢幢拔地而起、环境优雅、设施齐备、被冠以"私家花园"的别墅和洋房。然而，让人望而却步、雾里看花的房价，足以打消穷人结婚生子，建立家庭的念头。家失去了它存在下去的自然空间。

伴随信息网络的飞速发展，人们不再兴奋于面对面直接交往，也不再依恋于卿卿我我、儿女情长，而是更乐于借助信息网络展开一种极其宽泛而无比肤浅的信息交流、情绪宣泄。iPad、iPhone，乃至各式各样的手机、笔记本电脑，大大吸引着人们的注意力和情绪情感，成为阻隔家人间相互交往的屏障。于是，即便同睡一床、同住一宅，夫妻间、父母子女间的交流沟通也大受其限。人们忙于自己的网上冲浪、网上生存。家在 iPad、iPhone 等的挑战中失去了它存在的情感根基。

工业化、信息化加快了人们的生活节奏，也大大加剧了人与人之间你死我活相互竞争的激烈程度。一些充满谎言的成功案例、一些所谓现代化的管理、一些荒谬可笑的量化指标、一些莫名其妙的考查考核等，无不成为推动人们早出晚归、披星戴月、加班加点拼命工作的内外动因。家长制、官本位、权力寻租等现象，迫使人们既免不了算计他人，又不得不防范被他人算计，还要厚颜无耻地讨好上司领导，以求在各种博弈中分得一杯羹，或者保住自己那可怜的饭碗，谋得所谓的发展。严酷的现实警示着人们，人口众多、资源有限，若不奋起拼搏，必被挤到社会生活的边沿，到那时离食不果腹、衣不蔽体、流落街头、死无葬身之地也就不远。这一切都不仅让人倍感身心疲惫，也让人深感恐惧忧伤。面对如此生存压力，哪里还有闲情逸致来与父母、子女共欢颜。家在这种"无闲""无心情"中丧失了它得以维持下去的时间和心理条件。

市场经济优化配置着各种社会资源，不过这样的优化配置归根结底是对投资而言的优化，对劳动、工资本身来说，未必是一件获利和优化之事。劳动者靠就业来维持基本的生活，而就业难不仅让大学生离家奔波、农民工抛妻别子，而且也让在职员工如头悬巨刃，无暇、无心顾及家人。甚至一家三地各自为政,两地分居牛郎织女。CPI 步步高升,工资报酬稳中放缓。家庭生活开支越来越多、越来越高,而家庭收入却越来越入不敷出。家的经济集约化优势正在丧失,同时也正失去它存在的经济根基。

伴随社会开放、价值多元、个人独立自由和解放,传统社会对婚姻家庭的道德规范、法律约束逐渐减少或降低,可现代社会对婚姻家庭的规范保障却并未跟进。工作艰难、生活艰辛,"干得好不如嫁得好",诸如此类足以使当"二奶"、做"小三"、一夜情、婚外情等成为一些人谋生发财、寻求个人发展的灰色路径。这些现象严重冲击着家的道德法律防线,消解着家庭成员之间的诚信、互信,以及共同生活的信心。家的关系纽带、道德法律底线等被消解殆尽。

时代的进步、发展,资本、行政权力的绝对权威,使得家庭在为社会、为单位、为国家消耗掉它最后一丝能量之后濒临解体。现代性让人们的生活世界殖民化,而家的濒临解体,正是这种生活世界殖民化的具体体现。也许海德格尔提到的那种"无家可归"状态,正在以另一种方式一步一步向我们逼近。无家会使人不知生存之根本,也不知生存之意义,更不知幸福为何物。因为,幸福不仅是对"物"的占有或事实判断,而且更是一种心理体验和价值判断。可这绝非是在斩断了人的一切社会、家庭联系下,在纯粹"无人""无他人"的空场中来获得的。

二 "家"被挤占解构的价值观之因

长期以来,一讲家庭,人们往往只重视家庭对个人、家庭对社会的功能,似乎家庭本身就是一个包含无限能量的聚宝盆。一切解决不了的问题,都可诉诸家庭来解决;一切需要奉献的地方,都由家庭来担当。可以说,家庭对个人和社会承担着极其不对等的责任和义务,而个人对家庭、社会对家庭应当担负的职责、义务却极少被人提起。

从个人和家庭的关系看:社会学说,家庭是稳定的私人活动中心,它为个人提供生理和情感的满足,并具有生育、养老和个人安全等方面的功能[2]。这种静态描述,表明的是家庭对个人的意义,或者说是家庭对个人承担的义务或责任。然而,家庭是建立在人和人姻缘、血缘关系基础上的实体。没有个人对家庭承担的责任义务,家庭的这些功能意义便无从谈起。这一点在一些社会学教材中似乎并没有深入阐明。于是给人留下的印象就是,个人可以无节制、肆无忌惮地从家庭中索取，而无需为家庭贡献什么。反映在日常价值观念中，那便是谁把家放在第一位，把事业发展放在第二位，谁就是没出息、就是胸无大志。特别是对一些男同胞来说，顾及家庭、关爱妻儿，不仅家人看不起，而且同事朋友还会对其鄙视万分，甚至对其冠以"妻管严"的蔑称。因为长期以来，家已经在自然分工基础上逐渐演变为女性化的符号，"男主外、女主内"早已成为一种文化传承，成为人们心目中对性别角色的期待。对家的无视，其背后暗含的是对女性、孩童、老人的蔑视，而对这些因生理不占优势人的蔑视，恰恰反映出的是对所谓事业成功、胸怀大志等所赋予的强权崇拜。所以，为了追逐这种所谓强权式的成功，家庭总是做出牺牲，奉献出最好的资源来供个人飞黄腾达，以期一人得道，鸡犬升天。而做出牺牲的，表面上看是家庭，实际上是处于这种家庭关系中的女性、老人或子女。他们本是在家庭生活中最需要获得关照的人，但他们却在家庭生活中牺牲最多。因为社会上流行的价值观是崇尚强权的成功价值观，也是将生活演变为一场场竞技活动的竞技价值观，它崇尚"胜者为王，败者为寇"的逻辑，压制另辟蹊径、独立创造的个性化、多样化生存。它高扬男权、王权、霸权等强权主张。因此，当现代性敲开中国大门，这些强势主张不再围绕"家"而展开时，家也就自然成为一个不能登上大雅之堂的灰暗地带。

从家庭和社会的关系看：社会学说，家庭的目标和具体贡献在于为社会进行人口再生产、完成文化传播和传递、调解协调人际关系，在某些阶段还执行社会生产与分配的任务[2]。从社会学描述的这些功能来看，无不意味着社会可以从家庭中得到无限的好处，家庭对社会承担着不可推卸的责任和义务。这样的看法，极其容易让人忽视社会对家庭的扶助、对家庭的支持和关爱。在人们的思想观念和通常的价值判断中，家庭属于私人领域，社会属于公共空间。公共属于集体，公共大；私人仅意味着个人，私人小。私人领域向公共空间做点贡献是理所当然的集体主义行为，而公共空间服务于私人领域，则既有难度，又不符合集体主义要求。这种对集体主义的错误理解导致家庭长期地、无怨无悔地为社会承担着人口生产、未成年人养育和社会化、老年人口赡养、文化精神传递、人际关系协调等义务。而社会对家庭所承担的义务和支持，除法律层面的一些硬性规定外，在经济、税收、社会福利保障等方面则甚为稀少。

就拿人口生产来说，多年来生孩子一直被看成私人之事、女人之事。人口不足，就鼓励家庭大量生育，除 20 世纪 50～60 年代的"红布费"能反映社会对家庭人口生产的关爱外，其他的包括对未成年人的养育，几乎是家庭独立承担。而当社会人口众多、社会面临困难时，则要求家庭实施计划生育。社会除了对实施计划生育的家庭每月补助5元"独生子女费"外，其他住房、医疗等福利则主要由单位、社区来保障。且不说单位、社区能否承担这样的保障，单就家庭为此承担的养育、教育、养老、失孩等成本和风险，社会的关照和扶助都显得极其不对称。一个家庭养育一个或一个以上的孩子，所付成本、情感希望和所面临的风险等是大不相同的。养育一个孩子，不仅成本高昂，而且所有的情感希望集中于小孩一身，不仅加大了教育难度，而且还增加了家庭延续、父母养老等的风险。这些年被不断推高的教育费用、学校门口接送小孩的家长、小孩意外死亡带给父母的伤痛、年迈父母的养老困境等统统都在由家庭默默承担。而社会对相关问题的解决，总是头疼医头、脚疼医脚，没有围绕相关家庭问题的综合性协调方案。

家庭事务、家庭建设、家庭的和谐稳定等总是被人理解为个人私事。于是，婚假、产假也是最近几年才得到适当延长，能否落实，还有待个人与用人单位博弈；家人、子女生病需要照顾，请假能否理直气壮、顺利进行，全在于单位性质和领导脾气；生孩子需要生育证，能否办下来，凭的是运气；孩子能否就近入园入学，凭的是父母家长的官气或财气；家庭生活空间能否扩展、家庭生活时间能否不被挤占，凭的是家庭是否拥有能够与高房价、高竞争相抗衡的财力和勇气。社会对这一系列问题的解决，其出发点却不在为家庭和个人提供服务上，而是为了社会的生产工作效率、社会的公平正义、社会的和平稳定等。这其中折射出来的价值判断就是，个人、家庭都只不过是社会发展的手段。社会要发展、要稳定，个人和家庭面临的问题才能得以解决，而且解决的程度和方向也就是朝着有利于社会发展稳定而进行的。如果这一方向与个人、家庭发展方向一致，那也就万事大吉；反之，如果二者不相一致，那么妥协让步的只能是个人或家庭。这正如执行这么多年的计划生育政策，执行时雷厉风行，而对于失孩家庭、对于老年人的空巢家庭，社会关爱、扶助却迟迟难于跟进。然而，如果这些具体的家庭问题都得不到解决，社会又如何谈得上发展、稳定和幸福？

三　社会应积极发挥巩固家庭的主导作用

当今GDP的增长，并没有带来国民幸福指数（GNH）的相应提高，反倒使人幸福感有所降低。有人认为，国人幸福感降低，是因为没有树立与GDP 增长相适应的幸福观。如果树立了正确的幸福观，那么其幸福感就会提升。于是，学者们对古往今来的幸福观展开了深入细致的研究，取得了十分丰硕的成果。然而，国人的幸福感却并没有因为他们美好合理的幸福观而提高起来。人们在生活的奔波中依然深感自己的不幸。对于家庭的幸福尤其如此。我国著名婚姻家庭研究专家徐安琪在一项关于家庭幸福观的经验研究中发现，当代中国绝大多数家庭及其成员都具有比较正确的家庭幸福观。她指出，多数被调查者都强调"和谐团结"是家庭幸福的最重要因素，而"健康平安"和"收入无忧"则分别居第二、第三位。她还指出，"认同关系取向的为最多，将经济条件视作家庭幸福要素的约 1/3，快乐主义幸福观在现实世界中不占主流。"[3] 既然多数家庭都能够正确地从关系角度来确认家庭幸福，那么为什么还有那么多人不能处理好家庭的幸福关系，而选择离婚呢？国家统计局 2007 年公布的相关统计资料显示，2001 年我国的离婚总数是 125万对，离婚率为 1.96‰；2005 年上升到 176 万对，离婚率为 2.73‰；2007年则高达 209 万对，离婚率为 3.18‰[4]。而这一比率，近年来还在不断攀升。这说明，人的幸福、家庭的幸福，虽然与正确的幸福观有关系，但这样的关系却并不是绝对的、一一对应的。

其实，国人幸福感的降低在很大程度上与其家庭被挤占解构有关。尽管我们说构建和谐美满的家庭需要每个家庭成员的共同努力，但这却并不仅仅是一个个人道德伦理的问题。因为，对家庭加以解构挤占的，表面看是一个个、一件件个人行为或个别事件，仿佛都与家庭伦理道德有关，而事实上却是社会对家庭的服务支持没有到位。个人无力购房、无力生养子女，不啃老怎么行？个人既无足够金钱，又无可自由支配的时间，照顾年迈多病、生活不能自理的老人，单有"孝"的道德能支撑多久？个人对家庭的责任、对爱人的那份承诺，法律和伦理道德几乎没有有效约束，惩罚过轻，违法成本过低，面对物欲世界的诱惑，个人如果自我约束力较弱，婚外情能避免吗？可见，要建构幸福和谐的家庭，使被挤占解构的家能够重新成为人们感知幸福的港湾，社会更应该承担起支持、扶助、服务家庭的重任。

第一，应加大信息时代家庭成员情感沟通的教育引导力度和制度安排。信息网络对家庭成员情感基础的消解应引起社会的高度重视。只关注网络，不关注家人，极易构成对家人的情感冷暴力。不仅伤害家人身心健康，而且也为离婚埋下伏笔。近年来，一些年轻夫妻的闪婚闪离，一定程度上都与信息网络阻隔夫妻沟通交流有关。那种下班回家，除了共同吃饭，便是各执一部 iPad、iPhone 或笔记本电脑，各上各的网、各交各的友、各聊各的天，使实体性的家名存实亡，也使夫妻二人的心各有牵挂。这看似年轻夫妻们的私事，实为社会幸福安全的大事。年轻不为伴侣多奉献爱，年老哪来老伴的爱心陪伴？没有爱心陪伴的老年社会，将是多么悲苦、暗淡的世界。如果全社会的老年人都是这般景象，幸福社会从何谈起？因此，信息时代，社会在促进家庭成员沟通交流方面必须大有作为，做到既有教育引导，又有技术、法律规范，还有相关科研成果支撑。

第二，应高扬家务劳动的社会性质，消除社会对家务劳动的歧视。家务劳动的社会性质，并不仅仅在于价值创造的经济方面，而是在于促进家庭和谐幸福稳定、社会和谐幸福稳定的社会方面。从经济上看，GDP 的增长也许根本就不需要计算家务劳动的劳动量，这也许是家务劳动备受主流社会歧视的重要经济根源之一。但如果将被挤占的家务劳动作为人们为增加 GDP 所付出的成本，那么这样的成本是极其高昂的，而它最后都要由家庭及其成员通过为家政服务付出金钱、通过复杂琐碎的家庭矛盾、通过难以调解的离婚等来埋单。这对家庭和个人来说，既不幸福更不公平，其中还充满着对从事家务劳动的人的歧视。而家庭的这种成本付出，也直接影响着整个社会的和谐、幸福和稳定。于是，GDP 数值增长得再快再高，实际的社会综合效益未必就好，GNH 自然也高不到哪里去。其实，高扬家务劳动的社会性质，就是要现实社会摆脱对"加班加点"的盲目崇拜，改进让人"无路可走"或将人挤压得几近成为照片的公共交通现状，避免将家蜕变为仅供人睡觉的地方，而为每个家庭成员争得自由自觉并创造性地做家务的时间和精力，使他们的实践活动能够在家庭生活中也充分展开，因为轻松愉快的家务劳动是增进家庭成员情感交流的有效方式，是家庭成员共同营造家庭和谐幸福氛围的现实途径。

第三，应将家庭建设与社会建设有机统一起来，发挥好社会在家庭建设中的主导作用。社会通过政府所掌握的资源、所拥有的能力都远远大于单个的家庭及其成员。借助这些资源和能力，积极引导家庭生活朝着更加美满和谐的方向发展，不仅不与社会发展相抵触，相反还更加有利于社会和谐稳定幸福的具体落实和实现。党的十八大提出，"要多谋民生之利，多解民生之忧，解决好人民最关心、最直接、最现实的利益问题"，而所有这些利益的最终兑现，又都离不开家庭这个重要环节。然而长期以来，人们总是将家庭建设与社会建设割裂开来。一说家庭建设，总是把责任推给家庭成员，将其看成私人之事，靠传统道德来维系。如果说社会在这个问题上实际已发挥了什么作用的话，也无非就是"五好家庭""好婆媳"等"好人好事"类评选、影视节目中对幸福家庭"乌托邦"式的渲染等。而在生活成本巨大、通货膨胀高企、竞争异常激烈、生活工作节奏极快的现实社会，这些大多不具有普遍性和现实性。但另一方面，当今的家庭建设已到了社会不得不出面干预，甚至直接参与的地步。离婚率逐年上升，单亲家庭、空巢家庭、空壳家庭逐年增多，社会老龄化日趋严峻，类似这些问题，仅靠单个家庭成员来承担，不仅承担不起，而且也间接地影响社会和谐稳定，降低社会生产效率，更别说还有什么幸福可言。而社会在这些方面却可以大有作为。在提升家庭成员经济独立性方面，可通过制度改革，让官员的权力由人民赋予、人民监督，官员向人民负责，而不再向上级领导负责，以此来增加社会制度文化的吸引力和软实力，使那些通过正当经营先富起来的人敢于并能够在国内大量投资，敢于走共同富裕的道路，以解决人们的就业、收入困境。在为"家"提供其安放场所方面，可在社会统一规划、严格监管的前提下，给予家庭以更大的土地使用权和建房自主权，以使购房者有机会和能力来与政府、开发商、银行等展开博弈。在增进家庭成员感情方面，除了道德、情感教育之外，除了干瘪的"常回家看看"法律条文外，还应以法令强制手段杜绝血汗管理，减少加班、降低工作强度、弱化竞争关系、增加节假日。同时，改进公共交通环境、生态环境、人居环境，为家庭成员情感沟通提供充足的时间和健康心理条件。在高扬家庭成员扶老携幼方面，除了促进教育公平、医疗改革等努力外，还可给予家庭成员照顾生病家人、年幼子女以适当的请假合法性，使他们不再抱怨家人要生病、子女要关爱、老人要照顾。在推进各种围绕家庭的社会服务活动中，还需消除对从事家务劳动的女性和老人等的歧视，并对积极参与家庭服务的企业、社会团体和个人给予规范化管理和引导，以保证这样的社会服务能够可持续地向前发展，等等。当然，社会对家庭的作为还有很多，只要人们高度重视，并认识到只有家庭幸福，才有个人幸福，从而也才能有全社会的幸福，相信社会在家庭建设方面，还将有更大作为。

第四，应加大对破坏家庭和谐幸福言行的惩处力度和违法成本。印度近年来爆发的由婚姻家庭问题所引发的社会动荡，足以证明婚姻家庭绝不是简单的私人领域。对合法婚姻家庭的保护、对扰乱婚姻家庭行为的严惩，既关系到国家法律的尊严，民众对社会、对国家的信心，更关系到整个社会的和谐稳定和幸福。改革开放以来，社会对合法婚姻家庭的保护力度一直不够，对破坏婚姻家庭行为的约束不到位，一些领导干部甚至带头"包二奶""养小三"，上梁不正下梁歪，导致整个社会风气日渐败坏，使被挤占解构的家雪上加霜。要纠正这样的失误，就应该从建设和谐美好健康的婚姻家庭关系入手，通过详细的法律、法规的颁布落实，有意识地告诫人们，没有足够的情感基础，不能贸然结婚，否则婚姻当事人将在经济生活中付出沉重代价。而一旦结婚，就要承担起和睦家庭建设的社会责任和家庭责任，否则便将在经济上、舆论上、社会生活中付出更为沉重的代价。一方面，法律、法规应给予合法家庭以最大的保护力度，对违背婚姻誓约，破坏家庭和睦，特别是像"包二奶"、"养小三"、婚外情、一夜情等行为应按照破坏社会和谐稳定、阻碍社会幸福等给予严厉惩处，以增强相关法律、法规的威慑力。另一方面，社会也应最大限度地保护遵纪守法、和睦幸福的家庭，并在社会保障、公共服务、经济生活、税收政策等方面给予这样的家庭以一定的奖励和优惠，使它们能够在各项法律、法规的保护和服务下，深感人间幸福。

总之，面对家庭的被挤占解构，应从中国特色社会主义建设事业的高度来重视和解决相关问题，否则和谐社会、小康社会、幸福社会等都无从谈起。而从落实家庭幸福，到实现社会幸福，也许还是最能显现"中国特色"的方面之一，起码我们在家庭建设这个问题上没有重复西方发达国家的老路。

参考文献

［1］任博：《各级政府要在提高民众幸福指数中奋发有为》，《领导科学》2011 年第 10 期。

［2］李斌：《社会学》，武汉大学出版社，2009。

［3］徐安琪：《家庭幸福：金钱愈加重要了吗———一项关于家庭幸福观的经验研究》，《社会科学》2011 年第 1 期。

［4］http//www. stats. gov. cn/was40/gjtjj-detil. jsp? searchword = % CO% EB% BB.

"权利公平"的实践逻辑与公民幸福的价值期待

——"美好生活"时代之共同体的伦理文化吁求

袁祖社

（陕西师范大学政治经济学院院长、教授、博士生导师

陕西西安　710062）

摘　要：发展为了幸福，权利保障幸福。置身"后发展时代"的当代中国社会，基于一种轮廓明晰的"主体性中国"塑造的理论期望，坚定地以民生本位的治理方略，开始理智地反思"财富最大化与精神生活空疏化"内在背离的根由，以民众集体之勇毅向善的"正能量"，勇敢对抗、抵制现代性文化制导下资本与财富逻辑之强制性奴役，着力解决社会发展过程中民众对公共服务和公共福利之最大化吁求与制度无法满足民众这一需求之间的矛盾与冲突。这是一种新质的公共性社会实践，深刻地标志着一种普遍而真实的权利正义诉求基础上的"幸福中国"的新价值叙事，是文明进程中华夏民族向社会发展和变迁之初始动机和永恒目标——依照"人的方式"解放人、发展人、实现人的回归之豪迈宣言，已经并正在实际构成当代中国新历史理性生成过程中，"美好生活"时代之共同体的伦理文化吁求的必然的实践逻辑和价值期许。

关键词：权利公平　公民幸福　美好生活

进入"后发展时代"，经历了30多年的经济高速增长和财富如天文数字般的持续性攀升，富裕起来的中国社会和民众开始切心关注一个再平常不过却又是极难把握和言说的话题：幸福。从目前的状况来看，坦率地讲，关于幸福的话题事实上已经处于被过度言说、过度诠释，却又不得要领的境地。

究其原因，根本的在于，我们关于幸福的论说，忽视了一个基本的前提。人们越来越深切地感受到，幸福固然离不开个体的感受和体验，但绝对不能脱离外在的、使幸福成为可能和现实的制度环境的改进和日益增进的合

理化实践。这其中，与经济社会发展的同时，现实个体之诸多基本权利增量累进、持续保障和不断实现，一定是其中一个至关重要的因素。失却这一点，任何所谓幸福感和幸福体验，无论在何种意义上都不是具体的、真实的。

一　关于幸福的话语伦理逻辑及其有效性问题：社会情境和理论情境忧思

进入幸福的理论和实践语境，我们可能最需要追问的第一个问题是：经济全球化和市场社会背景下，我们什么时候才能够自主地、自觉地、自信地谈论真正属于我们自己的真实的幸福？

面对一个多文化与价值观因素交织、多力量复杂冲突与博弈、多权变交相渗透并实质性参与各种资源竞争的异质性的巨型复杂化社会，面对这种社会不断出现的新问题，单纯以学理化的方式去思考和研究，常常显得非常的捉襟见肘。

在一个学术边界日益模糊不清的时代，我们自以为是地秉持既有的理性思维原则和方法，以及我们寄希望于哲学创制核心理念的能力，被其他学科——比如经济学、社会学、法学、政治学等不断挑战，哲学关于许多现实问题的言说，远不如其他学科更为深刻、更为有效、更具有时代精神高度和解释力。以对幸福之实质的准确把握为例，我们就不难深刻地感受到这一点。事实是，当我们以"哲学的方式"探讨究竟什么是幸福的时候，经济学家已经提出了"幸福的实现定则"——幸福是欲望的满足程度，欲望实现构成幸福，没有实现则痛苦[1](P7)；社会学工作者已经提出了"衡量和评价社会幸福生活"的指数和指标体系问题[2]；政治学家已经提出了"幸福新政"的理念和方略；心理学家则已经给出了测量一个人是否幸福的完整而详细的科学量表〔美国著名心理学家赛利格曼提出了一个幸福的公式：总幸福指数 = 先天的遗传素质 + 后天的环境 + 你能主动控制的心理力量（$H = S + C + V$）。总幸福指数是指你的较为稳定的幸福感，而不是暂时的快乐和幸福〕。

显然，在社会各界都在热论幸福的时候，我们更关心的问题是：关于幸福的言说如何才是有意义的？我们究竟如何谈幸福？在何种思维框架内谈论幸福才是真正有效的？当我们认真地研讨幸福的话题时，我们能不能也先来联系自我实际，反身自我追问一下：我幸福吗？我日子过得真的算幸福吗？

我的事业、工作和实际的生活境遇能够促使我获得一种无忧无虑的幸福感吗？我有实际的、持久的幸福生活体验吗？其实，仔细想一想就会明白：当我们被问及"你幸福吗？"当我们回答"幸福"或者"不幸福"，其实都没有太大的意义。当一种意识形态和政治试图用或者不得不用这样的方式来了解民众的幸福体验的时候，其正当性其实已经大可怀疑了。

当代中国社会，对于每一个普通的中国民众来说，幸福可以很简单，对于一个农民，今天买了一部二手手机，第一次使用手机，幸福得不得了。幸福同样可以很复杂。对于幸福的真切体验，来自财富与工资收入的增加、生活质量与水平的提高、住房面积的不断增大等，但这是幸福吗？幸福是对一种稳定的、健康的生活方式的追求，是对人际关系的追求，幸福一定是可持续的，而不是脆弱的。

思想史上，幸福本属于伦理学的话题，但至少康德就明确指出，这个问题说不清楚。康德幸福观的三层含义分别为感性幸福（即自然幸福）、理性幸福（即道德幸福）和神圣幸福（即永福）。康德的幸福观主要定位在感性层面上，而理性层面和神圣层面的幸福要么只是一种类比，要么只能属于神，从而不能称其为一般而言人所追求的那种幸福[3](P166)。

二 自由且更有尊严的幸福："公民社会"权利保障预期及其有限的价值理性期待

当代美国著名学者、哥伦比亚大学资深教授路易斯·亨金（Louis Henkin）明确指出："我们的时代是权利的时代。人权是我们时代的观念，是已经得到普遍接受的唯一的政治与道德观念。"[4]

立足当代中国社会的具体情境，我们必须首先回答的是这样一个问题：为什么只有将幸福和公民权利公平及其相应的实践问题结合起来谈论幸福才是有意义的？新中国的历史上，新生政权的建立，使曾经饱受屈辱的中国人民感受到了"站起来了"的自豪以及"当家做主人"的喜悦。但曾几何时，曲折前行着的历史理性本身也曾经深陷迷误。20世纪50～60年代，中国的经济发展水平甚至没有达到解决人们的普遍温饱问题，但奇怪的是，那个时代的人们却充满着革命乐观主义精神，并没有认为和感觉自己不幸福。究其根源，在于在那样的"总体化"社会中，社会没有分化，没有严重的贫富差距以及相应的"攀比心理"。但这只是问题的一方面。问题的另一方面在于，作为一种深通的历史记忆，一代中国人永远无法忘记，为了摆脱"一穷二白"的落后面貌，为了某个遥远的目标和抽象的政治口号，我们曾经不惜以牺牲普通民众追求并享受幸福的权利为代价的时代，那是一个个人的生存权、发展权以及追求幸福的权利完全服从于被过分拔高了的国家、社会以及集体利益的时代。在那个时代，即便是民众最基本的生存与生活权利，也必须经受"大公无私"境界的考量，"私"的空间完全被剥夺了，这是一个不堪回首的过往。站在当下社会以及当今时代的立场上，万难想象，一个没有任何私人空间和私人感受合法性存在的时代，所谓的"幸福"，就只能是片面化的。

在这个意义上可以说，改革开放30多年，中国的市场经济的社会实践，其实完全可以理解为一种以新的体制形式，恢复、实现中国民众诸多经济、政治，以及思想文化权利的伟大时代，一个通过制度的革故鼎新，一点一滴地促进中国民众权利总量的时代，是一个将有关"美好社会""幸福生活"的承诺从"天上"拉回到现实的时代。"我们只要回顾改革开放的历史，就会发现，正是由于打破了以苏联模式为代表的旧体制并按市场逻辑不断推进的改革，才把生产力从计划经济的桎梏中解放出来，才有了后来30多年蓬蓬勃勃的大发展、大繁荣。贯穿其中的，是人的解放，是深藏在人性中并被马克思一语道破的对"人的自由全面发展"的渴求。"[5]从改革开放的总设计师邓小平提出的"三个有利于"的社会价值目标设定、"共同富裕"社会主义的本质观的表达，到江泽民总书记提出的"三个代表"，以及胡锦涛总书记、温家宝总理提出的旨在落实"科学发展观"和"和谐社会"目标的民生新政方略、"公平正义比太阳更光辉"、"让民众过上体面、尊严的生活"等，中国的历史正在出现一个个真实可触的权利转型的节点。

关于社会公平，党的十八大报告做出了全新的表述："加紧建设对保障社会公平正义具有重大作用的制度，逐步建立以权利公平、机会公平、规则公平为主要内容的社会公平保障体系。"这一理论新见，给了我们谈论幸福以重要的当代启示。

之所以强调将幸福与"权利公平、机会公平、规则公平"联系起来，是想表明，当代社会的幸福，正在从传统意义上的伦理学的话题，变成一个政治哲学的话题。我们必须超越传统伦理思想的范式，以政治哲学的思想范式来求得幸福的现代解。这样一种主题与话语的转换，意味着下面的论断正在成为全社会的共识，那就是：属人的和人属的幸福的真谛和实质，在于民众各项基本权利的被赋予、被保障和被不断地、持续地实现。质言之,幸福就是权利的保证与实现,这是幸福的最高位阶之所在。如此,现代公民社会中,属于公民们的幸福一定不是纯粹主观"体验"的(所谓幸福,是一种主观体验,是权力专制社会的一种托词和借口),它一定是具体的、真实的。即使是"体验",也一定首先是公民个体的各种权利得到保障和实现以后,公民个体在相对公正合理的社会文化环境中,通过实际从事和参与经济、政治及精神文化活动所得到的一种尊重和满足感。

这里不得不提及巴西政府三年前刚刚通过的"追求幸福权"宪法修正案。2010 年 11 月 10 日,巴西参议院宪法与司法专门委员会通过了参议员克里斯托旺提出的这样一项宪法修正案。而这一"幸福修正案"是由巴西非营利机构"追求幸福运动"发起的。"幸福修正案"的理念是"政府有责任创造条件,满足人民对教育、医疗和安全等方面的需求,以便让民众能够追求到幸福"。这项修正案提出了具体的方案和衡量指标,并计划通过五个方面增强民众的"幸福感":提高公众意识;发动社会团体;鼓励参与社会项目;培养"乘数效应";激励公民为社会项目做贡献。报道说,如该宪法修正案在巴西国会得到通过,追求幸福将成为受宪法保护的公民的基本权利。参议员克里斯托旺指出:"巴西宪法已经将医疗保健、食物供应、教育娱乐、劳动就业、社会安定等列为国家保障的公民基本权利。但这些社会权利还不足以保证公民感到幸福。将幸福写入宪法,可以让宪法更人性化。"[6]提案立刻在巴西引发巨大争议。人们纷纷质疑:政府有什么具体措施来确保国民幸福感?提高公民对医疗保健、食物供应、教育娱乐、劳动就业、社会安定的满足感就等于保证了公民的幸福感受吗?除了巴西,英国政府也打算将提高国民幸福指数引入施政目标。时任法国总统的萨科齐也在 2009 年宣布打算将国民幸福感列入衡量法国经济发展的指标中。而加拿大近期也开始进行多项针对国民幸福感的调查研究。一时间,我们进入了一个"幸福幻象"的时代:似乎全世界政府都在"为人民谋求幸福"。这种现象本身就是大可质疑的。

我们的时代是公民社会的权利本位时代,公民个体的幸福一定是与权利的享有和持续地被保障紧密联系在一起的。通常认为,所谓公民幸福权,是指公民享有对自己生活状况评价的一种美好的心理体验和主观感受的权利认同。在法理学意义上,可以说,公民成为"权利主体"之日,就是基本的幸福开始之时。所以,当下我们谈论的并非通常意义上的小众的"幸福感受"和短暂、脆弱的"幸福体验",而是普遍意义上的"公民幸福"。可见,要获得确定的、可持续的幸福生活，一个基本的前提之一就是成为现代公民社会之一员，获得公民的资格以及"公民"的秉性和资质——公民性与公民身份的获得。当一个社会还没有发育成完全意义上的真正的现代公民社会时，在公民社会的个体追求幸福的普遍权利没有得到基本保障的情况下，幸福只能是自上而下被一点一滴给予的甚或"施舍"的。这样一种情势下的幸福感和幸福体验，无论如何都谈不上是真实的。

在现代公民社会中，在某种意义上可以说，权利就是幸福的代名词。对于普通民众来说，各项基本权利的保障和实现，就是最大的"福利"甚或福祉。不难想象，一个连基本的生存权、发展权、自由权等都得不到保障和满足的社会里，民众有什么幸福感和幸福体验可言呢？在文明进程中，人们已经愈来愈真切地感受到，人们孜孜以求的一切的所谓幸福，绝对不只是物质生活条件的改善、财富与收入的增加等方面，而是包含着更多、更深广的含义。如有学者所言："追求幸福或幸福地生活是人类的基本目标，也是每个人的基本权利。尽管每个人对幸福的理解和定义不同，但从社会学的角度看，满足一个社会多数人的幸福，是需要一些前置条件的，它包括经济的快速发展导致物质条件的改善，财富和资源的分配合乎正义法则，对多元思想的宽容，以及人的尊严得到国家权力和法律制度的尊重与保护，等等。"[7](P3)

话题的这一转变并非要刻意淡化对"幸福"本身的可能性的思考，而是要表明，进入学者话语体系中的"幸福"，这个词语的含义似乎非常之丰富，其重要性怎么强调都不过分。其实，举凡关涉人类之普遍价值诉求的价值——比如自由、民主、公平，无一例外都具有这样的特点。

三　一个"自由、公正、民主、人道"的社会如何是可欲的：激活"幸福权利"的内在生命力

美国的"加图研究中心"有一项研究指出，不能孤立地看待经济收入与幸福的关系，必须同时考虑到大的制度环境。"社会公正"要比只是"碰运气"的涨工资能带来更普遍、更具有真实意义的幸福感。它指出，前东欧国家人民的收入在当时不能算低，但人民的幸福感却比不上一些虽然贫穷但相对政治自由、人民可以批评不公正分配制度的国家[8]。

深切关注民众不幸福的根源，意味着必须深切关注民众幸福权得以保障的条件，从而才能倾全力促成民众普遍幸福的"价值实现"。有学者指出：

"追求幸福或幸福地生活是人类的基本目标，也是每个人的基本权利。要使人们有尊严地幸福地生活，涉及如何处理国家权力与个体权利的关系问题。在近年的中国发展和转型中，政府公权力与公民个人权利之间的内在紧张关系已经成了中国当下必须面对和亟待解决的问题。"[9]

　　真正意义上的幸福，绝不是现实个体在日常生活中的一种"偶然、短暂的情绪体验的显示或证明"，这样理解的幸福太肤浅、太廉价，仅止于自然的、本能需要满足的层次，绝对不是属人的幸福生活的真谛。真正的幸福关涉一种高层次的"精神生活吁求"，是一种生存境界，一种高质量、高品质和高品位的生活的体现。近代社会与思想变革史上，关于幸福的理解就曾出现过一种"吊诡"。据有学者考证，欧洲历史的 18～19 世纪，"幸福"作为一种新的价值概念，被工具理性化为一种"以改善民众生存状态为现实目标的政治伦理"，用以代替传统政治哲学的"正义"概念及其实践。现在看来，边沁意义上所谓的幸福其实就是"功利主义伦理学"所推崇的"功利——最大幸福原则"。其真意在于表明：评判一种政策的好坏，就看其能否为最大多数人带来尽可能多的幸福。仅从理论上讲，这一论断并没有什么错。问题在于，在一个阶层分化、利益冲突的现实的"差异化社会"里，幸福根本不是也难以成为"自足"的，幸福常常并不是它自己的价值，幸福并不能自动成为"社会公共善"。一个社会的"公共善"，其重要的指向和功能，并不只是简单地"生产幸福"，更在于公正地"分配幸福"。20 世纪 70 年代以来，围绕西方资产阶级市民社会中自由民主传统最重要的两翼——社会平等和个人自由（或曰集体福利与个人权利），在当代美国哈佛大学的两位哲学教授罗尔斯（John Rawls）和诺齐克（Robert Nozik）之间所展开的西方政治哲学和政治伦理观念意义上的论争再一次表明：公民个体的幸福一定是实在的，既关乎个体的主观意愿和追求，更关乎一个合理、有效且正当性不断增强的正义的制度[10]。

　　对于当代中国民众，幸福之门已经打开，民众需要切切实实的行动。任何一个历史时代，由于诸多因素的影响，社会个体幸福或者不幸福的问题，本来就很难精确界定，也很难有一个令人满意的答案。这本来是一个常识性问题。不仅如此，幸福与不幸福都是同时存在的客观现象，在询问幸福的同时，是否更应该关注不幸福的问题。或问：人民不幸福的根源是什么？答曰：权利的被忽视、被侵犯甚或被剥夺。2011 年 6 月中旬，一名吉林省松原市的网友自己在家下载黄片看，被公安局拘留 15 天并处罚款 3000 元后没收电脑。2012 年 1 月 13 日，南京民警称闯入一对已成年男女自愿合法开的酒店房间，将其带回警局批评教育，还通知家长遣返。成年未婚男女去宾馆自愿开房，也要被警方查房，带回警局批评教育还通知家长遣返。人们不禁会问：这公权实在可怕，私人空间的尊重权在哪？个人幸福在哪[11]？

在这个意义上，基本权利的全内容、全过程、全机制保障，是属人的幸福的基本条件。人的任何一种权利的被剥夺或者得不到应有的重视，所谓的幸福，就都是一句空话。幸福是人性的基本需求。追求过幸福美满的生活，是人之为人的天性和不应被剥夺的基本权利。经济社会的发展、文明人类的演进程度的一个最为重要的标志，就是看该社会制度是否以不断提升民众对幸福生活的吁求为基本的制度的价值取向和执政理念的。有学者明确指出："从增加民众的幸福感来看，提高'权益保障'的分量，遏制侵权行为特别是遏制政府的侵权行为是十分必要的。设想一下，一个家庭的收入不算低，子女受过良好的教育，养老、医疗也不成问题，但遭到了强拆，出现了自焚事件，这个家庭还有幸福可言吗？这个家庭成员的亲戚、朋友、邻居的幸福难道不会大大地被打折扣吗……可以说，哪个人的权益受到侵害，哪个人就不可能幸福。哪里的公民的权益受到普遍侵害，哪里的百姓幸福感就低。"[12]

着眼于幸福与权利之关系演变史，将幸福的获得与民众基本权利的保障结合起来思考幸福的可能性与现实性问题，其实并不是一个新话题。法学理论研究中，已经有为数不少的学者提出并专文论述了所谓"幸福权"的内涵、实质以及实现路径问题。在人类思想史上，最早是以律法的形式，将幸福与民众的基本权利联系起来的，是法国大革命实践的结果。1789 年 8 月 26 日，法国大革命时期颁布的纲领性文件《人民人权宣言》，即《人权和公民权宣言》（法语：Déclaration des Droits de l'Homme et du Citoyen，简称《人权宣言》，是一个标志性的思想与文化事件）。该人权宣言以美国的《独立宣言》为蓝本，采用 18 世纪的启蒙学说和自然权论，宣布自由、财产、安全和反抗压迫是天赋不可剥夺的人权，肯定了言论、信仰、著作和出版自由，阐明了司法、行政、立法三权分立，法律面前人人平等，私有财产神圣不可侵犯等原则。1793 年 6 月 24 日，雅各宾派通过的新宪法前面所附的《人权宣言》又做了进一步的修改，宣布"社会的目的就是共同的幸福"。

市场经济本质上是权利经济，它在实现利益最大化的同时，也促进着一个国家民主建设的步履和公民权利意识的觉醒。从中国社会当前的主要矛盾来看，作为人们追求幸福生活的必然性表征，其中一个重要的内容在于，民众对公共权力与公共服务不断增长的吁求与公共权力和公共服务不能满足其需求之间的矛盾日益加剧。在这个历史性进程中，"权力规范运行""追求公平正义"等精神需求也应运而生。在一个被学者们形象地称为"权利爆炸"的时代，作为整体性概念的"权利"的内容在中国社会法治化进程中不断丰富完善，并引起了整个社会极大的重视。以前人们只能在法律文本或者学术话语之中读到的"自由权""人格权""财产权""隐私权""受教育权""安宁权""社会保障权"等概念，正在形成一种沁入平民现实生活的物质力量，一种在沁入的同时对社会关系起着分割、厘定作用的物质力量[13]。

四　"权利公平""机会公平""规则公平"同步并举：拓展"中国梦"的幸福纵深

按照近代政治伦理的基本观念，追求和实现幸福被视为现代公民社会每个公民个体之不可剥夺的基本权利。财富的不断增值（最大化）和私人化占有并非社会发展的最终目的。人类需要的梯度上升规律表明，当社会的财富总量达到一定程度以后，随之而来的应是对人的幸福生活追求和期待的最大化的被关注，如此，公民幸福权被提到议事日程。当然，正如一切属人的权利都是人自己努力争取、捍卫的一样，作为权利表达的幸福本身，也绝对不是自上而下恩赐的结果。

问题是：如何准确界定幸福的权利？如何保障公民之幸福权利的享有、保有和实有？早在2010年"两会"期间，温家宝总理就曾十分明确地提出："我们所做的一切都是要让人民生活得更加幸福、更有尊严，让社会更加公正、更加和谐。"当年的2月27日，温总理在与广大网友在线交流时，首次阐述了"尊严"的具体内容："要让老百姓活得更有尊严，第一，就是每个公民在宪法和法律规定的范围内，都享有宪法和法律赋予的自由和权利，国家要保护每个人的自由和人权。无论是什么人，在法律面前都享有平等权。第二，国家的发展最终目的是为了满足人民群众日益增长的物质文化需求，除此之外，没有其他。第三，整个社会的全面发展必须以每个人的发展为前提，因此，我们要给人的自由和全面发展创造有利的条件，让他们的聪明才智竞相进发。"建立在民众权利的保障和实现基础上的中国政府向广大人民的庄严承诺，使我们有理由相信：一个"有尊严的生活"的时代，正在到来[14]。我们有充分的理由相信：在生存与发展问题上，当一个社会与制度共同体的民众能够真正以公民的身份得到普遍的"国民待遇",普遍享有该制度所应赋予的最基本的生存与生活保障、基本人权、教育、基本医疗养老保障等,并且,一旦其保障或者权利行使遭遇不同程度的侵害,会及时获得有效的救助的情况下,每个公民个体必然会对美好未来充满希望,从心底觉得自己的存在是有价值的。如此,其幸福感必然会油然而生。由此不难理解,获得幸福既是每个公民的基本权利,同时也是责任政府的责任和义务。现代服务型责任政府应当建立一系列的制度和机制,履行对人民幸福生活的承诺和责任。"责任政府之所以对人民的幸福生活负有不可推卸的责任,是因为人们产生并实现其需求和欲望以达到幸福生活所必需的某些基本条件,只能由政府来提供。责任政府正是通过创造、提供或取消这些条件直接或间接地决定和影响人们的幸福。"[15]

可见,在幸福是民众之权利总量不断增加、增长保障和实现的意义上,致力于塑造一个合理的政府与公民个人之间的关系,是保障并逐步实现公民幸福权利的关键。哈佛大学教授罗尔斯曾说过,民主不一定要创造比别人更多的财富,只是要在创造财富、分配财富的过程中彰显公平与正义。"所以,如果一个富裕的社会没有公平与正义,它不见得比一个贫穷但正义的社会好。在穷国不丹的国民幸福指数中,这一点或许是个重要参数吧。"[16]因此,当代中国政府必须以现代新公共行政所奉行的"治理"和"善治"的名义,采取一切切实有效的措施,加速整个社会的法治化的实践进程,切实保证广大民众平等参与、平等发展的权利,不断增强行政、司法执行力,不断推进和实现权利公平、机会公平、规则公平。权利意识不断觉醒的中国民众开始清醒地认识到:随财富增加而来的民众生活水平的不断提高,并非"幸福感"的全部抑或核心内容,唯有制度创新所带来的"政治民主""权利平等""社会和谐"等的充分化,人们的"幸福感"和"幸福体验"方更有内涵、更有境界。唯此,才能拓展托起富强、民主、文明、和谐的"中国梦"的幸福纵深。

参考文献

[1] 张维迎:《市场的逻辑》,上海人民出版社,2010。

[2] 罗建文等:《论居民幸福指数的评价指标体系及测算》,《湖南科技大学学报》2012年第1期。

［3］李明辉：《从康德的幸福概念论儒家的义利之辨》，（台北）联经出版社，1990。

［4］〔美〕L·亨金：《权利的时代》，知识出版社，1997。

［5］邓铭文：《论幸福权：社会改革的核心话题》，《社会科学论坛》2006 年第 3 期。

［6］《环球时报》2010 年 11 月 16 日，第 4 版。

［7］邓聿文：《幸福的权利》，南方日报出版社，2011。

［8］徐贲：《涨工资提升了谁的幸福感》，华声在线，2012 年 11 月 6 日。

［9］余闻：《何谓幸福权利》，《小康》2011 年第 12 期。

［10］顾肃：《什么是市场体制下的公正分配原则——评罗尔斯与诺齐克的政治哲学之争》，《社会科学战线》1995 年第 1 期。

［11］《现代快报》2012 年 1 月 13 日。

［12］汪强：《有权益保障才有幸福》，《中国青年报》2011 年 10 月 13 日，第 2 版。

［13］沈岿：《界定权利的时代》，北京大学法律信息网，2003。

［14］吴甘霖：《有尊严的生活》，新华出版社，2010。

［15］俞可平：《政府对人民幸福有不可推卸责任》，《中国司法》2011 年第 3 期。

［16］缪德阳：《试论财富分配中自由与平等的优先性问题——兼评罗尔斯和诺齐克关于分配正义的分歧》，《北方论丛》1995 年第 2 期。

延安时期中国共产党人的朴素幸福观刍议

马　峥

（西安理工大学思政部硕士生　陕西西安　710054）

摘　要：幸福观是现实生活中的人通过社会实践活动得到一定程度满足时所产生的一种愉悦感人生观，更是人类存在的物质和精神需要的价值观点。中国共产党人在延安时期就曾对马克思主义的朴素幸福观进行了实践探索与总结，这样的幸福观具有独创性、本土性，这对于我们现代社会树立正确的幸福观、抵制错误观点，更对处理诸多社会现实问题有着重大意义。

关键词：延安时期　中国共产党人　朴素幸福观

幸福，是自人类存在以来一直追求的目标。当今社会飞速发展，经济、文化等各方面都有很大的提高。但是，在享受现代经济高速发展的同时，我们也遇到了种种问题，所以现在这个时候我们重提延安时期的中国共产党人的幸福观，目的是为了从我们的革命前辈身上学到有益的东西，这不仅可以帮助我们认识幸福的真谛，更能够帮助现代人树立正确的幸福观。

一　马克思主义关于幸福的定义

关于什么是幸福等问题，在西方哲学史上也形成了很多不同的认识，当然存在的争论也持续了很长时间。在古希腊时代，就有以苏格拉底、柏拉图、亚里士多德等为代表的理性主义幸福观，还有以伊壁鸠鲁为代表的感性主义幸福观，之后又出现了斯宾诺莎的德性本身幸福观、康德的至善幸福观等。值得一提的是，中世纪还出现了宗教神学的所谓幸福观，欧洲早期的思想家坚决地批判宗教神学，但不免把人类的幸福看得有点单一。其中，费尔巴哈在其《幸福论》中就认为，"幸福不是别的，只是某一生物的正常的状态，在这种状态下，生物能够无阻碍地满足为它本身所特别具有的，并关系到它的本质和自下而上的特殊需要和追求。"费尔巴哈继承了前人的观点，虽然他对人的自然本性做了详细论证，但他仅看到人的个体性却忽视了人的社会性，所以没能系统诠释关于幸福的含义。可见，在马克思主义产生之前，哲学家们从对人的活动及自我反思中对幸福做了经验性的描述，但没有真正地理解现实生活中人的幸福内涵，甚至还原为"动物性"的人或抽象为"神性"的人。从根本上来说，这些理论缺陷在于没有正确认识人的实践本质，也没有把人的各种属性统一起来。

19 世纪中叶产生的马克思主义，正是在批判地继承前者诸多现实存在的理论与思想基础上形成的。马克思主义认为，费尔巴哈反对脱离生命的抽象幸福观，主张幸福是生命应该具有的特性时，并没有进一步研究人的生命同其他生命相区别的特殊本质，他反而用了机械且形而上学的方式分析现实生活中的幸福问题。相反，马克思不仅把人看作"感性的对象"，而且进一步把人的活动看作"感性的活动"，从人的实践活动出发去揭示人真实的社会本质，把人的感性与理性、物质与精神有机统一起来。他还认为，人们享受自己的劳动成果本身就是一种幸福，但享受并不是幸福的全部内容。另外，幸福还是个人利益与社会整体利益的统一。他的看法是："人们只有为同时代人的完美、为他们的幸福而工作，才能使自己也达到完美。"正因为人有类的意识和责任，个体为人类做出贡献甚至牺牲时，才会产生一种远远超过个人欢乐而极其崇高的幸福感。马克思与恩格斯用自己开创的历史唯物主义的基本观点分析了人的本质和人类的社会实践活动，从人的本质角度来给人类的幸福做出解释，并且把人的本质放在首要位置，真正从人性角度理解幸福，为人们正确理解与追求幸福指明了方向。可见，"幸福"就是指人在现实生活中的物质和精神需要，通过创造性的社会实践活动得到一定程度满足时所产生的一种愉悦感。

二　延安时期中国共产党人对幸福观的理解

马克思主义认为，人是具有实践本质的，人的幸福也是通过生活实践活动的实施得到满足的。面对人类社会纷繁复杂的状况，幸福的概念也会有不同的表现形式，不同时期会有不同的幸福形式出现。但是，究其根本幸福观的核心观点不会变，因为马克思主义幸福观核心理念是一样的，都是以人为本的核心价值观。中国共产党人在延安革命时期就是典型代表，在这 13 年当中，就是在当时那种物质资料极度匮乏的时代，在当时环境极其恶劣的现实中，中国共产党人带领中国劳苦大众克服一切困难，最终取得抗日战争和解放战争的胜利。那个时期，要进行革命工作是非常艰苦的，但是老一辈中国共产党人在这样的条件下却拥有着对无产阶级革命胜利的无比信念与幸福感。可以说，这时幸福价值观才是最宝贵的财富，正是这种幸福观，激励着中国共产党人克服了当时的种种不利局面。可见，延安时期中国共产党人的这种朴素的幸福观发源于马克思主义幸福价值理论，却形成于延安时期的革命生活实践，具有鲜明的本土特色。

（一）坚强意志力

人的幸福来源于对现实生活的满足，如果满足了人的物质与精神生活的需要，那就可以达到幸福的标准。但是，在延安时期的中国共产党人却面临前所未有的很多困难。对于一般人来说，吃、喝、住是最基本的人的生活需求，但在当时的延安，这些条件都达不到基本生存水平，更谈不上生活了。当时的延安地理位置偏僻，物质条件极差，老百姓生活艰辛，再加上原本就有的恶劣自然条件，我们的党面临着巨大的挑战。特别是在1941~1942年，日本侵略者对解放区实行"三光"政策、国民党顽固派对解放区的封锁和严重的自然灾害，使抗日根据地遇到了前所未有的困难。据后来的老一辈革命家回忆，"伙食很简单，小米饭和七八个人共吃的一小盆水煮萝卜，偶然有一两片土豆。"另外，当时为了缓解苦难，陕北公学、抗日军政大学的学员七八个人挤睡在一个只铺着一层茅草的土坑上，挤得连翻身都困难。试想一下，在这样的艰苦环境下，我们党的同志们是怎样去面对困难的？除了保持一种火热的斗争热情，还要有坚定的意志力及强大的精神财富。这个强大的精神财富就是马克思主义理论。这就是中国人的精神优势，就是共产主义的坚定理想和信念。同时，为了学习马克思列宁主义，帮助我们的革命同志树立坚定的共产主义理想和信念，党中央还创办了中国人民抗日军政大学、陕北公学、马列学院等各类干部学校30余所。

（二）实践创造力

人的生产实践是具有自发性的创造运动的，这也是人类区别于动物的本质所在，人的物质生活需要和精神生活需要必须通过自身自由自觉的创造性实践活动来实现。人类的各方面需求就是通过创造本质的活动才体现出来的，也只有通过这样的活动，人类才会体会到创造的乐趣。恩格斯说："动物仅仅利用外部自然界，单纯地以自己的存在来使自然界改变；而人则通过他所做出的改变来使自然界为自己的目的服务，来支配自然界。"延安时期，我们的党面临着一系列史无前例的困难险阻，选择自己动手生产克服困难。当时，在毛泽东同志延安大生产动员大会"自己动手、丰衣足食"的号召下，广大革命同志以及战士们以空前的激情开进南泥湾，开荒、种田进行大生产。经过三年努力，部队不仅自给而且每年向政府交公粮一万担，昔日的"烂泥湾"变成了"到处是庄稼，遍地是牛羊"的陕北好江南。大生产运动解决了抗战物质生活困难，为处在水深火热的革命同志解决了吃饭的问题，充分体现了大家的实践创造性。在队伍的思想建设上，党中央领导进行了延安整风运动，目的则是为了解决革命过程中思想精神统一问题。在当时，我们党的内部存在着很多作风问题，有一些不正确的想法传播出来，唯心论、教条主义、空想、轻视实践、脱离群众等情况兴起。加上之前党员中的大多数人员来自农民及其他小资产阶级，所以他们之间有对马克思主义思想产生疑问的同志。所以，这个时期的整风运动是一次全党深入的思想运动，通过宣传马克思唯物主义的方式，使中国共产党人从错误的思想中解放出来，统一思想认识，以便面对以后革命道路中的困难。在整风学习中，党中央和毛泽东强调了马克思主义中国化的重要性和必要性，号召全党坚持马克思主义学风，善于运用马克思主义的立场、观点和方法，进一步认真研究中国的历史实际和革命实际，形成实事求是的思想路线。可见，整风运动作为一次思想解放运动，其意义重大。

（三）人民利益至上

马克思主义承认人们生活实践的奋斗是同利益有密切联系的，通常个人的幸福会统一于社会整体幸福之中。这是因为每个个体都是生活在一定的社会物质生活关系之中的，人们都是通过实践生活活动来满足自己以及社会所需的，所以人们追求自身的幸福，一定会与集体、社会有着密切的联系。毛泽东在延安时期的多次讲话中就提到，中国共产党是因为人民需要才成立的，是为了谋求大多数人民的利益、全民族的利益、劳苦大众的利益而存在的。其中，毛泽东在《为人民服务》中更是提到"我们这个队伍是完全为着解放人民的，是彻底地为人民的利益工作的"。中国共产党人正是这种把人民群众作为历史主人的观点，结合为人民服务的意识，再结合群众路线的方针才最终把我们的党引向革命的最终成功的。值得一提的是，我们党的群众路线科学地揭示了党员个人幸福和全体人民幸福的密切联系。在抗日战争的历史条件下，支援前线的人民群众承受着人力、物力、财力等各个方面的压力，我们党在充分考虑人民群众的基础上，制定了"发展经济，保障供给"的方针，实行"公私兼顾"、民营为主等一系列刺激经济的政策，组织党政军民学进行大生产运动。党中央领导还适时地进行"精兵简政"，党政机关工作人员减少1/4，从根本上减轻了人民负担。经过几年奋斗，陕甘宁边区人民过上了"丰衣足食"的幸福生活。这一系列的成绩，与我们的领导人的以身作则有很大的关系。其中，毛泽东、刘少奇、周恩来、朱德、林伯渠等领导人就充分做到了严于律己、以身作则、绝不搞特殊化。

三 延安时期中国共产党人的朴素幸福观对今天的启示

延安时期，以毛泽东同志为核心的党中央把马克思主义的普遍真理同中国革命的具体实践相结合，开辟了马克思主义中国化的历程。延安时期中国共产党人的幸福观也正是继承马克思主义幸福的核心理念，并立足于延安革命的生活实践，形成了其独有的特征。诚然，延安时期作为一个历史年代已成为过去，但它作为优秀的意识形态，能穿越时间的隧道成为人们心中永恒的精神财富。如今，在全面建设小康社会的新的历史时期，研究延安时期中国共产党人的幸福观，对我们当代人树立正确的幸福观有着重要的现实意义。

（一）坚持辩证的马克思幸福观

马克思幸福观内涵相当丰富，无论是对个人还是社会整体，无论是对物质还是精神都有很高的要求，尤其是共产主义社会的幸福是多么的令人神往。然而，在现实生活中，人口、资源环境、就业、社会保障压力大，教育、医疗、住房、安全生产、社会治安等方面的问题比较突出，腐败现象比较严重，等等，如何辩证地看待这些问题？我们既要看到客观上这是生产力落后、资源有限、人口众多等原因造成的，又要看到改革开放以来我们取得的令世人瞩目的成就和进步。无论从横向还是纵向比较，我们当前的生活是幸福的，这得益于有正确幸福观的指导，得益于社会主义制度的优越性。只有坚持辩证唯物主义的根本立场和根本方法，我们才能充分理解当前社会各种"不幸福"的因素，自觉地坚持在马克思幸福观的指导下，为了社会大众的幸福，为了共产主义的更高理想而舍身奋斗。

（二）用马克思的幸福观来指导廉政建设

我们党始终把加强和完善党的建设作为一项伟大工程，尤其把党员干部的作风建设放在各项建设的首位，同时加强理论建设、制度建设、组织建设，并取得了丰硕的成果，但腐败现象仍然存在，反腐倡廉的任务还非常艰巨，这更需要对党员干部加强马克思幸福观的教育，不断提高道德修养，认识到幸福不在遥远的天国，而在我们的现实生活中，在我们的道德实践中。道德是幸福的前提，是保障我们实现人生价值的强大动力，因此，我们党在廉政建设中，要重温马克思的幸福观，加强马克思幸福观教育，提高道德修养，克己自律，践行道德，锤炼自身，为追求社会幸福奠定坚实基础，同时率先垂范，为廉政建设做出贡献。

（三）科学区分、批判和抵制错误的幸福观

要科学区分纷繁复杂的幸福观，坚决批判和抵制错误的幸福观，坚决反对享乐主义、拜金主义、利己主义。同时要自觉学习和吸收马克思幸福观，并以此来规划自己的人生和生活，在思想上筑好坚实的幸福观堡垒。马克思幸福观已经被证明是科学的幸福观，我们认真学习马克思主义，学习为共产主义事业奋斗终生的先锋模范事迹和精神，弘扬新时期精神，始终高扬中国特色社会主义旗帜，在实践中践行中国特色社会主义核心价值体系，科学区分、批判和抵制错误的幸福观，牢固树立科学的幸福观。同时，我们每个人都应该积极投身于社会建设，在实践中去体验马克思幸福观的意蕴，去了解人民的疾苦和人民的需要，积极为创造社会财富而努力，以他人的幸福、以社会的福祉为目标，做出我们更多的努力。

总之，我们应当自觉地将个人幸福与社会幸福统一起来，在建设中国特色社会主义伟大实践中，通过自己的辛勤劳动去追求一种建立在一定物质基础之上、又超越物质的持久的精神幸福。

参考文献

[1] 亚里士多德:《尼各马可伦理学》，中国社会科学出版社，1990。

［2］罗国杰、宋希仁：《西方伦理思想史》（上卷），中国人民大学出版社，1985。

［3］《马克思恩格斯全集》（第21卷），人民出版社，1995。

［4］高延春：《延安时期中国共产党人对马克思主义幸福观的诠释》，《求是》2012年第1期。

［5］于晓权：《马克思幸福观的哲学意蕴》，吉林大学出版社，2008。

［6］徐茂华：《马克思的幸福观及其当代价值》，《光明日报》2011年3月27日。

新中国成立以来中国共产党的幸福观探析

王长坤① 淡 琰②

（西安理工大学思政部①教授 ②硕士生 陕西西安 710054）

摘 要： 新中国成立以来，中国共产党的幸福观经历了一个从单纯仿照别国模式到走自己之路的发展历程，最终形成了具有中国特色的社会主义幸福观。以毛泽东、邓小平、江泽民、胡锦涛为核心的中共领导集体的幸福观，都是在借鉴国外经验的基础上，将马克思主义幸福观理论同中国革命、建设、改革以及市场经济的实践有机地结合起来，根据时代的发展，提出了全心全意为人民服务、不断提高人民生活水平、代表最广大人民的根本利益、发展为民等幸福观，探索出了一条适合中国国情的幸福观理论，同时也丰富并发展了中国特色社会主义理论。

关键词： 新中国成立以来 中国共产党 幸福观

幸福观是指人们对幸福的根本看法，幸福观是人们的世界观、人生观的反映。由于不同的人有着不同的价值观，所以幸福观也千差万别。马克思主义幸福观认为，幸福包含两个部分，分别是创造幸福和享受幸福。其中，创造幸福被认为是实现幸福的前提，实现幸福之后才能够享受幸福。对于广大的劳动人民和无产阶级来说，不参与劳动就没有丝毫的幸福可言。因此在社会主义的条件下，创造幸福的唯一途径就是参与社会劳动。对于广大的党员和干部来讲，只有终身为绝大多数人谋利益，为共产主义事业而奋斗，才是其人生的最大幸福。马克思主义幸福观是中国共产党的宝贵财富。因此，中国共产党人在继承和发展马克思主义幸福观的基础上，在不同的历史阶段，提出了建立在重民、爱民、亲民基础上的幸福观，这是一种为了满足人民群众日益增长的物质和精神文化需求的幸福观，能够全面提高人民的生活品质，是以毛泽东为核心的中国共产党领导集体在长期的革命和建设的实践中，经过探索，并且经历过实践检验的幸福观。新中国成立初期毛泽东的幸福观，是由当时的国际形势决定的，是提高全民族的思想道德素质、科学文化素质和广大人民全面发展的幸福观。

一

全心全意为人民服务，是和国内环境等多种因素综合作用的结果。毛泽东认为人民群众是幸福的主体，要是没有了人民，社会的发展就失去了前进的动力，所有的发展都是空想和空谈。因此，群众路线，就成为贯穿于毛泽东思想各个组成部分的一个基本方面。毛泽东幸福观的核心内容主要体现于"全心全意为人民服务"之中。坚持一切从人民的根本利益出发，将全心全意为人民服务作为幸福观，主要体现在以下几个方面：第一，毛泽东强调党员干部要合理地使用人民赋予的权利；第二，关心人民群众，为群众解决实际问题；第三，依靠群众的力量去实现其自身的利益。毛泽东认为革命是实现幸福的动力，毛泽东深刻分析了当时的中国国情，认为中国的基本矛盾仍然没有改变，当时社会的主要矛盾依旧是落后的社会生产和人民日益增长的物质文化之间的矛盾。只有解决了社会的主要矛盾，才能不断地推动我国社会主义现代化的进程，使全中国人民实现幸福。毛泽东认为，解决社会主要矛盾和实现幸福的方法是：革命。新中国成立以后，毛泽东的幸福观主要体现在全心全意为人民服务的思想中，以及在这个思想的指导下，中国共产党采取的注重民生改善，以确保不断地实现人民群众的根本利益的各项措施之中。毛泽东认为，社会主义的中国，就是让人民当家做主，尽一切全力实现人民群众的根本利益，不断发挥人民内部蕴藏的无穷动力，从而实现中国人民的幸福，这是共产党领导下的中国人民经过共同的奋斗和探索得出的结论。同时，毛泽东反复强调，中国共产党人的领导干部务必保持艰苦朴素、不骄不躁的优良作风，尽全力解决好人民群众的民生问题，要把全心全意为人民服务的思想切实地落实到党员干部的思想和行动中去。因此，以毛泽东为代表的中国共产党人适应历史发展的要求，并且经过不断的探索和总结，认识到人民群众在发展中的巨大潜力，只有紧紧地依靠人民群众，并且把人民利益放在首位，坚持做到全心全意为人民服务，一切为群众着想，坚持群众路线，努力使我党制定的方针政策更好地体现人民群众的意志和根本利益，从而使人民群众的利益得到最大化的体现，这才是中国共产党人的幸福。

不断提高人民生活水平是以邓小平为核心的中国共产党领导集体结合新时期的特点，将我国的基本国情与马克思主义的基本理论相结合，本着求真务实的精神，提出的符合我国国情的幸福观。以邓小平为代表的共产党人提出的幸福观，是在创立邓小平理论的过程中形成和发展的，它的形成和发展是以当时特殊的国际和国内环境为根据的。邓小平认为，人民群众是幸福的主体，他明确提出："群众是我们力量的源泉，群众路线和群众观点是我们的传家宝。"[1](P39) "不断提高人民的生活水平"是邓小平幸福观的核心内容，邓小平的幸福观是在马克思主义幸福观的基础上，继承并且发展了毛泽东"为人民服务"的幸福观，加上自己在新时代背景下的理解，巧妙地把社会的进步、生产力的发展以及人民生活水平的改善结合在一起，从而提出了"不断提高人民生活水平"的幸福观。邓小平认为，改革开放是幸福的动力：第一，对内实行改革，这是中国人民实现幸福的内在动力；第二，对外开放，这是实现幸福的强大动力。他说："要尊重社会经济发展的规律，搞好两个开放，一个是对外开放，一个是对内开放。"[2](P116) 邓小平总结了我国自新中国成立以来的 20 多年的发展后认为，社会主义的发展首先要改变生产力落后的状况，然后才能有效地改善人民的生活水平和国家的综合国力。他指出："社会主义的本质，就是解放和发展生产力，消灭剥削，消除两极分化，最终达到共同富裕。"[2](P373) 在这个理念的指导下，十一届三中全会以后，针对中国广大人民如何才能过上幸福的生活，邓小平提出了党一切工作的标准，同时也是人民群众生活水平提高的标准，就是将是否有助于人民的幸福来衡量党做得对不对的标准[2](P108)。因此，邓小平将实现人民的幸福生活，具体地落实到了改革开放的各项强国富民的方针、政策中去，落实到了每个党员和干部的工作中去。采取的一系列措施，使我们国家的经济快速发展，不断健全民主，社会更加和谐，人民的幸福感更强。

"代表最广大人民的根本利益"是以江泽民为核心的中国共产党领导集体在结合当时国际国内局势的科学判断的基础上，继承和发展了毛泽东和邓小平的幸福观，提出的符合国情的幸福观。江泽民认为，人民群众是幸福的主体。他指出："建设有中国特色社会主义事业，是亿万人民群众广泛参与的创造性事业。必须始终坚持党的群众路线，始终与人民群众保持密切联系，始终把人民群众的根本利益放在工作的首要位置。"[3](P262) 江泽民幸福观的核心内容是"代表最广大人民的根本利益"，这是因为：第一，党对人民的承诺和根本宗旨就是"代表最广大人民的根本利益"；第二，"代表最广大人民的根本利益"是"三个代表"的核心内容；第三，"代表最广大人民的根本利益"对于我党的进一步发展和自身的不断进步有着重要的现实意义，是我党在新时期发展过程中必须重视的重要课题。江泽民认为，创新是实现幸福的动力。他在中共十四届一中全会上的讲话中指出："要根据新的实践要求，重新学习，不断创新，与时俱进。"首先，理论创新是能够实现创新活动的根本性前提；其次，体制创新是真正实现创新活动的重要保障；最后，科技教育创新是所有创新工作的灵魂和大脑。江泽民同志提出的"创新动力论"，在一定程度上丰富和发展了邓小平的"改革动力论"，这不仅加强了我党对创新问题的认识水平，还为我国的整体经济发展指明了新的方向。

以胡锦涛同志为总书记的党中央集体，在认真总结了当前国际和国内的经验教训，以及吸收了人类文明的优秀成果的基础上，继承并且丰富发展了党的三代领导集体幸福观，提出了能够科学回答我党如何带领全国人民走向幸福的幸福观。胡锦涛幸福观的主体是以人为本，这里的"人"，指的是人民群众，"本"，指的是人民群众的根本利益。胡锦涛幸福观的核心内容就是"发展为民"。胡锦涛在中国共产党十七大报告中指出："促进人的全面发展，做到发展为了人民、发展依靠人民、发展成果由人民共享。""发展为民"中的"民"，主要指广大人民群众。首先，从经济层面来讲，"发展为民"就是指在我国社会主义市场经济体系的发展过程中，要发展为了人民、发展依靠人民、发展成果由人民共同享受；其次，从政治角度来说，就是要确立最广大人民群众在社会发展中的主体地位，尊重和保障最广大人民群众的权利，特别是发展的权利；最后，从文化角度上来说，就是要重视人的精神文化素养的提升，从而保证我国人民群众文化素养的全面发展。胡锦涛认为，体制创新是幸福的动力。他在党的十六大报告中提出："形成有利于自主创新的体制机制，大力推进理论创新、制度创新、科技创新，不断巩固和发展中国特色社会主义伟大事业。"这标志着中国共产党确立了要"依靠体制创新求发展"的幸福动力观。只有通过体制创新，才能够解除之前生产力发展时期的制度障碍，为生产力的快速发展提供制度保障。"十一五"期间，实行免费义务教育、废除农业税、实行新型农村合作医疗制度、确定最低生活保障等一系列帮助弱者以及弱势群体的措施和政策，确保了社会的公平。

二

新中国成立以来，中央领导集体都把实现人民群众的根本利益作为其幸福观的出发点和落脚点，都将为人民谋幸福作为自己的奋斗目标。然而，由于各个领导人所处的时代不同，所以其幸福观的侧重点不同，核心内容也存在一定的差异性。

首先，幸福观的侧重点不同。毛泽东结合当时中国的国情，在总结中国革命经验和教训的基础上，创造性地提出了"全心全意为人民服务"的宗旨，并且把它作为党的幸福观。实践证明，毛泽东的这一举措奠定了中国革命胜利的基础，大大地拉近了党与人民的关系，使我们的党得到了广大人民群众的支持和拥护。在成功吸取了毛泽东的经验教训的基础上，邓小平提出了我国现代化建设分三步走的重要战略，即为了让经济获得飞速发展，在我国的一些地区建立经济特区，让一部分人先富起来，然后不断地扩大改革开放的范围，实行沿江开放、沿海开放，从而达到共同富裕。这些重要的政策措施，表面上看是发展经济，实质上是为了"提高人民的生活水平"，是邓小平幸福观的集中体现。江泽民幸福观的核心内容是"代表最广大人民的根本利益"。以江泽民为核心的中央领导集体创立的幸福观理论，是在社会不断发展、人民对于物质及精神生活有了更高的追求的情况下建立的。"三个代表"重要思想理论的提出为党与国家的发展指明了方向。第一，在政治方面，不断强化人民参政议政的权利，保证人民的主体地位；第二，在经济方面，不断解放和发展生产力，全力提高人们的生活水平，最终达到共同富裕；第三，在文化方面，不断加强思想素质教育，促进人的全面发展，缓解社会矛盾。胡锦涛为代表的党的新一代领导将"发展为民"作为新时代的幸福观。胡锦涛幸福观的侧重点是注重人的全面发展，重视人民的日常生活，满足人类社会发展所需要的各种物质精神文化需求，在稳定提高 GDP 的基础之上，改善人民大众的生活环境和条件。发展为民，就是要将人民的幸福作为工作的重点，将人民的需求作为工作的最终目标，全力满足人民日益增长的物质文化需求和社会各阶层的需求。

其次，政治保障机制不同。毛泽东是一位集传统儒家思想和现代创新精神为一体的领导人，在其执政时期，主要是从思想改造方面入手，很少从制度层面的角度去解决社会发展中遇到的问题，因此这样的思维模式导致新中国成立初期我国在法制建设和民主政治建设方面比较薄弱，这在一定程度上制约了我国社会的发展，也为之后社会中存在的一些问题埋下了隐患。如何通过保障人民的权利来实现人民的幸福，是下一代中央领导集体不可回避的课题。十一届三中全会以后，新的领导集体深刻地认识到：要建设中国特色的社会主义的伟大中国，使中国人民实现幸福，就是要在中国共产党的领导下，在确保人民当家做主的基础上，依法治国，不断发展社会主义民主政治，建设社会主义法治社会。通过社会主义民主的制度化，不断促进中国社会向法治社会转型，利用法制来维护人民当家做主的地位和权利。以江泽民为核心的新的领导集体，根据道德和法律的不同特点和在社会中的作用，将以德治国和依法治国相结合，从而使人民的利益能够受到法律和道德的双重保障。胡锦涛在继承江泽民的依法治国的思想的基础上，更加细致地提出，依法治国首先要依宪治国，依法执政首先要依宪执政。依法治国首先要实施宪法，让宪法走进公众生活，只有这样，宪法才能获得生命力。宪法既是国家的根本法，是治国安邦的总章程，也是公民权利的保护神。依宪治国，使得公民权利处于优越地位，可以让公众感到宪法与我们同呼吸、共命运，与公民个人的生活息息相关。

三

新中国成立以来中国共产党人的幸福观是对马克思主义幸福观的继承和发展。

首先，坚持全心全意为人民服务这一党的根本宗旨。中国共产党自成立以来，就一直坚持人民的利益高于一切、全心全意为人民服务的理念和宗旨。实践证明，历史和人民需要这样的党来建设新中国，需要这样的党来为人民谋福利，带领人民走向幸福，实现国家的繁荣富强。从新中国成立到现在，党的领导集体始终都将该宗旨作为工作的重中之重。毛泽东在其著作《为人民服务》中写到，将解放人民、为人民的利益而工作看作共产党人的任务，将坚持全心全意为人民服务看作共产党的宗旨。毛泽东要求全党必须贯彻落实"全心全意为人民服务"的宗旨，切实维护人民的最根本利益，力求人民能够过上好日子，将人民的幸福作为工作的中心[4]。在新中国经济建设时期，邓小平提出，中国共产党的任务，简单来讲，就是要全心全意为人民服务，党的一切活动都以人民的利益作为其标准和行为准绳[5](P87)。这就要求全党以为人民服务为宗旨，工作重心必须围绕人民的切身利益展开，努力维护人民群众的利益，不断加快社会主义现代化的建设。以江泽民为核心的领导集体进一步发展并且完善了全心全意为人民服务的思想。江泽民认为，我们的党员和干部，只有为国家、为社会、为民族谋利益，奋不顾身地工作，毫不保留地奉献出自己的聪明才智，才是有意义的人生[6]。以胡锦涛为核心的领导集体在新的时代条件下，创新性地提出了新的理念，这既不同于西方的人道主义思想，也不同于中国传统的民本思想，它被赋予了新的时代内涵。在党的十七大全国人民代表大会中，胡锦涛进一步强调了以人为本的重要性，党的工作都要以为人民服务为宗旨，在开展工作的时候应当与为人民谋福祉相统一。为了获得人民的拥戴，保证执政党的地位，应当尊重人民的利益，人民的利益高于一切。中国共产党一直坚持将人民的利益看作工作的出发点和归宿，这是因为中国的共产党员来源于人民，根植于人民群众之中，也服务于人民群众，是人民利益的忠实代表者。因此，党制定的各项方针政策都要坚持为人民服务，最大限度地调动人民的生产热情，实现、维护、发展人民群众的利益，这是我们党和国家一切工作的出发点和归宿，是衡量党的各项工作的最高标准。

其次，把发展生产力作为实现人民幸福的手段。历史经验告诉我们，发展才是硬道理，发展是党执政兴国的第一要务。因此，我们的党要想巩固其执政党的地位，就要坚持以经济建设为中心，大力发展社会生产力，决不能偏离了经济建设这个工作重心。归根到底，社会主义制度的优越性要靠生产力的发展来体现，执政党是否合格要靠人民群众的生活水平是否提高来检测。只有人民的生活水平提高了，人民才能够实现幸福。中国共产党带领全国人民推翻了"三座大山"，建立了社会主义制度，掌握了国家的政权。进入社会主义建设时期后，毛泽东开始对经济建设进行探索。最终，旗帜鲜明地指出应当实现农业国防和科学技术现代化建设的方针，并且制定了我国社会主义建设的战略步骤。但是由于后期受到"左"的错误思想的影响，毛泽东关于经济发展的思路在实际工作中没有得到很好的落实，因此人民群众的生活水平受到了很大的影响[7]。党的十一届三中全会以后，邓小平在总结之前的经验教训的基础上，做出了把党和国家的工作重心从阶级斗争转移到经济建设上来的伟大决策。邓小平提出了"发展才是硬道理"，提高为人民服务的水平还是归结于以经济建设为中心，集中力量发展社会生产力。只有不断强化为人民服务的意识，坚持这一宗旨不动摇，我们的国家才会繁荣稳定，中国特色社会主义事业才能蓬勃发展。党的十四届三中全会召开后，以江泽民为核心的党的第三代领导集体，坚持以经济建设为中心，进一步提出了"发展是党执政兴国的第一要务"，这突出强调了发展的重要性和紧迫性。为此，党的一切方针政策都必须以经济发展为中心，不断深化企业改革，优化产业结构，使人民的物质及精神生活获得更大的提高。落实科学发展观也是为了更好地促进经济发展而提出的。科学发展观对于发展进行了研究与探讨，是我们国家进行经济建设的指导思想，旗帜鲜明地指出我国经济发展的方向以及特色道路，是我们国家进行经济建设的不竭动力。

最后，用发展着的马克思主义指导当代中国的发展。这是由马克思主义理论的科学性以及我国的国情决定的。马克思主义是一个不断发展创新、不断丰富完善的科学体系，具有很强大的生命力。马克思和恩格斯在揭示资本主义的发展趋势时，强调了一切社会发展的必然结果都是社会主义，资本主义社会的发展结果也不例外，但是在这一过程中人们要不断摸索、不断发展才能达到这样的社会形态，并没有任何捷径可以走。而且必须在社会发展的过程中不断总结经验教训，才能探索和研究出关于社会主义的一些基本特征。对于世界各国的无产阶级政党来说，发展着的马克思主义就是将本国的国情与马克思主义理论相结合的产物。新中国成立以来，中国共产党人的幸福观的演进，从新中国成立初期的"全心全意为人民服务"，到改革开放邓小平提出的一定要"有利于提高人民的生活水平"，再到新时期江泽民提出的"代表广大人民的根本利益"，以及胡锦涛所强调的"一切发展都是为了人民"的理论成果，这些从根本上来讲都是我国先进的共产党人不断在实践中总结摸索的结果。他们不仅继承了在马克思主义理论中先进的理论，而且在实际运用过程中与中国的国情相结合，不断为马克思主义理论注入了新鲜的血液，在实践中丰富和发展了马克思主义[8](P26)。

综上所述，中国共产党执政以来领导中国人民走向幸福的过程，是一个伟大的也是一个非常艰辛的探索过程，但同时也是一个日益走向科学的过程。伟大的人民领袖毛主席曾经这样说过，对于建设社会主义的认识，必须有一个过程，必须一切从实践出发，从没有经验到有经验，从有较少的经验到具有较多的经验，要逐步地克服盲目性，从而在认识上达到一个飞跃[9](P300)。新中国成立以来，从毛泽东到胡锦涛为核心的党的领导集体，探索幸福观的历程也正是如此，探索中渗透着中国化的马克思主义思想精髓和理论品质，在探索的过程中既有深刻的教训也积累了丰富的经验，这些经验和教训，对于我们完善幸福观、指导我党日后制定方针政策以及我国社会未来的和谐有序发展提供了重要的参考。

参考文献

[1]《邓小平文选》（第 2 卷），人民出版社，1994。

[2]《邓小平文选》（第 3 卷），人民出版社，1993。

[3] 江泽民：《二十年来我们党的主要历史经验》，人民出版社，2001。

[4] 米华：《毛泽东邓小平解决民本思想内在矛盾之思路比较》，《湖南师范大学学报》（社会科学版）2000 年第 5 期。

[5]《邓小平文选》（第 1 卷），人民出版社，1994。

[6] 江泽民：《在全国宣传部长会议上的讲话》，《人民日报》2001 年 11 月 3 日，第 1 版。

[7] 张先友：《试论党的三代领导核心执政为民的基本经验》，《邵阳学院学报》2005 年第 2 期。

[8] 胡锦涛：《在"三个代表"重要思想理论研讨会上的讲话》，人民出版社，2003。

[9]《毛泽东文集》（第 8 卷），人民出版社，1999。

科学发展观与民生幸福论析

席　捷① 　赵华朋②

（西安理工大学思政部①硕士生　②教授　陕西西安　710054）

摘　要：近几年来，人们对幸福的看法众说纷纭，幸福或者幸福感的定义也多种多样。我们国家在建设小康社会的关键时期，如何提升民生幸福成为党和国家发展的重要标尺之一，科学发展观与民生幸福有着内在联系，其以人为本的核心内涵是民生幸福的理论依据，进而从收入差距、制度保障、社会保障、生态环境等方面提升民生幸福感。

关键词：科学发展　民生幸福　以人为本　提升

一　关于幸福的理解

如今，"幸福""幸福感""幸福城市"等热词成为中国社会广为谈论的话题，也成为人们评价和衡量中国社会发展进步的标准。20 世纪 70 年代就有人提出"国民幸福指数"（Gross National Happiness，GNH）的概念。

幸福是什么？幸福是一种心理感受，所以很多人也称幸福为幸福感。人类社会发展史，从某种角度讲也是人类追求幸福生活的过程。幸福是一个无所不包，几乎涵盖一切伦理学概念的词语，诸如关于公平、正义、自由、爱、灵魂、财富、信仰、道德的讨论，几乎都可以幸福为背景来探讨，因为幸福是人们的一种主观感受。每个人的生活经历、家庭背景、文化程度、思想观念、身体状况各不相同，因而对幸福概念的理解也不尽相同。例如，市民某某说："幸福就是工资再高一点，晚上少加班。"某某职业经理人认为："最幸福的事情就是我要把公司做成一个世界品牌。"有学者认为，幸福感可以理解为满意感、快乐感和价值感的有机统一。2011 年 2 月 27 日，温家宝总理在中国政府网回答网友"幸福的标准是什么？提升百姓的幸福感，政府有哪些考虑"的提问时，谈到"四心"幸福。总理说，让人们生活得舒心、安心、放心，对未来有信心。唯有如此，谈论幸福才实在。对此，他还讲过：所谓幸福，就是要通过我们不断地发展生产和改革开放，使人们的生活水平不断提高，使每一个人都能过上更加体面的生活。

古往今来的哲人们也从不同角度阐释过幸福。古希腊理性主义哲学家苏格拉底认为："有道德的人是最幸福的人"，"人都想获得幸福，但却有很多人得不到幸福，只有培养人的理性能力，运用理性对人生彻底的内省，才能获得真正的幸福。"[1](P266)亚里士多德认为，"幸福是合乎德行的现实活动"[1](P292)，因而幸福就是至善，包括外在善、身体善、心灵善。伊壁鸠鲁认为"快乐是幸福生活的开始和目的"，霍尔巴赫的理解"幸福是一种存在的方式"[2](P32)，以及费尔巴哈认为"幸福就是生命本身"[3](P538)。我国哲学家冯友兰则认为幸福是一种精神境界，是理智活动的结果，不同境界的人对幸福有不同的体验，而只有处于最高境界，过着独立、自足的生活，才是最合理的幸福。

那么，无论人们有着怎样不同的幸福观表述，但对幸福生活的追求是人的共性、人的天性。幸福问题实际上也关涉人的活动的价值和生活的意义问题，因而它内在地与人的本质问题密不可分。

关于人的本质问题，在马克思主义哲学中已经做了正确的阐释。马克思在谈人的本质问题时其幸福思想就散见于一系列的论著中，即间接映现于他对资本主义的宗教批判和片面人性的批判中，直接映现于他的实践观点、人的本质是一切社会关系的总和、人的自由解放全面发展等观点的论述中。他以历史唯物主义的基本观点分析人们的社会生活，从人的本质的异化以及扬弃异化、消除不幸的角度来谈论人的幸福。马克思给予人的本质与实践的科学诠释，是我们获取理解幸福内涵的关键。我的观点如下：①幸福只是人的一种主观感觉，具有主观性；②主观幸福感以物质满足为基础；③幸福是相对的，是一个不断追求的过程。

没有绝对意义上的幸福定义，也没有绝对意义上的幸福或者不幸。幸福只是人的一种主观感觉，具有主观性，同时，我们认为幸福也是主观性与客观性的统一。因为，人主观上感觉到幸福和快乐是以从客观物质世界获得的生存、发展、需要满足为前提的，进而才有精神上、意识上的感受。

二 科学发展观与民生幸福的关系问题

(一) 科学发展观

幸福不是一连串令人眼花缭乱的数字，也不是一座座令人眩晕的高楼大厦，它就藏在老百姓的心中，幸福不幸福，老百姓最有发言权。那么，带领人民创造幸福的生活，也是一个社会主义国家执政党的历史使命。

马克思主义幸福观从异化劳动的人、以人为本的人的角度来讲，中国特色社会主义所体现的是对个体个性的充分尊重、对物质利益的高度重视、对精神境界的崇高追求、对人全面发展全新要求的幸福观。马克思幸福观为我们国家全面建成小康社会，进而实现社会主义现代化、追求幸福提供了科学的理论指导。在这个前提之下，2003年7月28日，胡锦涛同志提出的科学发展观，其第一要务是发展，核心是以人为本，基本要求是全面、协调、可持续发展，根本方法是统筹兼顾。科学发展观是马克思主义中国化的最新理论成果，是中国特色社会主义理论体系与时俱进的理论创新。作为科学发展观的核心，以人为本的发展方式是我们党执政为民的发展之基，是解决社会民生问题和化解各种矛盾、保障人民幸福生活的科学理论依据。"实现人的全面发展"、"让发展的成果惠及全体人民"、坚持以人为本，就是要以实现人的全面发展为目标，从人民群众的根本利益出发谋发展、促发展，不断满足人民群众日益增长的物质文化需要，切实保障人民群众的经济、政治和文化权益，让发展的成果惠及全体人民。

幸福是一个多元的概念，是人的内在感受与外在世界契合程度的度量，对执政党而言，创造人民幸福的外在条件及保障可持续的内在感受，是责任和使命，民生问题的科学解决将是幸福观的重要保障。

全面建设小康社会不只是经济领域GDP的快速增长，而是社会各个领域的多元发展、共同发展、互补发展，是十几亿人民在中国共产党领导下所要创建的经济发展、政治文明、人民富裕、社会和谐、文化繁荣、生态安全的中国特色社会主义现代化社会。科学地分析发展动因、发展因素及发展效率，充分考虑自然发展成本和社会发展成本，坚持"以人为本"，实现从名义福利最大化向净福利最大化转变，才能从根本上真正提高国民的幸福水平。

(二) "以人为本" 的发展理念是民生幸福的理论依据

首先, 人获取幸福的基本途径是劳动实践。劳动创造幸福。作为主体的人获得幸福的基本途径是劳动实践, 即改造自然界、物质资料生产等。幸福是人的一种主观感受, 人作为主体, 主观上的感受需要客观的物质实在来支撑, 即需要以物质生产资料为生存的基础。人的需要不但有物质上的, 还有精神层面的, 从物质生产劳动创造幸福, 到科学发展的成果由人民共享, 才能提升民众幸福感。

马克思在以人为本的观点中, 同样强调从现实出发, 通过实践用辩证、统一的思维认识人。他认为现实的人的本质是 "生产的人、社会的人、能动的人、发展的人、经验的人"[4](P46)。

主观需要以客观来支持, 人的需要, 就是个体的需要。以人为本的 "人" 就是作为整体的人民群众和作为个体的每个社会成员。改造自然界的关系中主体是人, 生产关系实践中的主体是人, 政治关系中的主体是人, 思想关系中的主体是人, 社会关系中的主体还是人。合这些关系的规律性, 就是合人全面发展的规律性。

在现代人的社会生活中, 谈及生活质量意义上的主观幸福感是民生幸福研究的核心内容。而幸福的基础首先是人的生存、需要, 求得人自身的完善和发展。因此, 生存的物质需要是人生中最现实、最迫切的, 马克思、恩格斯曾指出, "一切人类生存的前提, 也就是一切历史的前提, 这个前提是: 人们为了能够 '创造历史', 必须能够生活。首先就需要吃、喝、住、穿以及其他一些东西, 因此第一个历史活动就是生产满足这些需要的资料, 即生产物质生活本身。"[5]P22

其次, 人的需要是一个不断满足的过程, 幸福也是一个不断追求的过程。包括物质层面和精神层面的。从物质层面来讲, 比如, 在没有房子时, 你想有个房子, 有了小房子时又想换个大房子, 有了大房子你又要考虑换一个住得更安全、更舒适或者离工作单位更近的住所; 在没有工作时, 你想找到一份工作, 有了工作之后, 你还想换一个工资更高一点、工作条件更好一点、离家更近一点的工作。在这个不断调整、追求的过程中, 你会感觉到越来越幸福。那么从精神层面来看, 包括了社会的需求, 比如情感、友情、亲情、爱情及人的尊严的满足, 人类价值的自我实现等。因此, 只有将这两个层面有机地结合起来, 在不断追求的过程中达到不断的幸福, 才是真幸福。

三　以科学发展观指导民生幸福提升的举措

大家感觉不幸福的原因是什么？我们认为，社会不公、追求功利和攀比心理，是导致人们丢失幸福感的主要原因。城乡差别、行业差别越来越明显，分配不公、贫富差距越拉越大。这些不公平、不公正，直接导致的结果就是，让更多的人去趋炎附势、阿谀奉承、委曲求全、追逐功利，以达到个人利益最大化。这样丧失尊严和起码的尊重而得来的幸福，只能是一时的快感，不是真正的幸福。因此，有些位高权重的人，没感到幸福；有些腰缠万贯的人，没感到幸福。当然，那些真正的弱势群体就更没有了幸福的感觉，他们生活得照样辛苦、照样没有尊严。

（一）追求"幸福"的条件，如何更好发展

目前阶段是我国深化改革开放、攻坚克难的重要时期，也是我国社会转型、调整经济结构、转变发展方式的重要时期。社会转型期人的幸福感相对较低，未来中国的发展，要加强经济转型与社会转型的良性互动。如何实现我国国民幸福的最大化，是政府公共管理的最重要职责。

从"GDP崇拜"到关注"幸福指数"，这是科学发展观的体现。过去，很多人把发展仅仅理解为物质财富的增长，片面追求经济指标的突飞猛进，忽视了教育、医疗、生态、环保等"民生指标"。百姓在享受经济发展成果的同时，幸福感并没有同步增长，如生态破坏、环境污染、看病难、看病贵、贫富差距拉大等，日渐成为影响百姓生活质量的突出问题。现在，人们终于认识到：经济增长只是手段，全面提高生活质量才是发展的目的。因此，我国"十二五"规划从全国到地方的主题都定调在"人民幸福"上。追求幸福是"以人为本"的经济社会发展的终极目标。

国民幸福观也是科学发展观。因此，国民幸福指数与收入水平的高低和公平与否有一定关系。有调查研究显示：当收入水平起点较低时，人们的幸福感会随着收入增长而增长。当收入水平达到一定阶段的时候，收入在持续增加但幸福感却不增加了，会出现波动甚至下降，这时，决定幸福的其他因素就变得越来越重要了。注重民生，改善人民生活，则更能促进中国人的幸福增长。也就是说，经济发展是改善幸福感的一个基础，但要持续提升老百姓的幸福感，就要逐渐转向提高人民生活质量，比如在娱乐、文化生活、爱

好、体育锻炼、旅游等方面的丰富和充实。那么，党和政府需要强化有助于人们产生幸福感的条件，消除不利因素，不仅包括帮扶弱势群体、改善基础设施条件和提供完善服务，而且包括更加合理的社会秩序和利益分配机制安排，并为个人的全面自由发展创造条件。

（二）增加居民收入，调节贫富差距，为提升民生幸福感奠定物质基础

马斯洛的需求层次论表明，生存的需要是人类最基本的需要，是所有其他需要的基础。安全、婚姻、亲情、交往、自我实现等都离不开一定物质基础的支持。在收入能够满足人们基本需要的情况下，安全、健康、亲情、心态、环境等非物质因素才会显示出对提高幸福感的更大作用。所以，收入虽然不是幸福的全部条件，但却是幸福的必要条件，离开了必要的物质基础，幸福就无从谈起。从一些调查结果来看，收入高的人群的幸福感明显高于低收入人群。只有大力发展经济才能改善人们的生存生活条件，从而为提高整体幸福水平提供物质基础。经济基础决定上层建筑，"仓廪足而知礼节"。经济增长可以促进教育、道德、民主法制等社会软环境的建设，提高人们的整体素质，为人们实现自我价值提供良好的社会环境，从而提高人们的整体幸福水平。

此外，政府需要调节贫富差距。如果贫富差距过大，收入分配不平等，大多数人的收入处于参考收入之下，则会出现相对剥削感，整个幸福感会因此而下降。同时，贫富差距过大还可能带来社会动乱等一系列严重的社会问题，从而降低人们的安全感和生活质量，导致社会幸福感进一步下降。以拉美地区为例，世界银行公布的一份研究报告显示，拉丁美洲是全球贫富差距最严重的地区，平均基尼系数已达0.522，国家频频发生社会动乱。一般而言，贫富差距的扩大是经济发展过程中不可避免的，建议政府可以从以下两个方面进行调节：首先，建立完善的税收和转移支付制度，从而调节社会收入，完成社会财富的再分配；其次，加快社会转轨过程中的法治建设和垄断行业市场化的步伐，创造出一个公平、公正的收入分配环境。

（三）加强民主法治建设，为提升民生幸福感提供制度保障

当代中国社会凸显的民生问题，固然与个人的劳动能力差异以及经济发展的地域不平衡等因素有关，但更为根本的原因是制度问题。在经济体制深

刻变革、社会结构重大变动的情况下，制度的缺失及不完善，使民生问题不仅不能得到及时的解决，而且有的还有加剧之势，最终都以民生问题的形式凸显出来。所以，制度是保障民生的前提和基础，促进民生问题解决的着力点在于制度建设。

马斯洛的需求层次论表明，除了贫富差距、失业等经济因素外，民主法治发展程度是影响人们幸福水平极其重要的因素。在最基本的生存需要得到满足之后，人们开始追求安全、自尊和自我实现等更高层次的需求。民主法治的发展程度，在很大程度上决定了人们对安全、自尊和自我实现的需求能否实现。在一个民主法治不健全的社会，一方面，人们的各种基本权利得不到保障，因而会缺乏安全感，幸福感也随之而降低；另一方面，制度的不健全阻碍了人们在自尊和自我实现方面的努力，使人们不能通过正常的方式获得成就感和满足感，从而降低了他们对社会和生活的信心，最终导致人们幸福水平下降。目前，我国的民主法治发展程度整体还不高，相比于西方发达国家还有比较大的差距。邓小平曾经反复强调在我国进行民主法治建设的重要意义，"制度问题更带有根本性、全局性、稳定性和长期性"，"制度好可以使坏人无法任意横行，制度不好可以使好人无法充分做好事，甚至会走向反面。"[6]P333 为了更好地保证人们实现各项基本权利，民主化和法治化建设已经成为我国政治体制改革的重要组成部分。加大加强民主法治建设，为人们追求自尊和自我实现的需要提供制度保障，让老百姓不为权利贫困伤心，从而提高了人们的幸福感。何谓权利贫困？即无法履行或者不能很好地行使自身的知情、参与、表达和监督等权利。

（四）完善社保体系，促进就业，为提升民生幸福感增加信心

无须证明，失业是影响幸福水平的一个至关重要的因素，失业会极大地降低人们的幸福感。一般而言，失业者是社会上平均幸福感最低的阶层。失业者不仅缺乏收入来源，其相对收入远远低于社会平均水平，而且失业对失业者而言是一件极不光彩的事情，失业者更高层次的需求——受尊重和自我实现的需求受到了极大的伤害。所以，失业者的幸福水平一般都比较低。为了降低失业率，减少失业人口，提高整个社会的平均幸福水平，一方面，政府要通过宏观调控努力发展经济，调整经济结构，提高经济发展对劳动力的需求和吸收能力；另一方面，要加大对职业技术培训和高等教育的投资，根据我国经济发展的需求调整人力资源发展计划。同时，需要不断完善包括失

业保险在内的社会保障体系，保障和改善失业下岗人员的基本生活，从而最大限度地提高他们的幸福水平。

（五）重视环境保护，为提升民生幸福感提供良好的生态生活环境

自然环境是人类生存的住所，同时也为人类社会的发展提供了物质源泉。自然环境的好坏会对人们的幸福水平产生极大的影响。由于片面追求经济增长和忽视环境保护而导致的烟雾弥漫、污水横流、噪音吵杂等居住环境的恶化，在伤害人们身体健康的同时，也极大地降低了人们的幸福水平。20世纪是人类物质文明最发达的时代，但也是地球生态环境和自然资源遭到破坏最为严重的时期。应该妥善处理经济发展与环境保护的关系，为人们提供良好的居住环境。不能为了经济增长而牺牲自然环境、走西方国家"先发展，后治理"的老路，而是要在经济发展过程中保护好环境。因此，在努力建设一个城市新坐标的同时加强对经济开发区的环境保护就显得更为重要，一定要在建设、生产的过程中注重和加强环保意识，做到发展和环境保护两不误。

综上，虽然幸福是人的主观感受，但它却与社会发展息息相关。当今的中国，人民群众怨声载道的社会，不是和谐幸福的社会；两极分化、贫富悬殊的社会，不是和谐幸福的社会；端起碗来吃肉、放下筷子骂娘的社会，也不是和谐幸福的社会。只有能满足人们生存需求、能为人们提供自由发展空间、能让人们安居乐业的社会，才是民生和谐幸福的社会。而要让老百姓提升幸福感，就要有正确的科学发展理念引导，以及党和国家各项重大政策在民生幸福方面的实践落实，密切关注人民幸福感的差异和趋势，充分考虑不同利益群体幸福感的状况。科学发展观是与时俱进的正确理论，论析科学发展观与幸福的关系问题，这就需要我们准确把握其以人为本的科学内涵和实质核心，做到"顶天"；同时需要深入研究民生幸福建设的实践经验，以吃透实际，做到"立地"，实现让党的理论与实践紧密结合，做到"顶天立地"，实现科学发展"接地气""有人气"，带领人民谋划幸福生活。

参考文献

[1] 周辅成：《西方伦理学名著选辑》，商务印书馆，1987。

［2］亚里士多德:《尼各马克伦理学》,廖申白译,商务印书馆,2003。

［3］〔德〕费尔巴哈:《费尔巴哈哲学著作选集》(上卷),荣震华、李金山等译,商务印书馆,1984。

［4］王沪宁:《政治的逻辑——马克思主义政治学原理》,上海人民出版社,1994。

［5］马克思、恩格斯:《德意志意识形态》(节选本),人民出版社,2003。

［6］《邓小平文选》(第2卷),人民出版社,1994。

以民为本与和谐幸福社会的建构

邬　焜

（西安交通大学国际信息哲学研究中心主任、教授、博士生导师
陕西西安　710049）

摘　要： 中国共产党人希望的人民共同富裕之路不可能按照现有制度设计的条件自然而然地到来，它需要一种再度改革的新的大设计。衡量社会和谐的标准是社会的公平、公正程度，以及人民权利的实际保障程度和人民生活的幸福程度。在处理人和人之间的关系上，"以民为本"这个口号比"以人为本"这个口号要好。"以民为本"的口号彰显的是在处理官民关系、富人和穷人的关系时应当着眼于民，尤其是穷人的权利和利益。一个比较合理的国家制度，应当首先保证其下层民众能够体面而有尊严的生活。

关键词： 和谐社会　以民为本　共同富裕　下层民众

党的十八大提出不改旗易帜，坚持改革开放政策的总方针。这就给我们指明了前进的方向，树立了发展的目标，坚定了奋斗的信心。

改革开放以来，我们提出了社会主义初级阶段的理论，践行了一条具有独创性的中国特色社会主义道路，并相应实施了一系列改革政策和发展措施。

评价一个理论、政策的最好方法，就是看它贯彻之后所取得的结果。

从大的方面讲，我国改革开放以来所取得的结果无非有两个方面。

一是发展了经济，提升了国力。这是有目共睹的辉煌成就，也是我们最值得骄傲的地方。

二是在官商合一的体制下，使财富迅速向少数人集中，制造了巨大的贫富差距，滋生了严重的社会性腐败，并由此引发了众多社会矛盾。

就第二个方面的结果而言，我国的政治体制、经济体制，乃至文化、观念的模式都处于一种高危性病态。有人说我们的社会生病了，而且病得

不轻。

我认为，这些年来，我们在制度设计方面出了问题。要根治这种社会病态必须有一种大智慧、大设计，必须有能够改变现状的切实可行的一系列相应的政策和措施。

多年来，我们采取了一系列向权力、资本和富人倾斜的政策，让一部分人首先富了起来。然而，这样的致富却是以损坏，甚至剥夺另一部分人的利益为代价的。当我们的官员向下岗职工说"改革就要有牺牲"的时候，我们的下岗职工则会问："牺牲的为什么是我们?"

2012年12月10日《京华时报》公布的西南财经大学中国家庭金融调查的相关数据显示，2010年中国家庭的基尼系数为0.61，大大高于0.44的全球平均水平，也远远超过了0.4的社会稳定警戒线。相关的一系列数据显示，中国无论是从全国、城镇还是农村来看，贫富差距都过大。报告结论称：当前中国的家庭收入差距巨大，世所少见。报告还分析了造成贫富差距巨大、收入分配不公的体制方面的三大因素：行政垄断的市场权力；政改滞后的行政与政治权力；官商勾结的利润和租金。

我们应当正视基尼系数背后所潜在的社会风险。基尼系数的增高意味着社会阶级和阶层分化的加剧、社会民众的不公平感和对社会的怨恨程度的增高和积累，以及社会矛盾的增多与激化，其最终结果便是对社会稳定构成威胁。

问题的更为严峻的一面则是：在一个官商勾结、监督失衡、制度性腐败严重、社会的公共权利受到资本严重侵蚀的情况下，靠谁来扭转这一严峻的局面？要扭转这一严峻的局面又会有怎样的困难和风险？

著名经济学家吴敬琏先生指出：靠权力发财的人已经成了我们进一步改革的阻力。事实上，旨在追求比较公平分配的新的工资制度改革方案迟迟不得出台（据相关报道披露已经拖延了8年之久，我们抗击日本侵略的持久战也只打了8年），而一项旨在完善监督体制的领导干部公示财产制度的政策，虽已酝酿多年，但真正面临实施仍然是遥遥无期，其原因就是遭到了靠权力发财的人们的强烈反对，因为这一方案触动了他们的既得利益。

邓小平当年有一个愿望：让一部分人先富起来，然后再带动穷人，一起走出一条共同富裕的社会和谐、人民幸福之路。然而，今天的事实则是另外一番情景。权力和资本的逻辑并未服从人们的美好愿望，中国的贫富差距已达到危险之境地，并且有迹象表明还在进一步加剧。一方面，靠权力和资本先富起来的人们制造了一个又一个表面的繁华昌盛之景，在制度性腐败的社会化场景下，社会财富的公开性浪费已成一种常态；另一方面，处于下层的民众则只能得到基本的温饱，还有相当多的下层民众还处于不得温饱的贫困境地。更令人寒心的是，处于下层的一般民众的基本权利得不到相应的保障，权力和资本的力量甚至可以毫无顾忌地对他们的权利和利益予以侵犯。

共产党人所设计的共同富裕、社会和谐、人民幸福之路不可能按照现有制度设计的条件自然而然地到来，它需要一种再度改革的新的大设计。

我们仍然要坚持马克思主义，不改旗易帜。然而，今天的马克思主义在现实中已经成了一个符号，一个偶像，它只是一个象征性的东西。要真正坚持马克思主义，不走邪路，其关键不在于旗帜上写明的主义的标签和口号，而在于是否执行、贯彻和实现该主义的基本理念。

马克思主义是一种寻求人类解放的理论，我们并不需要费多大的力气便能够确定其基本理念。这就是：在科学技术和生产力高度发展的前提下，通过合理的社会制度设计，铲除剥削、消灭阶级、消亡国家，在确保社会中的每一个人都能自由而全面发展的基础上，建立一种自由人的社会联合体，这就是共产主义。

虽然，目前社会发展的现状还未能为建立这一理想社会制度提供充分的前提条件，但是我们最起码可以做出某种程度的反思，提出某种程度的判断和评价。这就是：在我国的科学技术和生产力都有了巨大发展的今天，我们的社会现实，距离马克思主义的基本理念的距离是越来越远了，还是越来越近了？

在一个以马克思主义为理论指导的社会主义国家，在一个由无产阶级的政党——中国共产党执政的国家里，人们却在追求一条入党做官、做官发财的理念，各级官员们热衷于出入酒楼和舞场，与富人打得火热，并且自己就是富人，而且对下层民众的贫困状态漠然置之，对他们的权利和利益随意剥夺和伤害，这岂非咄咄怪事。

近些年来，我们的政界和学界提的最多的两个口号便是：和谐社会、以人为本。

建设和谐社会需要的是切实达到社会的一种现实状态，衡量和谐的标准是社会的公平、公正程度，以及人民权利和利益的实际保障程度和人民生活的幸福程度。

然而，我们目前的和谐更多采用的是通过行政维稳来保持的一种表面的少有恶性冲突的状态。党的十八大之前曾经公布了一个统计数字，说什么我国的信访率下降了，这表明了社会的进一步和谐发展。然而，如果我们细究一下，这个信访率的下降是靠各级政府专门组织的力量对上访者围追堵截，甚至将上访者投入监狱和疯人院来实现的话，那么，我们就不可能得出信访率的下降与社会和谐发展程度之间具有某种直接性对应关系的判断。

行政维稳的高额成本，以表面的和谐掩盖了不和谐的现实，同时又增加了新的不和谐因素，这就是对人的权利和利益的任意侵犯，以及法外施法的体制性恶疾。

西方的"以人为本"的口号是与宗教神学的"上帝本位"的口号相对的。在中国古代，"人"这个概念是和"神"、"天"（自然）、"物"等概念相对的。这样，概括起来，"以人为本"的口号便具有了与"以上帝为本""以神为本""以天为本""以自然为本""以物为本"等口号相对的意义。

其实，"以人为本"概念所体现的纲领要解决的是人神、人天（自然）、人物之间的关系，其核心是在解决诸如此类的关系时要把人放在核心的位置，以人的利益、幸福和发展为目的。所以，"以人为本"解决的是人神关系、人天关系、人物关系。

从总体上来看，"以人为本"的理念基本上体现的是人类工业文明时代的"人类中心主义"的价值观。这一价值观的主要缺陷是，在解决人与自然关系的时候无视自然的基础性地位，否定自然自身的价值，把自然看成可以由人类任意支配、奴役和改变的对象。其所造成的结果是，在人类大规模改造自然的活动中，造成了对自然基础的严重破坏，反过来遭到自然的报复，危及了人类的生存。在信息时代，人们有必要对以前的人本主义的观念予以反思和批判，建立一种全新的信息生态文明的价值理念，这一价值理念要求人类必须承认和尊重自然自身的价值，走出一条人与自然协调发展的路线。

另外，由于"以人为本"解决的是人和自然的关系，而不是人和人之间的关系，所以，如果我们的口号仅仅停留在"以人为本"的层面，还不能很好地解决我们社会的现实矛盾。

按照马克思主义的观点，人是分为阶级、阶层和利益集团的。官员是人，百姓也是人；富人是人，穷人也是人。如果笼统而抽象地提"以人为本"，那么"官本位""富本位"也将都是"以人为本"，因为，官也是人，富人也是人。而这样的本位却是我们应当反对的。

在处理人和人之间的关系上，"以民为本"这个口号比"以人为本"这个口号要好。因为"以民为本"的口号彰显的是在处理官民关系、富人和穷人的关系时应当着眼于民，尤其是穷人的权利和利益，因为后者是社会的弱势群体，他们的权利和利益最容易受到伤害和最缺乏保障。连古代的君王都知道"民为邦本""民为贵，君为轻""民者，君之本也"的道理，更何况我们为人民谋利益的共产党人？

我们欣喜地看到，党的十八大纲领，以及党的十八大之后党的新一届领导人的言论和行为都更多具有了亲民色彩。这是一个好的迹象。然而，仅仅是提倡或仅仅是个别领导人的个人风格是远远不能改变长期积累下来的权力腐败、官本位、官商一体化、权力和金钱的联盟，以及贫富差距悬殊的现实状态的。这就需要有制度和政策上的相应设计，并切实贯彻实施。这是一场新的改革之路，也是具体体现我们的旗帜、体现马克思主义和共产党人本色的改革之路。也许这场新的改革之路比我们在"文化大革命"后所走过的改革之路更为艰难，因为它要触动已经形成了的权贵们的利益，它要改变现有的不合理的规范和格局。所谓积重难返，这其中面对矛盾的尖锐程度，面临的挑战和危险都是相当严峻的。所以我说，要有大智慧、大设计。寄希望于我们新一代领导人的智慧和胆魄，也寄希望于各级官员们的明智抉择，更寄希望于中国最广大民众的共同努力。

评价一个国家的社会制度的合理性程度，并不在于单纯看其国力有多强、GDP有多高，也不在于看其官员的权力有多大、富人的财富有多巨，而更主要的是要看其穷人和富人的人数比、财产比，以及相关社会底层民众的生活状态和权利、利益的保障程度。

在现今的时代，一个比较合理的国家制度，应当在其官员和富人狂欢的同时，也能保证下层民众能够体面而有尊严地生活，这大概也才符合在目前发展的条件下所可能达到的和谐社会的应有现实。我们提出"以民为本"的治国方针就是要实现马克思主义的基本社会理念，保障人民群众的基本权利和利益，对政府和官员实行有效的监督，遏制社会性腐败，维护社会的公正、公平和正义，从而真正实现社会和谐、人民幸福。

如果我们的社会主义在今后的发展方向上，既能保持旺盛的创新发展能力，又能保证权利和利益的公平、公正，还能保证底层民众的生活幸福，那么我们就会无愧于我们高举的这面旗帜。同时，这也是我党之幸、中国之幸、中国人民之幸。

让我们为这样一种理想的发展之路而切实奋斗。

税制与国民幸福相关性探析

——国民幸福状况之税制视角评估及其优化途径

姚轩鸽

（西安市国税局研究员　陕西西安　710068）

摘　要：税制与国民幸福之间是一种正相关的关系，税制越优良，公共产品质量就会越高，数量就会越多，品种也会多，国民的总体幸福与结构性幸福就会越多。相反，税制越恶劣，公共产品质量就会越低，数量就会越少，品种也会少，国民的总体幸福与结构性幸福就会越少。就当下中国税制所处的"次差"位阶而言，中国国民的总体幸福与结构性幸福状况并不乐观，要彻底改变这种状况，其根本途径在于政治体制改革的实质性启动。具体策略则在于，必须启动实质性减税，特别是间接税的"减税"，要坚决降低间接税在财政收入中的比重，要在财政预算的公开与透明等方面有新的突破。

关键词：税制　幸福　相关性

税制作为国民与国家之间的原初契约之一，是指二者之间权利与义务的总和，是国民应该且必须如何给国家交纳税款，国家应该且必须如何为国民提供公共产品，从而增进全社会和每个国民福祉总量之权力性与非权力性规范的总和。因此，税制之优劣必然直接或间接地关系国家如何履行公共职责，为每个国民提供公共产品之好坏与多少，必然直接或间接地关系每个国民人生重要需求之满足程度，也即幸福之层次高低。或者说，税制之优劣必然直接或间接地决定一个国家国民总体幸福的程度。而且，税制越优良、越完备，意味着国家为每个国民提供之公共产品的质量与数量就会越丰富、越充裕，每个国民人生生存与发展之重要需求就越能得到满足，每个国民感受到的"税痛"也就会越小，就越能感受到高层次、最重要的幸福。相反，如果税制越恶劣、越落后，意味着一个国家为每个国民提供之公共产品的质量就越低，数量就越少，每个国民人生生存与发展之重要需求也就越不容易得到最大限度的满足，"税痛"也就越大，幸福感就会越少。正是基于这一认识，本文尝试从政体视野，探讨税制与国民幸福之间的相关性及其规律性，从而为幸福社会的建构提供一些理论上的借鉴与启示。

一 "税制"与"幸福"概念采信

逻辑上讲，要科学探讨"税制"与"幸福"之间的相关性及其规律性，必须首先厘清"税制"与"幸福"的概念。

(一)"税制"概念之采信

关于"税制"的定义很多，但就"税制"是"税收制度"的简称而言，本无多少异议。国内学界通常认为："税收制度是国家以法律形式规定的税收总和征纳双方权利和义务的规范。一个国家的税收政策主要是通过税收制度来体现的，制定合理的税收制度和执行税收制度是税收工作的关键环节。"[1](P5)但是，就"制度"的内涵与本质而言，这一定义无疑太过狭窄，仅仅将"以法律形式规定的税收总和征纳双方权利和义务的规范"确定为税制的内涵，显然排除了税制应有之"道德"规范的内涵。尽管税制之"法定"规范是其核心内涵。

这是因为，就"制度"一词在《辞海》中的解释而言，它是"要求成员共同遵守的、按一定程序办事的规程"，规范无疑既有征纳税行为主体应该如何的道德规范、非权力规范，也有应该且必须如何的法律规范、权力性规范。因此，税制不能仅仅以税收法律、权力性规范为内涵，还应包括税收道德、非权力规范。事实上，这一界定也符合当代学界对"制度"一词内涵的共识。美国学者杰克·普拉诺等说：制度是"在有关价值框架中由有组织的社会交互作用组成的人类行为的固定模式"[2]。政治学家安德森认为："一个制度是指一套长期存在的、人类行为的规范化模式。"[3](P415)舒尔茨先生作为最早对"制度"进行研究和明确界定的美国学者，也在其《制度与人的经济价值的不断提高》一文中明确指出："我将一种制度定义为一种行为规则，这些规则涉及社会、政治及经济行为。"[4](P253)而新制度经济学派代表人物、美国著名经济学家诺思则对制度做了更为具体的阐释。他认为："制度是一系列被制定出来的规则、守法程序和行为的道德伦理规范，它旨在约束主体福利或效用最大化利益的个人行为。"[5](P224)他又说："制度提供了人类相互影响的框架，它们建立了构成一个社会，或更确切地说一种经济秩序的合作和竞争关系。"[6](P225)可见，制度既包含法律规范、权力性规范，也包括道德规范、非权力规范，二者缺一都不是完备的"制度"概念之内涵，也不是"税制"概念的科学内涵。

或许我们可以说，"税制"的狭义概念是指一种应该且必须如何之权力性规范的总和，是国家与国民间关于公共产品交换的法定权利与义务之权力性规范的总和。具体说，"税制"是指国家应该且必须如何筹集生产公共产品之款项，国民应该且必须如何给国家交纳税款——法定权利与义务——即权力性规范总和，从而交换国家提供的公共产品之权力性规范总和。但"税制"的广义概念，无疑既应包括"应该且必须"如何之税收法定规范、权力性规范，也应包括"应该"如何之税收道德规范、非权力规范。因此，全面地看，"税制"是指国家与国民间关于公共产品的法定及其德定的权利与义务规范的总和，是国家应该、应该且必须如何为国民提供公共产品，国民应该、应该且必须如何为国家交纳税款的法定及其德定权利与义务规范之总和。因此，本文采信"税制"的这一概念，后续探讨税制与幸福的相关性，也以此概念为基准。

当然，税制有优良与恶劣、先进与落后、完备与不完备之别。优良的、先进的、完备的税制，就国家而言，就是能够最大限度地实现国家创建税制终极目的之税制，也即有助于国家生存与发展终极目的实现之税制。由于国家由"土地、人口、主权"三者构成，因此，优良的、先进的、完备的税制，也就是有助于国家生存与发展终极目的之实现，有助于全社会和每个国民生存与发展终极目的之实现。就国民而言，优良的、先进的、完备的税制，也就是能够最大限度地增进每个国民福祉总量之终极目的实现的税制。相反，恶劣的、落后的、不完备的税制，也就是不能最大限度地实现国家创建税制之终极目的的税制，就是无助于国家生存与发展之税制，自然也就是无助于增进每个国民福祉总量实现之税制。或者说，恶劣的、落后的、不完备的税制，也就是无法最大限度地为国民提供公共产品之税制，就是无法最大限度地满足每个国民重要公共产品需求之税制。

事实上，税制也有普遍与共同、绝对与相对、主观与客观之别，从而，也就与税制终极目的的实现有远近之别。不同的税制，因为在实现税制终极目的方面的差异，也就在为国民提供重要公共产品时产生一定差异。

（二）"幸福"概念之采信

关于"幸福"的概念，真可谓汗牛充栋，就连大思想家康德也感叹："不幸的是幸福的概念如此模糊，以至虽然人人都在想到它，但是，却谁也不能对自己所决定追求和选择的东西，说得清楚明白，条理一贯。"[7](P366)尽管如此，学界在"幸福"概念的认识方面，也还存在一些共识。比如，比较多的研究者认为，"幸福"都与人之需要、欲望和目的有关，而且认为，凡是人之需要、欲望和目的满足的，就与人的快乐与幸福有关；相反，如果人之需要、欲望和目的没有满足的，大多就与人的痛苦与不幸有关。因此，采信或探讨"幸福"的内涵，就必须首先在"需要""欲望""目的"的认识方面取得共识。

何谓需要？何谓欲望？何谓目的？简而言之，需要是指事物的某种匮乏状态。"需要是事物因其存在和发展而对某种东西的依赖性：对于有利其存在和发展的东西的依赖性叫作正常的或健康的需要；对于有害其存在和发展的东西的依赖性叫作反常的或病态的需要。"[8](P13) "欲望"则是指"当物质进化到具有大脑动物的阶梯时，这些动物的需要便通过成为意识的对象而转化为欲望。"[8](P13) "目的"是指行为主体为了达到的目标与结果。因此，当行为主体的需要、欲望得到满足，目的达到，获得了利益，实现了欲望，满足了某种需要之际，行为主体便会有快乐的心理体验；反之，如果行为主体的需要、欲望得不到满足，目的未达到，没有获得一定的利益，未实现一定的欲望，没有满足某种需要的话，行为主体便会有痛苦的心理体验。当然，快乐是指行为主体在正常的、健康的而不是病态的、反常的前提下，对于得到某种利益的、有利于其生存与发展的心理体验。痛苦是指行为主体对于某种需要得不到满足、欲望得不到实现、目的未能达成的心理体验。差异则在于，这种心理体验有物质的与精神的、巨大的与渺小的、高级的与低级的之别。

而且，尽管所有的幸福与不幸都与行为主体的苦乐有关，但行为主体的苦乐与幸福和不幸却是有区别的。"根本说来，在于二者对于人生的意义不同。苦乐据其对于人生的意义，可以分为两种。一种是不重要的苦乐，如某次饥饿之苦与某次佳肴之乐。这种苦乐显然仅仅是苦乐而不是不幸与幸福……反之，另一种则是重大的苦乐，如经常遭受饥饿之苦和经常享有佳肴之乐。这种苦乐便是不幸和幸福了：经常享有佳肴之乐是享受物质幸福，经常遭受饥饿之苦是遭受物质不幸。所以，幸福与快乐、不幸与痛苦之区别，首先在于它们是否具有对当事者一生的重要性。这种重要性，具体讲来，一方面表现为长短：幸福是持续的、恒久的快乐……另一方面则表现为大小：幸福是巨大的快乐……合而言之，幸福是人生的重大快乐，是长久或巨大的快乐；不幸是人生重大的痛苦，是长久或绝大的痛苦。"[8](P18-19)进一步说，幸福与快乐、不幸与痛苦的区别还在于，快乐未必有助于行为者的生存与发展，但幸福则一定是有助于行为者的生存与发展的。这是因为，快乐有正常、健康与非常、变态之别。幸福必是重大的人生快乐，是有利于生存与发展的快乐，是生存与发展之某种完满；快乐则不然，既可能是生存与发展之某种缺陷，也可能虽是短暂的、渺小的、不重要的快乐，但却无法达到生存与发展之完满。简而言之，幸福是指人生理想实现的心理体验，是对人生具有重大意义的需要、欲望、目的得到实现之后的心理体验，也就是指获得了一生具有重大意义的利益的信号和代表。就是说，"幸福都是快乐，快乐却不都是幸福。"[8](P21)当然，一生中"具有"重大意义的快乐与一生中"享有"重大意义的快乐之间是不能画等号的，不能说只有"享有"了一生中重大意义的快乐就是幸福的而"具有"一生中重大意义的快乐就是不幸福。

因此，本文采信下述对"幸福"的定义："幸福，直接说来，是人生重大的快乐；根本讲来，则是人生重大需要和欲望得到满足的心理体验，是人生重大目的得到实现的心理体验，说到底，是达到生存与发展的某种完满的心理体验。反之，不幸，直接说来，是人生重大的痛苦；根本讲来，则是人生重大需要和欲望得不到满足的心理体验，是人生重大目的得不到实现的心理体验，说到底，是生存与发展受到严重损害的心理体验。"[8](P22)但从人生重大需要、欲望、目的的二重性来看，"幸福乃是享有人生重大快乐和免除人生重大痛苦；是人生重大需要、欲望、目的的肯定方面得到实现和否定方面得以避免的心理体验；是生存和发展达到某种完满和免除严重损害的心理体验。反之，不幸，则是遭受人生重大痛苦和丧失人生重大快乐；是人生重大需要、欲望、目的的肯定方面得不到实现和否定方面不能避免的心理体验；是生存和发展达不到完满和不能免除严重损害的心理体验。"[8](P23)

二　税制与幸福相关性分析

从"税制"与"幸福"概念的剖析与采信看，"税制"与"幸福"二者之间必然相关。因为，与经济体制重在创获私人产品，进而通过提供私人产品满足国民的人生需要、欲望、目的不一样，税制的终极目的则是为了通过筹集生产公共产品的税款，进而提供公共产品，满足每一个国民之人生重大需要、欲望、目的，也就是为了增进全社会与每个国民的福祉总量。由于公共产品都具有"非竞争性"与"排他性"，都是个人不愿或不值得创获的，但却从总体上决定每个国民人生之重大需求、欲望、目的的实现与否，从而决定每个国民的幸福状态。如前所述，国民幸福是指每个国民由于国家提供的公共产品，重大需要、欲望、目的的肯定方面能够实现和否定方面得以避免之心理体验。因此，优良的"税制"必然有助于国民享有人生重大快乐和免除人生重大痛苦，也有助于国民人生重大需要、欲望、目的之肯定方面的实现和否定方面得以避免，更有助于国民生存和发展达到某种完满和免除严重损害。相反，恶劣的"税制"，必会让国民遭受人生重大痛苦，丧失人生重大快乐，必使国民人生重大需要、欲望、目的的肯定方面得不到实现和否定方面不能避免，必使国民生存和发展达不到完满，不能免除国民严重损害。

（一）税制与幸福总体相关性分析

总体看，"税制"与"幸福"具有正相关的关系，即税制越优良、越先进、越完备，则国家提供公共产品的资金就越丰裕，就可能提供更多质优价廉的公共产品，每个国民人生重大需要、欲望和目的越容易得到满足，其生存与发展越容易实现某种完满。精确地说，税制越优良、越先进、越完备，则国家提供公共产品的资金就越丰裕，就可能提供更多质优价廉的公共产品，每个国民也就越容易享有人生重大快乐，越容易免除人生重大痛苦。自然，每个国民人生重大需要、欲望、目的的肯定方面也就越容易得到实现，其否定方面也就越容易得以避免。因此，每个国民的生存和发展就越容易达到某种完满，其生存和发展就越容易免除严重损害。相反，税制越恶劣、越落后、越不完备，则国家提供公共产品的资金就越拮据，就不可能提供更多质优价廉的公共产品，则每个国民人生重大需要和欲望就越不容易得到满足，其生存与发展就越不容易实现某种完满，"税痛"就越大，就越不幸。同样，税制越恶劣、越落后、越不完备，则每个国民越容易陷入人生重大痛苦，"税痛"也就越大。自然，每个国民人生重大需要、欲望、目的的肯定方面就越不容易得到实现，其否定方面也就越难以避免。每个国民的生存和发展也就越不容易达到某种完满，也就越容易遭受严重的损害。

这岂不意味着，评价税制优劣的标准极为关键。因为，如果评价税制优劣的标准不客观，充满相对性和特殊性，则税制的优劣评价就缺乏客观性、绝对性与普遍性，也就难以把握税制与幸福之间的准确关系。或者认为，税制与幸福之间不具有正相关性，从而割裂二者之间的关系，拒绝通过税制改革增进国民幸福之文明大道；或者认为，税制与幸福二者之间关系太过复杂，从而不愿探究二者之间的真实相关性及其规律性，同样拒绝通过税制改革增进每个国民走向幸福的文明大道。

毋庸置疑，评价税制优劣的终极标准，也就是社会创建税制的终极目的。社会创建一切制度，包括税制的终极目的，无不是为了增进全社会和每个国民的福祉总量。因此，凡是有助于增进全社会和每个国民福祉总量的税制，也就越优良、越先进、越完备；凡是有助于消减全社会和每个国民福祉总量的税制，也就越恶劣、越落后、越不完备。但在现实中，这一终极标准往往分为两个具体原则：一是在国家与国民之间的利益已经发生根本性冲突、不可两全的情况下，评价税制优劣的终极标准或原则只能是"最大利益净余额"标准或原则，一般表现为"自我牺牲"原则与"最大多数人最大幸福"的功利主义原则；二是在国家与国民之间的利益尚未发生根本性冲突、可以两全的情况下，评价税制优劣的终极标准或原则只能是"不损害一人地增加福祉总量"的原则——"帕累托标准"，也即"杀一无辜，得天下不为也"的帕累托标准。由此可见，凡是能够增进全体国民福祉总量的税制就是最优的，"税痛"是最小的；凡是能够增进大多数国民福祉总量的税制就是次优的，"税痛"是较小的；凡是能够增进少数国民福祉总量的税制就是次差的，"税痛"是较大的；凡是仅仅能够增进一个国民福祉总量的税制就是最差的，"税痛"则是最大的。

具体说，税制的最优、次优、次差、最差，对每个国民幸福的增进是大小不同的，其真正根源在于与这些税制相对应之政体基础之差异。最优税制的基础无疑是完备的民主宪政制；次优税制的基础是不完备的民主宪政制；次差税制的基础是寡头制；最差税制的基础是君主专制。最优意味着可能提供更多质优价廉的公共产品；次优意味着可能比较多地提供更多质优价廉的公共产品；次差意味着可能比较少地提供质优价廉的公共产品；最差则意味着只能给极少数人提供质优价廉的公共产品。

而且，之所以说税制优劣从总体上与每个国民的幸福具有正相关关系，其理由还在于幸福的结构。因为，幸福和一切心理、意识一样，是主观和客观构成的统一体：就其形式而言是主观的，就其内容而言是客观的。幸福一方面是指行为主体的快乐的心理体验，另一方面是指行为主体人生重大需要、欲望、目的之实现和生存、发展之完满。就是说，行为主体"人生重大需要、欲望、目的之实现"是幸福的客观标准，而"生存发展之完满"则是幸福的客观实质。这岂不意味着，尽管每个国民可以主观认定一种幸福就是幸福，可以不顾及其他国民的体验，但是，每个国民究竟幸福不幸福，并不以哪个国民自己的意志而转移，必然取决于每个国民个体人生重大需要、欲望、目的之是否得到满足和实现。也就是说，一方面，作为产生幸福心理体验的客观标准，只能是每个国民个体人生重大需要、欲望、目的能否得到满足和实现；另一方面，由于"生存发展之完满"是一个相对的、不固定的概念，因此，人生重大需要、欲望、目的能否得到满足和实现也就成为评价每个国民"生存发展之完满"与否的客观标准。

（二）税制与幸福具体相关性分析

就税制与幸福的具体类型、结构而言，二者之间的关系则呈现相对复杂的形态。这是因为，尽管幸福是一种精神的东西，但一个国民究竟享有何种幸福，性质与类型究竟如何，却是客观的，是不以行为主体的意志为转移的。事实上，一个国民享有的幸福类型，完全取决于他的人生的重要需要、欲望、目的之类型。

按照第三心理学学派马斯洛的需要层次论，人的需要从低级到高级依次为七个层次：生理需要、安全需要、归属需要和爱的需要、自尊需要、认识和理解的欲望、审美需要、自我实现需要[9](P35-55)。依此，则会有相应需要满足后之幸福。诸如生理需要满足之幸福、安全需要满足之幸福、归属需要和爱的需要满足之幸福、自尊需要满足之幸福、认识和理解的欲望满足之幸福、审美需要满足之幸福、自我实现需要满足之幸福。问题是，马斯洛关于人类需要的这个分类是存在缺陷的：一是马斯洛的需要层次理论并不是对需要进行分类，而是在举例；二是马斯洛的这一所谓的分类显然外延交叉、互相重合。因此，王海明先生提出将"需要"分为物质性需求、社会性需求和精神性需求三类。当然，笔者也采信这一分类。这样，幸福就可分为物质性幸福、社会性幸福和精神性幸福。物质性幸福即物质生活之幸福，是物质需要、欲望、目的得到实现之幸福，也即生理需要、肉体欲望得到满足之幸福，主要是指食欲和性欲满足之幸福；社会性幸福是指社会生活之幸福，是人的社会性需要、欲望、目的得到实现之幸福，主要是指自由需要得到满足之幸福（就是在没有外在障碍的情况下能够按照自己的意志进行行为）、归属和爱的需要得到满足之幸福、权力自尊之需要得到满足之幸福；精神性幸福是指精神生活之幸福，是人的精神方面的需要、欲望、目的得到实现之幸福，主要包括认知需要和审美需要得到满足之幸福，其最高表现即是自我实现、自我创造潜能之实现，特别是精神领域创造潜能之实现。而物质性幸福和精神性幸福是一种内在善、目的善；社会性幸福是一种外在善、手段善。前者是国民个性需求之满足，是每个人不论入世还是出世都必定追求的幸福，后者则是每个人社会性需求之满足，是只有生活在社会中才会追求的幸福[8](P29-33)。当然，就幸福的真实性与虚幻性而言，幸福也可分真实性幸福和虚幻性幸福。真实性幸福是指国民的重大需要、欲望、目的得到了真实的实现，生存发展达到了真实的完满，其极度的心理体验是真实的，其幸福的主观形式与客观内容都是真实的，幸福的形式与内容是相符和一致的；虚幻性幸福是指国民的重大需要、欲望、目的得到了虚幻的实现，生存发展达到了虚幻的完满，其极度的心理体验虽然是真实的，但其重大需要和生存发展却是虚幻的，此时，作为幸福的形式与内容则是不相符、不一致的。当然，幸福还可划分为创造性幸福与自我实现幸福、德性幸福与利他幸福、过程幸福与结果幸福等。

幸福的分类告诉我们，越是优良、先进、完备的税制，就越可能提供优质丰裕的公共产品，从而满足每个国民人生重大需要、欲望、目的，生存和发展也就越容易达到某种完满，就越容易避免严重的损害，从而全面、最大限度地增进国民的物质性幸福、社会性幸福和精神性幸福。具体说，税制越优良，越容易提供优质丰裕的物质类公共产品，最大限度地增进国民的物质性幸福，满足国民重要的民生类需求，比如重要生理需要、肉体欲望，比如食欲和性欲；税制越优良，越容易提供优质丰裕的社会类公共产品，也即制度优化类之公共产品，消减异化，鼓励自治，最大限度地增进国民的社会性幸福，满足国民重要的社会性需要、欲望、目的，主要是指满足国民对自由的需要，能够在没有外在障碍的情况下按照自己的意志进行行为，比如归属和爱的需要、权力自尊的需要等。同样，税制越优良，也就越容易提供优质丰裕的精神性公共产品，最大限度地增进国民的精神性幸福，也就是满足国民精神方面的需要、欲望、目的，主要指满足国民的认知需要和审美需要，而其最高表现即是每个国民自我实现、自我创造潜能之实现，特别是每个国民精神领域创造潜能之实现。

同理，越是优良、先进、完备的税制，就越容易最大限度地增进国民的真实性幸福。最大限度地增进国民的真实性幸福，即最大限度地增进国民的重大需要、欲望、目的的真实的实现，以及生存发展真实的完满，国民极度的心理体验也是真实的，幸福的主观形式与客观内容都是真实的，幸福的形式与内容是相符和一致的；相反，越是恶劣、落后、不完备的税制，就越容易最大限度地增加国民的虚幻性幸福。最大限度地增加国民的虚幻性幸福，即最大限度地增加国民的重大需要、欲望、目的的虚幻实现，以及生存发展虚幻的完满，国民极度的心理体验是虚幻的，幸福的主观形式与客观内容都是虚假的，幸福的形式与内容是不相符和不一致的。同样，越是优良、先进、完备的税制，就越容易最大限度地增进每个国民的创造性幸福与自我实现幸福。最大限度地增进每个国民的创造性幸福，即增进国民创造性的生活的幸福，有所创造的生活的幸福，也就是增进每个国民做出创造性成就的幸福。无疑，创造性幸福高于消费性幸福。而最大限度地增进国民的自我实现幸福，就是增进每个国民重大自我实现需求得到满足的幸福，也就是增进每个国民实现自己的创造性潜能，从而成为可能成为的最有价值的人之幸福。当然，越是优良、先进、完备的税制，就越容易最大限度地增进国民的德性幸福与利他幸福。最大限度地增进每个国民的德性幸福意味着，优良税制有助于每个国民完善自我品德之心得到实现的幸福，也有助于每个国民为了他人的行为目的得到实现的幸福，即利他幸福。自然，越是优良、先进、完备的税制，就越容易最大限度地增进每个国民的过程幸福与结果幸福。最大限度地增进每个国民的过程幸福意味着，优良税制有助于每个国民在追求某种幸福的过程中，每一次较小目的、较小预期结果能得到实现。越是优良、先进、完备的税制，就越容易最大限度地增进每个国民的结果幸福，结果幸福则是指优良税制有助于国民经过一定的努力过程从而实现重大目的、预期之结果幸福。

毋庸置疑，税制之优劣差异，也即最优、次优、次差、最差，与真实性幸福和虚幻性幸福，物质性幸福、社会性幸福和精神性幸福，创造性幸福与自我实现幸福，德性幸福与利他幸福，过程幸福与结果幸福之间具有相应的正相关关系。如前所述，最优税制能够最大限度地增进每个纳税人的真实性幸福，物质性幸福、社会性幸福和精神性幸福，创造性幸福与自我实现幸福，德性幸福与利他幸福，过程幸福与结果幸福，提升整个社会和每一个国民的总体幸福、结构性幸福；次优税制较能最大限度地增进每个纳税人的真实性幸福，物质性幸福、社会性幸福和精神性幸福，创造性幸福与自我实现幸福，德性幸福与利他幸福，过程幸福与结果幸福，较好提升整个全社会和每一个纳税人的总体幸福；次差税制则较能最大限度地消减每个纳税人的真实性幸福，物质性幸福、社会性幸福和精神性幸福，创造性幸福与自我实现幸福，德性幸福与利他幸福，过程幸福与结果幸福，较大地消减整个社会和每一个纳税人的总体幸福、结构性幸福，增加整个社会和每一个国民的不幸；最差税制则能够最大限度地消减每个纳税人的真实性幸福，物质性幸福、社会性幸福和精神性幸福，创造性幸福与自我实现幸福，德性幸福与利他幸福，过程幸福与结果幸福，极大地消减整个社会和每一个纳税人的总体幸福、结构性幸福，增加整个社会和每一个国民的不幸。

其实，税制之优劣首先在于执掌国家最高税权的公民人数。一个公民执掌国家最高税权的税制无疑最差，是最不人道、最不自由的，也最缺少法治、平等、限度、民主宪政，最缺乏税收政治自由、税收经济自由与税收思想自由，因而会最大限度地消减全社会和每个纳税人的福祉总量，压抑每个纳税人的个性，遏制每个纳税人的创造性潜能，从而阻碍每个纳税人的自我实现，进而挫伤整个社会的首创精神，消减整个社会的繁荣与进步的原动力，增加每个国民的人生不幸。少数公民执掌国家最高税权的税制次差，是较不人道、不自由的，也比较缺少法治、平等、限度、民主宪政，以及税收政治自由、税收经济自由与税收思想自由，因而会较大限度地消减全社会和大多数纳税人的福祉总量，压抑每个纳税人的个性，遏制每个纳税人的创造性潜能，阻碍大多数纳税人的自我实现，进而挫伤整个社会的首创精神，消减整个社会的繁荣与进步的原动力，增加大多数国民的人生不幸。而由多数公民执掌最高税权的税制次优，是比较人道、自由的，比较法治、平等、限度、民主宪政，也拥有比较多的税收政治自由、税收经济自由与税收思想自由，因而会较大限度地增进大多数纳税人的福祉总量，激活大多数纳税人的个性，激发大多数纳税人的创造性潜能，促进大多数纳税人的自我实现，进而动员大多数纳税人的首创精神，增强整个社会的繁荣与进步的原动力，提升整个社会和大多数国民的幸福。当然，由全体公民执掌最高税权的税制最优，是最人道、最自由的，也最法治、平等、限度、民主宪政，拥有最多税收政治自由、税收经济自由与税收思想自由，因而会最大限度地增进每个纳税人的福祉总量，激活每个纳税人的个性，激发每个纳税人的创造性潜能，促进每个纳税人的自我实现，进而动员全体社会成员的首创精神，增强整个社会的繁荣与进步的原动力，提升整个社会和每个国民的幸福总量。

（三）税制与幸福相关性之本质分析

正如一切制度都是一种"必要的恶"一样，税制也是人们为了防止最大的恶而不得不选择的一种"必要的恶"的手段。毋庸讳言，对纳税人而言，再优良的税制也意味着个人财富的减少。因此，优良税制与恶劣税制，就其数量而言，差异仅在于纳税人财富减少的多或少。但就"税"意味着纳税人财富的损失而言，凡有税必有痛，"税痛"是所有税制的先天性特征。只是就税收之结果而言，利害相较，优良税制是利大于害，其"最大净余额"是"利"而已。因此，税制与国民幸福的相关性，就其本质而言，不过是指"税痛"与纳税人幸福的相关性。"税痛"越大，税制就越恶劣，纳税人的"税不幸"就越大，幸福就越小；"税痛"越小，税制就越优良，纳税人的"税不幸"就越小，幸福就越大。

"税痛"是"税收痛苦"的缩略语，一方面是指纳税人的财富被国家拿走一部分而产生的心理体验，这是一般的痛苦；另一方面是纳税人因为给国家交了税而没有获取所期待的公共产品，其需要、欲望、目的没有得到满足，生存发展未达到完满而产生的一种心理体验。事实上，长期的小的"税痛"积累，也会累积成为"税不幸"。而纳税人那些重要的对公共产品的期待如果落空，重要的需要、欲望、目的没有满足，生存发展未达到完满的话，就会产生相应的税之剧痛，就会催生纳税人广泛的税不幸。因此，从"税痛"角度分析税制与国民幸福之相关性，或许更能管窥二者关系之本质。

首先，就"税痛"是纳税人财富的减少而言，任何税制都有"税痛"，根本不存在无"税痛"的税制。但任何"取之于民"的税收都有成本和耗损，不可能完全做到"用之于民"之所需，税制之优劣，也就只是"税痛"之大小与多少的差别。这里暂且不论税制优劣之政体性质，假定政体相同。

就导致"税痛"的具体原因而言，笔者认为，首先在于纳税人实际税负之轻重，其主要表征就是税率的高低。众所周知，税率作为税额与课税对象之间的数量关系或比例关系，是指课税的尺度，意味着国家征税的深度、纳税人税负的轻重。在既定税制政体前提下，税负越重，税制越差，纳税人的义务就越多，国家"取之于民"的越多，纳税人的"税痛"就越大、越强烈，纳税人之幸福感就越少；反之，税负越轻，税制就越好，纳税人的义务就越少，意味着国家"取之于民"的就越少，纳税人的"税痛"也就越小、越轻微。因此，税负越重，税制越差，"税痛"越大，纳税人的"税不幸"就越多，其真实性幸福，物质性幸福、社会性幸福和精神性幸福，创造性幸福与自我实现幸福，德性幸福与利他幸福，过程幸福与结果幸福就越少；税负越轻，税制越好，"税痛"就越小，纳税人的"税不幸"就越少，其真实性幸福，物质性幸福、社会性幸福和精神性幸福，创造性幸福与自我实现幸福，德性幸福与利他幸福，过程幸福与结果幸福就越多。需要特别指出的是，税负轻重并不是税制优劣的根本要素，因此，仅从税负轻重角度并不能完全准确地判定整个社会和每个纳税人的总体幸福状况。只是在税制政体基础与前提一定的情况下，可以作为判定同类性质税制下一个国家国民总体幸福状况的参考指标。事实上，目前全世界流行的税负痛苦指数评价体系，也只能作为同类性质税制下不同国家国民之间总体幸福状况比较的参考指数，如果税制性质不同，仅此指数就很难做出客观的结论。

其次，就"税痛"、幸福和"税不幸"是人们的一种心里体验而言，无疑行为主体之体验的意识和能力也是影响"税痛"、幸福和"税不幸"的主要原因。就是说，尽管面对同样的人生重大需要、欲望、目的的肯定方面得不到实现和否定方面没有得以避免的状况，一些纳税人可能反应强烈，另一些则可能毫无知觉。或者说，由于税制设计的原因，尽管税负相同，但却由于税种的组合不一样，比如"以直接税为主，间接税为辅"的税制，或者"以间接税为主，直接税为辅"的税制，纳税人的"税痛"感受是不一样的。因为通常面对同样的税负，在间接税制下，纳税人的"税痛"感较小；但在直接税制下，纳税人的"税痛"感就大。道理在于，正如马克思所言："间接税使每个纳税人都不知道他向国家究竟交纳了多少钱，而直接税则什么也隐瞒不了，它是公开征收的，甚至最无知的人也能一目了然。"[10](P222) 也就是说，在"以直接税为主，间接税为辅"的税制下，国民的"税痛"大小是基本真实的，税之幸福与"税不幸"也是真实的。但在"以间接税为主，直接税为辅"的税制下，国民的"税痛"大小往往具有虚幻性。也许正因为如此，马克思主张："如果需要在两种征税制度间进行选择，我们则建议完全废除间接税而普遍代之以直接税……"[10](P221-222) 因为"直接税促使每个人监督政府，而间接税则压制人们对自治的任何企求"[10](P222)。因此，直接税比重越大的税制，其税制的"税痛"就越真实，也就相对优良，就能相对多地增进每个纳税人的幸福；直接税比重越小的税制，其税制的"税痛"就越虚幻，也就相对落后，越容易消减每个纳税人的幸福。同时，就幸福是人们的一种心理体验而言，也有一个强烈与微弱、长久与短暂、确定与不确定、遥远与滞后、可持续与不可持续、巨大与微小、纯粹与不纯粹等问题。无疑，越是优良的税制，越能给予每个纳税人强烈的、长久的、确定的、遥远的、可持续的、巨大的、纯粹的幸福；越是恶劣的税制，越容易给予每个纳税人微弱的、短暂的、不确定的、滞后的、不可持续的、微小的、不纯粹的幸福。

再次，就"幸福"的定义看，国民之所以给国家交税，无不是为了购买国家提供的公共产品，从而满足人生重大需要、欲望、目的，避免人生重大需要、欲望、目的的否定方面，实现生存与发展的某种完满，免除严重的损害。因此，如果纳税人交税之后未能交换到满意的公共产品，性价比不高的话，就可能无法满足其人生重大需要、欲望、目的，生存和发展也就无法达到某种完满，无法免除严重损害，就会产生实际的"税痛"感和不幸感。可见，国家能否真正做到税款"取之于民，用之于民"，用之于国民所愿，即征税人和纳税人之间权利与义务是否公正分配，不仅直接关系税制的优劣、"税痛"的大小，也直接关系每个纳税人、每个国民的幸福或者不幸，从总体上决定一个国家国民总体的幸福状况。

最后，就"税"是国家与国民原初契约之内容而言，自由的税收契约肯定比强制的税收契约带给国民的幸福多。因为，越是自由的税制，国民创获财富的首创精神越容易被激励，经济就越发达，税制越能体现和反映每个国民的意志。而且，政治就越清明，税权的民意基础就越坚实，税权越能受到实质性的监督与制衡，浪费和腐败现象就越少，也就越有助于增进每个纳税人、每个国民的总体幸福，会消减每个国民的"税不幸"；越是不自由的税制，国民创获财富的首创精神越容易被压抑，经济就越难发达，税制越不能体现和反映每个纳税人、每个国民的意志。而且，政治越腐败，税权的民意基础就越不坚实，税权越难以受到实质性的监督与制衡，浪费与腐败现象就越多，也就越无助于增进每个纳税人、每个国民的总体幸福，会增添每个纳税人、每个国民的"税不幸"。自由的税制，也就是国民在没有外在强制的情况下，能够按照自己的意志选择的税制，是经国民或代表同意的税制；而强制的税制，则是国民在外在强制的情况下，无法按照自己的意志选择的税制，是未经国民或代表同意而由一些人代替选择的税制。坦率地说，自由的税制能最大限度地增进全社会和每个纳税人、每个国民的幸福总量，而强制的税制则会最大限度地消减全社会和每个纳税人、每个国民的幸福总量。而且，由于自由是最根本的人道，是每个纳税人、每个国民自我实现、发挥创造潜能的根本条件，也是社会繁荣进步的根本条件。因此，也就是最有助于每个纳税人、每个国民所有幸福之实现，特别是国民真实性幸福、精神性幸福、创造性幸福与自我实现幸福之实现。相反，强制的税制则由于是最不人道、最不自由的税制，则会从根本上摧毁每个纳税人、每个国民自我实现和发挥创造潜能的基础，阻碍整个社会的繁荣与进步。

当然，就国家提供的公共产品质量而言，越是有助于每个纳税人、每个国民的重大需要、欲望、目的的肯定方面得到实现，否定方面得以避免的公共产品，就越有助于促进每个纳税人、每个国民生存和发展达到某种完满，免除每个纳税人、每个国民的严重损害，越能最大限度地增进每个纳税人、每个国民的幸福，消除每个纳税人、每个国民的不幸，也越能促进整个社会的繁荣与进步。众所周知，公共产品是指具有消费或使用上的"非竞争性"和受益上的"非排他性"的产品，是指能为绝大多数人共同消费或享用的产品。就"非竞争性"而言，一是指边际成本为零的公共产品，比如增加一个广播观众并不会导致发射成本的增加；二是指边际拥挤成本为零的公共产品，比如国防、外交、立法、司法和政府的公安、环保、工商行政管理以及从事行政管理的各部门所提供的公共产品等。就"非排他性"而言，即指某些产品投入消费领域，任何人都不能独占专用，而且要想将其他人排斥在该产品的消费之外，不允许他享受该产品的利益是不可能的，所有者如果一定要这样办，则要付出高昂的费用，因而是不合算的，所以不能阻止任何人享受这类产品。比如环境保护中，清除了空气、噪音等污染类的公共产品。因此，公共产品的质量与数量，以及国民的需求偏好就显得尤为重要。如果质优价廉，每个国民的幸福感就大；如果质次价高，每个国民的幸福感就小。

其实，公共产品还可分为纯粹公共产品与准公共产品。准公共产品通常是指只具备上述两个特性（"非竞争性"与"非排他性"）中的一个，而另一个表现为不充分的公共产品。比如具有"非排他性"和不充分的"非竞争性"的公共产品就有教育产品等；具有"非竞争性"特征但"非排他性"不充分的准公共产品，比如公共道路和公共桥梁等。无疑，纯粹公共产品的范围比较狭小，而准公共产品的范围较宽，诸如教育、文化、广播、电视、医院、应用科学研究、体育、公路、农林技术推广等机构向社会提供的就属于准公共产品。又比如实行企业核算的自来水、供电、邮政、市政建设、铁路、港口、码头、城市公共交通等，也属于准公共产品的范围。

这就是说，国家作为这些纯粹公共产品与准公共产品的主要供应方，如果价廉质优，则会消减"税痛"，有助于增进全社会和每个纳税人、每个国民的幸福总量；如果价高质次，则会增加"税痛"，消减全社会和每个纳税人、每个国民的幸福总量。"质优"意味着，国家提供的纯粹公共产品与准公共产品，能够满足每个纳税人、每个国民人生重大的需要、欲望、目的，其生存和发展能够达到某种完满，有助于免除严重的损害；"质次"则意味着，国家提供的纯粹公共产品与准公共产品，无法最大限度地实现每个纳税人、每个国民人生重大的需要、欲望、目的，从而使其生存和发展达到某种完满，并免除严重的损害。事实上，就幸福的分类而言，国家不仅应该提供有助于增进每个纳税人、每个国民物质性幸福的公共产品，更应该提供增进每个纳税人、每个国民社会性幸福和精神性幸福的公共产品；不仅应该提供增进每个纳税人、每个国民创造性幸福的纯粹公共产品与准公共产品；更应该提供增进每个纳税人、每个国民自我实现幸福的纯粹公共产品与准公共产品；不仅应该提供增进每个纳税人、每个国民德性幸福的纯粹公共产品与准公共产品，更应该提供增进每个纳税人、每个国民利他幸福的纯粹公共产品与准公共产品。同理，不仅应该提供增进每个纳税人、每个国民过程幸福的纯粹公共产品与准公共产品，更应该提供增进每个纳税人、每个国民结果幸福的纯粹公共产品与准公共产品。从公共产品的根本属性而言，国家最应给每个纳税人、每个国民提供的公共产品应该是——优良的社会治理制度，包括优良的税制。因为，"制度是一个社会的游戏规则，更规范地说，它们是为决定人们的相互关系而人为设定的一些制约。"[6](P226) 就是说，制度的优劣，会从总体上决定一个国家每个国民的总体幸福状态。因此，国家应该提供的首要的最重要的公共产品应该是制度，不仅应该提供优良的政治制度，建立人道、自由、平等、法治、民主宪政制度，而且应该提供优良的经济制度，构建健全完备的市场经济体制，同时也应该提供优良的科教文化制度，全面解放每一个国民创获精神财富的潜能。当然，也应该建立优良的税制，这本是国家最应该提供的主要公共产品之一。唯有优良的制度供应，才是任何社会繁荣与进步最为紧缺的公共产品，也是最能从根本上最大限度地增进每个国民物质性幸福、社会性幸福和精神性幸福，以及创造性幸福与自我实现幸福、德性幸福与利他幸福、过程幸福与结果幸福的公共产品。

三　国民幸福状况之税制视角评估

一切理论研究，无不是为了给人类当前遭遇的问题提供最佳的解决方案。同样，笔者探讨税制与国民幸福之间的关系，探求二者之间的规律性，也是为了给当下国民幸福问题的解决提供策略与建议。因此，首要问题是，从税制视角看，当下国民幸福总体呈现怎样一种状况？其普遍性的特点是什么？然后才能在这个基础上探求优化税制，提升国民幸福质量。

（一）国民总体幸福状况评估

透过税制的优劣，无疑可以检视一个国家国民的总体幸福状况。税制优良，则国民总体幸福状态就可能好；税制恶劣，则国民总体幸福状态就会差。税制与国民幸福之间具有必然的正相关关系。因此，对当下中国税制总体优劣的评价，也就会从侧面折射反映当下中国国民的总体幸福状况。

毋庸讳言，由于当下中国税制尚处于"次差"位阶，因此，当下中国国民的总体幸福状况并不乐观。众所周知，中国税制是政府主导型的，政府主导意味着，最好的情况也只是全体官员主导，但全体官员主导并不等于纳税人主导，不等于国民主导。因此，中国税制的民意基础比较薄弱，税权合法性问题尚未彻底解决。如果再加上财税权力实质性监督的滞后，当下税制最有助于增进的福祉，只能是少数官员群体的幸福总量，损害消减的则是大多数国民的幸福，积累的是大多数国民的"税不幸"。道理在于，民意基础比较薄弱，税权合法性问题尚待解决，这意味着，这个税制就是提供了公共产品，由于它不能最大限度地反映大多数国民的财税意志，也就很难令大多数国民合意，难于"用之于民"之所愿。相反，更多只能是官员合意。这是因为，民意基础薄弱的税权及其缺乏实质性监督的税权最易作恶，最易侵害每个国民的权益。其结果就是，不断扩大征税人与纳税人之间权利与义务的不公正，"取之于民"的愈来愈多，"用之于民"的愈来愈少，而且，"用之于民"的愈来愈背离国民的真实意愿。从中国财税的实际现状看，也确实如此。以 2010 年为例，全国公共财政收入虽然仅为 8.308 万亿元，但更多的是非税收入，其中最主要的是政府性基金、国有企业收入、社会保障、政府债务等，粗略计算，仅以上四项非税收入就有 10.6588 万亿元之巨，显然超过了国家正式公布的公共财政收入。无疑，这些非税收入也是"取之于民"。

具体说，如果再算上全国公共财政收入中的非税收入，2010 年全国非税收入就有 11.6466 万亿元，税收收入只有 7.3202 万亿元，非税收入是税收收入的 1.59 倍。如果合并政府的非税收入与公共财政收入，2010 年中国政府"取之于民"的总收入大约为 18.9668 万亿元，占当年 39.79 万亿元 GDP 的 47.67%[11]。

而且，2010 年中央公共财政支出中，国民最迫切需要的教育、医疗卫生、社会保障和就业、住房保障、文化等方面的民生支出合计仅为 8898.54 亿元；用于"三农"的支出合计为 8579.7 亿元。同时，尽管我们无法得知地方公共财政收入中有多少用于与民生相关的支出上，但据有关研究报告数据，以上海的标准（在全国各地民生支出中应该是比较高的）粗略估计，2010 年上海市本级财政支出 1278.7 亿元，其中"聚焦惠民生"支出了 665.8 亿元，占 52.07%，若以这个比例估算全国地方公共财政支出中用于民生的部分，2010 年地方公共财政支出 7.36 万亿元中应当有 3.83 万亿元用于民生。也就是说，当年"用之于民"的政府总支出大约为 5.94 万亿元，仅占"取之于民"的总收入 18.9668 万亿元的 31.32%[12]。那么，其他 68.68% "取之于民"的财富究竟用到哪里去了呢？也许下列数据可以从另一个侧面回答这个问题。据 2006 年的数据，全国财政总收入达到 39373.2 亿元，"三公消费"为 9000 亿元，在近 4 万亿元的总支出中大约占了 22.86% 的份额[12]。以此推算，2010 年的"三公消费"至少在 1.6 万多亿元。这就使我们不能不想起亚当·斯密的警告："如果一个社会的经济发展成果不能真正分流到大众手中，那么它在道义上将是不得人心的，而且是有风险的，因为它注定要威胁社会稳定。"[14]

如此看，当下中国国民的总体幸福状况实在不容乐观，国民幸福指数也不会高到哪里去！

（二）国民具体幸福状况评估

因为税制优劣决定公共产品的优劣以及数量的多寡，因此，也就直接关涉国民重大人生需要、欲望、目的的实现程度，以及生存发展的完满程度，直接关涉避免国民人生重大需要、欲望、目的的否定方面，免除严重的损害。

由于当下税制处于"次差"位阶，政府自然偏向注重提供物质性公共产品、忽视精神性和社会性公共产品的供给。因此，国民总体物质性需要、欲望、目的或许得到了一定的满足，但其社会性、精神性需求却被长期搁置。自然，每个国民得到的物质性幸福相对较多，而精神性幸福和社会性幸福就相对较少。这无疑可从国家财税体制改革的民生价值取向上得到印证。问题是，仅有民生是远远不够的，有效的民权授予及其监督制度才是最重要的公共产品，才是决定每个国民总体社会性幸福与精神性幸福的根本要素。具体说，现行税制没有基本满足国民的自由需求，也没有满足国民的归属和爱的需要、权力自尊的需要，因此，也就消减了国民的社会性幸福。同样，由于没有满足国民的认知需要和审美需要，也就没有满足每个国民自我实现、自我创造潜能之实现的需求，特别是会消减每个国民精神领域创造潜能之实现的幸福。自然，也就难于最大限度地增进国民的真实性幸福、创造性幸福与自我实现幸福、德性幸福与利他幸福，以及过程幸福与结果幸福。换句话说，国民总体的幸福真实性状况注定较差，创造性幸福与自我实现幸福、德性幸福与利他幸福，以及过程幸福与结果幸福也比较少。

当然，就税制的本质"税痛"而言，由于当下税制的"次差"位阶，中国税制存在的问题几乎是全面、系统的，因此，"税痛"也是多层次、系统的。由于"税痛"的性质与大小直接关涉国民重大需要、欲望、目的的实现程度，以及生存发展的完满程度，"税痛"越大，则每个国民重大需要、欲望、目的的实现程度就越低，生存发展的完满程度越不如意，因此，从税制优劣与"税痛"大小的相关性分析看，就可检视和衡量当下国民总体的幸福状况，或者"税不幸"的状况。

"税痛"类型及其原因如下。

一是由于税制税负轻重原因导致的"税痛"大小。无疑，在税制政体基础与前提一定的情况下，税负越重，国民的"税痛"就越大，幸福就越少；税负越轻，国民的"税痛"越小，幸福就越多。因此，对当下中国国民幸福状况的评估，也可转化为对税负高低的评估。就是说，当下中国纳税人的税负究竟是高还是低（这里仅就税负与国外的税负进行比较），不牵扯政体基础。事实上，在同样税负下，专制体制的"税痛"要远远大于民主宪政制下的"税痛"。

众所周知，税负有大、中、小口径之别。"大（宽）口径宏观税负"，是指"政府收入"占 GDP 比重；"中口径宏观税负"，是指"财政收入"占 GDP 比重；"小（窄）口径宏观税负"，是指"税收收入"占 GDP 比重。按照这个标准，还是以 2010 年为例，中国小口径宏观税负为 17.68%，中口径宏观税负为 19.31%。大口径宏观税负之一，即涵盖财政收入、企业亏损补贴、预算外收入、社保基金收入等项，为 27.4%；大口径宏观税负之二，即再加上制度外收入，约为 31.4%；大口径宏观税负之三，即再加上债务收入，约为 36.5%。如果再考虑财政收入退库、土地出让金收入等因素，大口径宏观税负恐怕在 40% 以上[15]。当然，如果抠字眼，仅就"税收负担"（是指由于政府课税相应减少企业和居民的可支配收入所形成的负担）而言，也就是仅仅只看"小（窄）口径宏观税负"的话，中国税收收入占 GDP 的比重或许并不高。有研究报告指出：按照这一口径，1990～2005 年，工业化国家的加权平均宏观税负为 21.59%～23.79%，中国宏观税负比工业化国家低出 6～12 个百分点[15]。但是，税负的大、中、小口径之别仅对政府和研究者而言有意义，对国民的福祉而言，不论政府是通过什么名义、什么途径和什么方式收敛了国民的财富，对他们来说都是一种损失、一种"痛"，如果政府不能提供相应的公共产品的话，他们的幸福感就会消减。由此可见，仅就税负看，中国国民的"税痛"也是十分严重的。因此，每个国民的普遍的幸福感也不会高到哪里去！

二是就税制之直接税与间接税在全部税收收入中的比例不同导致的"税痛"而言，如前所述，由于直接税与间接税的性质不同，在同样税负下，直接税的"税痛"真实而敏感，间接税的"税痛"虚幻而迟钝，中国国民的"税痛"看似较小，其实是很大的。而且其幸福感的虚幻性也比较突出，层次较低，仅仅局限于低层次、物质性的需求、欲望、目的的满足。以 2011 年为例，全国税收总额为 89720.31 亿元，其中增值税、消费税、营业税三个税种相加占中国税收收入的 60%，如果加上同属于流转税的以关税为代表的其他税种，间接税的比重则占税收收入的七成以上。而直接税主要是企业所得税和个税两种，占比仅 20% 多一点[16]。换句话说，在现行税制下，国民获得的一些低层次的物质类的幸福也是虚幻的，且不说在"以间接税为主，直接税为辅"的税制下国民的社会性幸福与精神性幸福状态了！

三是从国家"取之于民"与"用之于民"的现实看，国民总体的幸福感也不容乐观。对此，从前述"用之于民"的总支出仅占"取之于民"的财富 31.32% 的数据就可推知当下中国国民的总体幸福状况，且不说预算支出结构是否合理，是否合纳税人之意愿，也就是说"用之于民"是否是"民之所愿"了。

有资料显示，20 世纪 80 年代初期，美国用于教育和就业、公共安全设施、社会保障等方面的民生性支出占总财政支出的比例就已经接近60%。而我国经济发达的东部沿海地区这一比例在2010年也仅为48.22%。而在七类民生性支出中，占比最高的依次是教育、社会保障和就业、公共安全、医疗卫生、科学技术、环境保护、文化体育与传媒，前两项累计占比超过了50%。2010年，上述七项支出（排名由高到低）占民生性财政支出的比例分别为35.74%、19.34%、14.57%、12.60%、7.31%、6.04%、4.40%。而根据2010年民生性支出占财政支出的比例为48.22%，可以匡算出它们占财政支出的比例分别为17.23%、9.33%、7.03%、6.08%、3.52%、2.91%、2.12%[17]，且不说经济欠发达的西部地区了。

可见，仅就国民民生性需求公共产品的供给看，不仅中国与国外的差距很大，而且国内不同区域之间的差距也很大，由此可知中国国民总体的物质性幸福状况了，也别论及每个国民的社会性幸福与精神性幸福的满足程度了。

四是由于国民权力主体地位缺失导致的"税痛"，也就是制度性歧视导致的把大多数国民不当人看，而且基本没有人格尊重导致的"税痛"最为严重。税制的这一根本缺陷意味着，税权的民意基础十分薄弱，合法性差，很难汇聚国民的真实需求、欲望、目的，包括满意度的信息。这就从根本上消减了国民的社会性幸福与精神幸福，也从总体上消减了国民的创造性幸福与自我实现幸福、德性幸福与利他幸福，以及过程幸福与结果幸福。换句话说，如果不能及时还权于国民的话，国民总体的幸福状况就根本得不到明显的改善。同时，如果就公共产品的质量与数量而言，当下国民总体的幸福状况也不容乐观。事实上，在"次差"位阶的税制，也不可能提供质优价廉的公共产品，其总体特征如下。

第一，政府所能提供的总体公共产品不仅质量很难令国民满意，而且数量较少。公共产品质量较差，一方面表现为公共产品总体品质较差，另一方面表现为结构不合理。具体说，相对而言，当下政府提供的公共产品，仅能满足部分国民较低层次的重要需求、欲望、目的，就是生理需要、肉体欲望，也即食欲和性欲，或者说，仅能满足少数国民民生方面的需求。而国民高层次的重要的需求，诸如社会性的需求——自由、归属和爱、幸福、权力自尊等需求，就不可能得到基本的满足。至于更为高级的需求，比如认知需要和审美需要的满足便无从谈起，自我实现、自我创造潜能之实现，特别是精神领域创造潜能之实现更是无从谈起。如果有的话，其虚幻性也就不可避免。而数量较少意味着，不仅公共产品的总体数量较少，而且品种单一。

第二，公共产品的成本较高。政府提供的公共产品不仅数量少、结构不合理、品种单一，而且成本高。具体可从"取之于民"的多而"用之于民"的少之实际得到印证。而"取之于民"大于"用之于民"，既有制度性的歧视导致的，也有财税权力缺乏有效制衡与监控机制催生的；既有决策不科学、不民主导致的浪费，也有财税权力腐败导致的浪费，诸如"三公消费"等。

第三，重视物质类公共产品，忽视精神类公共产品的提供。总体而言，尽管政府提供的公共产品质量差、数量少、结构不合理，但相对而言，政府还是比较重视物质类公共产品的提供，当然，同时也容易忽视精神类公共产品的提供。而且，特别重视物质类之准公共产品的提供。同样，既忽视精神类的纯粹公共产品的提供，也忽视精神类的准公共产品的提供。

第四，重视公共产品的政府提供，忽视非政府组织在公共产品供给中作用的发挥。政府无疑是公共产品，特别是纯粹公共产品的主要提供者。但在具体的实施中，根据发达国家的经验，往往会把准公共产品的生产大多交由非政府组织去完成。而中国的现实是，一方面，政府提供的公共产品质量较差、数量少、结构不合理、成本高；另一方面，政府在很多时候却是"不务正业"，不安本分，不是一心一意地专注于纯粹公共产品的供给，而是习惯于"越位"，用心于准公共产品，特别是物质类的准公共产品的供给，与民争利。其结果就是，政府该干的没干好，不该干的却乱插手，表现在最终的公共产品方面就是：质差、量少、成本高。

由此也可推知，当下国民的幸福状况实在不敢高估！

（三）国民幸福状况特点

上述分析告诉我们，当下国民总体幸福状况呈现以下特点。

第一，就中国税制的"次差"位阶而言，国民总体幸福，或者说大多数国民的幸福状况不容乐观，幸福的层次较低，只能满足多数国民较低层次的重要需要、欲望、目的，但却无法实现其生存发展之完满。因此，一方面，处于物质性幸福、社会性幸福和精神幸福的国民总体人数较少；另一方面，处于物质性幸福状态的国民人数较多，处于社会性幸福状态的国民较少，处于精神性幸福状态的国民最少。换句话说，当下国民具有的食欲和性欲满足之幸福较多，人数也相对较多；具有自由需要、归属和爱的需要，以及权力自尊需要满足之幸福次之，人数相对较少；而处于认知需要和审美需要满足之幸福，也就是处于自我实现、自我创造潜能之实现，特别是精神领域创造潜能之实现的幸福最少，国民人数也最少。

第二，就国民幸福的真实性与虚幻性而言，当下国民之真实性幸福较少，而虚幻性幸福较多。如前所述，这一方面是因为现行税制的"间接税为主，直接税为辅"之结构具有麻痹性，另一方面在于幸福本身之主观性，容易使人把不幸误以为幸福，把小幸福误以为大幸福。

第三，相比较而言，国民具有的消费性幸福多于创造性幸福，创造性幸福多于自我实现幸福。如前所述，消费性幸福、创造性幸福与自我实现幸福三者是有区别和级次差别的。事实上，当下国民享有的高质量幸福较少，享有的低质量幸福较多。而且，幸福也因为公共产品结构的不合理，呈现一种支离破碎状。

第四，就"税痛"产生的四个要素"税负""税种组合""公正"与"合法性"而言，当下国民的幸福同样呈现人数少、层次低的特点，更多处于系统性的"税不幸"之状态。

第五，就幸福是一种心理体验而言，当下国民享有的总体幸福也是薄弱的、短暂的、充满不确定性的、驳杂的、较小的。而造成这种格局的真正根源在于现行税制"次差"的政体基础。可以说，如果这个核心基础不改善，国民总体幸福的"次差"命运就不可能得到明显的改观。

四　提升国民总体幸福的税制改革期待

税制优劣与国民幸福相关性探析的意义和价值或许就在于，它有助于我们从税制优化角度，探寻增进全社会与每个国民福祉总量的新策略，提升国民总体幸福、结构性幸福的具体途径与方法。

（一）总体建议

从税制优劣与国民幸福的总体相关性看，要优化税制，提升国民总体幸福、结构性幸福，必须首先优化税制的政体基础。具体说，一般应遵从从最差向次差努力，再向次优努力，最后向最优努力的顺序。因此，必须先弄清楚一个国家税制的实际位阶，也就是政体的位阶非常重要，这个定位找准了，税制优化的方向就能确定。反之，如果没有弄清楚所在国度的政体位阶，也就是税制的位阶，就会犯定位不准、目标不明的错误。

就中国而言，严格说，我们的税制目前仅仅处于"次差"的位阶。这是因为，在中国，实质性的民主宪政制尚未建立，或者说仅仅具有民主的形式，尚缺乏民主的实质。因此，中国税制改革的方向和目标就只能依次为"次优"和"最优"。要通过税制优化提升国民的总体幸福与结构性幸福，根本的、理性的选择只能是先"次优"，再"最优"，逐步接近。这意味着，必须仰赖实质性政治体制改革的启动。因为唯有政治体制改革才可能优化政体，从而从根本上优化税制，进而影响公共产品的质量与数量，提升每个国民的总体幸福与结构性幸福。反之，如果仅仅局限于枝节性、具体性的政治体制改革，税制改革就会陷于枝节性、具体性的改革，虽不能完全否认其价值，但终究不会撼动税制的优劣根本。

事实上，全面的、根本性的税制优化，就需要全面、彻底、根本地提升国民的总体幸福与结构性幸福，必须仰赖实质性政治体制改革的启动，舍此一切路径，都不是大道、根本之道，终究会背离税制增进全社会和每个国民福祉总量的终极目的。

（二）具体建议

当然，全面的、根本性的税制优化是需要机遇的。也就是说，如果机遇不成熟而盲动，就不是理性之举。理性地讲，在全面的、根本性的税制优化机遇不成熟之时，也不能无所作为，坐等历史机遇的到来，应该有所作为和努力。这些努力如下。

就税制优化的具体选择而言，笔者认为，首先，应该在减税方面有所作为。一方面是因为，现行国民的税收负担（包括各种非税收入）实在太重了。以 2010 年为例，7 万多亿元的税收，11 万多亿元的非税收入，加起来近 19 万亿元的政府收入，而当年中国 GDP 总量只有 38 万多亿元，也就是说，GDP 的一半被政府（包括国企）拿走了[18]。另一方面是因为，如果财税权力的民意基础，或者说财税权力的合法性问题没有得到彻底解决的前提下，与其被公家拿走，被官员挥霍浪费掉，倒不如留在民间，留给国民或许更有效率。而且，实质性的减税应重点减少间接税的收入（因为在中国，间接税在全部财政收入中要占到 70% 左右的比重），而不是为了息事宁人，仅仅在直接税方面"下毛毛雨"，比如个人所得税免征额的一再提高、企业所得税方面的系列优惠等。

　　其次，应该通过税制改革，重点降低间接税在财政收入中的比重，进而不断调整目前"间接税为主，直接税为辅"的比例与格局，逐步建立"直接税为主，间接税为辅"的比例与格局，实现直接税与间接税搭配比例的优化。如前所述，唯有建立了"直接税为主，间接税为辅"的税制，纳税人的"税痛"才是真实的，才有助于监督政府税款的合理有效使用。正如北野弘久教授所言："在间接税情况下，纳税人通常在法律上被置于'植物人'的地位，纳税人在国民主权原理下所享有的监督权、控制租税国家的权利几乎不可能实现。身为主权者的大多数纳税人（国民）在间接税中不能享受从法律上保护的任何权利，这对于一个租税国家来说，无疑是一个重大的法律问题。"[19]自然，其幸福的真实性就会加大，虚妄性就会减少。

　　最后，应该通过建立财税权力的监督制衡机制，防止和遏制财税腐败，减少纳税人税款的挥霍与浪费。当前的主要任务是如何加强财政透明、预算公开的改革，通过透明与公开，积极推进财税体制的阳光化，真正实现"取之于民"、"用之于民"、用之于民之所需的财税理想。当然，从根本上看，如果没有财税的民主宪政制度的保障，"取之于民"、"用之于民"、用之于民之所需仍然会是一种财税空想。

　　总之，税制与国民幸福之间是一种正相关的关系，税制越优良，公共产品质量就会越高，数量就会越多，品种也会多，国民的总体幸福与结构性幸福就会越多。相反，税制越恶劣，公共产品质量就会越低，数量就会越少，品种也会少，国民的总体幸福与结构性幸福就会越少。就当下中国税制所处的"次差"位阶而言，中国国民的总体幸福与结构性幸福状况并不乐观，要彻底改变这种状况，其根本途径在于政治体制改革的实质性启动。具体策略则在于，如何启动实质性减税，特别是间接税的"减税"，降低间接税在财政收入中的比重；如何在财政预算的公开与透明方面有新的突破。

参考文献

[1] 张同青：《税收辞海》，辽宁人民出版社，1993。

[2] 〔美〕杰克·普拉诺等：《政治学分析辞典》，胡杰译，中国社会科学出版社，1986。

[3] 金哲等：《当代新术语》，上海人民出版社，1988。

[4] 〔美〕T. W. 舒尔茨：《制度与人的经济价值的不断提高》，载于〔美〕R. 科斯

等《财产权利与制度变迁——产权学派与新制度学派译文集》，胡庄君等译，上海三联书店、上海人民出版社，1994。

[5]〔美〕诺思：《经济史中的结构与变迁》，陈郁等译，上海人民出版社，1994。

[6]〔美〕诺思：《制度、制度变迁与经济绩效》，杭行译，上海人民出版社，1994。

[7] 周辅成：《西方伦理学名著选辑》（下卷），商务印书馆，1987。

[8] 王海明、孙英：《美德伦理学》，北京大学出版社，2011。

[9] Robert Maynard Hutchins, great books of the western world (Volume 43), On Liberty, by John Stuart Mill, Encyclopaedia Britannica Inc, 1980.

[10]《马克思恩格斯全集》（第16卷），人民出版社，1972。

[11] 郭玉闪：《不能加税的理由》，《南方周末》2011年5月12日。

[12] 传知行社会经济研究所：《2011传知行公民税权报告》，2012。

[13] 刘展超：《2006年政府"三公消费"9000亿　专家呼吁率先压缩公务消费》，《第一财经日报》2008年12月30日。

[14]〔英〕亚当·斯密：《道德情操论》，谢宗林译，中央编译出版社，2008。

[15] 李光辉：《为"高税负"辩护——兼论我国发展失衡、政府责任和税收规模的持续扩大》，《战略与管理》2011年第3/4期。

[16] 高培勇：《间接税占税收七成多 应增加直接税比重》，《羊城晚报》2011年4月2日。

[17] 童效金：《浅析我国东部地区民生性财政支出的情况》，《中国外资》2012年第10期。

[18] 王安：《中国的税负有多高》，《炎黄春秋》2012年第9期。

[19] 姚轩鸽：《21世纪是租税国家社会——著名税法学家北野弘久教授访谈》，《中国经济时报》2005年6月23日。

新型农村合作医疗点亮农民幸福生活

林　欣

（西安理工大学思政部硕士生　陕西西安　710054）

摘　要： 新型农村合作医疗制度作为事关农村经济社会发展进程的一项重要制度，其完善与创新，对于促进经济和社会持续、稳定与和谐发展，促进农村医疗卫生条件改善，缓解部分农民因病致贫、因病返贫的状况，提升农民生活幸福感，具有十分重要的现实意义。

关键词： 新型农村合作医疗制度　医疗保障　幸福

我国是一个人口众多的发展中国家，近70%的人口是农民。农业人口达7亿人，占产业总人口的50.1%。农民的医疗保障不仅关系到广大农民的健康，还关系到中国改革、发展和稳定的大局。近年来，中央和各级地方政府落实科学发展观，坚持以人为本，积极开展了新型农村合作医疗制度建设工作并加快农村医疗卫生体系建设，取得了显著成效，得到了广大农民的欢迎，也受到了社会的广泛关注。

胡锦涛同志在中共十八大报告中指出：必须更加自觉地把以人为本作为深入贯彻落实科学发展观的核心立场，始终把实现好、维护好、发展好最广大人民根本利益作为党和国家一切工作的出发点和落脚点，尊重人民首创精神，保障人民各项权益，不断在实现发展成果由人民共享、促进人的全面发展上取得新成效。必须坚持维护社会公平正义。要在全体人民共同奋斗、经济社会发展的基础上，加紧建设对保障社会公平正义具有重大作用的制度，逐步建立以权利公平、机会公平、规则公平为主要内容的社会公平保障体系，努力营造公平的社会环境，保证人民平等参与、平等发展的权利。实现人民生活水平全面提高。基本公共服务均等化总体实现。社会保障全民覆盖，人人享有基本医疗卫生服务，住房保障体系基本形成，社会和谐稳定。必须以保障和改善民生为重点加强社会建设。健康是促进人的全面发展的必然要求。要坚持为人民健康服务的方向，坚持预防为主、以农村为重点、中西医并重，按照保基本、强基层、建机制要求，重点推进医疗保障、医疗服务、公共卫生、药品供应、监管体制综合改革，完善国民健康政策，为群众提供安全、有效、方便、价廉的公共卫生和基本医疗服务。健全全民医保体系，建立重特大疾病保障和救助机制，完善突发公共卫生事件应急和重大疾病防控机制。巩固基本药物制度。健全农村三级医疗卫生服务网络和城市社区卫生服务体系，深化公立医院改革，鼓励社会办医。扶持中医药和民族医药事业发展。提高医疗卫生队伍服务能力，加强医德医风建设。改革和完善食品药品安全监管体制机制。开展爱国卫生运动，促进人民身心健康。坚持计划生育的基本国策，提高出生人口素质，逐步完善政策，促进人口长期均衡发展。

农村合作医疗制度是在我国农村地区按照"风险共担、互助共济、自愿参加"的原则，通过集体和个人力量共筹资金，用以减轻农村居民在接受医疗、预防和保健服务时的经济负担，是具有医疗保险性质的一种互助共济制度。早在抗日战争时期，解放区就出现过农民集资兴办的合作医疗，开始了我国农村合作医疗制度的萌芽，并在这之后不断得到深入和发展。但是1976年之后，随着农村家庭联产承包责任制度改革的进行，原有的以生产队为基础的人民公社组织形式逐步解体，农村合作医疗失去了集体经济的支持，制度运行难以为继，并且在之后很长一段时间都没有建立适当的医疗保障制度。20世纪80年代以来，大多数农村居民几乎没有任何医疗保障。

2002年中央在全国农村卫生工作会议上做出《中共中央国务院关于进一步加强农村卫生工作的决定》，要在农村地区逐步建立起由政府组织、引导、支持，农民自愿参加，个人、集体和政府多方筹资，以大病统筹为主的农民医疗互助共济制度，即新型农村合作医疗制度。从2003年"非典"过后正式开启试点工作，截至2006年6月30日，全国开展新型农村合作医疗试点的县（市、区）达到1399个，占全国总县（市、区）的48.9%，共有3.96亿农民参加了新型农村合作医疗。

以陕西省铜川市为例，2012年，全市参合率达到97.36%，筹资标准由2011年的每人每年230元提高到2012年的每人每年300元，全市共筹集新农合基金12773.73万元。提高了报销比例，新农合政策范围内住院费用报销比例达到81.53%，高于75%的医改目标要求。2012年1~3季度支出补助金额为8510.36万元，基金使用率为66.62%。根据往年资金运行规律，结合

2012 年前三季度基金使用情况，经测算，到 2012 年底，可使用基金使用率为91.29%，累计结余率为 18.71%；当年基金使用率为 95.08%，当年结余率为4.92%。为参合农民提供了更加优质高效的管理经办服务，有力地缓解了农村群众的"看病难、看病贵"问题。

我国新型农村合作医疗的资金主要来源于个人、集体和政府三个方面：农民根据自己的意愿参与保险，每人每年缴费不低于 10 元，经济发达地区可在农民自愿的基础上根据农民收入水平及实际需要相应提高缴费标准；鼓励有条件的乡村集体经济组织对本地的新型农村合作医疗给予适当扶持，但集体出资部分不得向农民摊派；中央财政对中西部地区除市区以外参合农民每人每年补助 10 元，中西部地区各级财政对参合农民的资助总额不低于每人每年 10 元，东部地区各级地方财政对参合农民的资助总额应争取达到每人每年 20 元（并且政府对新农合的补助呈逐渐上升趋势）。参合农民在因疾病治疗或住院期间所花费用达到起付线并处于封顶线以内的将通过规定程序按比例获得"新农合"基金补偿。从 2012 年起，各级财政对新农合的补助标准从每人每年 200 元提高到每人每年 240 元。其中，原有 200 元部分，中央财政继续按照原有补助标准给予补助；新增 40 元部分，中央财政对西部地区补助80%，对中部地区补助60%，对东部地区按一定比例补助。农民个人缴费原则上提高到每人每年 60 元，有困难的地区，个人缴费部分可分两年到位。个人筹资水平提高后，各地要加大医疗救助工作力度，资助符合条件的困难群众参合。新生儿出生当年，随父母自动获取参合资格并享受新农合待遇，自第二年起按规定缴纳参合费用。

新型农村合作医疗试点工作进展顺利，参合农民、卫生服务者及政府均有获益。农民就医通过合作医疗得到一定补偿，卫生服务利用率得到提高，减轻了农民的医疗经济负担，尤其是乡镇卫生院的收入、年诊疗人数、病床使用率均有提高，政府通过合作医疗制度的建立密切了与群众的关系，促进了社会和谐发展，为构建当代农民幸福生活起到了不可或缺的作用。

第一，提高了医疗服务利用率。新农合的报销比例逐年提高，2012 年目录内费用的报销比例最高已超过70%。其中，在乡镇医院就诊的报销比例最高，为70%左右；县医院次之，在 50% 左右；地市级医院在 40% 左右。经济发达地区的报销比例更高。大多数地区门诊支出来自家庭账户，住院可由统筹账户支出一定比例。医疗保险降低了自付的医疗价格，因而增加了农民对医疗服务的需求。世界银行卫生经济首席经济学家 Wagstaff 等人对我国

2003 年和 2005 年 12 个省的 15 个县（10 个实施新农合，5 个未实施新农合）的农户调查数据研究发现，在实施新农合的县，农民 2 周就诊率明显超过未实施新农合的县。同样，1 年住院率也是如此。而且，新农合显著增加了在村诊所就医的概率。利用"中国健康与营养调查"2006 年和 2009 年数据的研究也有同样的发现，新农合显著增加了医疗服务的总体利用率，但对较高层级的医疗机构（如县医院、市医院等）的利用率并没有显著影响，这主要是医疗费用水平和报销比例的差异所致。

第二，降低了医疗服务利用的不平等。在新农合推出之初，有观点认为，高收入者会比低收入者更多地利用卫生资源，因而医疗保险推出后，会导致富人受益超过穷人，出现穷人补贴富人的情况。但事实上，由于穷人的健康状况通常比富人差，客观上更需要医疗服务。在没有医疗保险时，穷人的医疗需要受到抑制，甚至出现有病不医的现象。因此，医疗保险的推出，可使得穷人对医疗需求的增加超过富人，从而降低了与收入相关的医疗服务不平等。我们采用"中国健康与营养调查"数据验证了这一点。综合而言，收入较低的农民比收入较高者更多地利用医疗服务。进一步，将医疗服务不平等分解为不同的影响因素，如收入、身体状况、有无医保等，可以看到低收入者身体状况较差是导致这一结果的主要原因。同时，医疗保险会显著增加医疗需求，当越来越多的低收入者被新农合所覆盖，医疗服务利用的不平等就体现为益贫性，即穷人利用的服务相对更多。

第三，在一定程度上减轻了农民的就医经济负担。新型农村合作医疗管理制度规定合作医疗基金必须全部用于农民的医疗费用补偿，在现行筹资水平上使参合农民最大程度受益，减轻了农民的就医经济负担，部分地区的参合家庭通过合作医疗补偿后次均自付住院费用低于参合家庭，比未参合家庭少支付 12%～13%。在一些改进了支付方式的地区，参合农民的受益程度更高，自付住院费用比未参合农民少 30% 左右。在建立门诊补偿的地区，两周内有 46.8% 的病例门诊费得到了补偿，占门诊总费用的 20.3%。通过合作医疗基金的补偿，农民的就医经济负担有所减轻，卫生服务的可及性有所提高，在有医生诊断需要住院的病人中，参合农民由于经济困难而没有住院的病人比例比未参合农民低 26%。

第四，新型农村合作医疗受到农民的普遍欢迎。大多数农民和农村各类管理人员、卫生服务提供者均认为新型农村合作医疗是一个较好的制度安排，在一定程度上减少了农民的就医障碍，农民对医疗服务的可及性有所提高。90%的参合家庭表示下一年愿意继续参加合作医疗。合作医疗实施过程中方便农民就医和报销的措施和方式受到农民的欢迎。例如，医疗费用的三种报销方式中，采取付费时直接扣除方式最受欢迎，90%以上报销过医疗费用的参合农民都认为比较方便；其次是先全付后报销的方式，80%左右的人认为比较方便；而采取到定点医疗机构报销的地区，只有60%左右的人认为比较方便。

第五，新型农村合作医疗有利于农村卫生事业的发展。开展新型农村合作医疗以后，农村医疗服务机构在服务效率和经济收入方面得到一定程度的改善。2003～2005年，开展合作医疗的中心乡卫生院和乡卫生院年收入分别增加了32.2%、30.7%，年诊疗人次数分别增加了5.3%、7.9%，病床使用率分别提高了16.6%、14.2%，每名卫生技术人员年均诊疗人次数分别增加了4.1%、6.7%，改善速度高于非合作医疗地区。调查还显示，新型农村合作医疗制度开展后，政府加大了对试点地区的卫生经费和设备的投入，进一步提高了基层卫生机构的服务提供能力，促进了农村卫生事业的蓬勃发展。

第六，新型农村合作医疗有助于密切干群关系与社会和谐。新型农村合作医疗试点工作得到了各级政府的高度重视，他们利用广播、电视和报纸等形式加强宣传，反复动员，许多乡村干部深入农民家中，帮助引导农民了解和参加新型农村合作医疗。新型农村合作医疗让农民感受到了党和政府的关怀，得到了广大农民的拥护。在一定程度上减少了农民的就医障碍，农民对医疗服务的可及性有了明显的提高，农民对幸福生活的向往和追求有了基本的保证。基层干部在宣传合作医疗的过程中，拉近了与农民的距离，密切了干群关系。

新型农村合作医疗制度作为事关农村经济社会发展进程的一项重要制度，其改进、完善与制度创新，不仅是广大农村人民群众健康发展的需要，而且对于促进我国医疗卫生事业的发展，促进经济和社会持续、稳定与和谐发展，促进农村医疗卫生条件改善，缓解部分农民因病致贫、因病返贫的状况，缩小贫富差距，提高农民生活幸福指数都具有十分重要的意义。

"生态权益"保障："美丽中国"的生态幸福逻辑

董　辉

（陕西师范大学政治经济学院博士　陕西西安　710062）

摘　要： 生态文明时代，现代公民社会个体对幸福生活的感受、理解和追求，发生了一个巨大的变化，逐渐由早期工业文明时代之追求"物质财富""财产和人身安全"的权益，转向后工业社会绿色经济时代之"生态权益""生态安全"。生态是一种文化，是一种动态的和谐，是一种对美好人居环境的不断追求和创新。全球范围内，财富、生态与幸福价值问题被深度关注和言说，足以说明生态问题已经成为一个世界性、现实性的话题，生态关怀已经成为一种时代精神。

关键词： 生态权益　公民社会　美丽中国

至少从 20 世纪 30～40 年代开始，西方先发现代化国家的有识之士就开始对以片面追求物质财富增长（GDP）为主要标志的发展主义为核心的价值观进行全面的反思，其反思的最主要的结果，就是孕育、催生了生态理性、生态价值观以及总体性意义上的生态文明观的出场。

伴随着中国社会现代化的进程以及愈来愈严峻的生态问题，一代中国人开始逐渐认识到，社会经济发展的真正目的与最终意义，在于使人类获得更加健康、幸福的生活，这其中，生态与环境质量关系到亿万人民的身体健康和生命安全，是国民获得、拥有并持续性地享有幸福生活和幸福感的前提条件。党的十八大报告首先提出"美丽中国"，"美丽中国"被赋予了新的内涵，蕴藏着多层寓意，发人深省、令人惊喜[1]。以现代生态文明的立场做理论和实践观照，我们认为，"美丽中国"的背后，或者美丽中国的底色，不是别的，就是"生态中国"和谐发展的生态幸福追求的美好价值理想。

一　"美丽中国"呼唤社会共同体之生态权益的保障实践

早在20世纪90年代，刚刚开始实施市场经济体制的中国社会之经济的发展与国民幸福体验之间的关联性问题，就已经引起了国外学者的普遍关注。荷兰伊拉斯谟大学曾对中国国民的幸福感进行了3次调查，其中，1990年国民幸福指数为6.64（1~10标度），1995年上升到7.08，但2001年却下降到6.60。到2009年12月，美国密歇根大学社会研究所公布的幸福调查显示，中国人的幸福感仍在下降，现在的中国人没有10年前快乐了[2]。

至少从2003年开始，中国官方每年都要进行"中国最具幸福感城市"的评选活动。杭州、珠海、长春等城市的出炉，充分揭示了城市的幸福实质：更优美、更安全的环境，更便利、更和谐的氛围。这也印证了这样一个道理：发展经济并非终极目的，而是一种手段。人类发展的终极目标是求生存和求幸福。社会发展和谐与否，不能仅仅看经济增长，而更应该关注社会总体主观幸福感的增长状况。在北京、上海、天津、重庆等地所进行的几次小小的问卷调查结果显示，80%的人认为环境污染影响了自己的幸福[3]。2006~2012年，中国环境文化促进会发布的《中国公众环保民生指数》调查也显示，86%的公众都认同环境污染对现代人的健康构成了很大威胁，影响了自己的幸福生活。

不仅如此，环境污染与资源不断衰竭已成为妨碍公众幸福感以及未来可持续幸福感的一个重要因素。有数据表明，中国目前有1/4的人口饮用不合格的水，1/3的城市人口呼吸着受到污染的空气，70%死亡的癌症患者与污染相关。许多人把能够"喝上一口干净的水和呼吸一口没有污染的空气视为一种奢侈"。环境污染正成为严重危害公众健康的杀手，它增加了人们追求幸福的成本[4]。这表明，社会经济主体的"生态权益"的保障和实现问题与其幸福感的有无、大小呈正相关。美国《独立宣言》中写道："我们认为下面这些真理是不言而喻的：人人生而平等，造物者赋予他们若干不可剥夺的权利，其中包括生命权、自由权和追求幸福的权利。为了保障这些权利，人类才在他们之间建立政府，而政府之正当权力，是经被治理者的同意而产生的。当任何形式的政府对这些目标具破坏作用时，人民便有权力改变或废除它，以建立一个新的政府；其赖以奠基的原则，其组织权力的方式，务使人民认为唯有这样才最可能获得他们的安全和幸福。"

环境权是一种新的、正在发展中的重要法律权利，是构成环境法的一个核心问题，作为环境立法和执法、环境管理和诉讼的基础，其重要性正引起人们的普遍重视。在现代法律思想史的意义上，环境权主要是 20 世纪 60～70 年代世界性环境危机和环境保护运动的产物。从国际范围和历史角度看，环境权的观念和运动主要发端于美国、日本及欧洲各国等工业发达国家，并在 20 世纪 70 年代和 90 年代形成了两次理论研究和立法的高潮[5]。在美国，自卡逊于 1962 年发表《寂静的春天》一书对美国民权条例"没有提到一个公民有权保证免受私人或公共机关散播致死毒药（指农药污染——笔者注）的危险"的感叹之后，20 世纪 60 年代末掀起了一场关于环境权的大辩论，当时许多美国人要求享有在良好环境中生活的权利。但是，传统民法关于所有权的理论认为，非为人力所能支配的物（如流水、空气、日光等环境要素）不能作为所有权的客体，属于"取之不尽，用之不竭"的自由财产或无主物，任何人都可以随意使用、无偿使用或实行先占原则，因而向大气、河流排放污染物的行为并不是违法行为。另外，"企业自由"是资本主义市场经济的一项重要原则，20 世纪 70 年代，美国一些州的法律把公共信托理论的保护范围扩大到环境保护。例如，密歇根州的《1970 年环境保护法》的第 202 节把空气、水体和其他自然资源列入公共信托原则所保护的物质客体的范围[6](P172-173)，确认公民和其他法律主体有提起关于公共信托的空气、水和其他资源的诉讼的起诉权。《宾夕法尼亚州宪法》的第一条规定："人民享有对于清洁空气、纯净水和保存环境的自然的、景观的、历史的和美学的价值的权利。宾夕法尼亚州的公共自然资源是全体人民包括其后代的共同财产。作为这些财产的受托管理人，州政府必须为全体人民的利益而保护和保持它们。"[7](P100)在日本，宫崎民藏在 1902 年发表的《人类的大权》一文中已经提出"地球为人类所共有""地球为天下生成的全人类所共有"的主张；日本律师联合会于 1967 年发表的"关于环境破坏的东京公害研讨会"，以及日本律师联合会在同年 9 月召开的"第 13 届人权拥护大会"等一系列学术会议，详细研讨了环境权的法理，有力地推动了环境法理论的发展。之后，环境权逐渐在学术界得到认可，在立法部门得到法律确认，在司法实践中得到贯彻。1969 年颁布的美国《国家环境政策法》和日本《东京都防止公害条例》分别规定了环境权的内容。1972 年 6 月，在斯德哥尔摩召开了联合国人类环境会议，会上通过的《人类环境宣言》提出："人类环境的两个方面，即天然和人为的两个方面，对于人类的幸福和对于享受基本人权，甚至生存权利本身,都是必不可缺少的。""人类有在过尊严和幸福生活的环境中享受自由、平等和适当生活条件的基本权利,并且负有保护和改善这一代和将来的世世代代的环境的庄严责任。"[8](P60)日本的松本昌悦指出:1972 年的《人类环境宣言》把环境权作为基本人权规定下来;环境权作为一项新的人权,是继法国《人权宣言》《苏联宪法》《世界人权宣言》之后人权历史发展的第四个里程碑[9](P60)。

二 生态权益保障基础上的"生态安全"是美丽中国的充分必要前提

现代人的生存,本质上是一种"非安全性生存"。人们的生存与生活不断遭受到来自各个方面的威胁,而首当其冲的,是生态环境的安全[10]。

人的安全性生存的基础是其周围的生存环境。但是自工业革命以来,环境的被破坏已经到了威胁人的生存条件的底线的地步。以环境污染为例。环境污染是指由于人为的因素,污染物质进入环境,使自然环境的组成、状态发生了变化,结构、功能遭到破坏,引起环境质量恶化,生态系统破坏和对人类生产、生活产生危害的现象。具体说来,环境污染是指有害的物质,主要是工业的"三废"(废气、废水和废渣)对大气、水体、土壤和生物的污染。环境污染包括大气污染、水体污染、土壤污染、生物污染等由物质引起的污染和噪声污染、热污染、放射性污染或电磁辐射污染等由物理性因素引起的污染。环境污染会给生态系统造成直接的破坏和影响,如沙漠化、森林破坏也会给生态系统和人类社会造成间接的危害,有时这种间接的环境效应的危害比当时造成的直接危害更大,也更难消除。例如,温室效应、酸雨和臭氧层破坏就是由大气污染衍生出的环境效应。这种由环境污染衍生的环境效应具有滞后性,往往在污染发生的当时不易被察觉或预料到,然而一旦发生,就表示环境污染已经发展到相当严重的地步。

环境污染的最直接、最容易被人所感受的后果是使人类环境的质量下降,影响人类的生活质量、身体健康和生产活动。例如,城市的空气污染造成空气污浊,使人们的发病率上升;水污染使水环境质量恶化,饮用水源的质量普遍下降,威胁人的身体健康,引起胎儿早产或畸形;等等。已有专家研究证明:目前我国75%的慢性病与生产和生活中的废弃物污染有关,癌症患者的70% ~80%与环境污染有关。严重的污染事件不仅带来健康问题,也造成社会问题。随着污染的加剧和人们环境意识的提高，由于污染引起的人群纠纷和冲突逐年增加。据统计，因环境污染引发的群体性事件近几年以年均29%的速度递增。这些问题如果不能妥善解决，必然带来种种社会冲突与矛盾，从而妨碍构建和谐社会，形成社会不稳定因素，国民幸福更无从谈起[11]。

西方的环境运动的目标在各个阶段各不相同，自20世纪70年代起，逐步从具体的环境保护，转向关注整个生态系统的稳定，考虑环境问题的政治、经济、社会、伦理的因素，产生了所谓"深生态运动"。"深生态观"强调每一种生命形式在生态系统中都有发挥其正常功能的权利，都有生存和繁荣的平等权利[12]。自20世纪90年代以来，西方新一代青年中出现了一种后现代的文化价值取向——"后物质主义"，其主要内容是强调"生活质量""自我实现"和"公民自由"。其中，对"生活质量"以及与人的内在和外在的生活质量相关的生态环境的重视，是后物质主义价值观的显著特征。后物质主义价值观与绿色运动、绿色思想的渊源决定了它对"生活质量"的重点关注。人们越来越认识到生态环境与自身生活质量息息相关，环境优美、生态和谐与人类生活幸福的关系越来越紧密[13]。一方面，优美的自然环境能够愉悦人的精神。原生态的大自然可给人以深深的喜悦，给人们的精神带来宁静和安慰，很容易使人们沉浸在幸福之中；另一方面，优美的自然环境，能够抚慰心灵、健康身心、减轻压抑，化解人们心中的矛盾和困惑，舒缓心理的压力和紧张，使心理、生理病态和损伤能够得以顺利愈合和康复。更为重要的是，在优美的自然环境中，人的头脑更为灵活，思维更加敏捷，记忆力改善，解决问题的能力增强，人的性格和理性得以丰富健全地发展。

身处"后发展时代"，全球社会范围内，越来越多的国家和政府开始认识到，创造条件，加大投入，以技术和政策保障的方式为民众提供优美、健康的生存与生活环境，其实就是最大的民生[14]。现代社会的基本生态文化共识是：环境状况直接决定着人的生存质量，直接影响着普通民众的幸福感体验的程度。湛蓝的天空，清新的空气，新鲜而干净的蔬菜、瓜果，宜人的气候，安静的环境，富饶而适宜耕种的土地，生机勃勃的树木花草，鸟语花香的世界……这是每个人都期望拥有和享有的。

三 "生态幸福"是真实的生态权益和生态安全的实现状态

自20世纪70年代末以来，中国社会经济的高速增长带来的一个非常严峻的社会问题是:"自然生态非安全"现实已成为一个客观的显在的事实(实际上,除了自然生态外,社会生态和精神文化生态的失衡和危机也变得越来越突出,这是另外两个相关的问题)。生态环境被持续不断地破坏,已经使一代中国民众忧心忡忡。不仅民众的健康,而且其精神和心理都难逃厄运。

　　"自然生态非安全"现实主要表现在以下几个方面:一是不可再生资源的迅速枯竭。不可再生资源主要指经过漫长的地质年代形成的矿物能源和其他矿物资源。由于科技进步带来的传统工业的飞速发展,便于人类开采的矿物资源大多已接近枯竭。以矿物能源为例,根据比较乐观的估计,地球上可供开采的石油、天然气还够用几十年,可是全球经济发展对石油、天然气的需求并没有因此而减少,仍然以年均3%左右的速度增长。二是可重复利用资源的迅速贬值。人类不可缺少的土壤、淡水、金属等资源是可以重复利用的,但由于热力学第二定律的无情作用,物质生产的持续高速发展和破坏性的开发利用,使这些资源逐渐退化。三是可再生资源锐减,主要是森林,尤其是天然林的破坏和生物多样性的逐渐消失。四是环境污染加剧,包括酸雨沉降、有毒化学品污染、海洋污染、臭氧层破坏等日益严重。值得注意的是,所有这些问题中国均比别国严重[15]。从资源枯竭的程度、人均拥有资源的数量、土地沙化、环境污染、人口数量等方面来看,中国均比世界平均水平严重得多。因此,中国的发展面临更加严峻的生态挑战。"自然生态非安全"现实导致中国社会在当下以及今后一个相当长的历史时期内必须面对"生态难民"问题。30多年的高速经济发展已经导致环境状况急剧恶化,中国也为此付出了难以扭转的生态代价[16]。如果生态危机得不到有效的遏制,在可预见的将来,全国1.5亿人口将会沦为"生态难民"。西方现代化国家中曾经出现过的生态困境在中国被复制,甚至更严峻。中国政府和社会、一代中国民众已经非常真切地感受到,受到污染的环境已经开始对中国经济发展产生不利影响。过去20~25年,中国基本上走的是一条先"污染后治理"获得繁荣的西方社会曾经的老路。

　　追求幸福生活是人的本性。个人幸福生活的获得离不开经济的发展和财富的不断增加,这是一个人皆尽知的事实。但是,我们其实并没有真正搞清楚"经济"的本意,没有找到一种真正使发展与环境以及人的舒适性生存正向增长的途径。经济的原始含义是创造和管理好财富并使人们更幸福。但在人类创造的财富泉涌般流淌的情况下,生态环境被破坏、气候变暖、收入差距拉大……使得越来越多的人幸福感在下降。发展是人类永恒的主题，但需要选择一个可持续的发展模式；经济增长创造了财富，但不一定使人们更幸福。怎样才能使经济增长与人们的幸福感具有一致性？如何核算经济增长引起的财富损失？当前的循环经济发展模式、绿色经济、低碳经济、生态经济与可持续发展和人类幸福是什么关系？怎样评价我们的幸福？财富与幸福是什么关系？2011年2月17日，日本内阁府公布了2010年第四季度以及全年的经济数据，2010年日本GDP为5.474万亿美元。对比此前国家统计局发布的2010年中国GDP为5.879万亿美元，中国全年GDP首次超越日本，两国GDP相差4050亿美元。2010年日本名义GDP比中国少4044亿美元。对此，日本经济财政大臣与谢野馨表示，就2010年中国GDP赶超日本表示欢迎，并称新兴市场国家的发展对于区域经济"非常重要"。日本经济财政大臣与谢野馨在记者会上也表示："日本将不会与中国竞争GDP排名，我们搞经济不是为了争排名，而是为了使日本国民过上幸福的生活。"有专家指出，一方面，中国虽然经济总量排名第二，但是人均GDP与日本没法比，其他各项指标也与日本相差甚远，包括工业结构、森林覆盖率等各个方面。另一方面，中国当前的增长虽然很快，但是质量不高，产能过剩、污染等问题，使经济增长付出的代价很大，因此中国存在总量增长和低效率并存的局面，这种经济总量的扩张和追求总量的排名是没有意义的，更应该注重社会福利总量和公众可以享受的福利。

社会改革开放30多年以来，富裕起来的一代中国人的生存和生活观念开始出现了非常重要的变化。有人做出了这样的概括："从养生到养心，从纵情到怡情。我们的这个时代就处在这一个拐点上。无论你是否意识到，人类对自然的态度正在发生变化，从掠夺转为感恩，从征服变为敬畏，彼此如同一对恋人在交往与对话中，寻找一种微妙甚或美妙的平衡感。"[17]

有关"生态幸福"的感受，其实很直接、很切记、很真切，每个人都有不同程度的体验和感悟。的确，当人以赤子般的心情对待养育自己的大自然的时候，一种敬意和敬畏之情必然油然而生。富裕起来的一代人开始用心打量和思考自己与自然的关系，上水怡情——为什么大漠的壮美会让我们胸中涌动豪情？为什么大地上的田园艺术会让我们感动天地的神奇？又为什么那一座座耸立的山峰，会让我们折服上天的造化？或许那仅仅因为我们在与自然对话时，听到了内心里自己呢喃的声音：幸福其实很简单，就是心里的那一点点欢喜；世界其实很丰盛，就是那在早晨的阳光中，响起的花开的声音。

　　事实上，进入"生态幸福"话语视野中的"生态"本身一直是建立在发展主义或进步主义这一线性思维下的一个反思性实践。所以，20世纪以来，生态学为什么突然兴起？这与西方左派对于现代性及全球化的反思是息息相关的。在人类学、伦理学意义上，强调生态的目的是为了回到本土化、在地化、自然化的生存空间。因此，实际上生态本身还有着保守的一面。生态在中国，一方面，有我们自身的历史渊源，有我们自身对于自我生存空间的自觉与反思在里面；但另一方面，我们不能回避西方意识形态在中国所面临的困境，包括社区、社群，在西方，它有一个前提和底色，就是自由主义（价值取向上的个人主义、生活方式上的消费主义信念均源于此）。我们认为，站在人类文明的新起点上，作为一种"理念型"，"生态幸福"无疑是传统幸福文化的现代表达，它吸取了以往幸福观念的合理因素，辩证地扬弃了其不足，力图实现幸福观念的现代超越。具体而言，围绕幸福概念，从古到今一直争论，大致可以归结为两派："快乐论"与"德性完善论"。"快乐论"的主要代表在中国有杨朱及道家的某些支派，在西方有穆勒、休谟、霍布斯等；完善论的主要代表在中国主要是儒家，在西方有亚里士多德、柏拉图、阿奎那等。"快乐论"认为幸福即快乐；"德性完善论"认为幸福即自我完善、自我实现、自我成就，是自我潜能的完满实现。两派观点分歧的根源主要在于对幸福的结构和类型的不同理解。"快乐论"忽略幸福的客观因素（人生重大需要、欲望的实现和生存发展之完满），只看到幸福的主观因素（快乐的心理体验），因而认为幸福就是快乐、不幸就是痛苦。这一点穆勒说得很明确"幸福是指快乐与免除痛苦，不幸福是指痛苦和丧失愉快。""快乐论"忽视了一个非常重要的事实，那就是快乐与幸福并不是一个东西。"德性完善论"和"自我实现论"对幸福的定义其实也是经不起推敲的。它们把生存发展之完满与自我实现等同起来，进而把幸福与自我实现幸福等同起来，这是不妥的。自我实现是自我创造性的、优越的潜能的实现，是以创造性为特征的。所以，马斯洛说："自我实现需要至少须借助创造力。"反之，"自我生存、发展之完满"则广泛得多，它既可能是创造性的，也可能是消费性的。譬如，一个人碌碌无为却富裕终生，享尽荣华富贵。他虽然没有实现自己的创造性潜能，没有自我实现，但是，他却享有物质幸福，因为他物质的、生理的方面的生存与发展达到了某种程度的完满。进一步说，根据马斯洛的需要理论，人至少有五种生存发展之完满：生活之完满、安全之完满、爱之完满、自尊之完满、自我实现之完满。自我实现只是人的生存发展最高境界之完满，只是人的多种多样的生存发展的完满之一，只是人的多种多样的幸福之一。所以，"德性完善论""自我实现论"把幸福或自我生存发展之完满与自我实现等同起来，显然是以偏赅全了。

在生态幸福的理论范式里，我们认为，幸福是人格信念的高超境界，代表了人在宇宙、生命和社会秩序中的不同位置应有的修养成就，为契合西方的真理或东方文化的"道"提供了可能；不同点在于使人的出发点和终极目标产生不同的道路和表达。幸福满足是指我们存在的完备和生命的完美运动，其深层含义在于表明，幸福也就是人格及其生态的上升与满足，这一识见要求我们对幸福的理解必须完全深入人和环境协调的发展当中去。人在人格及其生态的上升与满足过程当中，有一个基本的观念甚至是能力，那就是要让人的环境在维护生态平衡的状态下保持自然的上升。人格及其生态的上升与满足的识见将人的肉身、精神、灵魂及其依托进行整体净化与社会的真理结合起来，是人类对幸福理解上的价值新向标。

"生态幸福"的语义所指以及语用学意义，主要包含以下几个方面：其一，就生态学与生物学意义上的"生态指涉生物与其环境之间的相互依存关系"而言，所谓"生态幸福"，一定是作为认识和实践主体的人对自身与生态环境之间复杂的关系样态进行评价的结果，因为生态本身无所谓"幸福"或者"非幸福"。其二，"生态幸福"是环境对人的生存和活动正向影响的最大公约数。作为一种评价性结果——价值认识，即所谓"生态是指生物体之间的一种和谐美好的存在和有机整体关系状态"而言，"生态幸福"一定是属人的，是指文明发展的特定历史时期和特定社会文化共同体中，人依据自身的生存和生活经验，从对人类未来可持续发展的前景展望和理性预期的立场，通过对自身生存环境进行综合认知的结果。这种认知的结果启示我们，人的真正的、真实的幸福系于环境本身，人的幸福感和幸福体验，离不开特定的生存环境。因此，人不仅要改造环境，更要适应、维护和不断改善环境。其三，"生态幸福"话语实践的合理性表明，生态是幸福的本体。"生态性存在"是社会演化和人自身发展的高级状态，是人属的以及属人的对象世界存在的本真状态。在这个意义上，所谓属人的幸福，事实上是一种"趋生态性存在""拟生态性存在"，并最终实现"准生态性存在"的理论真趣和生活目标。中国传统文化认为，发展科学技术的目的在于体认人与自然宇宙的关系，在于把握人在天地自然中的地位、作用和命运，在于完善人的心灵，也在于完善自然生命，更在于人与自然的持久和谐。同时，中国很早就注意到了科技的负效应问题。道家的返璞归真思想，庄子提出丢掉功利意识、不为物质所役的思想，不能简单地理解为对科学技术的反动。它是世界上最早体察和预见到科技负效应的理论，只不过是一种早熟的、超前的理论。但它反映了中华民族的才智，有其合理的内核，对净化人生、防止科技的非伦理化有着深刻的启示。然而当现代工业文明把人类本能中的各种欲望呼唤出来，人们为了满足物质欲望，疯狂地向大自然索取，无视自然界存在的基本规律，企图超越自然对人的约束，结果造成资源短缺、生态破坏、环境污染等威胁人类生存的全球性问题。可持续发展随之提出。生态自然观的确立，为可持续发展的理论和战略提供了重要的哲学依据。综观可持续发展理论和战略的提出、基本原则的形成以及可持续发展的生态文明途径的探寻，均贯穿了生态自然观的基本思想。中国传统的自然价值观强调人与自然和谐相处，这一生态观很切合现代人类提出的可持续发展的理念，人类的发展只有建立在资源的永续利用和对生存环境保护的基础之上，才能既顺应自然规律又符合人类长远的发展利益，达到人与自然"双赢"的共同胜利。在可持续发展问题上，中国传统自然价值观和生态自然观有质的一致。其四，生态幸福追求整个地球和人的生存本身的"安全性""合宜性"，并认为一切制度安排都应该遵从生态幸福的实现规律，并以此为内在规约，反思、调整甚或重新设计人的存在的方式。

科技和人文的进步、经济的增长、社会的发展，都要以保护人与自然长久的和谐为目的。和谐的价值取向能引导人们以亲近、同情、爱护的态度对待大自然。正忙于现代化建设的中国，应当从中国传统文化中汲取与自然相和谐、相融合的思想资源，以免陷入物质的陷阱。我们在肯定自然的价值的同时，要妥当地处理经济发展与利用资源、保护环境的关系，使其得到和谐的发展。这就是幸福的自然生态观，能制造幸福、创造最完善幸福的自然生态观。

（1）追求幸福是人与生俱来的、不可剥夺的权利，这种权利的实现是有前提的，必须得到社会的保障。西方文化认为，幸福感的获得是社会进步和个人发展的一个重要指标。英美和欧洲的"国民健康生活指标"、日本的"国民福祉指标"等涉及对民众生存与生活环境的改善。联合国所制定的"人类发展指数"中，其中有两项指标都与人们的生存与生活环境质量有关。

（2）良好的生态是属人的以及人属的幸福（生存与生活）的根本。在某种意义上可以说，被剥夺了与自然之间不可分割的、有机联系的现代人，是一个生活在"失乐园"中的流浪者，谈不上所谓的"生态幸福"。此处所谓的生态，首先是自然生态，其次还包括优良的社会和文化生态。现代化进程中的中国人，越来越清楚地认识到，正如生命权、发展权和自由权等是神圣的、不可剥夺的一样，"生态权利"以及"生态权益"同样是个人和社会幸福生活的基础和重要内容。很难想象，一个生态极其恶劣、根本不适合人居的社会共同体，能有所谓真正的、真实的幸福可言。

（3）生态幸福是最大的、最基本的、最重要的"民生"，对生态幸福的追求，包含、寄寓着民生的深蕴、精义，是当前和今后一个相当长的历史时期内中国民生问题理论和实践转向的普遍的"国民福祉"的目标、方向和最终的落脚点。实现生态幸福，是当代中国社会民生新政的应有之义。

生态幸福的提出和实践，表明正在享受着现代化的成果和惨痛代价的中国社会，正在告别传统的对 GDP 的迷恋，而果断转变经济增长方式，转向对国民生活品质、生存的体面和尊严感、责任意识以及健康的生活方式的向往。在这个意义上，生态幸福应该成为衡量民生改善的一个不可或缺的最重要的指标。

（4）生态非幸福是绿色生态劳动严重缺失的结果。传统的劳动实践观，本质上是一种主体单方面征服、改造和支配客体的活动形式，它所造就的是一个占有性的主体，导致了人和自然之间关系的紧张以及生存的非安全状态。"生态幸福观"吁求一种新的"生态劳动"观念的提出，它致力于实现人和自然以及全部对象性世界之间的合乎自然和社会本性意义上的合理的物质、能量和信息的变换。

生态幸福观念指导下的实践有其明确的理论表征：首先，必须肯定自然、社会（历史）和幸福本身的全生态、拟生态性质；其次，更重要的是必须认识到，生态幸福的真正实现取决于人与对象世界（自然界、人类社会）之间关系性质的一种革命性的根本转变。如此，生态幸福才是实际可触摸的幸福，而不是传统所谓的个体的一种不可通约式的主观感觉和体验等。

长期以来，由于我们对属人的劳动、实践活动本身以及在此基础上所形成的自然、社会、文化等与人本身存在的"生态性"内在关联本质缺少明确的、清楚的认识和觉知，因此，传统所理解和被规定的"幸福"本身必然是"非生态性"。非生态性表明这种幸福其实一直是以"异化"状态得以存在的，是与人相对立的。可见，"生态"维度的缺失或者被忽视，造成了我们对作为一个整体的幸福的理解，不仅缺乏应有的理论高度，而且使得幸福的概念及其对他的理解变得非常世俗和功利化，幸福的碎片化意味着真实的幸福对人性的疏离。

参考文献

［1］《美丽中国建设需要公众的环保热情》，《人民日报》2013 年 3 月 2 日。

［2］唐珍：《谁偷走了我们的幸福?》，《工友》2011 年第 7 期。

［3］《中国 20 城市获选"2012 中国最具幸福感城市"》，新华社中央政府门户网站，http：//www. gov. cn，2012 年 12 月 30 日。

［4］《〈中国公众环保民生指数绿皮书（2011）〉问世》，《科技日报》2006 年 6 月 6 日。

［5］杜群：《论环境权益及其基本权能》，《环境保护》2002 年第 5 期。

［6］H. Roogers, *Environrnental Law.*

［7］Mary R. Sive, *Environmental Legislation*：*A Source Book*, Praeger Publishers, New-York, U. S. A., 1976.

［8］蔡守秋：《环境权初探》，《中国社会科学》1982 年第 3 期。

［9］〔日〕奥平康宏、杉原泰雄：《宪法学人权的基本问题》，日文版，1977。

［10］刘红：《我国生态安全研究述评》，《国土与自然资源研究》2006 年第 1 期。

［11］张雁白等：《论环境污染的危害及其防治措施》，《资源开发与市场》2001 年第 16 期。

［12］王宏康：《西方的深生态运动——生态危机的困惑和反思》，《自然辩证法通讯》1999 年第 6 期。

［13］周穗明：《后物质主义价值观和全球环境主义》，《当代世界与社会主义》1998 年第 3 期。

［14］《发展与民生："后危机"时代的中国话题》，新华网，2010 年 3 月 4 日。

［15］柳树滋：《大自然观：关于绿色道路的哲学思考》，人民出版社，1993。

［16］陈中：《中国 1.5 亿人将沦为生态难民》，《文摘周报》2005 年 3 月 1 日。

［17］丛珊云：《因为有你，这个春天不寂寞》，《南风窗》2005 年第 6 期。

幸福与教育

何　婧

（西安理工大学思政部硕士生　陕西西安　710054）

摘　要： 幸福是人类追求的精神世界的完美，是人生最具魅力的主题，人的一切思想和行动都是为了更加幸福。而教育，作为培养人的事业，为了人的幸福而存在，因此，教育应担负起人的精神世界建造者的重任。通过丰富、塑造人的精神，呼唤人的心灵，促使人们追求、探索精神世界的自由，让人的幸福更加完美。

关键词： 幸福　教育　人的幸福　教育目的

在人类发展进化的历程中，人们对于幸福的追求从未间断过。人们向往幸福，并为之锲而不舍地努力着，人们所有的思想和活动都是为了更加幸福的生活，通过知识的积累和实践活动的历练来感受幸福的寓意。读书为了幸福，教育成为实现幸福之门的重要途径。探讨教育与幸福的关系，幸福必然反映到教育的实践过程中。

一　幸福的价值

托尔斯泰在《幸福论》中说："人生是为了让自己幸福而存在的。"幸福是人一生的向往和追求，人从懂事时起，就向往着过上幸福的生活。幸福是一种个性化很强的感受，每个人都有一定的幸福感，但不同的人对幸福的理解不同。幸福没有确切权威的内涵，《辞海》载：幸福是心情舒畅的境遇和生活。理性主义者认为，幸福就是精神需求得到满足；享乐主义者认为，幸福是获得物质上的满足；自然主义幸福论认为，幸福是精神和物质的统一；宗教主义者认为，幸福是上帝或神的恩赐，把一切现实的欲望都舍弃，上升为对神的信仰。总的表述：幸福是一种境遇和生活作用于人的心理感受，幸福是生活与感受的有机结合。

在人类思想进步过程中，许多先贤大哲对幸福的内涵为我们做了引导。苏格拉底和柏拉图提出：德行即幸福，幸福是至善的。塞涅卡说：快乐不应该是追求德行的目的，德行本身就是幸福[1](P81)。在我国，儒家坚持"仁者无忧"，提倡只要注重道德上的提升就会幸福快乐。这是把道德上的满足看作真正的幸福，这种观点有利于人的精神的提升和人生价值的实现。但是，如果一个人个人能力较强，又有较好的机遇，但是道德败坏、品质低劣，那么他将处处碰壁，也一定不会幸福。此时，我们需要注意的是，道德并不等同于幸福。正如一个品德高尚而无一技之长的人也难以得到幸福。所以，幸福的实现既需要良好的品德，也需要个人才能的保障。而这种将幸福与道德等同的观点是忽视了个人价值和物质支持的片面观点。另一种观点是亚里士多德提出的：幸福是至善的。他认为，幸福的人必然是有道德的，幸福高于道德而存在，是人生追求的最终目的。道德帮助人们实现幸福。虽然这种观点较前一种更加重视人的作用，但是他又进入了个人主义的误区。亚里士多德提到的幸福只是一己的快乐，与人的整体意义上的幸福不同。所以我们说：道德与幸福是对立存在的。康德注意到了二者的对立，他认为人追求物质上的满足和追求道德上的满足都是合理的，二者应该统一。后来的费希特十分赞成康德的看法，但是，他们都没有找到将幸福和德行统一的方法。

人生存于社会，人既要体现自身特性又要遵循社会的共同规则。换句话说，人的生产活动既要满足自身主观的需要又要符合社会道德的要求。只有同时满足这两个条件，人才会幸福。其中人的主观感受决定人是否幸福，社会道德要求决定人的幸福是否合理。有了这个标准，我们就能判断我们是否真的幸福。有的行为让个体觉得自己很幸福，但是却不符合社会道德要求；有的行为被认为是高尚的，但是主体的感受并不快乐。这都不是真正的幸福。

由此可得，幸福应该是：人的主观心理满足与社会道德标准的统一。这样阐述幸福的内涵，既肯定了人的价值，又肯定了社会的作用，是主观与客观的统一。

二　幸福与教育的关系

幸福与教育是否有关、关系如何，是教育让人的幸福更加完美的前提。

之所以探讨二者之间的关系，是因为幸福与教育相互促进、互相需要，促使对方更加完美。

幸福需要教育。幸福既是个体心理上的满足又是道德上的规范。因此，人获得的幸福并不是与生俱来的能力，是要经过后天努力的。教育作为一种有目的、有计划、有组织的培养人的特殊的社会活动，对于人获得幸福有巨大的推动作用。首先，教育帮助个体树立起了正确的人生观和幸福观。教育能锻炼人的思维能力、判断能力、预测能力和意志力，使人的主体性意识更加强烈。此外，通过知识的传授，个体能获得丰富的生产、生活经验。教育通过对人的心理和智力的培养，使人能树立起正确的人生观、价值观和幸福观。所以，教育与幸福紧密相连。其次，教育培养了人生存和发展的能力。自人类诞生之日起，教育就随之产生。"教育就是学习，是无论在什么地方、什么时间、什么年龄发生的学习。"[2](P19)并非单指学校教育。从原始社会起，人们相互间或者给后代传授使用工具或者如何群居的活动，都是为了获得食物和继续繁衍生息，在此过程中，也教会了后代生活的方法。这种掌握生活方法的教育就是为了更好地生活，是最原始的幸福。马克思曾说："每一代都利用以前各代遗留下来的材料、资金和生产力，由于这个缘故，每一代一方面在完全改变了的条件下继续从事先辈的活动，另一方面又通过完全改变了的生活来改变旧条件。"[3](P51)由此可见，历史的一步步发展，使后代获得了必须掌握、利用和改变的能力。而这些能力的获得，都是通过教育。所以说，只有通过教育，才能提高后代适应社会和发展社会的能力，使得人类生命和社会继续延续和发展，人类的文明得以传承，因此而获得更大的幸福。再次，教育能满足个人追求自我完善的需求。教育具有丰富个体精神生活的属性。同时，学习本身也能让个体获得乐趣和享受。正如苏霍姆林斯基所说："学习绝不仅仅是为了工作，它还可以丰富个人的精神生活；教育也不仅仅是为了使学生成为劳动者，它还可以使人获得能够真正像一个人一样生活的丰富的精神世界。"实际上，教育除了对人有实际的功用外，同时也有满足个体追求自我完善的内在价值。如音乐可以满足个人对音律的需求，使人心情舒畅；美育能使人发现美、欣赏美和创造美，使人精神愉悦；智育可以丰富人的知识，得到精神上的满足；德育能够满足人追求道德完善的需求，使人境界高尚；劳动技术能使人得到生存的方法，体现人的价值……最后，教育能培养人的选择能力。现代社会提供给人多样化和个性化的生活方式，一个人对生活的选择决定他是否能够幸福地生活。所以，个体的选择能力与其能否幸福生活紧密相连。仔细分析个人的选择能力，我们会发现选择能力与个人对事物的认识能力、分析能力和决策能力密切相关。而教育传授给人知识、智慧和勇气，能够提升其分析能力和决策能力。此外，教育在个人确定目标、到达目标的环节，对个体分析自身条件、选择途径有很大的推动作用。

教育需要幸福。人类自诞生之日起，就有各种各样的教育目的。教育目的是多层次、多维度的，从教育目的的内涵看，"教育目的，是指社会对教育所要造就的社会个体的质量规格的总体的假设或规定。"[4](P93) 所以，教育的目的分为培养人的身心素质和培养人的社会价值。教育也因此有了经济价值和社会价值属性的功利性目的，以及教育人的身心发展、陶冶人的情操的非功利性目的；教育有个体对知识的需求的短期目的，也有为经济、政治、社会发展的长期目的。而这些目的的指向都不是教育的最终指向，只有幸福才是教育目的的终极指向。首先，幸福与人类相伴而生，它存在于人类社会的各个方面和各个时期。有了人类的那一刻就有了教育，同时产生了对幸福的追求。而没有人类，就不会有教育，也就不会有对幸福的追求。其次，幸福是教育的终极目标。幸福不是某一个教育阶段的专利，它是人类一切教育活动的最终目的。幸福虽然没有明确出现在教育目的的含义阐述中，但它确实存在于各个阶段的教育目的中，对教育的发展有指引性作用。教育目的与幸福越近，越容易被实现，就更能达到使受教育者幸福的目的。最后，幸福是人的期望实现后的满足。人的期望是经过社会影响和自我分析后选择确立的，即幸福与人的自由选择相连。通过教育，培养了人选择的能力，使人能按照自己的思想行事，实现精神的满足，从而感到幸福。这就是教育终极目的的体现。

三　教育促使人的幸福更加完美

教育能否使人的幸福更加完美，并不只是指教育的过程能否使人快乐。人生目标的确立和态度，在于建立教育与幸福之间更加合理的关系，从而使教育促进人的幸福，让人的幸福更加完美。

首先，形成合理的幸福观。幸福既在于心也在于身，没有良好的心态人不会幸福，没有实践人也不会幸福。所以，人应该学会知足常乐，但这并不等于无为而治或放任自流。过分的追求是由于人无尽的欲望和超出自己能力的贪婪所致，而此时，教育能帮助人们树立起正确的价值观和人生观，使人学会分析和思考，追求属于自己的合理的幸福状态。

其次，合理的教育目标促使人的幸福完整。教育的目的应该是让所有人都获得幸福，而不是为了少数人的幸福或者只为培养人才为目标。人的发展形式各异，但是要获得幸福，首先要成为合格的社会人，才有为社会做贡献的可能。教育在使人成为合格社会人的基础上形成人才，要根据人的不同需求而定。例如，斯宾塞的知识层次论和马斯洛的需求层次论根据人的需求不同，确定不同的教育的目标、方法和内容。而不是根据统一的人才标准规定教育目标、教学内容和评价原则。如果仅把人才作为教育的目标，那么很可能导致一些人既不能成为人才也不能成为合格的社会人。因此，教育目标应根据人的需求确定，使每个人找到适合自己的教育和社会角色，达到个体和社会的统一，使更多人获得幸福。

再次，科学的教育方式使人在学习中体会幸福。教育方式在促进人的知识增长、价值观形成和能力发展方面起着重要作用。兴趣是学习最好的老师，而习惯是学习的自然动力。知识和能力的增长发展比较平稳，但兴趣和习惯的形成有重点发展阶段，一般在很小的时候就要注意兴趣和习惯的形成。学生觉得轻松愉悦的教育并非是幸福的教育，只有学生越来越爱学习，并能从学习中找到快乐的教育才是成功和幸福的教育。中国和美国学生在创造力和基础知识上存在差异有很多原因，教育方式的不同是使得学生形成差异的重要原因。所以，我国教育应改革目前的教育方式，培养学生的学习兴趣、学习习惯，提高学生的创造能力，使学生学会在学习中体验幸福。

最后，努力实现教育公平。教育公平以满足每个人的教育需求为目标，并且以个体在教育中享受的教育资源为衡量尺度。教育的失衡其实是个体与社会间的矛盾，是某些群体与其他群体间的问题。个体教育需要是指某些个体对教育的特殊需求，而社会教育需要是个体教育需要的总和。如果教育需要只满足社会教育需要而不能满足个体的特殊需要，这不仅会导致个体教育需要与社会教育需要的对立，而且会导致个体间教育需求的矛盾，从而加剧教育不公。由于公平的教育是为人们创造幸福生活的教育，因此，我国要注重教育公平，为个体创造幸福的生活。

人生为幸福而努力。幸福是人们追求的最终目标，而人类发展历程就是追求幸福的历程。但丁很早就提出：人的幸福是最后的目的，每个人都为自己的幸福而活着，没有人只为社会的进步而生存。人类形成各种群体、各种关系，其实是为了更好地加强自己实现自身幸福的力量。就教育和幸福而言，教育帮助个体树立起了正确的人生观和幸福观，使个体能正确认识幸福。此外，教育培养了人生存和发展的能力，帮助人们获得追求幸福的手段。同时，教育培养了人的选择能力，使人在多种多样的生活方式中选择适合自己的方法。这说明幸福需要教育。但是，教育以幸福为最终目标，幸福存在于各种类型的教育目的中，是教育的最终目的。教育与幸福的相互促进，说明二者之间联系紧密，作为培养人的社会活动的教育行为，大大促进了个体追求幸福的能力，使人的幸福更加完美。

参考文献

［1］唐凯麟：《西方伦理学名著提要》，江西人民出版社，2000。

［2］〔美〕菲利普·库姆斯：《世界教育危机》，赵宝恒等译，人民教育出版社，2001。

［3］《马克思恩格斯选集》（第1卷），人民出版社，1972。

［4］王道俊、王汉澜：《教育学》，人民教育出版社，1999。

德性与幸福：当代大学生幸福观研究

张 乐① 沈 璿②

（西安理工大学思政部①硕士生 ②副教授、硕士生导师 陕西西安 710054）

摘 要：幸福是一个古老的话题。什么是幸福、如何获得真正的幸福，早已成为每个人终其一生不断思索的问题。当代大学生作为社会中的特殊群体，由于社会环境影响、学校幸福观教育缺失、家庭教育的误区和自身因素的影响，使得他们对幸福的认知不深刻、不全面，其幸福观呈现多样化趋势。因此，在当前出现道德危机的经济社会环境下，引导当代大学生树立合于德性的幸福观有助于其提升幸福感，获得真正的幸福。

关键词：幸福 德性 幸福观教育

人类自诞生以来，便没有停止过追求幸福的脚步。没有谁不向往幸福，也没有谁不向外部世界和自身的存在寻求幸福。幸福是否值得人们这样苦苦追求？它的价值何在？费尔巴哈说过："人的任何一种追求也都是对于幸福的追求。"[1](P536)伴随着时空的推移，"幸福"这个字眼对于人类的诱惑力越来越大。幸福开始走进人类日益开放的心灵，使得人们对它的渴望越来越强烈。

一 德性是幸福的文化要素

幸福属于人的一种主观心理感受，但是它包含了人类共同的感受因素：物质、精神和道德。道德包含规范和德性两方面，规范是一种外在的约束机制，而德性则是内在要素。世上的每个人都希望自己有所成就，并且都在探寻幸福的人生。然而，并不是每个人都能在其追求中获得幸福。原因是多方面的，对幸福缺乏足够深刻的认识便是最根本原因。

（一）幸福的解读

幸福首先是存在的。没有幸福的存在就没有人对幸福的感受和体验。时至今日，幸福已经成为一个每个人都知道其含义、但无人能精确定义的概念。连康德也不得不承认："幸福的概念是如此不确定，以至于虽然人人都在想得到它，但是，却谁也不能对自己所决意追求或选择的东西，说得清楚明白、条理一贯。"[2](P366)对幸福的内涵进行解读，有助于我们更好地理解幸福问题。

1. 幸福是人生的终极价值追求

幸福首先是作为人类的终极目标而存在的，人类一切活动的终极目的都是为了自身的幸福。人的一生中所从事的一切活动都具有一定的目的，目的不同，追求也就不同。亚里士多德说过："既然目的是多种多样的，而其中有一些我们是为了其他目的而选择的，例如钱财、长笛，总而言之是工具，那么显然，并非所有目的都是最终目的。只有最高的善才是某种最后的东西……总而言之，只有那种永远因自身而被选择，而绝不为他物的目的，才是绝对最后的。看起来，只有幸福才有资格称作绝对最后的，我们永远只是为了它本身而选取它，而绝不是因为其他别的什么。"[3](P10-11)幸福只能是它自身，而不能是为了别的什么。

由于职业、收入、社会地位、权力大小等的差异，对幸福的追求方式和要求程度便有所不同。职业、收入、地位和权力等因素只是给人们提供追求幸福的手段，使得幸福具有获得的可能性。追求幸福，就是追求至善。人在一切实践活动中都内蕴着其对实现自身幸福的渴望和自觉追求。无论是改造外部自然界的实践活动，还是改造人本身以及由人构成的社会的实践活动，都是人类自觉追求幸福的能动实践史。因此，人类追求幸福的活动在一定程度上推动了历史的发展，幸福是以人类目的性之一而存在的，这也正指出了人类追求幸福的价值合理性所在。

幸福意味着人生的完满实现，意味着人性的圆满，意味着好生活。因此，幸福成为人类的终极目标，成为人生的终极价值追求。深刻地了解幸福的含义，将有助于人类实现他们的终极目标，即幸福。

2. 幸福实现的核心要素是德性

幸福作为人生的终极价值追求和最终目标，作为人存在状态的完整和人之为人的现实状况的揭示，它应当是能被感觉到的。同时，它又可以在辩证理性的指导之下通过被分析而揭示其中的要素，这些基本要素就是人之为人，或者说是作为完整人生所应当具有的最基本方面。中国古代的"向用五福"对幸福的构成元素就有所阐释：一曰寿，二曰富，三曰康宁，四曰攸好德，五曰考终命。古希腊时期的梭伦也提出了关于幸福的五个基本构成要素：中等财富；身体无残疾，没有疾病；一生顺利，总是心情舒畅；有好儿孙；能善终，光彩而安乐地死去。[2](P31) 由此可以看出，中西方在幸福的构成要素问题上有异曲同工之处。

亚里士多德认为的人生幸福三要素为：健康的体魄、中等的财富、宁静的灵魂。而在这三者中，又以宁静的灵魂最为重要。倘若没有德性而只具备其他两个条件，就不会获得真幸福。"一个人要是没有丝毫勇气、丝毫节制、丝毫正义、丝毫明哲（智慧），世人绝不称他为有福（快乐）的人。"[4](P118)

首先，健康的体魄是幸福的基本要素。健康是人幸福的自然客观前提，完满的人生应当有健康的体魄。健康的体魄是自然赋予人类有可能幸福的起点。其次，物质财富是幸福的重要客观要素。人生幸福不能没有一定的物质财富作为其实现的客观基础。我们都是尘世中的普通人，要生存并体验做人的尊严与幸福，就离不开一定的物质生活手段，甚至我们的德性也需要一定的物质条件的滋润。最后，德性是幸福实现的核心要素。德性属于一种精神幸福，较之物质幸福更为重要。人之为人，不在于肉体的生命形式，而在于思想、精神和灵魂。甚至连注重物质享受的经验主义幸福论者，也都充分肯定德性在获取和享受物质幸福过程中的作用。

人类首先是作为物质而存在的，所以维持人的存在必须有赖于物质的供应。我们可以肯定地得出这样的结论：幸福一定需要以物质为基础，但物质却不能保证幸福感随之成正比增长。因为人虽然首先作为物质而存在着，但却不仅仅作为物质而存在着。"人是肉体与精神的统一，物质需求的满足仅仅是人存在的前提，而不是全部。"[5]

3. 幸福即合于德性的现实活动

如果健康的体魄和一定的物质财富属于幸福的物质要素，那么作为精神幸福的德性则属于幸福的文化要素。幸福就是完美人格的实现，要求人的知情意行全面统一，所以要获得真正的幸福，就要将德性付诸实践，幸福即合于德性的现实活动。何谓德性？亚里士多德是对于德性解释最有影响力的哲学家。他指出："德性就是对于人的出色的实现活动的称赞。"他还认为："'人的德性'不意味着身体的德性，而是灵魂的德性，我们所说的幸福也是

作为灵魂的活动。"[3](P71)

　　幸福作为个体理想和目标实现后产生的愉悦感，虽然不同的主体有不同的体验，甚至同一主体在不同的时空也会有不一样的体验，但是唯一不争的共识便是，有德性的人才配享有幸福。亚里士多德把幸福定义为：合于德性的现实活动。这句话表明幸福包含了两种因素：德性和现实活动。也就是说，一个人虽然有善的品质，但是这种善的品质不能产生善的效果，那么就不能称之为幸福。一个人只拥有德性是不够的，必须有现实活动的参与，也就是必须把德性渗透于行为之中。一个人的幸福主要在于其是否能在善的品质的引导下去付诸实践，而不在于其拥有某种东西。只有真正付诸实践，才能获得快乐，继而获取真正的幸福。

　　在人们的各种活动中，没有一种能与合于德性的现实活动相比拟。幸福即合于德性的现实活动。要获得长久的幸福，就要通过德性来理性控制物质财富的获得与享用，"人们通过享乐上的有节制和生活上的宁静淡泊，才得到愉快。"[6](P115)孔子也说过："邦有道，贫且贱焉，耻也；邦无道，富且贵焉，耻也。"（《论语·泰伯》）孔子还说："饭疏食饮水，曲肱而枕之，乐亦在其中矣。不义而富且贵，于我如浮云。"（《论语·述而》）这些都表明，虽然在没有一定物质基础的条件下谈论幸福是徒劳的，但是以不合于德性的方法去获得和享用物质财富，也不会得到幸福。因此，德性是获得真正幸福的重要途径。

（二）德性与幸福的理性分析

　　社会中每个人之间的必要联系性，使得大家的幸福之间也存在着千丝万缕的联系，所以要求每个人在追求自身幸福的同时，也要顾及别人的幸福，这就足以表明人类幸福的实现离不开德性，德性与幸福之间有着紧密的联系。

1. 德性与幸福的内在共通性

　　德、福一致是德性与幸福的内在共通性的体现。德、福一致是相对于同一主体而言的，有德性就有幸福，有幸福的也有德性，并且越有德性就越有幸福，或者越有幸福就越有德性。德与福是一种等同的关系，具有直接一致性。首先，德性本身是构成幸福的精神元素，它不以外在环境为转移。其次，德、福的直接一致还表现在，每个人存在着良心，有良心的人做符合良心之事，人的内心自然恬静而愉快；反之，做了不符合良心的事，则会焦虑不安，也就绝无幸福可言。最后，一个幸福的人所表现出来的状态，极有可能会引起德性不高者的反感；相反，德性高的人则会因为看到别人的幸福而使自己也感受到幸福。古人的"先天下之忧而忧，后天下之乐而乐"正是表达了这种思想。

2. 德性与幸福之间的联系

德性作为幸福的文化元素，是如何帮助人们获得幸福的？德性无论对于整个人类还是个体来说，都是幸福实现的必要条件。

（1）德性于获得幸福之重要。社会中的每个人都不是绝对孤立地去追求个体幸福，他的幸福都是在别人的帮助下实现的。而这种帮助在很大程度上都离不开帮助者的德性。从这个角度来看，无论是公德还是私德，对于社会中的每一个人的每一份幸福的实现都是具有重要意义的。幸福就是一种好生活，这个"好"主要就是有德性作为规定性而言的。即有德性才有好生活。在一定意义上，幸福就是由德性所规定的"好"。从狭义上来看，德性是获得幸福的前提、保障、动力和源泉。从广义上来看，德性是获得幸福的必要条件和主要手段。归根结底是因为德性是人的智慧，特别是道德智慧的体现，道德智慧是实现幸福的根本途径。

（2）追求幸福于德性之意义。人们获得了幸福，有了幸福感，势必会想办法保持这种幸福。而德性作为幸福的主要内容，获得德性并使其完善，是个体幸福的内在动力。首先，追求幸福有利于德性的养成和完善。德性作为幸福的主要内容，是最重要的因素。因此，一个人有幸福意欲，就得做好养成和完善德性的准备。要追求幸福，就得追求德性，即为了获得幸福而养成德性。一个社会要使人们普遍有德性，就得使人们意识到养成德性和完善德性，并不只是为了社会，更多的是为了自己获得幸福，过上"好生活"。其次，追求幸福有利于德性的维护。幸福是没有数量和时间限制的，因此追求幸福也是没有止境的。这种追求要求人们保持和完善已经养成的德性，进一步提高德性水平。已经获得幸福并且正处于幸福中的人，更会意识到德性于幸福的重要性，会更注重德性的修养。

人们历来把幸福纳入道德领域，然而，在我们当今所处的这个"德性之后"的时代里，人们开始只注重外在的利益追求而忽视内在的心灵满足，将幸福片面地理解为身体的、感官的和物质的。在这种现实情况下，当代大学生又是如何理解幸福的呢？他们的幸福观是怎样的呢？

二　当代大学生幸福观现状及其产生原因

从古今中外众多学者的各种幸福思想可以看出，幸福观的核心问题根本上也就是人们在追求幸福过程中的一切活动是否合于德性。所谓幸福观，是指人们对幸福问题的总体看法和观点。幸福观是人生价值观的重要组成部分之一，是人们追求的生活目标的体现。

（一）当代大学生幸福观现状

在当今现实生活中并不缺少可以让人产生幸福感的物质和精神条件，但是由于部分人没有合理的幸福观，而导致缺乏感受幸福和创造幸福的能力，以至于丧失获得幸福的可能性。为了了解当代大学生的幸福观现状，我们在西安理工大学曲江校区发放关于当代大学生幸福认知状况调查问卷 200 份，共回收问卷 184 份。问卷调查的对象涵盖大一、大二、大三、大四的文科、工科和理科学生。调查对象来自农村和城镇的较多，相应的生活费用在 600元/月以下和 600～1000 元/月这两个水平的人也比较多。问卷中也对大学生认为自己是否幸福进行了调查，表 1 就是具体调查状况。

表 1　大学生幸福感调查　　　　单位:%

年级	非常幸福	幸福	没有感觉	不幸福	非常不幸福
大一	22.92	43.75	20.83	8.33	4.17
大二	10.00	55.00	20.00	12.50	2.50
大三	6.06	18.18	48.48	18.18	9.10
大四	11.76	52.94	26.47	5.88	2.95

从表 1 可以看出，大一的同学由于刚进入大学，脱离了中学模式的老师和家长式的管理，第一次感受到了自由和独立，对大学的新鲜生活充满了好奇和激情，感觉非常幸福和幸福的人较多。但仍有 20.83% 的同学对幸福没有感觉，他们对幸福的认知处于一种不清楚的状态，这个时候需要老师和家长的积极引导，让他们学会感受幸福。大二开始进入注重学习和积累知识的时期，开始慢慢规划自己的未来，同时陷入甜蜜的爱情中，有 55.00% 的同学觉得生活很幸福。大三有 48.48% 的同学表明对幸福没有感觉，这个时期，他们开始慢慢与社会接触，有人觉得学校学习的专业知识在社会中很少能用

到，也有人为爱情和友情中出现的很多问题而感到苦恼和矛盾，也有人为即将步入大四而需要面对考研、就业或出国的选择而烦心。大四的同学中有52.94%的同学感觉幸福，有的同学选择了考研的目标，为自己的目标而努力着；有的同学确定了就业方向，对未来不再迷茫；有的同学恋情开始走向成熟；还有的同学认为美好的大学即将结束，格外珍惜同学之间的友情，处于幸福的状态；等等。

从所有的这些都可以看出，当代大学生主要还是依据外部环境对自己的影响以及是否快乐来判断自己是否幸福。了解了大学生的幸福感以后，就应该深入了解大学生对幸福的认知状况，从而了解他们会赞同哪些幸福观。通过问卷统计数据分析，发现当代大学生对幸福认知的主要方向是基本正确的，是符合和顺应社会发展的。从对大学生幸福认知的调查结果中可以看出，拜金主义、个人主义、功利主义和享乐主义等这样一些不合理的、非理性的幸福观仍然存在于部分大学生的观念中。

（二）影响当代大学生幸福观的主要因素

当代大学生正处于人生观、价值观和世界观的形成时期。他们幸福观的形成受外界和自身两方面的影响。

1. 外部影响

我国社会经济飞速发展，物质财富不断增加，人们在享受物质日益丰富的生活的同时，精神陷入困境。大学生是一个容易受外界影响的群体，在市场经济社会中，市场经济运行的动力便是经济主体对自身物质利益的追求，这种物欲带来的利益驱动机制在大学生身上的表现便是追求享乐、淡化集体、以个人为中心等不良现象。我国高校的教育情况是人为地拔高教育目标，总是试图通过让学生背诵和遵守各种道德信条而形成良好德性。只片面地重视就业率和成绩等表面东西，忽视了学生的内在需求。同时，很多家长只是单纯地关注孩子的学习成绩，忽视品德的培养；也有一些家长过分溺爱孩子，满足孩子的任何要求；还有一些家长则过分严厉苛刻，使得孩子缺乏自信。这些外部因素都对大学生幸福观的形成产生了影响。

2. 内部因素

当代大学生幸福观的形成除了外部因素外，更重要的是内部因素，而这种内部因素便是德性。通过对问卷中大学生的幸福感与德性状况调查进行交叉分析，得出了这样的结论：当代大学生幸福的程度与德性认知和实践程度呈正相关关系。选择非常幸福和幸福选项的同学，他们的德性认知和实践状况处于完全能和基本能的水平；而选择不确定自己是否幸福、不幸福和完全不幸福的同学相应的德性认知和实践状况也处于不确定、基本不能和完全不能的水平。这就完全说明了德性对于个体幸福的重要性。

面对当代大学生中存在的幸福认知不全面和德性实践水平不高的现状，对当代大学生进行合理幸福观教育刻不容缓。

三　当代大学生幸福观教育的构建

中国古代儒家认为人性可以通过后天的教育而被德化，断定"人皆可以为尧舜"。前面我们谈到德性是幸福的文化要素，在当代大学生物质条件优越的情况下，德性认知观念和践行水平的提高、德性修养的完善就是帮助他们树立合理幸福观的关键所在。德性像观念、知识和能力等个性心理特征一样，虽然与禀赋有关，但是也离不开教育。所以，对当代大学生幸福观教育的构建要从大学生自身和外在的客观条件两个大的方面着手。

一方面，从大学生自身来说，要不断提升自我。大学生树立合理的幸福观虽然需要一定的外在条件为客观保障，更需要个体的努力。罗素说过："种种不幸的根源，部分在于社会制度，部分在于个人心理。"[7](P5) 首先，要掌握更多的知识。当今社会是信息化社会，大学生如果只是停留在学校教材的学习，而不主动去扩展自己的知识，就会跟不上社会的发展脚步，容易导致在这个高速发展的年代失去自我。掌握大量的知识可以把人从无知的偏见中解脱出来，只有"智者无惑"才能体会到幸福。其次，要提升自身的道德水平。一个人要想成功、获得幸福，除了知识和才干之外，德性是另外一个重要方面。甚至在很多情况下，德性的重要性超过了才干。德性是个人到达幸福生活的最佳阶梯。完善道德人格的过程也是个体自我完善的过程，同时又是滋生幸福感的源泉。如果一个人没有对自身道德人格的塑造，没有"至善"的最高境界，就不会有幸福感，更不会产生合理的幸福观。

另一方面，从客观环境来说，需要学校、家庭和教育的全面配合。首先，学校幸福观教育的重要责任就是在幸福问题上给予大学生正确的引导和帮助。幸福是人生的最终追求目标，与人的理想和人生目标有关，所以要加强大学生的理想信念教育。同时，要提高大学生幸福观教育在高校德育中的地位。幸福观教育作为高校德育的主要组成部分，要努力成为能够充分展现德育目的和德育意义的平台。高校德育要以个体,也就是大学生的幸福为出发点。其次,大学生幸福观教育的构建有赖于社会的支持。社会能够给大学生提供有助于其身心健康发展的物质条件和基本公正的社会环境。只有在一个基本公正的社会中,人们的幸福才有可能实现,培养正确的幸福观才有可能变为现实。同时,社会环境是庞大且复杂的,社会环境对一个国家国民的品质状况具有普遍影响。和谐主义的社会环境才是有利于社会成员德性形成和完善的。最后,家庭教育中,父母是孩子品行的楷模,他们的行为对孩子起着潜移默化的作用。每个家庭都有自己特有的教育方法,但是从总体来说,家庭教育需要与学生建立一种良好融洽的关系,和睦的家庭是合理幸福观形成的根源。家庭是大学生成长的重要环境,家长的言传身教以及家庭氛围对大学生的幸福观具有决定性的作用。所以,家长要注意创造健康向上的生活环境,营造幸福的家庭生活。

把德性作为幸福的文化元素,完善当代大学生的德性认知,提高他们的德性践行程度,并引导他们正确地认识幸福、感知幸福和获得幸福,不仅有助于其个体自身的人生选择和生活意义得到更好的实现,也对社会发展具有重要意义。

参考文献

[1] 〔德〕费尔巴哈:《费尔巴哈哲学著作选集》(上卷),荣震华、李金山等译,商务印书馆,1984。

[2] 周辅成:《西方伦理学名著选集》(下卷),商务印书馆,1987。

[3] 亚里士多德:《尼各马科伦理学》,邓安庆译,中国社会科学出版社,1990。

[4] 亚里士多德:《政治学》,吴寿彭译,商务印书馆,1965。

[5] 程苗苗:《马克思异化劳动理论与人的幸福感》,《四川理工学院学报》(社会科学版)2011年第1期。

[6] 《古希腊罗马哲学》,三联书店,1957。

[7] 〔英〕罗素:《走向幸福》,上海人民出版社,1988。

浅析当代大学生幸福观教育

皮 晨

（西安理工大学思政部硕士生 陕西西安 710054）

摘 要：幸福是每个人追求的理想。大学生作为青年人中的特殊群体，其幸福观直接影响着社会的文明进步。大学生树立科学、理性的幸福观，对他们以后的人生以及整个社会的发展都将产生深远的影响。当前，大学生的幸福观从总体上来看，主流是健康、积极的，但也存在着一些不容忽视的弊端。本文通过对大学生幸福观存在的问题及问题的成因分析，提出了大学生幸福观教育的内容与途径。

关键词：幸福 大学生 教育 幸福观

马克思说："幸福就是人的根本的总体的需要得到某种程度的满足所产生的愉悦状态。"恩格斯说："每个人都追求幸福，是一种无须加以论证的、颠扑不破的原则。"[1](P372-373) 人类在对幸福的永恒追求中进步。人类的发展史，就是一部对幸福的追求史，是一部通过对幸福追求而不断探究人的存在意义、存在方式、存在内容的反思史。

总体来说，幸福是个体在社会生活过程中，为了实现目标和理想，使自己的物质生活和精神生活得到某种满足的心理体验和愉快感受，是人们对自己所处的社会生活肯定的、积极的、乐观的评价。追求幸福是人类生活的永恒的主题和社会发展的强大动力。而幸福观则是人生观系统有关人生幸福的认识，是人们对什么是幸福以及如何追求幸福等问题的系统观念。

大学生与普通人一样，也都在本能地追求着幸福。然而在现实生活中，有些大学生对于幸福概念的理解和幸福要义的把握却出现了偏差，存在着一定程度的病态幸福观念。其中，最具代表性的是享乐主义幸福观和拜金主义幸福观。享乐主义幸福观认为，幸福就是纯粹的感官快乐和物质享受，持这种观点的人往往用享乐取代幸福。拜金主义幸福观则认为，幸福就是对金钱和财富的占有，不管是强夺豪取还是贪赃枉法，占有了金钱和财富就等于拥有了幸福。如何帮助大学生摆脱各种病态幸福观的腐蚀和干扰，引导他们树立科学、健康、文明的幸福观，值得我们关注。

一　大学生"幸福观"的现状分析

1. 以自我为中心，我行我素

唯我独尊：一些大学生处处以自我为中心，特别重视自我存在、自我感觉、自我价值，而忽视他人的存在与感受。视自己为神圣，视别人为草芥，常用自己的欲望统治他人，常用自我利益淹没他人利益。

缺乏自省意识：一些大学生在遇到挫折时，首先不是从自身寻找原因、反省自己、检讨自己，而是先想到社会和他人对自己的不公、不利，从而产生对社会、对他人的不满和愤恨，使心态变得消极、扭曲。

缺乏同情心：有些大学生只关心自己的利益和需要，对与己无关的人和事漠不关心，甚至丧失了人性的善良，变得自私、封闭、麻木、脆弱、敏感、偏激。

缺乏责任心：一些大学生对自己的家庭、所属的群体、生活的社会应该承担的责任和应尽的义务缺乏应有的认识，事事只为自己考虑，不关心集体和他人，不关心社会的发展进步，一味索取而疏于奉献，也不考虑自己的行为对社会、对他人产生的不利影响。

2. 金钱幸福观

社会主义市场经济的迅速发展，不仅深刻地改变了我国经济领域的面貌，而且也在人们的思想领域激起强烈的共振。市场经济的某些消极因素同样也冲击着大学生正在形成的人生观和价值观，并对他们将要树立的幸福观构成潜在的消极影响。当今，在社会主义市场经济条件下，社会上一些人不能正确理解市场经济的本质特征，认为市场经济就是金钱经济，片面夸大金钱在社会生活中的作用，形成了所谓的金钱幸福观。社会生活许多方面都显示了金钱的重要性。西方拜金主义对我国大学生也产生了不良影响，妨碍了大学生的健康成长。有些大学生夸大金钱在幸福中的作用。甚至有大学生认为：金钱比知识在现实生活中更为重要，有钱就有一切，金钱就是幸福，等等。这些拜金主义观念在对大学生进行思想政治教育中有着巨大的负面影响。

　　幸福生活的产生和维系是离不开相应的物质基础的，但是这绝对不是有价值的人生。财富的积累是为了进一步发展自己，为社会做贡献，这样的人才会真正赢得人们的尊重，同时才能获得个人的幸福。

3. 事业至上论

　　我国社会主义市场经济的确立，不仅影响和改变着社会的经济生活，也必然会引发人们意识形态和价值取向的深刻变化。虽然多数大学生并没有把学业的优良与事业的成功作为衡量幸福的唯一标准，但是仍有许多学生认为学业的优良与幸福是紧密联系在一起的。当代大学生受社会的变革、受利益调整的支配、受市场经济原则的导向等因素的影响，越来越注重从经济角度、效益观念等方面来观察分析问题。反映到大学生就业观中，形成了所谓的事业至上论。许多大学生报考时都选择热门专业或者实用专业，毕业找工作首先选择薪水高的公司，对做社会有用人才根本不感兴趣。

二　影响大学生幸福观的因素

1. 商品大潮的冲击和西方价值观念的影响

　　商品大潮和西方价值观念不可避免地要对正处于人生观形成和发展时期的大学生产生负面效应。经济上的利益驱动机制投射到大学生身上就表现为淡化群体、强调自我、追求物质利益享受等不良现象。"招生并轨，收费上学"的招生制度的改革，使得学生家庭必须支付一笔高额的教育费用，金钱的支付要求金钱的回报，客观上造成他们对报效祖国、回报社会的责任感有所淡化。在这样一种经济体制条件下，当代大学生的人生理想与追求已逐渐由理想主义价值目标转向现实主义价值目标，价值观、幸福观上的功利化倾向是显而易见的。不可否认，幸福是建立在一定物质生活基础之上的，幸福生活的产生和维系离不开相应的物质财富、生活资料，但是，物质财富与幸福生活是否必然成正比？我们的大学生应该如何处理金钱、物质享受和幸福的关系呢？

2. 当代大学生面临着巨大的就业压力

　　就业是民生之本。面对越来越激烈的就业竞争，大学生们似乎显得无可奈何。寒窗十几载，好不容易挤进大学的大门，如今就要走向社会，面对父母的期望，面对自己的理想，却不知道路在何方。由于竞争激烈、就业矛盾突出，不少高校毕业生承受着巨大的心理压力。甚至有一部分毕业生在新的就业体制和严峻的就业形势面前心理准备不足，在就业过程中出现了种种心理偏差，有的甚至产生了严重的心理障碍，这些心理偏差反过来又影响了他们的就业。不幸福感的产生说到底都是来自个体心理上的不平衡和不和谐。就业压力一方面来自社会，另一方面来自大学生错误的就业观。高校教育者应通过就业指导和心理指导，转变大学生错误的就业观念，使大学生认清形势、认识自我，平衡大学生在就业过程中所产生的不和谐的心理状态，从心理上减轻大学生的就业压力，进而减少就业压力对大学生幸福感的影响。

3. 情感困惑

象牙塔里的爱情是许多大学生都非常期盼的，但象牙塔里的爱情也是最脆弱的。许多大学生把恋爱动机指向"体验爱情幸福"和"充实大学阶段生活"。可见，当代大学生注意的是恋爱的过程本身，对结果则不太在意。但恋爱的结果往往会产生副作用。有调查显示，近35%的大学生存在情感困惑，由恋爱失败导致的大学生心理变异是最为突出的现象，有的人因此而走向极端，甚至造成无法挽回的悲剧[2]。大学生作为生理上成熟的成年人，具有各种情感本是很正常的社会现象，但毕竟他们还是学生，是一个特殊的群体，许多大学生的心理还处于未成熟阶段，一旦感情出现问题，他们就会感到失落、迷茫、自卑，不仅影响学习，而且有的还会影响身心健康。因此，大学生情感问题也是影响其幸福感的很重要的因素。

4. 网络成瘾问题

随着计算机的普及和发展，网络已经成为大学生精神生活不可或缺的一个重要方面。与此同时，网络成瘾症也已成为大学生新的精神疾病，它主要表现为对网络有强烈的心理依赖、社交时间明显减少、通过网络逃避问题等，严重影响了大学生个体人格的健全。过度使用网络常常会导致大学生出现情绪障碍和社会适应困难问题，会出现失眠头痛、注意力难以集中、记忆力减弱、为人冷漠等症状[3]。

三 大学生幸福观教育内容和途径

1. 大学生幸福观教育内容

（1）个人幸福与社会幸福统一

社会生活是相互联系的整体，个人离不开社会，社会也离不开个人。因此，个人幸福与社会幸福是统一的，个人追求幸福的愿望只有在社会幸福不断增长中才能得到实现和保障。现实中的人是由社会个体和社会整体相统一而存在的。人的幸福既包括个人的幸福也包括整体社会的幸福[4]。

（2）物质幸福与精神幸福统一

马克思主义的幸福观反对禁欲主义，重视人们正当的物质利益。因为一方面，物质生活是幸福的基础，是人得以生存、活动和创造的必不可少的条件；另一方面，物质生活的状况同时也决定和影响着人们的精神生活。马克思主义充分肯定人的正常需要，绝不仅是指满足人们物质生活的自然需要，还包括满足人们社会生活以及精神生活的社会需要和精神需要。人的幸福不仅是对自然需要的满足，也有对社会需要和精神需要的满足。如果一个人只追求物质享受，没有精神追求，即使达到目标，其幸福感也是苍白的，并且很快就会厌倦的。如果一个社会只有丰富的物质生活，精神生活很匮乏，那么，这个社会就会因为无法满足人们的社会需要和精神需要而难以维持和发展[5]（P113）。

（3）创造幸福与享受幸福统一

马克思主义认为，幸福固然不能排斥生活的享受和需要的满足，但这种享受和满足是建立在劳动创造基础上的，是与劳动创造辩证地结合在一起的。社会生活已证明，享受幸福同创造幸福是统一的。享受必须以艰苦的劳动为前提和衡量。人是在劳动创造中获得全面自由发展的，因为劳动创造可以使人身心两健：劳动创造可以使人独立自由；在劳动创造中，人的潜能可以得到展开和发挥。因此，劳动创造本身就是一种享受，并且这种享受比生活中任何其他享受更丰富、更深刻、更持久。

（4）自我实现与奉献精神统一

马克思主义对人生价值的追求归根到底是以奉献社会为最高目标的。人类幸福的最后归宿就是为人类谋幸福和为实现共产主义伟大事业而奋斗。伟大的人生目标不仅会使我们的生活充实，而且也会为我们消除现实的烦恼和战胜人生征途中的种种痛苦提供动力源泉。要树立以苦为乐的生活态度，在自我实现中奉献自己，在奉献中完善自我。所以说，为全人类的幸福而奋斗、奉献自己的一切的人才是最幸福的人。

2. 大学生幸福观教育途径

（1）把幸福观教育与解决社会问题相结合

大学生在幸福观上存在的问题，从本质上说是社会在变革过程中存在问题的折射与反映。因此，对大学生的幸福观教育必须同研究社会问题结合起来，绝不能忽视社会环境的影响。我们相信，随着共产党建设的不断深入，党风、社会风气的进一步好转，必将形成一个开放的、全方位的教育系统，为大学生幸福观教育创造一个良好的社会氛围，使大学生思想道德建设进一步得到完善。

（2）大力开展人文素质教育

开展人文素质教育就是要将人类创造的文化财富通过各种形式的知识传授和环境熏陶，内化为大学生的人格、气质和修养，并使其成为大学生相对稳定的品格。人文素质教育的实质是从关注社会与自然发展的高度去关注大学生个体的发展，以实现人的发展来促进社会与自然的和谐发展。培养当代大学生正确的幸福观，应当高度重视人文素质教育。通过人文素质教育，使广大学生明白人的存在、价值和境界，引导大学生对英雄品质的肃然起敬和对伟岸人格的心驰神往，并在个人生活中保持一种积极向上的态度，去竭力实现人生所能达到的理想高度。实践表明，一个人的人文素质高低，直接决定其道德文明水平的高低，直接决定其对幸福的真实把握。在人文素质教育过程中，文艺、历史、哲学、美学等都应当成为重要内容，要避免说教式、注入式等形式主义倾向，注重人文学科本身的魅力。要研究和探索多元化的人文教育形式和人文教育内容，如举办人文知识系列讲座，开展形式多样、内容丰富的人文知识竞赛，阅读有关人文教育书籍，带领大学生参观有关人文景观，等等。通过开展丰富多彩的人文教育实践活动，使广大学生学习并积累人文知识，增强人文意识，提高人文素养。

（3）充分发掘传统文化的作用

中华民族是一个历史悠久的民族，有着五千年光辉灿烂的历史和文明积淀。任何一个文明的国家和民族，都有自己的优秀传统文化，它是一个国家和民族在千百年的社会实践中不断积淀、继承、扬弃和发展中形成的，是一个国家和民族在认识世界和改造世界的过程中所创造的物质成果与精神成果的总和。在中国传统价值观中，以群体、社会为本位的价值主体是中国传统价值观的基础；以理想人格、理想社会为价值目标是中国传统价值观的灵魂；以"重义轻利""见利思义"为主要内容的价值取向是中国传统价值观的核心；以"和合"与"大一统"为价值标准是中国传统价值观的主要特征；以"天行健，君子以自强不息"的艰苦奋斗精神作为价值实现途径是中国传统价值观的精髓。吸收我国传统文化中理性幸福观的精华是建立理性的、科学的幸福观的有益补充。例如，孔子的"和谐为美""仁者乐山，智者乐水"的天人合一观；孟子的"富贵不能淫，贫贱不能移，威武不能屈"的人格操守观；老子的"福兮祸所伏，祸兮福所倚"的辩证思维观，都有其合理内核，对于大学生正确认识幸福快乐、富贵贫贱大有裨益[6](P52~54)。

参考文献

［1］《马克思恩格斯全集》（第 42 卷），人民出版社，1979。

［2］陈连珠：《浅议大学生的幸福观及教育引导》，《琼州大学学报》2007 年第 1 期。

［3］荣昭俊：《大学生幸福教育研究》，江南大学硕士学位论文，2009。

［4］陈贻忠：《大学生幸福观教育论略》，《湘潭师范学院学报》（社会科学版）2003 年第 4 期。

［5］北京大学哲学系外国哲学史教研室编译《古希腊罗马哲学》，三联书店，1957。

［6］龚鹰：《当代大学生幸福观教育论略》，《当代青年研究》2011 年第 2 期。

浅析如何在教育中提升高校教师的幸福感

彭 蕾

（西安理工大学思政部讲师 陕西西安 710054）

摘 要： 教师的幸福是教师在教育实践中感受职业理想与实现工作目标而得到的精神满足以及实施过程中得到的愉悦的心理体验。在新的历史时期，高校教师承担着培养高素质新型人才的重任。只有始终把教书育人放在第一位、心系三尺讲台、勤奋耕耘、关爱学生、勇于创新、为人师表的教师才能担当起教育责任，才能活出自身的生命价值，才能享受到人生的幸福。

关键词： 高等院校 教师幸福 培育途径

幸福是人们对于客观现实生活满足状况的一种主观反映和心理体验，也是一种生活价值的评价。教育是幸福的基础，没有教育就没有幸福。党的十八大报告指出："加强社会建设，必须以保障和改善民生为重点。""要多谋民生之利，多解民生之忧，解决好人民最关心、最直接、最现实的利益问题，在学有所教、劳有所得、病有所医、老有所养、住有所居上持续取得新进展，努力让人民过上更好的生活。"[1]在教育事业蓬勃发展和教育界认真学习贯彻党的十八大精神的今天，探讨提升高校教师幸福问题，不仅具有很高的理论和现实价值，而且对于高校在新的历史起点上提升教育质量和促进内涵发展具有重要意义。

一 在勤奋学习、强化素质中追求幸福

费尔巴哈说："幸福必须是生活的，生活必须是幸福的。生活和幸福原本就是一个东西。一切的追求，至少一切健全的追求都是对于幸福的追求。"[2](P543)教学为本是大学教师的基本责任。从根本上说，教育就是培养人们感受幸福、追求幸福、创造幸福的能力。教育通过让学生实现人格的完

善、道德的提升和理智的实践，使学生体验到精神上的幸福。教师搞好教学必须具有丰富渊博的知识和很高强的能力素质，这是搞好教学工作的重要前提，也是教师必须具备的基本素质之一，同时也对幸福的实现起着关键作用。

1. 善于学习钻研

当今社会是信息社会，人类知识总量的倍增周期和知识物化的周期大大缩短。据报道，仅全世界每年发表的科学论文就达到 500 万余篇，登记注册的专利每年超过 30 万件。人们常说，教师"要给学生一碗水，自己要有一桶水"。而且这碗水还要是新水、活水和长流水。在知识更新速度加快的今天，教师必须刻苦学习，善于钻研，不仅要系统学习和全面掌握专业知识，而且还要系统学习教育学、心理学、管理学、方法学等方面的知识。高校教师虽然已经具备了系统的知识和能力，但并不能说就必然能搞好教学工作。因为仅有系统的专业知识，如果教学内容陈旧或更新不快，或不掌握与本专业相关的知识，或没有正确把握教学活动规律以及对学生的深入了解，就不可能讲好一堂课，也不可能受到学生的好评。同时，学生也可能因教师的知识面窄、知识老化、内容不新而感到枯燥乏味，就会对学习失去兴趣，影响学习的积极性和主动性。

2. 强化综合素质

教师是"传道、授业、解惑"的天道的坚持者、道德的示范者和知识的传播者，是天下最光辉的职业。教师幸福得以实现的前提是指教师自身必须具备的素质，主要包括高尚的师德、渊博的知识、科学的教育理念、较高的教学技能和较强的科研能力等。目前，高校有些教师的学历较高，但综合素质不强，实践能力差，导致其不能很好地胜任教学任务或科研工作，这不仅影响了教学质量，而且也使教师体会不到幸福。亚里士多德说："幸福是通过学习和培养得到的，而不是靠运气获得的。"[3](P10) 由此可见，教师的幸福是由教师自身决定的。教师只有认真钻研教育理论，掌握教学规律，研究教学方法，提高综合素质，才能适应高校教学的需要，增强自信心，提升幸福感。

3. 提升教学能力

教师要搞好教学工作，必须具有先进的教学理念、全面系统的专业知识、灵活多样的教学方法、较高的教学能力，这也是教师幸福得以实现的重要前提。没有较强的教学能力就不会获得教育的成功，就不会体会到教育的幸福。新东方校长俞敏洪曾经说："作为教师，哪怕只是面对一个学生，你也必须明白自己的教育责任，教师不仅要把学术知识灌输给学生，更要把学生内心对生命的热爱、对知识的追求的快乐激发出来，引导他们自动自觉地去追寻知识、智慧和生命的未来。如果你作为教师，自己本身不具备这些动力……你就不具备作为教师的基础。"[4]教师既然选择了高校教育职业，就要怀着对学校负责、对学生负责、对国家负责的精神，以高昂的工作热情、饱满的精神状态、刻苦的钻研精神，更新自己的知识，优化专业结构，积极钻研本职业务，探索教学方法，提升能力素质，这样，教师才能以自己的知识和能力取得较满意的教学效果，受到学生的好评，从而赢得尊重、产生愉悦、感受幸福。

二　在尽心尽责、关爱学生中感受幸福

胡锦涛同志指出："必须吸引和鼓励优秀人才从事教育工作"，"鼓励优秀人才长期从教、终身从教"。教师幸福是一种内心体验与感受，只有教师真正热爱这份职业，并融入其中，才能体验到幸福。要让教师感到幸福，仅靠提高待遇、改善物质条件和生活环境还不够，教师最大的幸福是通过教学培养学生，心理和精神上感受到的人生欢愉和职业幸福。

1. 热爱三尺讲台

教师要有敬业之志，树立崇高的职业理想和坚定的职业信念，把全部精力和满腔真情献给教育事业；要有为师之范，自觉加强师德修养，用高尚的人格影响学生、教育学生，当好学生健康成长的引路人，创造出无愧于人民、无愧于时代、无愧于历史的业绩。许多高校教师不为人知，也许从未做过惊天动地的大事，但他们甘为人梯，累月积年，青丝染白发，桃李开满园，他们的爱如春风化雨，成就润物无声之人间大美，且让美代代相传，播撒人间。面对当今经济大潮的冲击和社会的各种诱惑，教师必须自觉地固守教育这块圣土，热爱三尺讲台。教学工作是一项十分艰辛和枯燥的事情，心态浮躁是教学工作的大敌。俗话说，成大事者大寂寞，成小事者小寂寞，一事无成者无寂寞。从事高校教学工作是一个漫长而艰辛的过程，是一件需要付出艰苦努力和心血的事情。教师必须摆正心态，淡泊名利，耐得住寂寞，忍得了艰辛，牢固树立扎扎实实钻学问、一心一意搞教学的良好风气，自觉践行"严谨、求实、高效、创新"的优良教风，刻

苦钻研，集中精力，锲而不舍，厚积薄发，热心、专心、诚心在三尺讲台传播知识、宣扬真理、弘扬正气、鞭挞丑恶，就一定能赢得学生的赞誉，取得丰硕的教学成果，得到社会的认可。因此，对教师来说，热爱三尺讲台，对教学工作尽心，源于自己内心深处的梦想；尽责，意在让幸福之炬照亮学生的未来；执著，目的是让幸福之钥开启教育事业发展的大门。

2. 精心搞好教学

教学工作是高校教师的主要任务。教学活动是一种双向活动，是一种创造性活动，教师的教与学生的学互为前提、相互促进，前者以后者的幸福学习状态为前提，后者以前者的幸福教学为基础，两者缺一不可。教师职业幸福只能在教育活动中才能实现，是教师主观努力与客观条件相辅相成的结果。课堂是高校教育的主阵地，也是教师职业幸福体验的主要场所。课堂教学为教师发挥专业特长、施展人格魅力提供了重要平台，教师只有将自己的职业理想在课堂教学中付诸实践，才能体会到职业带来的乐趣，才能获得职业的幸福。教育是一个复杂、系统和充满变数的过程，也是一个科学、严谨、有序的知识传授的过程。教师在教学过程中，必须根据教学计划和内容，精心备好每节课程，科学设计教学方案，灵活安排教学内容，采取高效的教学方法，设置适合学生学习的问题情境，通过知识讲解、学习自学、设疑答问、师生互动、组织讨论、归纳总结等环节，活跃课堂氛围，激发学生的学习热情，以满足学生的知识饥渴，培养学生学习知识、掌握技能、分析问题和解决问题的能力，既使教师体验到学生的快乐成长让其感到幸福，又在教学的幸福情境过程中带来内在的尊严和欢乐。

3. 倾洒师爱汗水

没有爱就没有教育。爱是教育的灵魂和生命，是架构师生心灵的桥梁、教育成功的基石。苏联著名教育家苏霍姆林斯基说："如果你不爱孩子，你就从事别的职业吧！"人们常说，被人爱是一种幸福，但是，对教师来说，更幸福的是爱别人。爱可以是人的一种情感，也可以是一种态度，还可以是一种行为。在教育过程中，教师不但授业、解惑，充当知识传播者的角色，而且其本身也是教育内容。教师在教育过程中所表现出的幸福、对生活的乐观态度、对学生的无私关爱，在学生幸福成长中具有举足轻重的作用。教学实践证明，如果没有对每个学生的热心、没有执著的工作精神、没有积极向上的良好心态，教学工作就很难达到理想的效果。作为教师，当你看到一张张年轻而渴望求知与探索的脸庞的时候，你的一个微笑、一个手势、一次表扬，就是传递爱；当一个学生因解一道题而发愁、因一个问题一时不理解、因一次课没有听懂的时候，你的一个关爱、一次帮助、一个解答，使他茅塞顿开，就是倾洒爱；当所谓的"差生"出现自卑心理时，你的一次主动接近、一个关怀的眼神、一句热情鼓励的话语，就会使他增强信心，就是输出爱；当学生出现困难前来求助时，一次倾听、一次交流、一些帮助，就是践行爱。教师在传递和实践爱的过程中，既用爱弥补了学生的某些不足，使他们树立起了学习的信心，扬起了奋飞的风帆，而且教师也在教育过程中实践了爱的真谛，收获了教育的成功与幸福。

三　在宣扬真善美、为人师表中提升幸福

教育大计，教师为本。教师是人类灵魂的工程师，是太阳底下最光辉的职业，肩负着开启民智、传承文明的神圣使命，承载着千万家庭的美好梦想和希望，是社会主义事业建设者和接班人的培育者。在新的形势下，高校教师要坚持教书育人并重，要有大爱之心，关心学生，倾心育人，努力成为真的追寻者、善的传播者、美的创造者。

1.　在教育中追寻真

自古以来，人们就在苦苦地追寻教育活动的本质和规律，这已成为高校教师的人生追求。教育真是指教育事物的本质和规律，反映的是教育中最为根本的东西。陶行知先生说："千教万教，教人求真"。在教育过程中，教师是真的传播者、追寻者和实践者，对文明的传承与创新，求真务实，追求真理，始终贯穿于传授知识、强化能力、塑造价值、培育人才等各个育人环节。教师将前人积累的文明成果经过自己的学习、吸收和创新，传递给学生，这样一个过程就是一个求真的过程。鲁迅说，伟大人格素质最重要的是个"诚"字。在教学中培养学生求真求实的品格，教师要首先做到"贵诚实，守信义"。学生能否获得真知灼见的技能、方法和能力，取决于教师的真本领；学生的思想能否得到升华、情操得到陶冶，需要教师靠真理的力量和人格的魅力教育学生、引导学生、感染学生；教育、引导和启迪学生，促进学生良好品德的形成，需要教师的真实形象和真诚情感。由此可见，教师对教育真的认识越深刻，就越能按照教育规律开展教育活动，就越能以真诚坦荡的情怀铸魂育人，就越能以表里如一的高尚品德为人处世，就越能在对真的传播和追求中获得幸福的体验。

2. 在教育中传播善

法国伟大的思想家和教育家卢梭说："善良的行为使人的灵魂变得高尚。"教育善指的是教育活动遵循人的本性和社会伦理道德规范，即教育活动符合人性并且得到肯定性的道德评价。在教育中，高校应坚持善待学生的育人理念，遵循教育的内在规律，顺应学生的身心发展特点，营造良好的教育环境，培养全面发展、思想健康、身心和谐的人。教师要用良好的举止、优美的言行、高尚的情操和丰富的精神，为学生提供一个成长的榜样，用善的教育行为对学生进行引导和影响，使学生的思想得到引导、精神受到感染、行为得到完善，始终向着善的方向前行。具体来说，善待学生就是要对学生怀有一份真正的热心，采取各种有效措施，自觉做到尊重学生、关心学生和帮助学生，积极为他们创造最优的学习环境和生活条件，及时了解他们的困难和需求，善于听取他们的声音和想法，热情地为他们服务，全方位地为他们提供各种学习、生活和娱乐条件，促进学生健康快乐成长。

3. 在教育中创造美

教育美指的是教育活动符合审美要求，给人以美的享受。教师在教育活动中要善于发现美、创造美、传承美，有效地运用教育真和教育善，使学生向着求真和向善的方向发展。法国艺术家罗丹曾说："世界上从不缺少美，只是缺少发现美的眼睛。"对于高校教师来说，传播美和创造美，不仅要具有科学的教育理念、过硬的教学本领和深厚的文化底蕴，使学生从教师的一言一行上感受教育美，而且要学会关心学生、热爱学生和欣赏学生，善于发现他们身上的学习能力、创造性思维和未来潜质等闪光点。在教学过程中，教师要教会学生彼此欣赏，学生既要向教师学习，教师也要向学生学习，在师生的相互学习、相互理解、相互欣赏之中学习知识，增长才干，提升能力，并从中获得有意义的教育。同时，教师还要善于在纷繁的世界里，引导学生去发现美、辨别美、欣赏美和创造美，激发起学生内心对学校、对社会、对国家美好的追求和珍视，助其成长为具有和谐之美的人。通过教师在教育过程和自身的模范行动中，正确地揭示和践行教育的真与善，在这一过程中不仅使学生接受了美、感受了美、享受了美，而且也使教师在追求美、传播美、创造美的过程中感受到了幸福，提升了幸福感。

参考文献

[1] 胡锦涛：《坚定不移沿着中国特色社会主义道路前进　为全面建成小康社会而奋

斗——在中国共产党第十七次全国代表大会上的报告》,《人民日报》2012 年 11 月 18 日。

[2]〔德〕费尔巴哈:《费尔巴哈哲学著作选》(上卷),荣震华、李金山等译,商务印书馆,1984。

[3] 亚里士多德:《尼各马科伦理学》,商务印书馆,2003。

[4] 耿彦红:《新东方精神像大河一样奔流》,《华商报》2012 年 12 月 25 日,第 T1 版。

论教师幸福能力的培养

周太山

（西安建筑科技大学思政部副教授　陕西西安　710055）

摘　要： 获得与感受幸福是一种需要磨砺和培养的能力。教师幸福能力同样需要磨砺和培养。教师幸福能力的培养，主要从以下几个方面去着手：教师要充分认识自己的"天命"所在，即教师要充分认识教师职业的重要意义，并将自己的生命意义与之联系起来；教师要具有高超的教育实践能力；教师要有高尚的精神追求；教师要正确看待师生关系、教师间关系、教师与学生家长间关系。每个教师都要努力培养教师幸福能力，做一名成功幸福的教师。

关键词： 幸福　教师幸福　教师幸福能力　培养

每个教师都向往和追求幸福，但并非每个教师都能获得幸福。同样是在改革开放的时代条件下，为什么有的教师感到幸福，有的教师却感受不到幸福？这主要在于教师幸福能力的差异。教师幸福能力越强，就越能获得与感受教师幸福，就越乐业、敬业、勤业。反之，教师幸福能力越差，就越不能获得与感受教师幸福，就越把教育当作苦差事，得过且过。获得与感受幸福是一种需要磨砺和培养的能力。教师幸福能力同样需要磨砺和培养。

教师幸福能力的培养，主要从以下几个方面去着手。

一　教师要充分认识自己的"天命"所在

教师要充分认识自己的"天命"所在，即教师要充分认识教师职业的重要意义，并将自己的生命意义与之联系起来。

教师在人类社会的发展中起着至关重要的作用。教师的重大作用之一就是传递人类知识，使人类社会不断向前发展。可以说，没有教师就没有人类社会的发展。人类社会是由现实的个人组成的。现实的个人初到人世间，只是自然人，还不是社会人。要把自然人变成社会人，需要经过社会教化这一环节。社会教化的工作是由教师来承担的。自然人接受了教师的从语言文字、经验知识到思想观念的社会教化，才能变成适合一定社会需要的社会人。如果没有教师，自然人不可能转化成社会人，人类社会就不能形成，更谈不上发展。

毛泽东指出："一切真知都是从直接经验发源的。但人不能事事依赖直接经验，事实上多数的知识都是间接经验的东西，这就是一切古代的和外域的知识。"[1](P288)现实的个人由自然人转化成社会人，是因为拥有了知识。这些知识包含通过亲身实践获得的直接经验，但更多的、占绝大部分的知识还是人类社会在漫长的历史实践中积累起来的包罗万象的间接经验。现实的个人不可能事事都亲自去实践，因为每个人的时间、精力、能力都是有限的。即使一个人终其一生不断实践，所获得的直接经验也只不过是知识海洋中的一滴水而已。有些知识是他人通过实践牺牲了健康甚至生命才获得的，这些知识后人没有必要再亲自实践一番，如诺贝尔通过实验获得的关于炸药的知识。有些知识是无法通过直接经验自发形成的，如科学的世界观。现实的个人需要教师来传递人类积累的知识，使他们在较短的时间里就得以学习掌握，以实现跨越式发展。如果没有教师的这种传递人类知识的作用的发挥，那就意味着所有的人都要从头再来、从头做起，人类社会就不可能向前发展。现实生活中已出现的大量兽孩案例说明，没有教师，自然人的生命个体就会退化。辽宁省鞍山市台安县高力房镇锅桂子村出现的猪孩王显凤就是一例。

教师只有充分认识到教师职业的上述重要意义，才能真正体验到教师职业的光荣性和神圣性。一旦体验到教师职业的光荣性和神圣性，教师就会充分认识到自己的生命意义，就会感到非常荣耀和快乐无比。

二　教师要具有高超的教育实践能力

教师教育实践能力的高下，直接关系到教师能不能感受到幸福。教师具有高超的教育实践能力，在教育实践中得心应手、游刃有余，就会体会到教育实践其乐无穷，就会感到教育是一项甜蜜的事业。相反，教师教育实践能力差，在教育实践中进退维谷、左右为难，就会觉得教育实践是一件令人痛苦的事，甚至觉得没有师道尊严，对教育产生厌倦感。

教育实践能力包含教学能力、表达能力、管理能力、沟通能力、教育机智等多方面的内容。教育实践能力的本质是创造性。教师能创造性地认识和解决教育实践问题，才意味着教师具有教育实践能力。每个教师遇到的教育实践问题千差万别，不可能一模一样。别的教师的成功经验和做法可以学习借鉴，但不能照搬照抄。照搬照抄别的教师的经验和做法，不能有效地解决自己遇到的具体的教育实践问题，也就不能获得幸福。每个教师只有一切从实际出发，具体问题具体分析，创造性地认识和解决实际问题，才能达到教育的目的，从而自身的本质力量得到确证而感到幸福。

教师要创造性地认识和解决教育实践问题，必须具备良好的知识结构。良好的知识结构是教育实践能力的基础。它由专业性知识、背景性知识和条件性知识构成。专业性知识是教师授业的学科专业知识；背景性知识是教师应有的综合性的文化素养；条件性知识是教育学、心理学知识。所谓知识结构良好，是指对知识的掌握既博大又精深。其实专业性知识也要博大精深。学生提个问题，教师如果无从回答的话就会威风扫地、颜面尽失，不可能感到幸福。教师知识博大，在教育实践中能旁征博引、妙趣横生，能增强教育的趣味性、生动性、感染力。教师知识精深，在教育实践中能深入浅出地揭示事物的本质和规律，能增强教育的吸引力。人的思维有一个特点，即多中求一。学生都希望在教师的引导下认识事物的本质和规律。教师知识精深，对学生的吸引力是很大的。教师知识博大精深，其教育会既有感染力又有吸引力，能征服学生，从而会在创造性的教育实践中获得幸福。不学无术的教师是没有感染力和吸引力的，也是感受不到教师幸福的。教师传道、授业、解惑，都需要良好的知识结构。教师必须不断加强自身修养，不断完善自己的知识结构。

三　教师要有高尚的精神追求

教师幸福的首要特点是精神性。教师的幸福体验与农民、工人的幸福体验有显著差别。农民、工人的幸福体验具有物质性。农民、工人的劳动创造及其回报具有物质性。一分耕耘一分收获。"喜看稻菽千重浪"。农民在收获自己创造的物质产品的时候感到无比欣慰，而教师的劳动创造及其回报具有精神性。前苏联的加里宁说："很多教师常常忘记他们应该是教育家，而教育家也就是人类灵魂的工程师。"教师不是在制造有形的物质产品,而是在塑造无形的灵魂。教师的劳动创造的回报有物质性的一面,如提高工资报酬、改善物质生活条件等,但更重要的还是精神性的一面。当教师看到学生在自己的教诲下得到一点一滴的成长进步,教师都会感到由衷的喜悦。当教师看到自己"桃李满天下",为人类社会的发展做出了贡献时,教师更是会感到无限的喜悦。正如我国著名教育专家魏书生所说:教师这个工作除了工资回报,另有三重收获,即"收获各类人才""收获真挚情感"和"收获创造性的劳动成果"。教师的劳动创造与生生不息的人类社会的发展进步紧密地联系在一起,教师所收获的幸福也就超越了时空的限制。

由于教师幸福具有精神性,教师必须有高尚的精神追求。教师要有如教育家陶行知所说的"为一大事来,做一大事去"的人生抱负[2](P85)。"大事"不一定是轰轰烈烈的、惊天动地的,"随风潜入夜,润物细无声"的教育工作本身就是维系人类社会存在和发展的"大事"。每个教师默默无闻地做好自己的本职工作,这本身就是在做"大事"。教师要有为教育事业而乐于奉献的精神追求。在物质待遇既定的条件下,教师的追求要"高雅",教师的生活要过得恬淡、洒脱。《论语·雍也篇第六》载:子曰:"贤哉回也!一箪食,一瓢饮,在陋巷。人不堪其忧,回也不改其乐。贤哉回也!"孔子这是在赞赏颜回安贫乐道的人生追求。颜回的人生追求值得一些教师反思。如果教师抱着小市民的市侩心态,把工资报酬、物质享受视作第一追求,把教师职业庸俗化,感到的一定不是幸福而是痛苦。如果教师想发财致富,那是入错了行。在当今市场经济大潮下,发财致富的行业很多,如果某个教师一定要发财致富的话,就应该转行。因为这样的人生追求说明这个教师已经丧失了做一个教师的资格。

这里有必要对"安贫乐道"作辨正。安贫乐道是古代儒家所提倡的立身处世的态度。教师应该"乐道",即乐于传道、授业、解惑。教师要不要"安贫"?这是一个值得思考的问题。社会主义的本质是解放生产力,发展生产力,消灭剥削,消除两极分化,最终达到共同富裕。贫穷绝对不是社会主义。"四人帮"宁要穷的社会主义,不要富的资本主义。这是对社会主义本质的歪曲。社会主义制度下的教师如果"安于贫困","以穷为荣",那是有违社会主义荣辱观的。社会主义制度下的教师的职业理想包含维持生活的愿望的内容。人们对维持生活的要求是职业理想中最基本的要求。社会主义制度下的教师应该有提高工资报酬、改善生活条件的愿望,也就是要有"富"

起来的愿望。教师通过自己的辛勤的创造性劳动获得一定的物质报酬而"富"起来，这是应该加以肯定和鼓励的。随着我国科教兴国战略的进一步实施，党和国家会越来越尊师重教，教师的社会地位会越来越高，教师的物质待遇会越来越好，教师在物质上会越来越"富"。这是必然趋势。但是受社会发展程度的限制，教师"富"起来将会经历一个过程，不会一夜之间就"富"起来。在物质待遇既定的条件下，教师又要"安贫"。总之，要把"安贫"与"不安贫"、"安贫"与"乐道"辩证统一起来。

四 教师要正确看待师生关系、教师间关系、教师与学生家长间关系

美国人际关系学家赖斯·吉布林指明了幸福与人际关系的关系。他说："任何一个正常的人都想获得成功和幸福，你是否思考过这样一个问题，在我们所享有的任何真正的成功和幸福之中，他人往往发挥了重要的作用？在很大程度上讲，我们正是通过与别人的交往才取得成功。不管你给幸福下什么样的定义，稍加思考就会使你信服，你所获得的幸福在很大程度上取决于你与别人建立了什么样的关系。"[3](P129)教师在教育实践活动中主要面临三种人际关系，即师生关系、教师间关系、教师与学生家长间关系。这三种关系处理得好，人际关系处于和谐积极的状态，教师就会感到愉悦和幸福。相反，这三种关系处理得不好，人际关系处于对峙紧张的状态，教师就会感到难受和痛苦。因此，教师要正确看待师生关系、教师间关系、教师与学生家长间关系。

师生关系应该是尊敬与服从、信任与接受、协调与温和、劝导与帮助的关系。教师与学生在学问和德行上会有高下之分，但在人格上是平等的，不应有尊卑之别。教学相长。教师不应该以绝对的教育者自居。信息化时代，学生接受知识的渠道多元化，学生很可能在某些方面超出教师。"弟子不必不如师，师不必贤于弟子"。教师应该以平等、民主的姿态来优化师生关系。

教师间关系既是竞争关系也是合作关系。教师应该正确地看待教师间的竞争合作关系。教师间存在竞争，在教学科研、服务社会等方面都存在竞争。这种竞争应该是公平有序、互相促进的竞争，而不是你死我活的竞争。教师间应该互相尊重，而不是互相拆台。教师应该把竞争既看作压力也看成动力。教育事业是一项伟大的事业，也是一项群体的事业。教书育人不是一

个教师就能完成的工作，需要教师间通力协作，互相支持，互相帮助，共同进步。

教师与学生家长间应该建立真诚、平等、纯洁的人际关系。这种良好的人际关系的形成，对于教师了解学生实际、有针对性地开展教育工作、形成学校教育与家庭教育的合力具有重要意义。教师处理与学生家长的关系要创造性地运用指导教育原则、激发责任原则、尊重信任原则、运用舆论原则，才能收到较好的效果。

每个教师都要努力培养教师幸福能力，做一名成功幸福的教师。

参考文献

[1]《毛泽东选集》（第1卷），人民出版社，1991。

[2] 吕德雄等：《陶行知师德理论及其当代价值》，人民出版社，2010。

[3] 教师职业道德编写组编《教师职业道德》，西北大学出版社，2010。

附　录

幸福社会何以可能？

——陕西省价值哲学学会第十七届学术年会侧记

郑冬芳[①]　胡军良[②]　李永胜[③]

（①西安交通大学人文社会科学学院教授　②西北大学哲学
与社会学学院副教授　③西安交通大学人文社会科学学院教授）

摘　要： "幸福社会"是目前社会的一个热点话题，"幸福社会"的现实
价值哲学构建也受到了前所未有的关注。2012年12月30日在西安理工大学
举行的陕西省价值哲学学会第十七届学术年会，围绕"幸福社会的价值哲学
研究"这一现实价值哲学主题展开了热烈的讨论。与会的80多名代表就有
关幸福、幸福社会、幸福社会的价值、幸福社会的建设等现实价值哲学问题
各抒己见，既有观点上的交锋，又不乏理论上的共识。

关键词： 幸福　幸福社会　价值　建设

"幸福社会"是目前社会谈论的一个热点话题，"幸福社会"的现实价值
哲学构建也受到了前所未有的关注。2012年12月30日在西安理工大学举行
的陕西省价值哲学学会第十七届学术年会，围绕"幸福社会的价值哲学研
究"这一现实价值哲学主题展开了热烈的讨论。与会的80多名代表就有关
幸福、幸福社会、幸福社会的价值、幸福社会的建设等现实价值哲学问题各
抒己见，既有观点上的交锋，又不乏理论上的共识。

一　对幸福、幸福社会的理解

幸福社会的可能性，首先建立在对幸福以及幸福社会的现实价值哲学理
解之上，与会代表从不同的角度谈了自己对幸福及幸福社会的现实价值哲学
的理解。

西北大学周树智教授认为，"幸福"，是人类自古以来就共同追求的普世价值观，现实的个人是现实社会和幸福社会的本体和主体，是现实社会和幸福社会的现实前提、立足点、出发点、中心点、归宿点。幸福社会的问题，其实质是现实的个人幸福或不幸福的问题，离开现实的个人，幸福社会便无从谈起。

宝鸡文理学院孔润年教授认为，从理论上说，幸福范畴是历史发展的结果，是社会生活条件在人们思想和情感中的反映。由于人类生活的多变性和人的需要的多样性，幸福范畴的具体内容和表现形式，不仅是因人、因事、因时而变化的，而且具有多方面和多层次的复杂结构。就最一般的意义来说，所谓幸福，就是处于一定社会关系和历史环境中的人们，在为美好生活条件的奋斗中，由于感受和理解到目标或理想的实现而在感官或精神上得到的满足感。幸福既以主观的生活目标和生活理想为前提，又以客观的生活过程和生活条件为基础。所以，幸福是人的客观存在状况和主观精神感受的和谐统一，其内涵也是随着人类社会的进步和发展而不断演变和丰富的。

西北大学张正军教授从幸福感、幸福与财富之间的关系的角度阐述了其对幸福及幸福社会的体认。他认为，改革开放以来持续的经济发展使中国居民的财富收益迅速增加，但人们的幸福感并没有与财富的增长相同步。幸福与财富增长的不同步有多种原因，彼此不同的累积规律、物质品消费的效用递减、从物质品到地位品偏好的变化等，都可能成为一种影响因素。地位品需求的凸显和幸福悖论的存在是值得重视的两种因素。一方面，地位品的价值主要不取决于其物质属性而取决于人际关系及其社会排序。财富增加会引致对地位品的需求，而经济发展会扩大地位品需求与供给的矛盾。另一方面，许多导致我们幸福的因素在一定条件下又反过来带给我们不幸，如一种所得会在攀比中引致新的烦恼，降临的快乐会为新的期望所抵消，多样性选择的自由会转化成痛苦的徘徊，时间的节约会带来新的繁忙和压力。在此情形下，幸福的增长便会与财富的增长不同步。提高人们幸福感的一个关键在于缩小人们之间的收入差距。

西安政治学院曹祖明教授认为，幸福是痛苦后。该命题要义有二。其一，没有痛苦就没有幸福（但不能反过来说，没有幸福就没有痛苦）。痛苦是幸福的前提，是幸福的母亲、摇篮、门廊。设想只有幸福没有痛苦的人生，是一种不可能实现的妄想。人们责难万能的上帝不够仁慈，看着人类种种苦难而不顾，殊不知智慧的上帝早已洞悉痛苦与幸福的这一孕育关系。人们责难有的人身在福中不知福，殊不知身在福中必然不知福。幸福与痛苦的质量还是对应相等的，有什么样的幸福就有什么样的痛苦，幸福有多强烈痛苦就有多强烈。如赫拉克利特所说，饿使饱舒服，累使床舒服。其二，没有痛苦"后"也没有幸福。痛苦不是幸福，只有痛苦结束后或被克服后才是幸福。"后"既包括痛苦的体验后，也包括痛苦的认知后。认识到下一步会很痛苦后，立即会觉得当下很幸福。结束或克服痛苦需要主观和客观两方面的条件。客观条件即人们经常追求的权力、地位、金钱、健康等，主观条件即仁智勇或真善美等知情意三方面的品性。客观条件是相当重要的，不过人们往往过分看重了它们的意义，以为拥有与幸福呈正相关，拥有越多就越幸福，殊不知，拥有同时也是被拥有。无数现实证明，钱多的人不一定比钱少的人幸福。主观条件也很重要，孔子说，仁者不忧，智者不惑，勇者不惧，忧惑惧皆是痛苦，仁智勇则可克服这三种痛苦，实现幸福。古希腊很多哲人指出，幸福是德性，他们的德性一词中也皆具仁智勇等品性。在这个意义上，幸福是一种能力、素质。

西北大学张茂泽教授认为，幸福是人的需要满足的客观状态，幸福感是对这种状态的感受，两者不宜混淆。幸福和人性紧密相关，是人性得到确证和实现的标志；幸福是生命幸福、道德幸福和精神幸福的统一；实现个人幸福、社会幸福，关键在不断发展社会生产力，改进社会公共制度；幸福和人性实现一样，是一个从片面到全面、从现实到理想的发展过程，只有在人人自由全面发展的条件下幸福才能得到真正实现。

西安市国税局姚轩鸽研究员从税制与国民幸福相关性的角度论及了自己对幸福的看法，他认为，税制与国民幸福之间是一种正相关的关系，税制越优良，公共产品质量就会越高，数量就会越多，品种也会越多，国民的总体幸福与结构性幸福就会越多。相反，税制越恶劣，公共产品质量就会越低，数量就会越少，品种也会越少，国民的总体幸福与结构性幸福就会越少。就当下中国税制所处的"次差"位阶而言，中国国民的总体幸福与结构性幸福状况并不容乐观，要彻底改变这种状况，其根本途径在于政治体制改革的实质性启动。具体策略则在于，必须启动实质性减税，特别是间接税的"减税"，要坚决降低间接税在财政收入中的比重，要在财政预算的公开与透明等方面有新的突破。

空军工程大学刘孟学副教授认为，幸福是主体对客体状态满意度的心理感受或体验，其本质就是主体的心理体验。幸福指数是对幸福感的量化，是主体对客体状态满意度的数值，具有一定的客观性，而幸福观就是主体对幸福的总的观点和看法。幸福是一种满意或知足的状态，这种状态是经过体验反映出来的。如果给幸福下个定义，那就是幸福是主体对客体状态满意度的心理感受或体验，其本质就是主体的心理体验。这主要说明，幸福不是简单的一种对客体的满意状态，满意状态是前提，可表现为舒适、高兴、快乐等，但更多情况下，满意状态如果没有心理体验，就不会有幸福感，亦即幸福感是通过体验表现出来的。

西安财经学院张文军教授认为，幸福是由人们所具备的客观条件以及人们的需求价值等因素共同作用而产生的个体对自身存在与发展状况的一种积极的心理体验。幸福包含三个方面的内容：其一，它是人们对生活总体以及主要生活领域的满意感；其二，它是人们所体验到的快乐感；其三，它是人们由于潜能实现而获得的价值感。幸福是人们对生活境遇的满足感、快乐感和价值感的有机统一。从形式上讲，幸福是一种心理体验，是主观的。但是，从内容上讲，幸福是人们所体验到的一种积极的存在与发展状态，是客观的。

西安交通大学郑冬芳教授认为，虽然幸福是一种快乐的心理体验，是由满足产生的一种快乐的心情，幸福具有主观性，和个体的感受有密切的关联，但是，幸福在具有主观性的同时并不能否认其客观性的存在，人的需要、欲望以及目的的实现是幸福的客观内容和客观标准，一个人是否觉得幸福，取决于他人生的重大需要、欲望、目的能否得到满足和实现。所以，幸福是主观形式和客观内容的统一。而从"幸福社会"的建构而言，不能从简单的心理学或伦理学的角度解释幸福社会中的"幸福"，因为，幸福社会中的幸福，并不是单指个人的幸福，而是将幸福提升到了社会的追求目标的层次，是政府的施政目标之一，目的是使政府提升人民的整体幸福感。而人民整体幸福感的提升，虽然离不开个人的幸福感受，但显然不只是个别人的主观感受所能涵盖的，也不是能离开社会环境的整体发展所能达到的，和个体的幸福感相比，"社会幸福"具有更强的客观性和社会性。因而，幸福社会是一个具有发达的经济环境、民主的政治环境、繁荣的文化环境、稳定的社会环境、良好的生态环境，社会中的大多数人感到是幸福的，并能以愉悦的心情和饱满的热情去工作、生活、学习的社会。

西安理工大学沈璿副教授认为，幸福包含了人类共同的感受因素：物质、精神和道德。道德则包含规范和德性两方面，规范是一种外在的约束机制，而德性则是内在要素。所以，幸福是人生的终极价值追求，幸福实现的核心要素是德性，幸福即合于德性的现实活动。

二　幸福社会的特征

对幸福社会的现实价值哲学界定，是和对幸福社会特征的现实价值哲学理解密切相关的，在提出自己对幸福社会的现实价值哲学理解的同时，与会代表也给出了自己对幸福社会特征的现实价值哲学认识。

西北大学周树智教授认为，幸福社会至少应该由这样六个因素逻辑结构而成。其一，幸福社会里个人身体健康、心情舒畅，即身心健康快乐。这是人类的共识。其二，幸福社会里每个有劳动能力的人都有事做，自力更生，衣、食、住、行、用等都能自给，还能帮助无能力做事的人生活生存，务实事为乐。其三，幸福社会里男女自由恋爱，夫妻关系亲爱亲密，子女上进，尊老爱幼，家庭和睦。其四，幸福社会里人与人关系和谐友善，和平有序，诚信安宁。其五，幸福社会里人与自然界关系协调，生态平衡，发展可持续。其六，幸福社会里个人能够自由全面发展。这是古今中外人类共同追求的人生社会的最高价值理想境界。

西北政法大学刘进田教授认为，人因有自然、社会、精神三种基本属性，所以追求幸福、正义、崇高三大价值。幸福价值属于康德意义上的经验价值类型。幸福价值具有人类学本体论意义，它是以爱为本性的人的心灵结构中的"爱利"维度，是人的本性的表征，是作为无限欠缺的空、无向实、有的过渡。中世纪传统正义观的失效导致幸福价值在近代的出场。幸福价值展开于人的食、衣、住、行、性、健、寿、娱诸多维度之中。围绕幸福价值形成幸福价值群链。幸福价值具有文化特征。追求幸福价值容易被视为平庸，但以社会工程方式拒斥它则会陷入社会工程乌托邦。在经验价值与超验价值区分框架中，幸福属于经验价值，崇高属于超验价值。因而我们所说的幸福是康德所讲的"德福二律背反"中的"福"。幸福价值的内容是多种多样的。从人的欲望的种类来看，有多少种感官、感觉机能和心理机能，人就追求多少欲望的满足，就有多少种幸福价值内容。物欲、情欲、权欲、名欲是人的四种最基本、最强烈的欲望。财富、爱情、权力、名誉的获得就是人的四种主要欲望的满足，就是幸福。幸福属于人的经验价值或实用价值。就人的实用性现实生活而言，人的幸福价值的内容包括八个方面。这就是李泽厚提出的"食、衣、住、行、性、健、寿、娱"。

陕西师范大学雷龙乾教授认为，幸福观是一种社会意识，从总体上受社会存在的制约，这种制约从根本上来说是受生产方式的制约。幸福主要是一种心理体验，作为社会意识形态的要素，人们幸福观的情形与这种社会关系形态的世界历史性转变大体对应，相辅相成。

西安交通大学郑冬芳教授认为，对幸福社会特征的概括，既要考虑到幸福社会对幸福感的重视，也要考虑到幸福社会所强调的社会性。虽然以此为出发点，可能不同的人对幸福社会的特征会做出各种不同的概括，但幸福社会的主要特征应该包括个人幸福与普遍幸福的统一、物质幸福与精神幸福的统一、主观感受与客观标准的统一。

宝鸡文理学院孔润年教授认为，幸福的结构和组成要素都很复杂。比如，有心理的幸福与伦理的幸福、物质的幸福与精神的幸福；感性的幸福与理性的幸福、短暂的幸福与长久的幸福、个人的幸福与社会的幸福、高尚的幸福与卑俗的幸福等。幸福的要素有美貌、健康、长寿、爱情、家庭、财富、地位、荣誉、知识、道德、艺术、宗教等。从现实看，任何人都不可能占有幸福的整体，而只能占有幸福的某个部分。由于每个人的需要不同，评价幸福的标准不同，感受幸福的能力也不同，这就使得幸福观念和幸福体验的相对性成为客观事实。幸福涉及人性和人生目的。幸福涉及人生的价值追求和价值选择。

三　中国幸福社会的建设

如何构建中国的"幸福社会"，与会代表有着不同的建议。

陕西师范大学袁祖社教授认为，将公民幸福与国民权利紧密结合起来研究才有现实意义，当代幸福研究正在从伦理主义转向政治主义。党的十八大报告提出逐步建立以权利公平、机会公平、规则公平为主要内容的社会公平保障体系，意义深远，为幸福问题研究指明了方向。公民社会中的权利正是幸福的代名词，关注公民权利，实现权利公平，既是公民幸福的价值期待，也是破解幸福社会的诸多实困境的根本途径。

西安理工大学赵华朋教授强调科学发展观对幸福社会建设的意义。科学发展观与民生幸福有着内在联系，其以人为本的核心内涵是民生幸福的理论依据,必须从缩小收入差距、制度保障、社会保障、生态环境等方面提升民生幸福感。如何理解"以人为本"的发展理念是民生幸福的理论依据?赵教授认为,首先,人获取幸福的基本途径是劳动实践。其次,人的需要是一个不断满足的过程,幸福也是一个不断追求的过程。提升民生幸福必须以科学发展观为指导,具体举措包括:第一,增加居民收入,调节贫富差距,从而为提升民生幸福感奠定物质基础;第二,加强民主法治建设,为提升民生幸福感提供制度保障;第三,完善社保体系,促进就业,为提升民生幸福感增加信心。

陕西师范大学雷龙乾教授认为,被永恒和普遍地讨论着的幸福,其本身并不是一个永恒和普遍的事情,而是一个正在趋向现代性的历史转型过程。在这种情形下,幸福必须在新条件和新形态下得到重新建构。从中国的具体情况来看,幸福的重建主要需要两方面的条件。第一方面是信仰重建,即在"儒、佛、道"三位一体的传统信念体系陷入信任危机之后,代之以"中、西、马"三位一体、相辅相成的新型互补系统。信仰重建是幸福建构的心性基础,走出信仰危机或哲学危机没有捷径,仍然必须走创造性地利用现有哲学资源的道路。一方面,各路基本哲学源流虽然都经历了不同形式的信任危机,却也都始终没有沉沦作废,反倒成为中国现代化实践的宝贵的哲学思想资源;另一方面,"中、西、马"三种哲学相互之间具有明显的个性差异,但都具有难以替代的建设功能和积极意义。所以,中国现代化的哲学演进理路理应是促成"中、西、马"之间形成差异互补结构,以此扬弃和选择性包容"儒释道互补结构",而从总体上则予以全面替代。而这种信仰形态的建构固然是一项尚需时日的艰苦思想事业,但也正因为是幸福观成功和合理转型,从而是新时代幸福体验的基础和条件而必须坚持不懈地予以推进。第二方面即客观方面,要从构建优良社会生态入手,为新型幸福体验创造客观条件。优良社会生态是幸福建构的客观条件。这里所谓社会生态,关涉的不是一般所谓的自然生态,相反,主要是人与人之间的关系。所谓优良社会生态,实际上就是能够为人们的高质量生存、生活和发展提供最优条件和动力的社会关系形态。

西安交通大学郑冬芳教授认为,幸福是人们对美好生活的向往和追求,幸福社会则是社会发展的理想目标。目前我国民生方面存在的诸多问题、社会不公正现象的存在以及多元价值观的冲击,使人民的幸福感下降,从而阻碍了构建幸福社会的进程。为早日建成幸福社会,应从大力发展经济、满足人们的物质文化生活需要，合理地使用经济发展成果、形成公平公正的社会秩序，引导人们树立科学的幸福观三方面努力。

空军工程大学刘孟学副教授认为，幸福虽然离不开主体的心理体验，但幸福毕竟和人的存在发展乃至人的客观需要有关系，这种主体与客体的关系存在，为我们探讨幸福途径提供了可能。我们也可以循着这两个大的方面去探讨实现幸福的基本途径。一是从客观上，不断提高客体的理想状态，为主体的满意度创造条件；二是从主观上，主要是主体的心理体验，适时调节主体的心理感受，这是获得幸福的重要途径。

空军工程大学康兰波教授则将幸福社会构建的落脚点放在家庭幸福上，因为家庭是满足人们幸福感不可替代的组织之一。"家"是连接个人与社会最重要的中间环节，是发出一切民生问题、解决一切民生苦难的真正实体，也是人们最感温馨和幸福的私人情感生活空间。它通过人们直接的婚姻和血缘关系建构起来，又通过这些关系在现实生活中的维系，而让人领略到生活的具体滋味。人世间的一切酸甜苦辣，无不与"家"有着千丝万缕的联系。然而，在我们的现实生活中，伴随社会现代性的推进、全球化的发展，我们的家却正被逼入无足轻重的地步，成为被现代生活解构的对象。而家的被解构，则意味着能够给予人幸福感的最实在空间的消失瓦解。国人幸福感的降低在很大程度上与其家庭被解构、被挤占有关。尽管我们说构建和谐美满的家庭需要每个家庭成员的共同努力，但这并不仅仅是一个个人道德伦理的问题。因为，对家庭加以解构或挤占的，表面看是一个个、一件件个人行为或个别事件，仿佛都与家庭伦理道德有关，而事实上却是社会对家庭的服务支持没有到位。个人无力购房、无力生养子女，不"啃老"怎么行？个人既无足够金钱，又无可自由支配的时间，照顾年迈多病、生活不能自理的老人，单有"孝"的道德能支撑多久？个人对家庭的责任、对爱人的那份承诺，法律和伦理道德几乎没有约束，惩罚过轻，成本过低，面对物欲世界的诱惑，个人如果自我约束力较弱，婚外情能避免吗？要建构幸福和谐的家庭，使被解构、被挤占的家能够重新成为人们实现幸福的港湾，社会更应该承担起支持、扶助、服务家庭的重任。第一，应加大信息时代家庭成员情感沟通的教育引导力度和制度安排；第二，应承认家庭劳动的社会性质，消除社会对家庭劳动的歧视；第三，应将家庭建设与社会建设有机统一起来，发挥好社会在家庭建设中的主导作用；第四，社会在为家庭提供支持、扶助、服务等方面，还应加大对破坏家庭和谐幸福言行的惩处力度和违法成本。

西安财经学院张文军教授看重身心健康对幸福的作用，因为身心健康是幸福生活的第一要素，而对于如何获得身心健康、打造幸福生活，他提出了自己的看法：第一，树立明确的生活目标；第二，凡事宽以待人；第三，养成良好的生活习惯；第四，要有合理的营养构成；第五，保持青春活力的秘诀在于运动；第六，必不可少的业余爱好；第七，塑造幽默乐天的性格。

西安理工大学沈璿副教授更关注大学生的幸福观问题。当代大学生作为社会中的特殊群体，社会环境影响、学校幸福观教育缺失、家庭教育的误区和自身因素的影响，使得他们对幸福的认知不深刻、不全面，幸福观呈现多样化趋势。因此，在当前出现道德危机的经济社会环境下，引导当代大学生树立合于德性的幸福观有助于其提升幸福感，获得真正的幸福。

西安理工大学硕士研究生何婧看重教育对于幸福的作用，她认为，教育作为培养人的事业，为了人的幸福而存在，因此，教育应担负起人的精神世界建造者的重任。通过丰富、塑造人的精神，呼唤人的心灵，促使人们追求、探索精神世界的自由，让人的幸福更加完美。人们所有的思想和活动都是为了更加幸福地生活，通过知识的积累和实践活动的历练来感受幸福的寓意。读书为了幸福，教育成为通过幸福之门的重要途径。探讨教育与幸福的关系，幸福必然反映到教育的实践过程中。教育是让人的幸福更加完美的前提。幸福与教育相互促进、互相需要，促使对方更加完美。幸福需要教育。幸福既是个体心理上的满足又是道德上的规范。因此，人获得的幸福并不是与生俱来的能力，是要经过后天的努力的。教育作为一种有目的、有计划、有组织的培养人的特殊的社会活动，对于人获得幸福有巨大的推动作用：教育帮个体树立起了正确的人生观和幸福观；教育培养了人生存和发展的能力；教育能满足个人追求自我完善的需求；教育能培养人的选择能力。

长安大学刘明艳博士从哲学的谱系中寻求人们通达幸福（社会）的途径。她认为，柏拉图早期借苏格拉底之口，以神谕传递者身份，通过辩证法启蒙城邦公民如何关照自己的灵魂，如何使自己的生活臻于至善，从而为日臻败落的城邦树立某种伦理道德规范；柏拉图晚期在一定意义上摒弃哲学王政制，在兼顾人类现实生活经验的基础上，试图用法将知识、法与既往生活经验连接起来，作为表达对人最高关切之政制根基。而青年马克思则将耶拿早期浪漫派的反讽主体实践化，在无产阶级这一武器支撑下，希图通过现实的、具体的、历史的个人的社会革命，获得全人类的自由解放。今天看来，三种有关人类谋求自由解放、幸福生活的哲学方案，即柏拉图早期的启蒙辩证法、其晚期的法制国，以及马克思早期付诸社会革命的实践辩证法，理论堪为精湛绝伦，然而，给人类生活带来的，多为不竭的启迪与反思：人类幸福，或许仅能在弃极端、持中庸之道中生成。

西北大学周树智教授认为，建设理想幸福社会的现实道路，可以采取现实价值哲学的现实的、历史的、发展过程的思维方式这种新范式，以马克思的现实人道主义、历史唯物主义、现实自然唯物主义和实践唯物主义一体化的新唯物主义世界观为指导，走中国新实学的务实为乐之道。

由于时间的关系，并不是所有的代表都有机会阐述自己对于幸福、幸福社会及其构建的现实价值哲学看法，并不是每一个发言的代表都能将自己的观点予以充分地展示，但在短短的一天时间内，通过为数不多的代表的发言和大家相互间的交流、讨论，在与会代表间形成了观点的碰撞，引起对这一现实价值哲学问题的进一步思考，大家希望有更多的机会就这一现实价值哲学问题进行更深入、更微观的探讨。

（本文发表于《社会科学报》2013 年 2 月 28 日。）

图书在版编目（CIP）数据

幸福社会价值论/ 许春玲，周树智主编. —北京：
社会科学文献出版社，2013.8
ISBN 978 - 7 - 5097 - 4883 - 1

Ⅰ.①幸… Ⅱ.①许… ②周… Ⅲ.①价值（哲学）-
学术会议 - 文集 Ⅳ.① B018 - 53

中国版本图书馆 CIP 数据核字（2013）第 163335 号

幸福社会价值论

主　　编／许春玲　周树智

出 版 人／谢寿光
出 版 者／社会科学文献出版社
地　　址／北京市西城区北三环中路甲 29 号院 3 号楼华龙大厦
邮政编码／100029

责任部门／经济与管理出版中心（010）59367226　　责任编辑／冯咏梅
电子信箱／caijingbu@ ssap. cn　　　　　　　　　责任校对／李　敏　高忠磊
项目统筹／恽　薇　　　　　　　　　　　　　　　责任印制／岳　阳
经　　销／社会科学文献出版社市场营销中心（010）59367081　59367089
读者服务／读者服务中心（010）59367028

印　　装／北京季蜂印刷有限公司
开　　本／787mm×1092mm　1/16　　　　　印　　张／24.5
版　　次／2013 年 8 月第 1 版　　　　　　　字　　数／418 千字
印　　次／2013 年 8 月第 1 次印刷
书　　号／ISBN 978 - 7 - 5097 - 4883 - 1
定　　价／79.00 元